Wissenschaftliche Untersuchungen
zum Neuen Testament · 2. Reihe

Herausgegeben von
Martin Hengel und Otfried Hofius

116

Christian Noack

Gottesbewußtsein

Exegetische Studien
zur Soteriologie und Mystik
bei Philo von Alexandria

Mohr Siebeck

CHRISTIAN NOACK, geboren 1961; 1982–88 Studium der evangelischen Theologie und Geschichtswissenschaft in Tübingen; 1989–90 Studium der adventistischen Theologie in Darmstadt; 1990–92 Referendariat in Tübingen; seit 1992 Gymnasiallehrer in Darmstadt; 1998 Promotion.

Die Deutsche Bibliothek – CIP-Einheitsaufnahme

Noack, Christian:
Gottesbewußtsein : exegetische Studien zur Soteriologie und Mystik bei Philo von Alexandria. Christian Noack. – Tübingen : Mohr Siebeck, 2000
  (Wissenschaftliche Untersuchungen zum Neuen Testament : Reihe 2 ; 116)
  ISBN 3-16-147239-X

© 2000 J. C. B. Mohr (Paul Siebeck) Tübingen.

Das Werk einschließlich aller seiner Teile ist urheberrechtlich geschützt. Jede Verwertung außerhalb der engen Grenzen des Urheberrechtsgesetzes ist ohne Zustimmung des Verlags unzulässig und strafbar. Das gilt insbesondere für Vervielfältigungen, Übersetzungen, Mikroverfilmungen und die Einspeicherung und Verarbeitung in elektronischen Systemen.

Das Buch wurde von Gulde-Druck in Tübingen auf alterungsbeständiges Werkdruckpapier der Papierfabrik Niefern gedruckt und von der Großbuchbinderei Heinr. Koch in Tübingen gebunden.

ISSN 0340-9570

Meinen Eltern

Vorwort

Die vorliegende Untersuchung ist die überarbeitete Fassung meiner Dissertation, die im Oktober 1998 von der Evangelisch-theologischen Fakultät der Johann Wolfgang Goethe-Universität in Frankfurt am Main angenommen wurde. An dieser Stelle möchte ich mich besonders bei meinem Doktorvater Prof. Dr. Dieter Georgi bedanken, der die Arbeit mit vielen hilfreichen Anregungen begleitet hat. Gleiches gilt auch für die langjährigen Teilnehmerinnen und Teilnehmer seines Doktorandenkolloquiums: Dr. Lukas Bormann, Dr. Mathias Eichhorn, Manfred Hofmann, PD Dr. Angela Standhartinger und Gisela Stölting. Danken möchte ich Herrn Prof. Dr. Dieter Zeller, der das Zweitgutachten erstellt hat und mich auf wichtige notwendige Korrekturen hingewiesen hat. Mein herzlicher Dank gilt auch Herrn Prof. Dr. Folker Siegert, der für den armenischen Text von QE 2.29 eine griechische Rückübersetzung angefertigt hat. Danken möchte ich schließlich Herrn Prof. Dr. Otfried Hofius und Herrn Prof. Dr. Drs. h.c. Martin Hengel DD, die die Aufnahme der Arbeit in die Reihe „Wissenschaftliche Untersuchungen zum Neuen Testament" empfohlen haben. Ebenfalls danke ich dem Verleger, Herrn Georg Siebeck, für die Ermöglichung des Druckes sowie Herrn Rudolf Pflug für die freundlichen Hinweise bei der Erstellung der Druckvorlage.

Die Studie erwuchs aus meinem Interesse am Wesen der soteriologischen Erfahrungen, die in den urchristlichen Zeugnissen dokumentiert sind, besonders in den Paulusbriefen. Das ursprünglich von mir gewählte Thema der Doktorarbeit lautete „μεταμορφοῦσθαι bei Paulus". Prof. Georgi akzeptierte diese Aufgabenstellung und regte mich gleichzeitig dazu an, das Phänomen der Verwandlung mit einem religionsgeschichtlichen Vergleich anzugehen. Er verband damit die Bitte, die ausgewählten Quellen nicht als „Steinbruch" für Begriffsstudien zu benutzen, sondern sie in ihrem Selbstverständnis tatsächlich ernst zu nehmen. Meine Wahl fiel schließlich auf Philo von Alexandria als „Gesprächspartner" des Paulus. Mir war damals noch nicht klar, was es heißt, sich auf Philo als echten Gesprächspartner einzulassen. Ich arbeitete mich in die Philoforschung und vor allem in die umfangreichen Philotexte ein. Langsam erschloß sich mir die Weite und Tiefe der philonischen Exegese, Theologie und Philosophie. Durch die in diesem Prozeß gewonnenen Beobachtungen wurde die Frage nach der Soteriologie und Mystik bei Philo zum neuen Thema meiner Dissertation. Als Hilfen zum Verständnis Philos nahm ich neben der Philoforschung Anregungen der Formgeschichte und der philologischen Exegese, der Geschichte der antiken Philosophie und des antiken Judentums, der Religionsphänomenologie und Religionspsychologie, der philosophischen und religionswissenschaftlichen Mystikforschung, der antiken Sozialgeschichte und der Gnosisforschung auf. Philos Werk selbst hat mich zu dieser interdisziplinären Zugangsweise hingeführt. Immer wichtiger wurde mir das Anliegen, den „Sitz im Leben" der Texte Philos möglichst konkret zu bestimmen, um damit auch die soteriologische Funktion der Texte besser zu verstehen.

Ich hoffe, daß die Beobachtungen zur Soteriologie und Mystik bei Philo, die ich jetzt zur Diskussion vorlege, nicht nur auf die internationale Philoforschung Rückwirkungen haben werden, sondern auch auf diejenigen Forschungsgebiete, von denen ich Anregungen zum Verständnis erhalten habe, nicht zuletzt auch auf die Paulusforschung, von der die Arbeit ursprünglich ihren Ausgang nahm. Im Schlußkapitel 5.5. gebe ich nähere Hinweise auf Impulse, die von dieser Arbeit auf angrenzende Disziplinen ausgehen könnten.

Darmstadt, im Oktober 1999   Christian Noack

Inhaltsverzeichnis

Vorwort VII

Abkürzungen XII

1. Einleitung 1
   1.1. Die Fragestellung 1
   1.2. Erkenntnisleitende Beobachtungen zu Philo und seinen Schriften 4
       1.2.1. Philo als hellenistisch gebildeter alexandrinischer Jude 5
       1.2.2. Philo als Politiker 6
       1.2.3. Philo als Exeget 7
       1.2.4. Philo als Philosoph 8
       1.2.5. Philo als Allegorist 10
       1.2.6. Philo als Zeuge philosophischer Mysterienterminologie 13
       1.2.7. Inhaltliche Widersprüche in Philos Schriften: stilistische, exegetische und traditionsgeschichtliche Erklärungen 14
       1.2.8. Inhaltliche Widersprüche in Philos Schriften: eine form- und gattungsanalytische Erklärung 17
       1.2.9. Die form- und gattungsanalytische Differenzierung zwischen den drei Kommentarreihen 18
           1.2.9.1. Form- und Gattungsanalyse der Expositio Legis mit Hypothese zum Sitz im Leben 18
           1.2.9.2. Form- und Gattungsanalyse der Quaestiones et Solutiones mit Hypothese zum Sitz im Leben 20
           1.2.9.3. Form- und Gattungsanalyse des Allegorischen Kommentars mit Hypothese zum Sitz im Leben 23
       1.2.10. Philo als Schriftsteller und Lehrer 27
   1.3. Die methodische Bedeutung der form- und gattungsanalytischen Differenzierung für die Textauswahl und den Gang der Untersuchung 31
   1.4. Begründung für die Auswahl der Texte *Virt* 211–219, *QE* 2.29 und *Her* 63–74 36

2. Gottesbewußtsein in der Expositio Legis am Beispiel von *Virt* 211–219 40
   2.1. *Virt* 211: Überleitung – das Kriterium wahren Adels 40
   2.2. *Virt* 212: Die astrologische Herkunft Abrahams 43

2.3. *Virt* 213: Negative Wertung der astrologischen Wirklichkeitssicht aus monotheistischer Perspektive 46

2.4. *Virt* 214: Die Neuorientierung Abrahams – Erkenntnis des Schöpfergottes 47

Exkurs: Μετάνοια in den missionstheologischen Schriften 52

2.5. *Virt* 215: Die Intensivierung der Gotteserkenntnis 56

Exkurs: Psychagogische Übungen in den missionstheologischen Schriften 58

2.6. *Virt* 216a: Der Glaube Abrahams als Wesensmerkmal der intensivierten Gotteserkenntnis 67

2.7. *Virt* 216b–217a: Die öffentliche Anerkennung Abrahams als „König" 70

2.8. *Virt* 217b–c: Abraham, der durch Inspiration verschönerte und erfolgreiche Weisheitslehrer 77

Exkurs: Monistische Anthropologie in den missionstheologischen Schriften 89

2.9. *Virt* 218: Zusammenfassung der Argumente für den Adel Abrahams 92

2.10. *Virt* 219: Abraham als Modell für die Proselyten 99

3. Gottesbewußtsein in den Quaestiones et Solutiones am Beispiel von *QE* 2.29 104

3.1. Der Toratext als Frage 104

3.2. Die formale Struktur der Antwort 106

3.3. Liegt in *QE* 2.29 eine seelenallegorische Auslegung vor? 108

3.4. Mose als „prophetisches Bewußtsein" 116

3.5. Drei Bewußtseinsstufen 117

3.6. Das fortschreitende Bewußtsein 121

3.7. Das chaotische Bewußtsein 127

3.8. Das monadische, ekstatische Gottesbewußtsein 131

3.9. Zur Dauer des monadischen Gottesbewußtseins 142

3.10. Gottesnähe 145

3.11. Psychagogische Übungen in den Quaestiones et Solutiones 147

3.12. Vergöttlichung 154

4. Gottesbewußtsein im Allegorischen Kommentar am Beispiel von *Her* 63–74 158

4.1. *Her* 63: Überleitung zu Gen 15,3 und Wiederaufnahme der Frage nach dem „Erben der göttlichen Dinge" 159

4.2. *Her* 64: Notwendige Kennzeichen des „Erben der göttlichen Dinge" – das reine Bewußtsein 163

4.3.	*Her* 65: Präzisierung der Frage Abrahams nach dem „göttlichen Erben" (Gen 15,3)	165
4.4.	*Her* 66: Die sofortige Antwort Gottes (Gen 15,4a) – die unkörperliche Natur des „Erben"	168
4.5.	*Her* 67: Gott als Lehrer Abrahams	169
4.6.	*Her* 68: Der Erbe als das Bewußtsein, das sich selbst verläßt (Gen 15,4b)	172
4.7.	*Her* 69: Vier Distanzierungsaufforderungen	176
4.8.	*Her* 70: Das ekstatische Gottesbewußtsein	180
4.9.	*Her* 71–72: Die inspirierte Vernunft als Lehrerin – Distanzierung von Körper, Sinneswahrnehmung und Sprache	183
4.10.	*Her* 73: Die Hingabe von Körper, Sinneswahrnehmung und Sprache an Gott als ihr Urheber	191
4.11.	*Her* 74: Das Bewußtsein, das seine Fähigkeiten auf Gott zurückführt	196
	4.11.1. Der Bewußtseinsdualismus	198
	4.11.2. Das Bewußtsein der Gotteshingabe – Vorbereitung auf die mystische Ekstase?	203
	4.11.3. Nichtekstatische Mystik im Allegorischen Kommentar	204
	4.11.4. Die Verschränkung der nichtekstatischen Mystik mit den Phänomenen der Erleuchtung bei der exegetischen Arbeit, der prophetischen Mantik und der ekstatischen Mystik	209

5. Vergleichende Auswertung mit weiterführenden Beobachtungen 216

5.1.	Das soteriologische Profil der Expositio Legis – die Vernünftigkeit des Gottesbewußtseins	216
5.2.	Das soteriologische Profil der Quaestiones et Solutiones – das ekstatische Gottesbewußtsein	221
5.3.	Das soteriologische Profil des Allegorischen Kommentars – der Bewußtseinsdualismus	226
5.4.	Unterschiedliche soteriologische Entwürfe – ein Denker	243
5.5.	Impulse für angrenzende Forschungsgebiete	249

Literaturverzeichnis 251

Stellenregister 269

Autorenregister 286

Sachregister 289

Abkürzungen

Abkürzungen für Reihen, Zeitschriften, Lexika und für außerkanonische Schriften richten sich nach dem *Abkürzungsverzeichnis der Theologischen Realenzyklopädie* (S. M. Schwertner, 2. Aufl., Berlin/New York 1994). Biblische Schriften werden nach dem *Ökumenischen Verzeichnis der biblischen Eigennamen nach den Loccumer Richtlinien* (2. Aufl., Stuttgart 1981) abgekürzt. Abkürzungen für die klassischen Autoren richten sich nach dem Abkürzungsverzeichnis im *Lexikon der Alten Welt* (hrsg. von C. Andresen u.a., Zürich/Stuttgart 1965, 3439–3464), die Stellenangaben erfolgen in *arabischen Zahlen*.

Die Schriften Philos werden nach den *Richtlinien des Studia Philonica Annuals* abgekürzt, aber ohne Punkt hinter der Abkürzung:

Abr	De Abrahamo
Aet	De aeternitate mundi
Agr	De agricultura
Anim	De animalibus
Cher	De Cherubim
Conf	De confusione linguarum
Congr	De congressu eruditionis gratia
Contempl	De vita contemplativa
Decal	De Decalogo
Deo	De Deo
Det	Quod deterius potiori insidiari soleat
Deus	Quod Deus sit immutabilis
Ebr	De ebrietate
Flacc	In Flaccum
Fug	De fuga et inventione
Gig	De gigantibus
Her	Quis rerum divinarum heres sit
Hypoth	Hypothetica
Jos	De Josepho
Leg 1–3	Legum allegoriae I, II, III
Legat	Legatio ad Gaium

Migr   De migratione Abrahami
Mos 1–2   De vita Moysis
Mut   De mutatione nominum
Opif   De opificio mundi
Plant   De plantatione
Post   De posteritate Caini
Praem   De praemiis et poenis, De exsecrationibus
Prob   Quod omnis probus liber sit
Prov 1–2   De Providentia I, II
QE 1–2   Quaestiones et solutiones in Exodum I, II
QG 1–4   Quaestiones et solutiones in Genesim I, II, III, IV
Sacr   De sacrificiis Abelis et Caini
Sobr   De sobrietate
Somn 1–2   De somniis I, II
Spec 1–4   De specialibus legibus I, II, III, IV
Virt   De virtutibus

Darüber hinaus finden folgende Abkürzungen Verwendung:

AK   Allegorischer Kommentar (= *Leg 1–3*, *Cher*, *Sacr*, *Det*, *Post*, *Gig*, *Deus*, *Agr*, *Plant*, *Ebr*, *Sobr*, *Conf*, *Migr*, *Her*, *Congr*, *Fug*, *Mut*, *Somn 1–2*, *Deo*)

Aucher   Aucher, J. B.: Philonis Judaei sermones tres hactenus inediti, Venice 1822, Philonis Judaei paralipomena Armena, Venice 1826.

CH   Corpus Hermeticum

EL   Expositio Legis (*Opif*, *Abr*, *Jos*, *Mos 1–2*, *Decal*, *Spec 1–4*, *Virt*, *Praem*)

FrGrHist   Fragmente Griechischer Historiker

Harris   Harris, J. R.: Fragments of Philo Judaeus, Cambridge 1886.

LXX   Septuaginta

MS   Missionstheologische Schriften (Expositio Legis und *Aet*, *Anim*, *Contempl*, *Flacc*, *Hypoth*, *Legat*, *Prob*, *Prov 1–2*)

NHC   Nag Hammadi Codex

PAPM   Les oeuvres de *Philon* d' Alexandrie, hrsg. von R. *Arnaldez*/J. *Pouilloux*/C. *Mondésert*, 35 Bde., Paris 1961–1992.

PCH   Die Werke *Philos* von Alexandria in deutscher Übersetzung, hrsg. von L. *Cohn*/I. *Heinemann*/M. Adler/W. Theiler, 7 Bde., Breslau/Berlin 1909–1964.

PCW   *Philonis* Alexandrini opera quae sunt supersunt, ediderunt L. *Cohn*, P. *Wendland*, S. Reiter, 6 Bde., Berlin 1896–1915.

PLCL   *Philo* in Ten Volumes (and Two Supplementary Volumes), with an English translation by F. H. Colson/G. H. Whitaker (and R. Marcus), 12 Bde. (*Loeb Classical Library*), London/Cambridge (Mass.) 1929–1962.

QS   Quaestiones et Solutiones (*QG 1–4*, *QE 1–2*)

SPhA   Studia Philonica Annual

1. Einleitung

1.1. Die Fragestellung

Das soteriologische Ziel bei Philo ist nach Jonas die „ekstatische Aufhebung des Denkens und Begreifens selber",[1] das „mystisch-reale Erlebnis des Überweltlichen selbst",[2] das Sich-Verlieren in der Verzückung.[3] In der mystischen Ekstase gebe der Ekstatiker seine menschliche Identität, sein „Ich" auf, weil nämlich der Geist Gottes den menschlichen Geist in der Ekstase für eine begrenzte Zeitdauer verdränge:

„Dem Menschen als Menschen ist die unmittelbare συναφή mit Gott (in direkter Anschauung des Wesens) versagt, und das gilt, solange er ‚er selbst' ist. Was aber er als solcher nicht erreichen kann, das kann sich wohl bei Auslöschung des menschlichen Eigenwesens, der gesamten selbsthaften Person, göttlicherseits wie in einem Hohlraum ereignen. Dann ist es nicht die Kreatur, nicht mehr der Mensch, auch nicht sein Nus, der über die Schranken hinweg zu Gott gelangt wäre, sondern es ist Gott selbst, der in die verlassene Stätte seine Wirklichkeit einbrechen läßt. Verdunkelung und Untergang des eigenen Nus muß vorhergehen: dies Todesmoment in der Ekstase werden wir immer wieder antreffen."[4]

---

[1] JONAS, Gnosis II/1, 104.
[2] Ebd.
[3] Ebd., 107.
[4] Ebd., 100. Jonas orientiert sich u.a. an REITZENSTEIN, Hellenistische Mysterienreligionen, 71–77.86–91.284ff.408ff. Reitzenstein meinte, bei Paulus, Philo und in der Hermetica ein Phänomen von Ekstase entdeckt zu haben, in der der Nous des Menschen verdrängt und durch den göttlichen Geist ersetzt werde. Vgl. auch BOUSSET/GRESSMANN, Religion des Judentums, 449: „Der Mensch muß ganz aus sich heraus, wenn er jene (die Ekstase) finden will, er muß nicht nur seine Sinne, sondern auch seinen Nus, sein geistiges Selbst, verlassen, um Gott zu finden. Der höchste Zustand der Frömmigkeit ist die Ekstase, Inspiration." – „Bei ihm ist die Ekstase ein völlig Neues und Anderes, sie tritt in bestimmten Gegensatz zu aller, auch der höchsten Tätigkeit des menschlichen Ich. Der Mensch muß dieses aufgeben, um jenes zu erlangen" (ebd.). – „Auf der höchsten Höhe, im reinsten Äther des göttlichen Daseins angelangt, schwindet das Bewußtsein" (451).

Die Auslöschung des geschichtlich-individuellen Ichs in dieser gottgewirkten Ekstase, die auf eine bestimmte Zeitdauer begrenzt sei und nur selten erfahren werde, ist für Jonas der eigentliche Kern der philonischen Erlösungsvorstellung. Er beruft sich dabei auf Texte wie *Her* 263–266, *Somn* 1.118f. und *Spec* 4.49. In neuerer Zeit hat *Sellin* ebenfalls *Her* 264f. herangezogen, um den Kern der soteriologischen Ekstase bei Philo herauszuarbeiten.[5] In der vorliegenden Studie geht es zum einen um eine Auseinandersetzung mit dieser Deutung der philonischen Soteriologie und Mystik. Stimmt das, was Jonas und andere, die in seiner Tradition stehen, über Philos Soteriologie und Mystik sagen? Ich frage:
- Ist diese Ekstaseerfahrung wirklich so grundlegend, wie Jonas behauptet, so daß geradezu von einer zeitlich begrenzten Auslöschung des menschlichen Bewußtseins in der mystischen Ekstase zu sprechen wäre? Handelt es sich um einen Zustand ekstatischer „Bewußtlosigkeit"?
- Vertritt Philo in allen seinen Schriften die Vorstellung, daß in der mystischen Erfahrung von einer absoluten Diskontinuität zwischen menschlichem Ich und göttlichem Geist auszugehen ist?
- Ist die mystische Erfahrung immer zeitlich begrenzt? Oder kennt Philo auch Formen mystischer Erfahrung, die andauernden und bleibenden Charakter haben? Wenn ja, welchen Charakter haben sie dann?

Zum anderen möchte ich – intensiver als bisher in der Philoforschung üblich – die Frage nach der Eigenart der philonischen Soteriologie mit der Frage nach dem soziologischen „Sitz im Leben" der angestrebten mystischen Gotteserfahrungen verknüpfen. Darum frage ich:
- In welchen Situationen und an welchen sozialen Orten wurde den von Philo in seinen Texten beschriebenen Transzendenzerfahrungen Raum gegeben?
- Welche psychagogischen Techniken und Rituale bereiteten die mystischen Erfahrungen vor und erzeugten sie?
- Welche Funktion hatten dabei die Schriften Philos? Inwieweit waren seine Schriften selbst an der Erzeugung mystischer Erfahrung beteiligt?

---

[5] SELLIN, Die religionsgeschichtlichen Hintergründe, 16f. Im Anschluß an BRANDENBURGER, Fleisch und Geist, 136, beruft er sich außerdem auf *Fug* 117f., *Fug* 166f., *Somn* 2.183–189, *Somn* 2.228–236 und *QG* 3.9. Vgl. auch SIEGERT, Philon von Alexandrien, 88f.: „Und zwar wird eben jener beste Teil im Menschen, womit er denkt, *ausgewechselt* und *ersetzt* durch ein θεῖον πνεῦμα im besonderen Sinne...Dieses Pneuma benützt den bewußtlosen Menschen wie ein Musiker sein Instrument." Daraus folgert Siegert, daß bei Philo „ausgerechnet der beste Teil des Menschen – jenes Pneuma, das ihn zur Gotteserkenntnis befähigt – beim Prophetendienst weichen muß."

Unumstritten unter Philoexegetinnen und -exegeten ist die Feststellung, daß das zentrale Heilsziel bei Philo die mystisch-präsentische Gotteserkenntnis ist. Es handelt sich dabei um einen Vorgang, der mit derjenigen Instanz im Menschen zu tun hat, die Philo νοῦς, λογισμός, διάνοια oder φρόνησις nennt.[6] Als Interpretationsbegriffe für diese Instanz führe ich die Begriffe „Bewußtsein"[7] und „Gottesbewußtsein" ein. Ich hoffe, mit der Anwendung dieser Begriffe über die oben zitierten Beschreibungen mystischer Erfahrung hinauszukommen.

„Bewußtsein" soll zunächst das *Sinn konstruierende Wahrnehmungs- und Erfahrungszentrum* des Menschen bezeichnen. *Bewußtsein* umfaßt damit das Wirklichkeitsverständnis und die Wirklichkeitskonstruktionen eines Menschen. Es geht nach diesem Bewußtseinsverständnis um die *strukturierende und auch reflektierende Wahrnehmung und Vorstellung von Wirklichkeit*. Dabei gilt: Bewußtsein und wahrgenommene Realität entsprechen einander. Verwandelt sich das Bewußtsein, verwandelt sich auch die wahrgenommene Wirklichkeit. Was wir Wirklichkeit nennen, ist eine „relative" Wirklichkeit,[8] die mit der Wahrnehmungsfähigkeit des Bewußtseins gekoppelt ist. In der Auseinandersetzung mit „Wirklichkeit" verändert sich auch das Bewußtsein, indem es seine Wirklichkeitswahrnehmung erweitert. Aus der Perspektive einer erweiterten Wirklichkeitswahrnehmung stellen sich frühere „Wirklichkeiten" als Illusion und Täuschung dar. Es geht bei alledem nicht um einen ausschließlich intellektualistischen Bewußtseinsbegriff, der an das diskursive Denken oder an ein „Wissen über" gebunden ist. Erkenntnis im Sinne von Bewußtsein kann auch eine Wahrnehmung meinen, die die eigene Existenzweise und Identität umfaßt und auf mystischer Erfahrung und Begegnung mit dem Göttlichen beruht.

Gottesbewußtsein meint die sich in der mystischen Erfahrung vollziehende hingebungsvolle Ausrichtung des Bewußtseins auf Gott,[9] die das menschliche Bewußtsein qualitativ verändert. Welches Maß diese qualita-

---

[6] Zu diesen sinnverwandten Begriffen gehört auch der Begriff der ψυχή, der allerdings auch oft, jedoch nicht immer, θυμός und ἐπιθυμία einschließt.
[7] Vgl. dazu ANZ, Art. Bewußtsein, 1112–1115; JACOBS, Art. Bewusstsein, 232–246; GEYER, Art. Bewußtsein, 142f.; DIEMER, Art. Bewußtsein, 888–896; DEWIT, Kontemplative Psychologie, 80–108.
[8] Vgl. DEWIT, Kontemplative Psychologie, 54.
[9] Vgl. zum Begriff SCHLEIERMACHER, Der christliche Glaube, §4 und § 94. Meine Verwendung dieses Begriffs ist nicht von Schleiermacher angeregt und steht auch nicht im Kontext der Theologie Schleiermachers. Gleichwohl bestehen starke Ähnlichkeiten zwischen seiner Definition dieses Begriffs („Gefühl der schlechthinnigen Abhängigkeit") und dem, was ich bei Philo als „Gottesbewußtsein" erarbeiten werde.

tive Veränderung bei Philo hat, wird – in Auseinandersetzung mit Jonas – zu untersuchen sein.

1.2. Erkenntnisleitende Beobachtungen zu Philo und seinen Schriften

Zunächst möchte ich wichtige *erkenntnisleitende Beobachtungen und Perspektiven* darlegen, die meine Textauslegungen in dieser Untersuchung geprägt haben.[10] Ich stelle sie an den Anfang meiner Untersuchung und präsentiere sie nicht als Ergebnis, weil sie meine Textauswahl beeinflußt und damit den Gang der Untersuchung *formal* entscheidend bestimmt haben. Die Ergebnisse, die ich *inhaltlich* zur Problemstellung erarbeitet habe, werde ich am Schluß der Arbeit zusammenfassen.

Mit den erkenntnisleitenden Beobachtungen soll die *geistige Welt Philos* umrissen werden, die schriftstellerische Arbeit Philos möglichst konkret *soziologisch* bestimmt werden, also ihr „*Sitz im Leben*",[11] und eine *form- und gattungsanalytische Differenzierung* zwischen den drei großen exegetischen Kommentaren Philos vorgenommen werden. Diese wird für

---

[10] Sie haben sich erst im Prozeß der Lektüre und Exegese der philonischen Texte entwickelt und unterliegen darum der *ständigen Revision*. Sie sind ein *Zwischenergebnis* des hermeneutischen Zirkels zwischen der Einzelexegese und dem Gesamtverständnis des Textes. Ebenso sind sie ein Zwischenergebnis des hermeneutischen Zirkels zwischen der Analyse des Primärtextes und dem Studium der Forschungsliteratur zu Philo. Dafür gibt es heute exzellente Hilfsmittel, vor allem RADICE/RUNIA, Annotated Bibliography 1937–1986, und die Fortsetzung dieser Bibliographie im „Studia Philonica Annual", 1989ff. Die Literatur bis 1937 ist bibliographiert in: GOODENOUGH, The Politics of Philo, 125–321.

[11] Viele Untersuchungen zur Theologie und Philosophie Philos leiden darunter, daß sie zu wenig den „Sitz im Leben" seiner Schriften beachten. Ein Beispiel bietet z.B. die sonst sehr lesenswerte Philodarstellung von SELLIN, Der Streit um die Auferstehung, 92–171. Er fragt zu wenig nach den religiösen Phänomenen und Erfahrungen hinter den Vorstellungen und Traditionen des Textes. So klingt z.B. folgender Satz seltsam „abgehoben": „Neben der Himmelsreise des Nous und der Inspiration von Pneuma oder Sophia begegnet als drittes Modell die eigentliche Ekstase. Während bei den beiden erstgenannten Vorstellungen der Nous als Subjekt bestehen bleibt (allerdings in der passiven Haltung), schwindet er in der ekstatischen Tradition und wird ganz durch ein himmlisches Subjekt (das Pneuma) ersetzt" (151). Sellin spricht nicht von menschlichen Erfahrungen, sondern von theologischen Modellen, Vorstellungen, Traditionen. Hier zeigt sich ein Sprachstil, der Modelle und Traditionen verfolgt, aber nicht das soziale Leben, das sie hat entstehen lassen.

die *inhaltliche* Behandlung meiner Fragestellung von *grundlegender Bedeutung* sein.

1.2.1. Philo als hellenistisch gebildeter alexandrinischer Jude

Philos Sprache und Bilderwelt spiegelt die Bildungskarriere jüdischer Männer in jüdischen und hellenistischen Bildungsinstituten wider: Synagoge, Synagogenschule, Gymnasium, Ephebie, öffentliche Vorlesung, öffentliche Bibliothek, private Philosophenschule.[12] Sein theologisches und philosophisches Denken ist als Ausdruck eines Judentums zu deuten, das Anschluß an die herrschende Bildungskultur gefunden hat. Dieses Judentum gab dabei seine Identität nicht auf, sondern suchte sie vielmehr im kritischen Dialog und Austausch zu profilieren. Die Tendenz seiner Theologie oszilliert darum zwischen Affirmation der hellenistischen Bildungskultur und kritischer Distanz zu ihr, ohne sich in ein abgeschottetes Ghetto zurückzuziehen.[13]

Philo gehörte nicht nur zur führenden Intelligenz des alexandrinischen Judentums,[14] sondern auch zur *männlichen*, aristokratischen Oberschicht, die sich die „Sorge um sich" jenseits der Existenzsicherung leisten konnte.[15] Daß dieser Status jedoch nicht ungefährdet war, zeigen die massiver

---

[12] Vgl. MENDELSON, Secular Education, 29–33, der sich mit überzeugenden Argumenten gegen die These richtet, es hätte spezielle jüdische Bildungseinrichtungen gegeben, die den griechischen entsprochen hätten. Ebenso RUNIA, Philo of Alexandria and the Timaeus, 32–34. Zu Philos eigener Erziehung vgl. DILLON, The Middle Platonists, 140f., und RUNIA, Philo of Alexandria and the Timaeus, 35–37. Zu den Bildungseinrichtungen in hellenistischer Zeit vgl. MARROU, Geschichte der Erziehung, 151–169, und STANDHARTINGER, Entstehungsgeschichte und Intention des Kolosserbriefs, 31–40.

[13] Vgl. MENDELSON, Secular Education, 26f.; STERLING, ‚Thus are Israel', 18; FELDMAN: Jew and Gentile in the Ancient World, 57–59. Philo war auch vertraut mit den Welten des Sports, des Theaters und der Symposien, vgl. WINSTON, Logos and Mystical Theology, 12, und BORGEN, Survey of Research, 112–113.

[14] TCHERIKOVER, The Decline of the Jewish Diaspora, 22, zählt Philo zur „Alexandrian intelligentsia". Zum Begriff des Intellektuellen und religiösen Intellektuellen vgl. auch RUDOLPH, Gnosis, 92–98.

[15] Philo und seine Familie gehörten wahrscheinlich zu der kleinen Minderheit von Juden, die das *alexandrinische und römische* Bürgerrecht besaßen und daher auch in Alexandria eine Sonderstellung hatten (Vgl. BARCLAY, Jews in the Mediterannean Diaspora, 68, Anm. 49). Normalerweise hatten Juden in Alexandria weder das römische noch das alexandrinische Bürgerrecht, sondern einen gesonderten Status als Bürger einer jüdischen Politeia (πολίτευμα) mit Selbstverwaltung, die zur Zeit Philos nicht der alexandrinischen Polis, sondern dem römischen Staat untergeordnet war (vgl. dazu KASHER, The Jews in Hellenistic and Roman Egypt, 233–262, besonders 260–261). Gleichzeitig ist davon auszugehen, daß eine engagierte Minderheit der Juden auch das alexandrini-

werdenden Übergriffe und Restriktionen durch die römische Herrschaft, von denen auch Philo betroffen war.[16]

1.2.2. Philo als Politiker

Philos umfassende jüdisch-hellenistische Bildung schloß rhetorische, historische, juristische und politische Fähigkeiten ein.[17] Da sein politisches Denken positiv von der augusteischen Reform geprägt war – Philos Jugend fiel genau in die Zeit des Augustus – erlebte er die nachaugusteische Entwicklung als politische Krisenzeit, nicht nur für das Judentum, sondern auch für das gesamte Reich.[18] Er war im Alter in die Auseinandersetzungen um die jüdischen Rechte in Alexandria verwickelt und gehörte zu denjenigen Juden, die den jüdischen Rechtsstatus zu bewahren suchten, und zwar gegen den massiven Widerstand der griechischen Alexandriner.[19] So führte er als Anwalt der jüdischen Beschwerden die diplomatische Gesandtschaft nach Rom an und hatte dort sogar im Interesse des Gesamt-

---

sche Bürgerrecht anstrebte (so u.a. BORGEN, Survey of Research, 109–113). Ein wichtiges Kriterium für den Anspruch auf das Bürgerrecht war die hellenistische Bildung. Im „Boule-Papyrus" (CPJ Nr. 150) wird Augustus von den Alexandrinern gebeten, „ungebildeten und unkultivierten Leuten" den Zugang zur Ephebenausbildung und damit zum Bürgerrecht zu verweigern. Mit ihrer hellenistischen Bildung konnten jüdische junge Männer der Unterstellung, „ungebildet und unkultiviert zu sein", entgegentreten und ihre Qualifikation als Ephebe demonstrieren. Es scheint einer ganzen Anzahl von Juden bis Claudius immer wieder gelungen zu sein, Ephebe und damit Bürger zu werden, wie der Brief des Claudius an die Alexandriner zeigt (so auch BARCLAY, Jews in the Mediterranean Diaspora, 65–70). Zur Situation der Juden in Ägypten unter römischer Oberherrschaft vgl. den aufschlußreichen Artikel von TCHERIKOVER, The Decline of the Jewish Diaspora, 1–32, der auch ausführlich auf Philos Rolle im alexandrinischen Judentum eingeht. Zu Philos Heimatstadt vgl. SLY, Philo's Alexandria.

[16] Vgl. dazu STERLING, ‚Thus are Israel', 17. Drei einschneidende Ereignisse mußte Philo verkraften: das Massaker an den Juden im Sommer 38 n.Chr (Flacc 41–96, Legat 120–139), den frustrierenden und fast lebensgefährlichen Aufenthalt als Anwalt in Rom im Jahr 39/40 und schließlich den Brief des Claudius an die Alexandriner, der die traditionelle Rechtsstellung der Juden in Alexandria aushöhlte und die Hoffnung auf weitergehende Rechte zerstörte.

[17] Vgl. GOODENOUGH, Jurisprudence of the Jewish Courts; GOODENOUGH, The Politics of Philo; GEORGI, Opponents, 405; BARRACLOUGH, Philo's Politics.

[18] Dies zeigt besonders Legat, eine Schrift, die sich wohl indirekt, vielleicht sogar direkt an Caligulas Nachfolger Claudius richtet. Philo versucht deutlich zu machen, daß nur Herrschaft im Sinne des Augustus (und auch noch des Tiberius) heilbringend für die Gesamtgesellschaft ist.

[19] Vgl. BARRACLOUGH, Philo's Politics, 427f., 436.

judentums zu handeln.[20] Philo ist darum als ein anerkannter Repräsentant jüdisch-alexandrinischer Kultur zu verstehen.[21]

1.2.3. Philo als Exeget[22]

Mit der großen Mehrheit der heutigen Philoforscherinnen und -forscher vertrete ich die Überzeugung, daß Philo in den größeren Strom jüdischer Bibelexegese in Alexandria gehört und kein Einzelphänomen ist. In seinen Schriften lassen sich genügend Indizien finden, die zeigen, daß er unterschiedliche und auch kontroverse exegetische Traditionen des alexandrinischen Judentums verarbeitete.[23] Philos Werk ist darum zunächst einmal als eine bestimmte Ausformung *alexandrinischen jüdischen* Denkens zu verstehen.[24] Es zeigt Philos intime Vertrautheit mit dem Leben und den religiösen Traditionen alexandrinischer Juden[25] und vor allem auch seine um-

---

[20] Vgl. *Legat* 178–194. Hier beschreibt Philo den Konflikt, in den die Gesandtschaft der alexandrinischen Juden gerät, als sie erfahren, daß Caligula ein Standbild im Tempel von Jerusalem aufrichten ließ. Philo sieht, daß jetzt nicht mehr nur die Rechte der alexandrinischen Juden, sondern die politische und rechtliche Identität des Gesamtjudentums auf dem Spiel steht und die Gesandtschaft darum ihr partikulares Interesse zurückstellen muß.

[21] Daß Philo keine Randfigur, sondern ein *Repräsentant* des alexandrinischen Judentums war, machen folgende Indizien plausibel: a) Seine Berufung zum Führer der jüdischen Gesandtschaft nach Rom im Winter 39/40 n. Chr. zeigt seine führende Stellung, die ohne Anerkennung seitens einer Mehrheit der führenden alexandrinischen Juden nicht denkbar gewesen wäre. b) Seine Schriften sind Ausdruck seines Willens und Anspruchs, mehrheitsfähige Theologie zu betreiben. c) Die Rezeption und Tradierung seiner Schriften durch die Alte Kirche setzt „einen hohen Bekanntheitsgrad und ein großes Ansehen Philos voraus" (so HAACKER, Geschichtstheologie, 215). TCHERIKOVER, The Decline of the Jewish Diaspora, 24–26, sieht Philo zumindest als Repräsentant der wohlhabenden, privilegierten Juden, die auf Verhandlungen mit Rom setzten. Von dieser Gruppe setzt er die „poor and uneducated masses" ab, die sich nach dem Tod Caligulas – zelotisch und messianisch motiviert – mit Gewalt gerächt haben sollen (25).

[22] Vgl. dazu Philos Selbstzeugnis in *Anim* 7: „Incipio, sed non doctrinam. *Interpres enim sum*, non doctor. Docent enim ii, qui propriam scientiam edocent alios" (Aucher).

[23] BOUSSET, Jüdisch-christlicher Schulbetrieb, 8–154; STEIN, Allegorische Exegese, 26–50; HAMERTON-KELLY, Sources and traditions, 3–26; MACK, Exegetical Traditions in Alexandrian Judaism, 71–112; DERS., Philo Judaeus and Exegetical Traditions in Alexandria, 227–271; HAY, Philo's References to Other Allegorists, 41–75; DERS., References to Other exegetes, 81–97; GOULET, La philosophie de Moise; TOBIN, Creation of Man, 172–176; GEORGI, Frau Weisheit, 249–252.

[24] Vgl. STERLING, ‚Thus are Israel', 1.

[25] Zu Philos Eingebundenheit in traditionelle jüdische Lebenspraxis vgl. COHEN, Philo Judaeus, mit einer Auslegung von *Spec* 4.132–150. Cohens Darstellung entgeht allerdings nicht der Gefahr, Philo als „orthodoxen" Rabbi vorzustellen, der die helle-

fassende Kenntnis der Tora in Gestalt unterschiedlicher Auslegungstraditionen.

Die drei großen exegetischen Schriftenreihen Philos, die *Expositio Legis* (EL), die *Quaestiones et Solutiones* (QS) und der *Allegorische Kommentar* (AK) zeigen, daß Philo als Exeget zu verstehen ist,[26] dem es um eine philosophisch avancierte, „moderne" Deutung des kanonischen Toratextes ging. Die mosaische Offenbarung ist dabei der nicht hinterfragte, unfehlbare Mittelpunkt, auf den der recht variable Sprachkosmos Philos bezogen ist.[27] Von diesem absolut gültigen Offenbarungstext her – dem philosophischen Text per se – erhofft und erwartet er vernünftige Erkenntnis der Wahrheit und Wirklichkeit.

1.2.4. Philo als Philosoph[28]

Seine Theologie muß darüber hinaus in die große Tradition jüdischer Weisheitstheologie eingeordnet werden.[29] Das zeigt z.B. seine Logos- und Sophiakonzeption.[30] Apokalyptische Weisheit fehlt bei Philo – wie auch bei Aristobul – allerdings völlig.[31]

---

nistische Sprache lediglich als missionarisches Mittel benutzte, aber sonst nicht weiter von hellenistischer Kultur affiziert war.

[26] Stark betont von NIKIPROWETZKY, L'exégèse de Philon, 309–329; DERS., Le commentaire de l'Écriture. Vgl. auch BAER, Use of the Categories Male and Female, 5: „He is mainly an exegete of Scripture who intends to present the Scriptural truth in terms of the best philosophic thought of his day." Vgl. auch RUNIA, Philo of Alexandria and the Timaeus, 26: „The most important movement towards consensus in Philonic studies is the recognition of the *central role played by exegesis* [kursiv von Runia] in his work."

[27] Vgl. DAWSON, Allegorical Readers, 125f.: „Scripture provided the interpretative lens through which Philo viewed his world." WINSTON, Logos and Mystical Theology, 13, sieht hingegen als Dreh- und Angelpunkt den von Philo in den Toratext hineininterpretierten Platonismus mit mystischen Tendenzen.

[28] Vgl. dazu das Selbstzeugnis Philos in *Prov* 2.115: „Mihi quidem semper tempus est philosophandi cui dedicavi vitam meam studio addictam" (Aucher).

[29] Vgl. das Modell der Entwicklung der jüdischen Weisheitstheologien bei GEORGI, Gott auf den Kopf stellen, 149–157; DERS., Wesen der Weisheit, 68–74. Georgi arbeitet mit folgenden Idealtypen: Erfahrungsweisheit (vorexilisch), theologische Weisheit (exilisch-nachexilisch), weisheitliche Skepsis (persische Zeit), apokalyptische Weisheit (ab 3. Jh. v. Chr.), charismatische Weisheit (ab 3. Jh. v. Chr.), apologetische (missionstheologische) Weisheit (ab Ende des 3. Jh. v. Chr.), spekulative Mystik oder jüdische Gnosis (ab Mitte des 2. Jh. v. Chr.). Vgl. noch LAPORTE, Philo in the Tradition of Biblical Wisdom literatur, 103–141, und COLLINS, Jewish Wisdom in the Hellenistic Age.

[30] Vgl. MACK, Logos und Sophia; GEORGI, Weisheit Salomos.

[31] Gegen MACK, Wisdom and Apocalyptic, 21–39, der die Begriffe Eschatologie und Apokalyptik verwechselt. Innerweltliches eschatologisches Denken finden wir bei Philo

Ein wichtiges Merkmal der jüdischen Weisheit von ihren Anfängen an war ihre Auseinandersetzung mit der jeweiligen internationalen Bildungskultur. Philo gehört in seiner Zeit zu jenen jüdischen Weisheitslehrerinnen und -lehrern,[32] die mit dem philosophischen Bildungswissen ihrer Zeit so intensiv vertraut waren und so selbstverständlich umgingen, daß dessen Fragestellungen und Antworten – und vor allem auch dessen Terminologie – in ihren jüdischen Glauben vollständig integriert waren. Diese Exegetinnen und Exegeten fühlten sich nicht als Außenseiter, wenn sie die griechischen Klassiker (Historiker, Rhetoren, Philosophen, Dichter) studierten, sondern als Mitträger hellenistischer Bildungskultur. Diese prägte ihre Wahrnehmung des Toratextes entscheidend.[33] Zudem war der Einfluß der philosophischen allegorischen Homerexegese immens und wurde für die Tora fruchtbar gemacht.[34] An die Stelle Homers als Universalphilosoph[35] trat der noch ältere und damit ehrwürdigere Mose.

Die Weisheitstheologie derjenigen hellenistischen Jüdinnen und Juden, die Philo repräsentiert, orientierte sich an den jeweils aktuellen philosophischen Strömungen ihrer Zeit: Stoiker[36] wie Poseidonios[37] und Chairemon, Skeptiker wie Aenesidemus von Knossos, Platoniker wie Eudorus und Ammonius prägten das intellektuelle Klima auch des alexandrinischen Judentums. Philo selbst ist ein bedeutender Zeuge für den ab dem 1. Jh. v.

---

ganz offensichtlich, vor allem in der missionstheologischen Schrift *Praem*. Die Absenz apokalyptischer Sprache markiert den Unterschied zur Weisheit Salomos, die sonst in großer Nähe zu Philo steht.

[32] Ich gehe davon aus, daß Frauen im alexandrinischen Judentum als Philosophinnen und Theologinnen aktiv waren, vgl. unten Kap. 1.2.10.

[33] Aufgrund dieser Tatsache entsteht nicht zu Unrecht der vorläufige Eindruck, daß Philo philosophische – vor allem mittelplatonische – Konzepte in den Toratext hineinlas (zu stark betont von GRABBE, Etymology in Early Jewish Interpretation; WINSTON, Response to Runia and Sterling, 143).

[34] Vgl. dazu SIEGERT, Early Jewish Interpretation in a Hellenistic Style, 137–139.141–143.

[35] Vgl. die Deutung Homers als Philosoph in drei Handbüchern für Hochschullehrer (γραμματικοί) der Kaiserzeit (vgl. dazu SIEGERT, Early Jewish Interpretation in a Hellenistic Style, 137–139) – in Pseudo-Plutarch, De Homero; Heraclitus Stoicus, Quaestiones Homericae, und Cornutus, Theologiae Graecae compendium.

[36] Vgl. die Rekonstruktion der stoischen Weltsicht der von Philo „Physiker" genannten Exegeten bei BOUSSET, Jüdisch-christlicher Schulbetrieb, 8–14.

[37] Der Einfluß von Poseidonios auf Philo ist umstritten. Er wurde vor allem in der früheren Philoforschung betont; vgl. WENDLAND, Die hellenistisch-römische Kultur, 61; LEISEGANG, Der Heilige Geist, 76.101.217; COHN, PCH 1, 14f.; BOUSSET, Jüdisch-christlicher Schulbetrieb, 14–19.

Chr. immer bedeutender werdenden Platonismus in Alexandria[38] und für die Stoa der frühen Kaiserzeit.[39] Philo integrierte auch kynische, aristotelische[40] und neupythagoreische[41] Ansätze in seine Exegese – überwiegend wohl durch Platonismus oder Stoa vermittelt. Diese philosophischen Konzepte wurden mit dem jüdischen Monotheismus vermittelt und einer Existenzweise dienstbar gemacht, die in der Hingabe an den Schöpfergott Ziel und Inhalt eines gelungenen Lebens sah.

1.2.5. Philo als Allegorist

Philo setzt voraus, daß der inspirierte Mose die Tora bewußt verschlüsselte, und sie daher als *Allegorie* zu lesen ist, die ihre Schönheit offenbart, wenn die eigentliche Bedeutung entschlüsselt wird.[42] Brüche und Unstimmigkeiten auf der literalen Ebene werden von Philo als Signale (αἰνίγματα) dafür angesehen, daß die Tora tatsächlich als Allegorie zu lesen ist und erst dann wirklich verständlich wird, wenn der Tiefencharakter des Textes entkodiert ist. Die *Allegorese entschlüsselt* den verborgenen Sinn

---

[38] Zur philosophischen Entwicklung in Alexandria im 1. Jh. v. Chr. vgl. die aufschlußreichen Beobachtungen von TOBIN, Creation of Man, 10–19.

[39] Zu Philos intimer Kenntnis der Schriften Platons vgl. RUNIA, Philo of Alexandria and the Timaeus; MÉASSON, Du char ailé de Zeus. Zu seiner engen Beziehung zum stoisch und neupythagoreisch geprägten „Mittelplatonismus" vgl. DILLON, The Middle Platonists, 135–183, und die Kontroverse verschiedener Philoforscher (STERLING, RUNIA, WINSTON, TOBIN, DILLON) in: SPhA 5 (1993), 96–155. Daß die Stoa zur Zeit Philos platonische Gedanken aufgenommen hattte, zeigt REYDAMS-SCHILS, Stoicized Readings of Plato's Timaeus, 85–102. Zu Philos Vertrautheit mit stoischen Quellen vgl. RIST, The Use of Stoic Terminology, 33–50. Zu Philos Kenntnis des akademischen Systems, das auf Platons mündliche Lehre zurückgeht, vgl. KRÄMER, Ursprung der Geistmetaphysik, 264–281.

[40] Vgl. POHLENZ, Philon von Alexandreia, 305–383.

[41] Es ist beachtenswert, daß Clemens von Alexandria Philo ὁ Πυθαγόρειος nennt (Strom. 1.72.4 und 2.100.3). Die (neu)pythagoreische Zahlensymbolik spielt im ganzen Werk Philos eine maßgebliche Rolle. Besonders umfangreich entfaltet er sie in den Quaestiones et Solutiones. Philos verlorengegangener Traktat Περὶ ἀριθμῶν wurde von STAEHLE, Zahlenmystik, aus den erhaltenen Schriften versuchsweise rekonstruiert. Zur neupythagoreischen Zahlensymbolik bei Philo vgl. auch KRÄMER, Ursprung der Geistmetaphysik, 267–279; GOODENOUGH, A New-pythagorean Source in Philo Judaeus, 117–164; MOEHRING, Arithmology as an Exegetical Tool, 191-227.

[42] Zur Entwicklung der jüdisch-alexandrinischen Allegorese vgl. MACK, Weisheit und Allegorie, 57–105; TOBIN, Creation of Man. GRABBE, Etymology in Early Jewish Interpretation, 49–87, zeigt deutlich auf, daß die Wurzeln allein in der griechischen Allegorese zu suchen sind. Frühere wichtige Studien: STEIN, Allegorische Exegese; CHRISTIANSEN, Technik der allegorischen Auslegungswissenschaft.

der großen *Allegorie*, die in der Tora vorliegt. Der entschlüsselte Text bietet dann Einblick in die tieferen kosmologischen, anthropologischen und soteriologischen Wirklichkeiten.[43]

Philo ist Zeuge einer längeren Geschichte jüdischer Adaption der hellenistischen Homerallegorese.[44] Drei große Entwicklungen in der jüdischen Allegorese lassen sich unterscheiden:
(1) Die ältesten jüdischen Allegoresen waren wie die griechischen Vorbilder kosmologischer und einfacher ethischer Natur.[45] In der *kosmologischen Allegorese*[46] wurden biblische Begriffe auf Vorgänge im Kosmos hin gedeutet und Zahlenangaben kosmologisch ausgewertet. In der *ethischen Allegorese* wurden biblische Personen und Begriffe zu Typen und Vorgängen auf dem Weisheitsweg.
(2) Eine völlig neue Qualität erreichte die Allegorese mit der *Seelenallegorese*. In ihr wurden äußere Vorgänge und historische Personen als *innerseelische Bewußtseinserfahrungen* interpretiert, und zwar mit *psychologisch-erkenntnistheoretischer*[47] oder *ethisch-soteriologischer*[48] Tendenz.

---

[43] Eine wichtige Funktion der Allegorie ist die Verschlüsselung von Machtkritik. Deutlich wird das in den verschlüsselten Partien im Danielbuch und in der Johannesapokalypse.

[44] Philo bezieht sich selbst auf Allegoristen neben und vor ihm. Zu ihrer Theologie vgl. HAY, Defining Allegory, 55–68. Zur Bedeutung der Homerallegorese für die jüdische Schriftauslegung vgl. SIEGERT, Early Jewish Interpretation in a Hellenistic Style, 133–143.

[45] Zum Stand der Allegorese am Ende des 2. Jh. v. Chr. vgl. die kosmologischen und antianthropologischen Deutungen bei Aristobul und die ethischen Deutungen im Aristeasbrief 128–171.

[46] Diese wie auch die folgenden Klassifizierungen der bei Philo vorliegenden Allegoresen sind Präzisierungen der modernen Forschung.

[47] Vgl. dazu STEIN, Allegorische Exegese, 42–49; MACK, Weisheit und Allegorie; HAY, Philo's References to Other Allegorists. Möglicherweise gab es stoisch geprägte Allegoristen, die vor allem erkenntnistheoretisch interessiert waren und dabei die soteriologische Ebene des Bibeltextes kaum berücksichtigten, vielleicht auch die Autarkie des Menschen betonten (vgl. GOULET, La philosophie de Moise, 41, 519–24). Goulet ist der Überzeugung, daß diese Allegoristen auch schon mit der Etymologie arbeiteten, sie aber philosophisch und nicht theologisch, wie dann Philo, verstanden. Zur Kritik an Goulets zu weitreichenden Schlußfolgerungen vgl. RUNIA, Review, und HAY, Defining Allegory, 65f.: „Perhaps some Allegorists were more ‚secular' (more focused on human psychology than on religion) than others – or perhaps some interpreted the Bible in relation to human nature and its capacities without intending to imply disrespect or indifference toward God."

[48] In *Jos* 151, *Abr* 99 und *Spec* 3.178 berichtet Philo von ethischen seelenallegorischen Auslegungen, die er „gehört" hat (ἤκουσα), ihm also als Tradition vorgegeben sind.

Diese jüdische Seelenallegorese hat aller Wahrscheinlichkeit nach Anregungen von der mittelplatonischen Homerexegese empfangen.[49]
(3) Eine entscheidende Weiterentwicklung der *jüdisch*-alexandrinischen Seelenallegorese war mit der Benutzung einer Namensliste zur etymologischen Deutung der biblischen Eigennamen verbunden.[50] Es muß also zwischen *zwei Stufen* der Seelenallegorese unterschieden werden.[51] Die *etymologische Seelenallegorese* enthält neben moralisch-ethischen Deutungen verstärkt auch solche, die kontemplative und mystische Bewußtseins- und Gotteserfahrungen wiedergeben.[52]

Philo fand diese Formen der Seelenallegorese vor und ging selbst virtuos mit ihnen um. Aristobul kannte sie noch nicht; sie sind wohl im 1. Jh. v. Chr., die etymologische Seelenallegorese vermutlich sogar erst während der Lebenszeit Philos, entwickelt worden.

Die Allegorese ist für Philo der Königsweg, die universale, substantielle Wahrheit der gesamten Schrift zu entschlüsseln.[53] Philo akzeptierte

---

[49] So TOBIN, Creation of Man, 149–154, mit Hinweis auf Plutarchs Lehrer M. Annius Ammonius und dessen seelenallegorische Deutung der Begegnung des Odysseus mit den Sirenen, zu der sich Parallelen bei Philo finden (*QG* 3.3, *Somn* 1.35–36). Die *stoischen* Homerallegoresen des 1. Jh. n. Chr. (von Heraclitus Stoicus, Cornutus und Pseudo-Plutarch) hingegen enthalten *keine* Seelenallegoresen.

[50] Vgl. GRABBE, Etymology in Early Jewish Interpretation, mit einer vollständigen Liste aller von Philo etymologisch erklärten Namen. Systematisch gegliedert sind die Etymologien bei STEIN, Allegorische Exegese, 53–61, dessen Liste aber nicht vollständig ist (es fehlen die wichtigen Namen „Kain" bei den „Sophisten" und „Juda" bei den „Vollkommenen").

[51] So auch MACK, Weisheit und Allegorie, 83. Vgl. dazu STEIN, Allegorische Exegese, 41–61. Stein zeigt deutlich, daß die psychologisch-erkenntnistheoretische Seelenallegorese (er nennt sie „profan") das Zusammenspiel von νοῦς-αἴσθησις-ἡδονή ganz positiv deutet und keine Etymologien enthält. Die Sinnlichkeit wird erst in der ethischen Seelenallegorese, die eng mit den Etymologien zusammenhängt, negativ bewertet (von Stein „theologisch" genannt). Die Schwäche von Steins Untersuchung ist, daß er nicht sieht, wie die mystische Seelenallegorese die Etymologien noch einmal weiterentwickelte. Die These Steins wurde von GOULET, La philosophie de Moise, wieder aufgenommen. Zur Differenzierung unterschiedlicher allegorischer Methoden bei Philo vgl. auch HAY, Politics and Exegesis, 432.

[52] Vgl. dazu JONAS, Myth and Mysticism, 315–329. In der Seelenallegorese werden die historischen Personen nach einer Formulierung von Jonas zu innerseelischen „stages of being", die unterschiedliche Grade an ontologischer Qualität zwischen Schein und Sein bezeichnen. Sie repräsentieren somit soteriologische Qualitäten oder Seinszustände.

[53] Eine bemerkenswerte Verwandtschaft zwischen Philos und Hegels Metaphysik verrät die Apologie der philonischen Allegorese bei HEGEL, Vorlesungen über die Geschichte der Philosophie 3, 20f. (Jubiläumsausgabe): „Jüdische, heidnische Religion als äußerliche Geschichte hatte man als Autorität, Ausgangspunkt der Wahrheit vor sich; und doch faßt man den Gedanken, daß die Wahrheit nicht äußerlich gegeben sein könnte. So hat man in das Geschichtliche den tiefen Gedanken hineininterpretiert, wie man sagt:

aber auch die rational orientierte „literale" Auslegung der Tora, die ebenfalls im alexandrinischen Judentum gepflegt wurde,[54] schätzte allerdings die allegorische Auslegung höher ein. Er kritisierte gleichzeitig allegorische Auslegerinnen und Ausleger, die den Literalsinn völlig ablehnten[55] und „literale" Auslegerinnen und Ausleger, die die Allegorese zurückwiesen.[56] Dies ist ein Hinweis darauf, daß er als Vermittlungs- oder Versöhnungstheologe wirken wollte, der auf eine Synthese von allegorischer Kontemplation und traditioneller Orthopraxie aus war.

1.2.6. Philo als Zeuge philosophischer Mysterienterminologie

Die reichlich vorhandene Mysterienterminologie bei Philo steht in einer längeren philosophischen Tradition, die auf Plato zurückgeht.[57] In ihr wird die philosophische Erkenntnis zu einem von der endlichen Verstandeserkenntnis zu unterscheidenden höheren Begreifen erklärt. Die allegorische Auslegung Homers wurde von Stoikern als Initiation in die homerischen

---

oder herausinterpretiert, und das ist die wahrhafte Vorstellung. Beim göttlichen Buch (dessen Urheber der Geist ist) kann man nicht sagen, daß dies nicht darin gewesen sei. Es kommt darauf an, ob diese Geistigkeit tiefer oder oberflächlicher ist; ein Mann hat das Buch geschrieben, er hatte diese Gedanken nicht, aber im Intensiven des Verhältnisses sind diese Gedanken an sich enthalten. Es ist überhaupt ein großer Unterschied zwischen dem, was darin liegt, und dem, was ausgesprochen ist. In der ganzen Geschichte, Kunst, Philosophie usf. kommt es darauf an, daß das, was darin ist, auch heraus sei; die Arbeit des Geistes ist ganz allein, das zum Bewußtsein zu bringen, was darin ist. Weiß man nur dies, so ist es schon an das Bewußtsein herausgebracht; dies Herausbringen ist also das Wesentliche. Das andere ist, daß, wenn auch aus einer Gestaltung, Religion usf. das nicht herausgebracht wird vor das Bewußtsein, was darin gelegen hat, man doch nicht sagen kann, es habe nicht darin gelegen, es sei nicht im menschlichen Geist gewesen; im Bewußtsein war es nicht, in der Vorstellung auch nicht, aber darin ist es gewesen. Einerseits ist das Zum-bestimmten-Bewußtsein-Bringen des Gedankens ein Hineinlegen, aber andererseits, der Materie nach, ist es nicht ein Hineinlegen. Philos Manier hat vornehmlich diese Seite."
[54] Vgl. dazu die genauere Analyse dieser midraschartigen Auslegungen bei COHEN, Philo Judaeus. Die literalen Auslegungen repräsentieren eine Herangehensweise an den Toratext, die „selbstverständlich" oder „offensichtlich" ist, also allgemein „einleuchtend". Man könnte von einem rationalistischen, monotheistischen Paradigma sprechen, das sich in ihnen ausdrückt.
[55] Vgl. die entscheidende Stelle *Migr* 89–93, wo sich Philo mit den „radikalen" Allegoristen auseinandersetzt. Er identifiziert sich zwar mit ihren allegorischen Deutungen, kritisiert aber ihre Vernachlässigung der religiösen Rituale. Hier geht es offensichtlich um einen Konflikt in der Gruppe der Allegoristen, der Philo selbst zugehört.
[56] Vgl. WINSTON, Logos and Mystical Theology, 14.
[57] Vgl. RIEDWEG, Mysterienterminologie, 115.160f.

Mysterien gedeutet.⁵⁸ Im Mittelplatonismus gewann diese Erkenntnisvorstellung, in der die Transzendenzerkenntnis als Geheimwissen behandelt wurde, verstärkt Bedeutung.⁵⁹ Zu Beginn der Kaiserzeit entwickelte sich außerdem eine platonisierende heidnische Mysterientheologie, die möglicherweise auch Philo beeinflußte.⁶⁰ Die Mysterienterminologie ist daher nicht als Indiz für ein jüdisches Mysterienritual zu deuten,⁶¹ sondern als Ausdruck eines Wissens darum, daß die durch Allegorese erschlossenen vernünftigen Lehren das Alltagswissen und die Alltagsrationalität transzendieren, also verborgenen Charakter haben und vor allem spekulative, soteriologische Wahrheitserkenntnis mittels der Tora bereitstellen.⁶² Diese soteriologische, in der Tora aufbewahrte spekulative Erkenntnis wurde als wahres Mysterium verstanden, dessen Hierophanten Mose und die Propheten wie z.B. Jeremias sind.⁶³

1.2.7. Inhaltliche Widersprüche in Philos Schriften: stilistische, exegetische und traditionsgeschichtliche Erklärungen

Bei genauerem Hinsehen fällt auf, daß sich Philo recht oft inhaltlich widerspricht und auch seine Begrifflichkeit inkonsistent ist.⁶⁴ Wie soll man

---

⁵⁸ Vgl. Heraklitus Stoicus 53.2.
⁵⁹ Vgl. WLOSOK, Laktanz und die philosophische Gnosis, 53.
⁶⁰ Ebd., 58, mit Hinweis auf Plutarch.
⁶¹ Diese These vertrat PASCHER, Der Königsweg zu Wiedergeburt und Vergottung, pass. GOODENOUGH drückte sich in „By Light, Light" für viele Leser mißverständlich aus und stellte darum in seiner „Introduction", 204, klar: „That mystic Jews had distinct rites of their own, distinct initiations, to which even Jews must be specially admitted, there is no evidence whatever to support." Er vertrat allerdings die Überzeugung, daß der Kreis um Philo die üblichen jüdischen Rituale in einem mysterienhaften Sinn deutete und vollzog: „The traditional forms were quite adequate when properly understood" (Introduction, 209). So auch GOODENOUGH, Literal Mystery, 61: „That mystic Jews had a special rite of initiation is not apparent in our evidence, but that they formed special groups for celebrating the Jewish ‚sacraments' in their own way with their own explanations and comments seems almost inevitabel from what Philo says."
⁶² Vgl. vor allem die Anmerkungen von NOCK, The Question of Jewish Mysteries, 156–165, zu Goodenoughs „By Light, Light". Vgl. auch FRÜCHTEL, Die kosmologischen Vorstellungen, 112–115.
⁶³ *Cher* 49, *Gig* 54. Vgl. dazu GOODENOUGH, Literal Mystery, 61: „It has appeared that the mystic Jew saw the supreme revelation of saving truth in his Torah, when properly understood by allegory, and felt that because he had unique access to and revelation of the immaterial world, he had the true Mystery, αἱ ἀληθεῖς τελεταί".
⁶⁴ Vgl. z.B. die widersprüchlichen Aussagen zur Möglichkeit der Gotteserkenntnis bei Philo, die JONAS, Gnosis II/1, 70–74, gegenübergestellt hat.

mit diesem Phänomen umgehen?⁶⁵ Ich halte es für unumgänglich, die Widersprüche auf unterschiedliche Ursachen zurückzuführen, wobei zunächst einmal stilistische, exegetische und traditionsgeschichtliche Ursachen zu differenzieren sind:

- *Stil*: In allen seinen Texten zeichnet sich Philo dadurch aus, daß er auch dort, wo identische Gedankengänge vorliegen, diese mit immer neuen Bildern, Vergleichen und Metaphern in unterschiedlicher Weise formuliert, also ständig Varianten bietet – auch in begrifflicher Hinsicht.

- *Exegese*: Die Unstimmigkeiten bei Philo sind oft auf Unausgeglichenheiten im Toratext selbst zurückzuführen. Die philosophisch-theologische Reflexion Philos bindet sich in seinen exegetischen Werken – vor allem in den QS und im AK – immer an kurze Wendungen, Namen oder Begriffe des Toratextes. Da Philo nur selten in größeren Bögen kontextuell denkt, spiegeln sich Unausgeglichenheiten im Toratext in Philos Exegese wider.⁶⁶ Diese Konzentration auf kleine Einheiten zieht nach sich, daß philosophische Begrifflichkeiten von ihm so verarbeitet werden, daß sie jeweils nur eine Einheit erhellen. Eine andere Einheit kann Erklärungen abrufen, die inkongruent zu den Erklärungen früherer Einheiten sind.⁶⁷ Am Ausgleich dieser Inkongruenzen scheint Philo kaum interessiert zu sein.

- *philosophische Traditionen*: Zum einen haben die philosophischen Strömungen, von denen Philo besonders geprägt ist – vor allem der kaiser-

---

⁶⁵ WOLFSON, Philo, versuchte in seiner umfangreichen Darstellung möglichst alle Widersprüche zu harmonisieren und in einem einleuchtenden philosophischen Gesamtsystem zusammenzuführen. Manche Exegetinnen und Exegeten neigen eher dazu, Widersprüche zu harmonisieren, oder, wenn dies nicht gelingt, diese als Schwäche dem Autor anzulasten. Andere hingegen neigen dazu, Widersprüche stehen zu lassen und dabei einem Autor ein gewisses Maß an Inkonsistenz zuzugestehen, ohne ihn gleich abzuwerten. Wer von einem Autor eine geschlossene Gesamtkonzeption erwartet und ihm eine solche im exegetischen Prozeß auch abringt (so Wolfson bei Philo), hat möglicherweise nur seinen kognitiven Denkstil auf den untersuchten Autor projiziert, dessen Denkstil durchaus offener, flexibler, kontextueller oder traditionsgebundener sein kann.

⁶⁶ Vgl. VÖLKER, Fortschritt und Vollendung, 288: „Zugleich hat man den Fehler einer zu straffen Systematisierung zu vermeiden, wodurch der Eindruck hervorgerufen würde, als habe unser Autor eine klare, in sich geschlossene Anschauung besessen; vielmehr soll das Schwankende, Unausgeglichene, sich jeweils dem Bibelvers Anpassende herausgearbeitet werden, weil man Philo nur dann gerecht wird." – „Wir dürfen also bei Philo keine Äußerung absolut fassen, als seine endgültige Meinung ansehen; alles kann sich ändern, wenn es ein Schriftwort verlangen sollte" (266). Dieser Zugang wurde von NIKIPROWETZKY, Le commentaire de l'Écriture, stark hervorgehoben. Von letzterem stark beeinflußt ist RUNIA, How to Read Philo.

⁶⁷ So legt Philo z.B. in *Opif* 69–75 Gen 1,26f. so aus, als ob es um den Menschen aus Körper und Geist gehe. Die Formulierung „Mensch" führt ihn in *Opif* 76 jedoch zur Andeutung, daß es in Gen 1,25 um die Erschaffung der *Gattung* Mensch geht.

zeitliche Platonismus und die kaiserzeitliche Stoa –, selbst schon verschiedene, nicht völlig kongruente Elemente anderer philosophischer Traditionen absorbiert.[68]

– *exegetische Traditionen*: Zum anderen geben die Widersprüche Einblick in die Werkstatt eines Exegeten, der sich unterschiedlichen literalen und allegorischen Auslegungstraditionen verpflichtet fühlt und diese überarbeitet, weiterführt oder auch korrigiert.[69] Dieser traditionsgeschichtliche Ansatz wurde in jüngerer Zeit vor allem von Mack und Tobin vorangetrieben.[70]

Mack stellte die These auf, daß der *allegorische Traktat Congr* aus Fragmenten von vier unterschiedlichen, zeitlich aufeinanderfolgenden Auslegungstraditionen zu Gen 16,1–6a aufgebaut sei, die aus je eigenen Anliegen erwuchsen und darum unterschiedliche theologische Tendenzen offenbaren. Die Seelenallegorese bilde die jüngste Schicht und bestimme den jetzigen Charakter des Traktates.[71]

Tobin wählte zur traditionsgeschichtlichen Analyse – anders als Mack – keinen Traktat, sondern das *Motiv der Menschenschöpfung* aus Gen 1 und 2, weil es auffällig unterschiedlich von Philo interpretiert wird. Wie Mack rekonstruiert er aus den differierenden Auslegungen dieses Motivs eine hypothetische historische Abfolge von einfachen zu komplexeren Auslegungen, die aufeinander aufbauen. Diese Abfolge versucht er damit abzusichern, daß er die einzelnen Auslegungen mit den philosophischen Gedankenmodellen und Milieus in Beziehung bringt, die das alexandrinische Judentum beeinflußt haben sollen: der Platonismus des 2. Jh. v. Chr., der frühe Mittelplatonismus (1. Jh. v. Chr.) und die Seelenallegorese des Mittelplatonismus (1. Jh. n. Chr.).

---

[68] So DILLON, The Middle Platonists, 139–183.

[69] Vgl. dazu die grundlegenden Beobachtungen von BOUSSET, Jüdisch-christlicher Schulbetrieb, 8–154. Seine Grundthese lautet: „Philo hat seine exegetischen Werke, vor allem seinen allegorischen Kommentar auf einer älteren Grundlage aufgearbeitet, die noch fast überall deutlich hindurch scheint" (153).

[70] MACK, Weisheit und Allegorie; TOBIN, Creation of Man. Vgl. zu beiden die Kritik von RUNIA, Philo of Alexandria and the Timaeus, 15–17 (zu Mack) und 556–558 (zu Tobin). Runia weist zurecht darauf hin, daß Philo diese Traditionen in sein Denken transformiert und integriert hat und darum die Eruierung seiner Quellen hypothetisch bleiben muß.

[71] MACK, Weisheit und Allegorie, 69: „Die Schichten sind: 1) ein Enkomium Sarahs und Abrahams, 2) eine Sarah-Weisheit-Allegorie, 3) eine Hagar-Encyclia-Allegorie, 4) eine Seelenallegorie."

1.2.8. Inhaltliche Widersprüche in Philos Schriften: eine form- und gattungsanalytische Erklärung[72]

Neben diesen in der Forschung schon lange beobachteten Ursachen für die inhaltlichen Differenzen bei Philo möchte ich auf eine weitere Ursache hinweisen, auf die Georgi aufmerksam gemacht hat, die aber bisher noch nicht genügend beachtet wurde: *Unstimmigkeiten bei Philo sind auf die von ihm benutzten Textgattungen zurückzuführen.*

Die formalen Unterschiede zwischen der *Expositio Legis*, dem *Allegorischen Kommentar* und den *Quaestiones et Solutiones* sind offensichtlich.[73] Die formanalytische Einsicht, daß Form und Inhalt einander bedingen, Sprachform und Lebensform miteinander verschränkt sind, wurde in der Philoforschung jedoch bisher stark vernachlässigt.[74] Sie hilft aber zu berücksichtigen,
- daß Philos Denk- und Argumentationsstil an die verwendeten literarischen Gattungen *gebunden* sein kann,[75]
- daß die unterschiedlichen Gattungen auf *unterschiedliche soziale Orte* und verschiedene Hörerinnen- und Hörer- wie Leserinnen- und Lesergruppen schließen lassen,
- daß literarische Gattungen auch eine bestimmte Erkenntnisweise und Wirklichkeitserschließung vermitteln, und umgekehrt eine bestimmte

---

[72] Zu den Termini „Formanalyse" und „Gattungsanalyse" vgl. SÖDING, Wege der Schriftauslegung, 128–131 und 155–157.

[73] Zum ersten Mal ausgewertet wurden sie von GOODENOUGH, Philo's Exposition of the Law, 124f.; DERS., Introduction, 30–51 (positiv rezipiert von CONLEY, Philo's Rhetoric, 350). Er nahm an, daß die Gesetzesauslegung an Heiden, der Allegorische Kommentar hingegen an eine in die mysterienhafte Auslegung der Tora eingeweihte Gruppe gerichtet sei und von daher auch die Unterschiede in der Darstellung zu erklären sind. Angeregt von der Differenzierung Goodenoughs hat GEORGI, Gegner, 55 (Anm. 5) und 94 (Anm. 5), genauer nach den Daseinsverständnissen gefragt, die in der Gesetzesauslegung und im Allegorischen Kommentar zum Ausdruck kommen und deutliche Unterschiede postuliert.

[74] Ansatzweise bei BIRNBAUM, What Does Philo Mean by „Seeing God", 549: „The literary form of Philo's different commentaries may also influence his presentation." Klarer noch WIEFEL, Das dritte Buch über „Moses", 874: „Die drei schriftauslegenden Werke...sind nach ihrer formalen Seite, nach Struktur und innerem Aufbau deutlich voneinander abgehoben. Es liegt nahe zu folgern, daß ihr ursprünglicher Bestimmungszweck (ihr ‚Sitz im Leben') ein verschiedener war."

[75] Der antike Schriftsteller wußte sich grundsätzlich stark an die Form gebunden, die er wählte. Das *Enkomium* z.B. transportiert das Motiv des göttlichen Menschen. Die Idealisierung eines Menschen oder einer Gruppe ist schon in der Wahl der Form gegeben.

Wirklichkeitserschließung mit der entsprechenden literarischen Form und Sprache verbunden ist.[76]

Unterschiedliche Textgattungen bei Philo sollten daher nicht nur als Hinweis auf unterschiedliche Adressaten, sondern auch auf unterschiedliche Tendenzen in seiner Theologie hin gedeutet werden.[77]

Ich möchte nun thesenartig aufzeigen, welche Konsequenz diese formanalytische Einsicht für die Herangehensweise an die drei großen Schriftenreihen hat.

1.2.9. Die form- und gattungsanalytische Differenzierung zwischen den drei Kommentarreihen

1.2.9.1. Form- und Gattungsanalyse der Expositio Legis mit Hypothese zum Sitz im Leben[78]

Die EL hat einen klaren, durchstrukturierten Aufbau mit Einleitungen, deutlichen Argumentationsschritten und Zusammenfassungen, die auf das rationale Einverständnis der Leserinnen und Leser hinzielen. Die einzelnen Traktate sind sorgfältig gegliedert und haben einen übersichtlichen Aufbau. Die EL hat die Absicht, die Tora in systematischer Weise vorzustellen (vgl. *Abr* 1-6 und *Praem* 1-2). Dieses systematische Interesse gliedert die Tora in thematische Einheiten (topologische Vorgehensweise). Die thematisch-topologische Ordnung orientiert sich eher selten am fortlaufenden Bibeltext (so z.B. in *Opif*), meist systematisiert sie, indem sie übergreifende Themen findet, die als Ordnungshilfe dienen (Schöpfung,

---

[76] OTTE, Das Sprachverständnis bei Philo von Alexandrien, 4: „Die Sprache steht meist in einem funktionalen Verhältnis zur spezifischen Seinsauslegung."

[77] Gegen NIKIPROWETZKY, Brève note, 321-329, der keine wirklichen Unterschiede zwischen der Expositio Legis und dem Allegorischen Kommentar sieht. Auch SANDMEL, Philo's Place in Judaism, 187, glättet die Differenzen und nimmt die unterschiedliche Form nicht ernst, wenn er bezüglich der Abrahamsdeutung feststellt: „The literal Abraham and the allegorical differ primarily in literary form, and not in substance. The two Abraham of Philo are congruent with each other." – „The Abraham of the ‚Exposition' is exactly the same as the Abraham of the ‚Allegory'." SIEGERT, Early Jewish Interpretation in a Hellenistic Style, 177-181, differenziert zwar sehr deutlich zwischen den drei exegetischen Werken und gibt auch Hinweise auf unterschiedliche Sitze im Leben, zieht daraus aber keine Schlußfolgerungen für mögliche Unterschiede in der inhaltlichen Gestaltung theologischen Denkens und theologischer Argumentation.

[78] Zur Expositio Legis gehören *Opif* (ursprünglich unabhängig, später integriert), *Abr*, *Jos*, *Mos 1-2* (ursprünglich unabhängig, später integriert, vgl. *Praem* 53), *Decal*, *Spec 1-4*, *Virt*, *Praem*.

Leben Abrahams, Joseph als Politiker, Dekalog, Tugenden im Gesetz u.a.). Die biblischen Texte sind also thematisch geordnet, d.h. einer Systematik untergeordnet. Nicht der Toratext (wie in den QS und im AK), sondern das Thema dominiert.[79] In den Erzählabschnitten wird zwar oft auf Bibeltexte angespielt, aber sie werden selten zitiert. Überhaupt sind Schriftzitate weit seltener als in den QS und im AK. Den Schwerpunkt bilden nicht Allegoresen, sondern zum einen *enkomienartige* Darstellungen der Erzväter und -mütter[80] und zum anderen rationalisierende „literale" Erklärungen der jüdischen Gesetze. In die Seelenallegoresen wird immer didaktisch eingeführt. Erzählung und Allegorese werden dabei als eine sich ergänzende harmonische Einheit angesehen (vgl. *Abr* 88). Die allegorischen Abschnitte sind auf diese Weise in den literalen Erzählfaden integriert. So entsteht der Eindruck einer recht leicht verständlichen und zutiefst einsichtigen Weltsicht, die – von Mose als Gesetz vermittelt – an Alter und Tiefe aller griechischen Philosophie überlegen ist. Bei der Darstellung des Judentums wird eine Außenperspektive eingenommen, in die nichtjüdische Leserinnen und Leser eingeschlossen sind.

Es ist zu vermuten, daß diese Schriftenreihe an die jüdische *und* nichtjüdische *Öffentlichkeit* gerichtet war. Diese Schriften haben keineswegs nur einen defensiven apologetischen, sondern vielmehr einen *offensiven missionarischen Charakter*. Sie wollen das Judentum in der hellenistischen Welt als die wahre welterhaltende Philosophie und Gottesverehrung in *vernünftiger* Weise ins Gespräch bringen. Sie appellieren an die Vernunft des hellenistisch gebildeten Lesers und propagieren den biblischen Monotheismus in der Sprache hellenistischer Bildungskultur. Besonderheiten jüdischer Frömmigkeitspraxis werden mit Hilfe allgemein akzeptierter Vorstellungen plausibel gemacht.[81] Weite Teile der EL bauen wohl auf der vernunftorientierten und damit missionarischen *Bibelauslegung der öffentlichen Synagogenpredigt und -lehre* auf.[82] Möglicher-

---

[79] Vgl. WIEFEL, Das dritte Buch über „Moses", 867, der von „themazentrierten Darbietungen" spricht.

[80] Zur Gattung des Enkomiums vgl. PRIESSNIG, Literarische Form der Patriarchenbiographien, 143–155; SHULER, Philo's Mose, 86–90. Shuler weist auf den „persuasive intent" der Enkomien hin (87). Die Vorzüge des Gelobten werden dabei stilistisch übertrieben: Ἐγκώμιον ὁμολογουμένου αὔξησις (RABE, Prolegomenon Sylloge 293,21 = Rhetores Graeci XIV 185,15).

[81] Vgl. STERLING, ‚Thus are Israel', 14f.

[82] Vgl. GEORGI, Frau Weisheit, 249 (Anm. 15): „Für den öffentlichen Synagogengottesdienst als Missionsveranstaltung bestimmt." Vgl. auch die Stilisierung der Synagogenpredigt als philosophischer Lehrvortrag in *Mos* 2.215 und *Hypoth* (= Eus. praep. ev. 8.7.12f.).

weise liegen ihr Lehrpredigten oder Lehrvorträge zugrunde, die Philo in der Synagoge gehalten und für die schriftliche Veröffentlichung überarbeitet hat.[83] Sie haben von Form und Inhalt her *protreptischen Charakter* und werben in der hellenistisch-römischen Öffentlichkeit für die Tora.

Diesen formal und inhaltlich rationalistischen Charakter haben auch Philos stärker philosophische Abhandlungen und Dialoge (*Prob, Aet, Contempl, Prov 1–2, Anim*) und seine historisch-politischen Schriften (*Hypoth, Legat, Flacc*),[84] in denen der rationalistische Charakter ganz offensichtlich zutage tritt. Sie sind *zusammen mit der Expositio Legis* (EL) als Zeugnisse eines offensiven missionstheologischen Zweiges der jüdischen Weisheit mit vernunftorientierter Tendenz zu interpretieren.[85] Ich nenne diese Traktate Philos (einschließlich der EL) seine *missionstheologischen Schriften* (MS).

1.2.9.2. Form- und Gattungsanalyse der Quaestiones et Solutiones mit Hypothese zum Sitz im Leben

Die QS haben mit dem Frage-Antwort-Schema (ζητήματα καὶ λύσεις) einen festen formalen Aufbau und sind damit als Gattung eindeutig bestimmt. Das Schema entstammt der rational-apologetischen Homerexegese[86] und hatte in der jüdisch-hellenistischen Exegese schon lange vor Philo einen festen Platz. Es läßt sich deutlich schon bei Demetrios im 3. Jh. v. Chr. belegen.[87] Mit ihm wurden vor allem anstößige oder seltsam erscheinende Textaussagen rational einsichtig gemacht. Philo reichert die Gattung der ζητήματα mit zwei formalen Besonderheiten an: mit zusätzlichen seelenallegorischen Deutungen und mit einer expliziten Differenzierung zwischen Literalsinn und allegorischer Deutung. Die Antwort kann in den QS eine rein literale Interpretation enthalten, eine literale *und*

---

[83] So auch WIEFEL, Das dritte Buch über „Moses", 875: „Bei der Expositio legis wäre vielleicht an apologetische Vorträge zu denken, die auch sympathisierende Nichtjuden erreichen sollten."

[84] *Legat* und *Flacc* wenden sich aus der Perspektive alexandrinischer Juden an ein nichtalexandrinisches Publikum, das z.B. über die örtlichen Besonderheiten in Alexandria informiert werden muß (vgl. *Flacc* 55).

[85] Vgl. GEORGI, Gegner, 52f.96–99. Dieser Zweig der jüdischen Weisheit hat sich nach GEORGI, Wesen der Weisheit, 70f., im 3. Jh. v. Chr. aus der charismatischen Weisheit herausgebildet. Vgl. auch HENGEL, Hellenisierung des antiken Judentums, 304-307.

[86] Zur Geschichte dieser Gattung vgl. WAN, Philo's Quaestiones, 24–38; WIEFEL, Das dritte Buch über „Moses"; 874f.; SIEGERT, Drei hellenistisch-jüdische Predigten, 55–91.

[87] Vgl. Demetrios, Fragm. 2 (= Eus. praep. ev. 9.21.1–19, dort 9.21.14).

allegorische Interpretation oder eine rein allegorische Interpretation.[88] Es ist zu vermuten, daß viele Antworten, die Philo auf der literalen Ebene gibt, eine längere Vorgeschichte haben. Sie sind von ihrem rational-ethischem Charakter her ähnlich den literalen Partien in der EL, ihnen fehlt aber der für die EL typische Enkomienstil. Philo hat die traditionelle Frage-Antwort-Methode fest in eine fortlaufende Exegese des Toratextes integriert. Der biblische Text gibt also grundsätzlich den Fortgang der Exegese vor, aber Philo greift oft nur bestimmte Formulierungen oder Satzteile aus dem fortlaufenden Text heraus, die dann interpretiert werden. Größere Gedankenbögen fehlen daher völlig. Mit einer neuen Frage an den nächsten Textabschnitt beginnt auch eine neue, unabhängige und meist recht kurze Erklärung. Das ist auch typisch für stoische und platonische Homerkommentare. Außerdem fällt auf, daß die alternativen Lösungen, die Philo des öfteren zu einer Frage zusammenstellt, nicht miteinander ins Gespräch gebracht, sondern unkommentiert nebeneinander gestellt werden.[89] Philo gibt dadurch einem recht breiten Spektrum an Auslegungsmöglichkeiten Raum.[90] Im Vergleich zum AK sind die Auslegungen kürzer und, wenn man von einigen sehr ausführlichen Ausnahmen absieht, über-

---

[88] WAN, Philo's Quaestiones, 35, zählt bei insgesamt 636 Antworten 156 literal-allegorische, 55 literal-allegorische, bei denen der Literalsinn als „klar" abgehakt wird, 226 rein literale und 188 rein allegorische Antworten. Vorsichtig bin ich bei der Anzahl der letzten beiden Gruppen, weil die Einschätzung, ob eine Antwort literal oder allegorisch zu verstehen ist, nicht immer eindeutig festgestellt werden kann, da Philo keine klaren formalen Hinweise gibt.

[89] Vgl. HAY, References to Other Exegetes, 94: „It is further noteworthy that in several cases references to other exegetes are presented without any comment by Philo. A striking case is *QG* 3.13, where he refers to exegetes who think Gen 15:16 speaks about the power of fate. Elsewhere (*Her* 300–306), as we have already seen, Philo sharply attacks that view; here he says nothing. Other examples may be found in *QG* 1.57; 4.51. Would Philo have left matters so unclear if he intended this work to be published or read to a general audience?" – „In the *Quaestiones* he seems less often concerned to distinguish good from bad interpretations and far more tolerant of literal interpretations and of literalists (96)." Ebenso STERLING, Prolegomena or Afterthought, 105: „This analysis suggests that Philo is attempting to present possible exegetical options for the text by citing variegated views. He is obviously pleased with the polyvalent nature of the biblical text and refrains from casting a decisive vote for either one or the other levels of meaning."

[90] Das angebotene Spektrum ist weit. *QE* 1.23 kennt die Vorstellung von einer rettenden und vernichtenden Kraft in der Seele und in der Welt und zeigt damit die Nähe mancher exegetischen Traditionen Alexandrias zu Auslegungstraditionen der Essener in Qumran auf (1QS 3,13ff.; 4,15f.). Vgl. dazu HENGEL, Qumran und der Hellenismus, 282f., und WLOSOK, Laktanz und die philosophische Gnosis, 107–111. Auffällig sind auch die astrologisch-kosmologischen Allegoresen in *QG* 4.46; *QG* 3.11 und 13 (gegensätzlich zu *Her* 300–306).

wiegend kürzer, manchmal sogar extrem knapp. Sie werden nur selten durch Hinzuziehung „sekundärer" Bibeltexte und deren Interpretationen vertieft, was im AK wiederum ständig geschieht.[91] Auch die Leserinnen und Leser werden sehr selten direkt angesprochen. Der Ton ist überwiegend sachlich und feststellend, nur manchmal diatribisch.[92] Die Gliederung der einzelnen QS folgt häufig dem Schema „Erstens, Zweitens, Drittens". Spannung oder Bewegung wird dadurch vermieden. So entsteht der starke Eindruck einer nach verschiedenen Seiten offenen Werkstattatmosphäre.

Die Gattung der ζητήματα hat ihren „Sitz im Leben" im antiken „Hochschulbetrieb" der Philosophenschulen und wurde bei der Auslegung hochgeschätzter Texte (vor allem von Homer und Platon) eingesetzt. Die QS setzen schon von der Gattung her Hörerinnen und Hörer voraus, die bereit sind, sich auf schwierige Auslegungen einzulassen. Eine pädagogische Rücksicht Philos, wie sie in der EL zu beobachten ist, läßt sich auch nicht erkennen,[93] allerdings sind die Auslegungen noch nicht so komplex wie im AK.[94] Die QS haben einen gewissen Werkstatt- und Notizbuchcharakter.[95] Man könnte sich die QS als von Philo selbst freigegebene, von

---

[91] Vgl. dazu RUNIA, Secondary Texts in Philo's Quaestiones, 47–79, und dort besonders 76: „Moreover, when the Quaestiones and the Allegorical Commentary are directly compared, it emerged that there was practically no correlation in the choice of secondary texts when the two series expound the same main text. Clearly, in this regard at least, the Quaestiones do not have a preparatory character. The Quaestiones form an independent and important segment of the corpus Philonicum, fully deserving to be studied for their own sake."

[92] Z.B. *QG* 4.138; *QE* 2.29.

[93] STERLING, Philo's Quaestiones, 121f.: „It is true that they lack – as we have seen – the polish and sophistication of the *Allegoriae*. Yet it is just as true that the basics for the *Allegoriae* are already present in the *Quaestiones*. It is likewise unacceptable to claim that the *quaestio et solutio* method is reserved for catechesis since it is fundamental to the entire Philonic corpus and a known form of writing a commentary" (121f.).

[94] Vgl. WAN, Philo's Quaestiones, 23: „My thesis is that the Quaestiones are an independently compiled work intended most likely for Alexandrian Jews who had been introduced to the rudiments of Biblical exegesis but whose progress had not yet reached the sophistication of the Allegoriae." Anders HAY, References to Other Exegetes, 94, der aufgrund des obigen Befundes glaubt, daß „the *Quaestiones* are private notes or ones designed for limited circulation among fellow exegetical specialists, written either by Philo or by someone who heard him speak or teach." Sie wären dann nicht für Schülerinnen und Schüler, sondern für geschulte Spezialistinnen und Spezialisten gedacht. Ich glaube, daß Philo interessierte Hörerinnen und Hörer vor sich hatte, die bereit waren, sich auf neue, ungewohnte allegorische Auslegungen einzulassen, also sowohl Schülerinnen und Schüler wie auch erfahrene Exegetinnen und Exegeten.

[95] Vgl. dazu die Ausführungen bei BOUSSET, Jüdisch-christlicher Schulbetrieb, 2–5, über ὑπομνήματα als „Kollegaufzeichnungen". Bei Plut. mor. 464f. („De tranquilitate

Schülerinnen und Schülern aufgezeichnete exegetische Vorlesungsnachschriften vorstellen oder wahrscheinlicher noch als persönliche *Vorlesungsmanuskripte*,[96] die Philo seinen Schülerinnen und Schülern als schriftliche Erinnerungshilfe zur Verfügung stellte. Die QS gehen also mit großer Sicherheit auf *exegetische Lehrvorträge* vor mehr oder weniger geübten Schülerinnen und Schülern aber auch Kolleginnen und Kollegen zurück,[97] mit denen Philo in unterschiedliche exegetische Traditionen einführen will – und zwar aus der Perspektive der seelenallegorischen Auslegung der Schrift. Sie sind nicht an die Öffentlichkeit gerichtet, sondern dienen der Einübung in die wissenschaftliche Bibelauslegung. Die Rücksichtnahme auf die literale Auslegung ist ein deutlicher Hinweis darauf, daß Philo integrativ wirken will, seine Anstrengungen also in den Kontext einer Vielfalt exegetischer Bemühungen in Alexandria stellen will,[98] um so seine Zugehörigkeit zu einer ehrwürdigen Tradition und Gemeinschaft zu beweisen.[99]

1.2.9.3. Form- und Gattungsanalyse des Allegorischen Kommentars mit Hypothese zum Sitz im Leben

Der AK beginnt in seinem heutigen Zustand mit streng fortlaufenden Exegesen, denen ein übergreifendes Thema fehlt (*Leg 1–3* zu Gen 2–3, *Cher* zu Gen 3,24–4,1, *Sacr* zu Gen 4,2–4, *Det* zu Gen 4,8–15, *Post* zu Gen

---

animi") sind die ὑπομνήματα „Aufzeichnungen, die ich für mich selbst gemacht habe". Weitere Belege zur Gattung der ὑπομνήματα bei STANDHARTINGER, Entstehungsgeschichte und Intention des Kolosserbriefs, 41f.

[96] GEORGI, Frau Weisheit, 249 (Anm.15), spricht von „Handbücher(n) zur Einführung in tiefsinnigere Exegese."

[97] Vgl. WIEFEL, Das dritte Buch über „Moses", 875: „Aber vielleicht könnte man als Sitz im Leben für das Quaestionenwerk an einen jüdischen Vorläufer der ‚Katechetenschule' denken – eine Art Akademie, deren Hörer Angehörige der jüdischen Bildungsschicht waren, die wie Philo selbst von der griechischen Bibel und der hellenistischen Philosophie geprägt worden sind."

[98] Ähnlich jetzt auch BIRNBAUM, What Does Philo Mean by „Seeing God", 550 (Anm. 44): „QGE appears to be a collation or digest of interpretations reflecting a broader community of Alexandrian Jews than just those who share Philo's interest in allegorical interpretation and the journey of the soul. Perhaps this series is intended to function as a sourcebook or even a textbook for this broader Alexandrian Jewish community". Die gleiche These findet sich auch in BIRNBAUM, The Place of Judaism (1996), 19.

[99] HAY, References to other Exegetes, 97: „The very form of the *Quaestiones* suggests that Philo regarded himself as belonging to a community and succession of exegetes." – „Finally, the references to flesh-and-blood interpretive partners in the *Quaestiones* suggest that Philo wrote largely for the benefit of persons concerned not only about exegesis but also about living out their Jewish identity."

4,16–26, *Gig* zu Gen 6,1–4, *Deus* zu Gen 6,4–12). Das ändert sich mit der Auslegung zu Gen 9,20–21. In drei Traktaten bestimmen die Begriffe „Ackerbauer", „Pflanzung" und „Trunkenheit" den Fortgang des Textes (*Agr*, *Plant*, *Ebr*). Die dabei herangezogenen Bibelverse werden jedoch wieder mit der Methodik der fortlaufenden Exegese besprochen. Philo kehrt dann wieder zur am Text entlanggehenden Exegese zurück (*Sobr* zu Gen 9,24–27, *Conf* zu Gen 11,1–9, *Migr* zu Gen 12,1–6, *Her* zu Gen 15,2–18, *Congr* zu Gen 16,1–6, *Fug* zu Gen 16,6–12, *Mut* zu Gen 17,1–5.15–22), die mit thematisch orientierten Abschnitten durchsetzt ist (*Her* 133–229 z.B. ist eine lange thematische Abhandlung über die ἰσότης). In *Somn* 1–2 verhandelt Philo unter der thematischen Frage nach den Traumarten in der Bibel einige Traumberichte aus der Genesis (Gen 28,11–15; Gen 31; Gen 37,5ff.; 40,5ff.; 41,1ff.), die dann wieder in einer fortlaufenden Exegese entschlüsselt werden. Im Gegensatz zur EL, in der thematische Vorgaben die Struktur aller Traktate bestimmen und Bibeltexte eher selten wörtlich zitiert werden, geht Philo im AK überwiegend versweise vor, und über weite Strecken bestimmt der direkt zitierte fortlaufende Bibeltext die Ordnung der Gedankenfolge – wie in den QS. Aber das Frage-Antwort-Schema der QS und die Einführung mit einer literalen Auslegung treten deutlich zurück.[100] Die Schriften setzen vielfach unmittelbar mit einem Bibeltext ein, der dann ohne didaktische Hinführung überwiegend mit Seelenallegoresen ausgelegt wird. Ein durchstrukturierter Gedankengang entwickelt sich – wie in den QS – immer nur zur Auslegung eines bestimmten Textes, wobei sich Philo auch innerhalb dieser recht umfangreichen, durchstrukturierten Abschnitte nicht scheut, die Auslegung durch Interpretation weiterer Texte („secondary texts") mitunter ausführlich zu erweitern.[101] Der AK wirkt so gegenüber den QS komplexer und eigenstän-

---

[100] Der AK enthält zwar das Schema der QS, aber dieses Schema bestimmt keineswegs die Gesamtform des AK. Man kann die Differenz zwischen AK und QS nicht einfach mit der Feststellung verwischen, das Schema der QS sei auch im AK zu finden, wie es BORGEN, Survey of Research, 134f., tut.

[101] CAZEAUX, La trame et la chaîne, vertritt die Überzeugung, daß Philo nicht nur einzelne Abschnitte, sondern die ganzen Traktate bis ins Letzte kohärent durchstrukturiert habe. Seine umfangreichen formalen Analysen stehen allerdings unter dem Verdacht der Überinterpretation. M.E. werden von ihm auf der Ebene der Strukturanalyse inhaltliche Chiasmen, Inklusionen und Symmetrien in den Text hineininterpretiert, die konstruiert und künstlich wirken, ja manchmal die offensichtlichen Gliederungshinweise im Text selbst ignorieren, um durchgehalten zu werden. Cazeaux hat aber bewiesen, daß Philo im AK auf formale Strukturen achtet und oft formal elegant vorgeht, was z.T. sicherlich auf eine literarische Strategie zurückgeht; vgl. RUNIA, Further Observations on the Structure, 126f.

diger, da die Textbasis durch die „secondary texts" virtuos erweitert wird, und dabei die Gestaltungskraft Philos stärker zum Zuge kommt.[102] Wird ein neuer Textabschnitt erklärt, kommt es – wie in den QS – meist zu einem neuen, unabhängigen Gedankengang.[103] Strukturanalysen größerer Textzusammenhänge interessieren ihn nicht. Oft durchbricht sogar seine allegorische Auslegung textliche Zusammenhänge, die auf der wörtlichen Ebene bestehen. Eine logisch aufeinander aufbauende, inhaltliche Gliederung der Traktate ist darum nur selten zu erkennen. Aber an die Stelle des monotonen Frage-Antwort-Schemas der QS tritt eine kontinuierliche Verkettung der einzelnen und in sich einzigartigen exegetischen Abschnitte durch Überleitungen oder gleitende Übergänge, so daß der Eindruck eines ständigen, eigentlich nie aufhörenden Gedankenflusses entsteht.[104] Die Neueinsätze werden oft, aber nicht immer, rhetorisch elegant geglättet. Der AK ist somit ein Werk ohne echten Anfang und ohne echtes Ende. Das liegt nicht an der unvollständigen Überlieferung, sondern an der Methodik Philos. Die exegetische Arbeit ist nicht dann am Ziel, wenn ein klarer Sinnabschnitt oder ein ganzes Buch erklärt ist. Vielmehr werden Begriffe, Wendungen und besonders Eigennamen im Toratext zu einem Sprungbrett auf die allegorische Ebene, mit der man recht gut vertraut sein muß, um dem Gedankengang folgen zu können. Philo geht bei seiner exegetischen Arbeit davon aus, daß den Hörerinnen und Hörern die wichtigsten allegorischen Namens- und Begriffsdeutungen bekannt sind. So kann er immer wieder ein dichtes, komplexes Assoziationsnetz spannen, das für Ungeübte verwirrend und fast undurchdringlich ist. Die Dichte an Begriffen und Anspielungen ist vor allem auch dann nur zu verarbeiten, wenn man den Toratext memoriert hat und Anspielungen sofort zuordnen kann. Der Stil wechselt ab zwischen eher informierend und sachlich gehaltenen Passagen und der Form der Diatribe. Die Sprache ist dann emotional auf-

---

[102] Zur Struktur der Traktate des allegorischen Kommentars und dem Phänomen der „secondary texts" vgl. RUNIA, The Structure of Philo's Allegorical Treatises, 209–256, und DERS., Further Observations on the Structure, 105–138. Zu Ähnlichkeiten zwischen dem Kommentarstil mittelplatonischer Exegesen zu Platonschriften und Philos Kommentarstil vgl. DILLON, Formal structure of Philo's Allegorical Treatises, 77–87.

[103] Dies scheint noch ausgeprägter für mittelplatonische Schriftkommentare zu gelten. RUNIA, Further Observations on the Structure, 115, beschreibt die Technik im „Anonymen Kommentar" zu Platons Theaetet (Papyrus 9782) so: „The commentator...adopts a more ‚atomistic' approach, with jumps from one subject to another. No attempt is made to connect one pericope with the next."

[104] RUNIA, Further Observations on the Structure, 130: „The most distinctive feature of Philo's allegorical treatises from the literary point of view is his desire to connect together his exegetical explanations into a continuous chain."

geladen und die Leserinnen und Leser werden durch direkte Ansprache oder durch Selbstaufforderungen („O, Seele") in die Interpretationen hineingezogen.

Es ist zu vermuten, daß der AK aus generationsübergreifenden Traditionen, aber auch aus aktuellen Gesprächen und Diskussionen eines kundigen, kontemplativen Kreises erwuchs. Philo setzt voraus, daß die Teilnehmerinnen und Teilnehmer den spielerischen Umgang mit unterschiedlichsten Sprachformen und Auslegungstraditionen – vor allem mit der Seelenallegorese – beherrschen und Anspielungen verstehen. Der AK ist folglich für einen Kreis Geübter geschrieben, die mit der Wirklichkeitssicht des AK vertraut sind und andauernd in sie eingeübt werden wollen. Der im AK oft auftauchende Stil der *Diatribe*[105] verstärkt diese Vermutung, da die antike Diatribe ihren „Sitz im Leben" vor allem in der *vertieften Einübung* der philosophischen Grundwahrheiten innerhalb des Schulbetriebs hatte.[106] Es ist von daher nicht richtig, den AK als eine Art Predigtsammlung zu deuten,[107] da das Wort „Predigt" an die öffentliche Synagogenpredigt erinnert. Der AK hat größere Nähe zum philosophischen Lehrvortrag innerhalb der Schule als zur öffentlichen Synagogenpredigt.[108] Als Gattungsbestimmung schlage ich für den AK „mystagogische (psychagogische) Lehrexegese" vor.

---

[105] Vgl. WENDLAND, Philo und die kynisch-stoische Diatribe, und THYEN, Der Stil der Jüdisch-Hellenistischen Homilie, 7–11 und 40ff.

[106] Zum Ort der Diatribe im vertiefenden Schulbetrieb und nicht auf dem Marktplatz (wie BULTMANN, Stil der paulinischen Predigt, glaubte) vgl. STOWERS, The Diatribe, 175–184 (zu Philo vgl. 12–17, 68–69, 75–78), und MALHERBE, Paul and the Popular Philosophers, 5f., 32. Zur Unterscheidung zwischen Schulvortrag und öffentlichem Vortrag vgl. auch BARDY, Menschen werden Christen, 90f. Es ist von daher nicht sachgemäß, wenn RUNIA, Further Observations on the Structure, 129, den AK als „protreptisch" bezeichnet, als wende sich der AK an Leserinnen und Leser, die sich erst mit der allegorischen Auslegung vertraut machen müßten.

[107] So THYEN, Der Stil der Jüdisch-Hellenistischen Homilie, 7–11, unter Berufung auf Freudenthal, Frankel, Cohn und Heinemann. Ähnlich auch WIEFEL, Das dritte Buch über „Moses", 875, der im AK schriftliche Vorarbeiten zur synagogalen Toraauslegung sieht und ihn als „erbauliche" Homilie deutet. Thyen argumentiert für den Predigtcharakter des AK vor der Alternative „wissenschaftlicher Kommentar". Die Entgegensetzung „wissenschaftliche Abhandlung" kontra „Predigtsammlung" ist allerdings irreführend. Sie nimmt dem AK gerade seinen eigentümlichen Charakter, beides zu sein, nämlich erbauliche, psychagogische „Wissenschaft" für den esoterischen Kreis. Der AK hat seinen „Sitz im Leben" in der schulischen, „wissenschaftlichen" Unterweisung, die aber im 1. Jh. n. Chr. auch in den Philosophenschulen einen „homiletischen", diatribischen Charakter erhalten hatte.

[108] So auch SIEGERT, Early Jewish Interpretation in a Hellenistic Style, 179: „The whole series is obviously a kind of scholarly or technical literature (*Sachprosa*), which

1.2.10. Philo als Schriftsteller und Lehrer

Mit Sicherheit läßt sich feststellen, daß Philo als Schriftsteller zumindest seine missionstheologischen Schriften (MS) sowohl für den jüdischen wie auch für den nichtjüdischen Büchermarkt produzierte. Bei einigen hunderttausend Jüdinnen und Juden allein in Alexandria gab es sicherlich eine kaufkräftige Schicht, die Literatur für ihre Privatbibliotheken suchte.[109] Möglicherweise gab es Interesse an Philos Exegese außerhalb von Alexandria, und die Veröffentlichung der Schriften diente u.a. dem Zweck, diese Nachfrage zu befriedigen.[110] Die QS und der AK scheinen mir indes nicht für den öffentlichen Büchermarkt gedacht zu sein, sondern kursierten wohl eher als esoterische Literatur im Kreis der Geübten.

Meine Beobachtungen zum Sitz im Leben der Schriften Philos verweisen aber nicht nur auf die schriftstellerische Tätigkeit, sondern auch auf unterschiedliche *Lehrtätigkeiten* Philos. Er zeigt sich als missionstheologischer Redner, als vorlesender Exeget und als Mystagoge eines esoterischen Zirkels. Es lassen sich fünf idealtypische soziale Orte für diese Lehrtätigkeiten Philos vorstellen:
- die Synagoge[111] mit Schriftlesung, Schriftauslegung/Predigt, Bibliothek[112] und anliegender oder integrierter Schule,[113]
- die private Philosophenschule mit Privatbibliothek und Lehrgespräch (Diatribe), Dialog und Vorlesung (Schriftauslegung),
- der öffentliche Vorlesungsraum (Gymnasium, Ephebie) für Rhetoren und Philosophen,[114]

---

does not exclude passages of a highly rhetorical nature." Der Sitz im Leben ist nach Siegert nicht die Synagogenpredigt, sondern die Schule als Ort fortgeschrittenen Studiums. Ähnlich auch TOBIN, Creation of Man, 175–176.

[109] Vgl. Seneca, de tranquillitate animi 9, zur Mode reicherer Leute, sich in ihren Häusern eine Privatbibliothek vor allem zu Zwecken der Repräsentation einzurichten.

[110] Auf diese Weise soll sich Kaiser Julian z.B. die Vorlesungstexte des Libanios verschafft haben, weil er ihn persönlich nicht hören konnte (Lib. or. 18,13).

[111] Es ist von einer größeren Anzahl von Synagogen (bei Philo meist προσευχαί) in Alexandria auszugehen (vgl. *Legat* 132.135, *Mos* 2.216, *Spec* 2.62) und auch von einer besonders prächtigen Hauptsynagoge (*Legat* 134: μεγίστη καὶ περισημοτάτη).

[112] Zum Bibliothekswesen der Antike vgl. GEORGI, Die Aristoteles- und Theophrastausgabe des Andronikus von Rhodus, 22–34. Es ist mit Sicherheit davon auszugehen, daß sich einige alexandrinische Synagogen eine umfangreiche Bibliothek leisten konnten. Möglicherweise bestand eine Kontinuität zwischen einer dieser Bibliotheken und der späteren christlichen Bibliothek, die Clemens und Origenes bezeugen.

[113] Vgl. SCHRAGE, Art. συναγωγή, 823, Sp. 22–36. Zur Synagoge als Lehrstätte vor 70 n.Chr. vgl. HACHLILI, Origin of the Synagogue, 34–47, und HENGEL, Proseuche und Synagoge, 191ff.

- die reiche Privatvilla als Lehrort des philosophischen Erziehers,
- der öffentliche Marktplatz.[115]

Philo wirkte als Erzieher u.a. seines Neffen Alexander. Die beiden Dialoge mit Alexander (*Anim*, *Prov* 1–2) zeigen ihn indirekt – wenn die Form des Dialogs nicht nur als Stilmittel zu interpretieren ist – in der Rolle des diskutierenden Philosophen und philosophischen Erziehers. Das verortet einen Teil seiner Lehrtätigkeit im Bereich der Privathäuser seiner Familie.

Philos missionstheologische Vortragstätigkeit könnte in Analogie zur öffentlichen Vorlesung verstanden werden. An die Stelle der Ephebie als Ort der Vortragstätigkeit trat dann in der jüdischen Kultur die Synagoge als öffentlicher und mit dem Gymnasium bewußt konkurrierender Vortragsraum.[116]

Die QS, die stark an den Abschnitten der Toralesung in der Synagoge orientiert sind,[117] könnten vor einem Kreis von Lehrerinnen und Lehrern wie Schülerinnen und Schülern vorgetragen worden sein, der sich in den Nebenräumen einer Synagoge[118] und in der Nähe der Synagogenbibliothek zusammenfand oder auch im Gottesdienstraum zu besonderen Zeiten abseits der Hauptgottesdienste. Hier stand dann Philo in direktem Kontakt mit anderen Exegetinnen und Exegeten. Möglicherweise gab es aber auch bestimmte Synagogen, in denen die allegorische Methode besonders intensiv ausgeübt wurde. Wir haben mit einer kulturellen und theologischen

---

[114] In Alexandria ist an das Gymnasium zu denken, das für die alexandrinischen Griechen ein entscheidendes Identitätsmerkmal war. Nach Strabo soll es das schönste Gebäude in Alexandria gewesen sein (Strab. 17.1.10). Es lag in der Nähe jüdischer Gebäude (vgl. *Flacc* 136–139).

[115] Vgl. *Spec* 1.319–323, wo Philo die Teilnehmer geheimer Mysterienkulte auffordert, ihre Lehren doch in der Öffentlichkeit „mitten auf dem Marktplatz" vorzustellen, wie es die Art guter Philosophie sei.

[116] Auffällig ist die räumliche Nähe der großen Synagoge zum Gymnasium der Stadt (so auch in Sardis). Zur vielfältigen Benutzungsmöglichkeit der Synagogen vgl. SCHRAGE, Art. συναγωγή, 824, Sp. 5–22, und GEORGI, Gegner, 130–137. Zur Funktion der großen alexandrinischen Basilika als „Mehrzweckhalle" für wirtschaftliche, rechtliche und religiöse Belange, vgl. KRAUSS, Synagogale Altertümer, 261–263, und GOODENOUGH, Jewish Symbols II, 85–88. Der Toraschrein fehlt in den beiden bisher entdeckten Diasporasynagogen, die vor 70. n. Chr. bestanden (Delos, Ostia), was für die damaligen Synagogen als „Mehrzweckgebäude" spricht.

[117] TERIAN, Had the Works of Philo Been Newly Discovered, 89: „Apparently following a traditional selection of passages for calenderical readings in the synagogue." Siehe dazu die Überlegungen von MARCUS (PLCL Suppl. I) in seiner Einleitung zu den QS (Introduction xiii–xv) und ROYSE, The Original Structure, 109–139.

[118] Synagogen bildeten oft mit anderen Räumen zusammen einen „ausgedehnten Gebäudekomplex" (SCHRAGE, Art. συναγωγή, 818).

Vielfalt unter den Synagogen in Alexandria zu rechnen. Der Lehrbetrieb in der Synagoge wäre dann in bestimmten Kreisen in Analogie zu den schriftgelehrten Tätigkeiten der Philosophenschulen verstanden worden. Denn die Methodik der QS stammt ja aus der Schriftauslegung der Philosophenschule. Die Interpretation der Synagoge als Philosophenschule könnte dabei Rückwirkungen auf die tatsächliche Gestaltung des geistlichen Lebens gehabt haben, so daß verstärkt Elemente des philosophischen Schulbetriebs integriert wurden.[119]

Der AK könnte wie die QS am gleichen Ort vorgetragen worden sein. Aber für ihn – wie auch für die QS – bietet sich noch eine weitere Möglichkeit: die Zusammenkunft in einem Privathaus mit Privatbibliothek – vielleicht sogar in Philos eigenem Haus.[120] Die Nähe zum esoterischen und schriftexegetischen Milieu (Homer-, Platon- und Aristotelesexegese) der kaiserzeitlichen Philosophenschulen wäre dann besonders stark.

Mit der Frage, ob Philos Lehrtätigkeit als esoterischer Lehrer eher in der Synagoge oder eher in einem zur Philosophenschule umfunktionierten Privathaus zu verorten ist, hängt die Frage zusammen, wie Philos exegetische Arbeit *institutionell verankert* war.[121] Arbeitete er kraft „Amtes", also in irgendeiner Weise vom Synagogenvorstand oder Synagogenvorsteher ordiniert oder beauftragt,[122] oder war seine Tätigkeit unabhängig und damit

---

[119] Vgl. dazu *Spec* 2.62, *Somn* 2.127, *Mos* 2.216, *Hypoth* 7.13, *Decal* 96–100, *Prob* 81f., *Praem* 66, *Contempl* 30f. Philo betont zwar nur die Versammlung am Sabbat, aber es ist durchaus denkbar, daß man sich täglich zum Schriftstudium in einer Synagoge treffen konnte. Ein Indiz dafür ist folgende Bemerkung in *Mos* 2.215 über die Zeit des Mose: „Es war nämlich Sitte, immer, soweit die Verhältnisse es gestatteten, vorzugsweise aber, wie schon früher erwähnt, an den Sabbaten zu philosophieren" (PCH).

[120] Diese Möglichkeit erwägt jetzt auch mit ausführlicher Argumentation STERLING, The Social Setting of Philo's Treatises, 154–160, für die QS und den AK: „I suggest that Philo had a private school in his home or personally owned structure for advanced students which was similar to schools of higher education run by individuals throughout the Greco Roman world" (150). Zur Frage nach Philos Schule vgl. auch CULPEPPER, Johannine School, 197–214.

[121] Sehr skeptisch bezüglich der Eruierung des genaueren schulischen Kontextes von Philo äußert sich RUNIA, Philo in Early Christian Literature, 123.134: „Unfortunately Philo's general descriptions make it virtually impossible to determine in what kind of scholastic context he himself operated." Noch pessimistischer NEYMEYR, Die christlichen Lehrer im zweiten Jahrhundert, 232: „Seine Schriften enthalten keinen Hinweis auf ihren ‚Sitz im Leben' und auf eine mögliche Lehrtätigkeit ihres Verfassers". Ich bin mit Sterling der Überzeugung, daß sich über die oben geleistete Formbestimmung der Schriften Philos diese Skepsis überwinden läßt.

[122] So SIEGERT, Early Jewish Interpretation in a Hellenistic Style, 176: „Philo's quoting habits, if nothing else, show him as a Torah teacher, which was perhaps his *formal position* [kursiv C.N.] in the Jewish community of Alexandria."

möglicherweise auch weniger an bestimmte Vorgaben und Orte gebunden?[123] Gehörte er zu den autorisierten „Priestern und Ältesten", die am Sabbat die Tora vorlasen und bis zum Nachmittag auslegten (*Hypoth* 7.13), oder war er ein „freischaffender Wissenschaftler"? Oder ist diese Unterscheidung für Alexandria unzulässig, weil hier möglicherweise das gesamte geistliche Leben von „Laien" organisiert wurde und eine hierarchisch organisierte Führung fehlte?[124] Es ist nicht auszuschließen, daß er – wie später Clemens und Origenes als Lehrer der christlichen Gemeinde – zu einer vom Synagogenbetrieb zu unterscheidenden Schule zugehörte, ihr vielleicht auch vorstand,[125] sich aber gleichzeitig stark an der in der Synagoge praktizierten Schriftlesung und Schriftauslegung orientierte. All diese Fragen bedürften einer gesonderten Untersuchung.

Zum Kreis seiner Hörerinnen und Hörer gehörten wohl auch Mitglieder der Gerusia, mit denen er – selbst aus aristokratischem Hause – freundschaftlich verbunden war, wie die Übertragung der Reise nach Rom zeigt. Die jüdische Führungsschicht in Alexandria war daher sehr wahrscheinlich mit seiner Theologie vertraut und ihr sympathisch zugetan.

Philos Texte sind als *androzentrische Texte* zu lesen.[126] Diese Einsicht verbietet heutigen Leserinnen und Lesern, als Hörer und Leser Philos nur gebildete Männer anzunehmen. Philo selbst ist ein wichtiger Zeuge für gebildete Exegetinnen: in seiner Darstellung der Frömmigkeitspraxis der Therapeutriden und Therapeuten sind Frauen gleichberechtigt mit Männern in die allegorische Auslegung initiiert und zeichnen sich als Leserinnen und Produzentinnen anspruchsvoller religiöser Literatur aus. Von die-

---

[123] Damit ist auch die Frage verbunden, ob Philo Geld für seine Lehrtätigkeit erhielt oder seine Lehrtätigkeit eher wie Plutarch als „Hobby" ausübte (vgl. NEYMEYR, Die christlichen Lehrer im zweiten Jahrhundert, 228).

[124] BROEK, Juden und Christen in Alexandrien, 190f., weist auf das Phänomen hin, daß in der alexandrinischen Kirche des 2. Jahrhunderts die Seelsorge und Lehre nichtamtlichen Lehrern anvertraut war und vermutet, daß sich die Struktur der jüdischen Gemeinschaft Alexandrias darin fortsetzte.

[125] Möglicherweise griffen die gnostisch-christlichen Lehrer des 2. Jhd.'s einen solchen jüdisch-philosophischen Schulbetrieb auf. Zu Origenes' Lehrtätigkeit vgl. die aufschlußreichen Beobachtungen von Scholten, Die alexandrinische Katechetenschule, 16–37. Rückschlüsse von dessen Lehrpraxis auf das Lehrmileu Philos könnten erhellend sein. So nutzte Origenes z.B. die vielfältigen Ausbildungsmöglichkeiten in Alexandria, ließ sich von einem Philosophen gründlich ausbilden und wurde dann ein freier Lehrer, der im Lehrhaus als auch in den Gottesdiensträumen dozierte und in der psychagogischen Bibelexegese auf wissenschaftlicher Grundlage das Ziel seiner Lehre sah.

[126] Vgl. SCHÜSSLER-FIORENZA, Zu ihrem Gedächtnis, 148.

ser und anderen Beobachtungen her[127] haben wir mit gebildeten Hörerinnen und Hörern wie Leserinnen und Lesern Philos zu rechnen, die sich auf unterschiedliche Weise das Bildungswissen ihrer Zeit angeeignet hatten.[128] Ich werde darum in dieser Arbeit immer von Hörerinnen und Hörern[129] oder Leserinnen und Lesern Philos sprechen.

1.3. Die methodische Bedeutung der form- und gattungsanalytischen Differenzierung für die Textauswahl und den Gang der Untersuchung

Aufgrund der form- und gattungsanalytischen Beobachtungen zu den Schriften Philos ist es sinnvoll und notwendig, bei allen thematischen Fragestellungen, die das Denken Philos betreffen, *Rücksicht auf die unterschiedlichen Schriftengruppen zu nehmen*. Ich werde darum in drei Schritten zunächst die Expositio Legis (EL), dann die Quaestiones et Solutiones (QS) und schließlich den Allegorischen Kommentar (AK) auf meine Fragestellung hin untersuchen. Es ist damit zu rechnen, daß sich die Soteriologie Philos in diesen drei *formal* unterschiedlichen Schriftenreihen auch *inhaltlich* verschieden darstellt.

---

[127] Nach MARROU, Geschichte der Erziehung, 152, besuchten in hellenistischer Zeit Mädchen in der gleichen Weise wie Jungen die Palästra und das Gymnasium. Die Anzahl hochgebildeter, philosophierender Frauen in der Antike war nach heutigem Überlieferungsstand nicht unerheblich, und zwar durch die ganze Antike hindurch, vgl. MEYER/BENNENT-VAHLE, Philosophinnenlexikon, 615–617. So ist z. B. zu erklären, warum bei den Epikureern das philosophische Studium von Frauen und Männern gemeinsam praktiziert wurde (vgl. dazu I. HADOT, Seneca, 48f.). Was das hellenistische Judentum betrifft, so berichtet z.B. Lukas von Prisca, daß sie mit ihrem Mann den Alexandriner Apollos in die tiefere Schriftauslegung einführte (Apg 18,24–26). STANDHARTINGER, Das Frauenbild im Judentum der hellenistischen Zeit, konnte zeigen, daß es zwei Ausgaben von „Joseph und Aseneth" gab, die die Rolle der Frau jeweils unterschiedlich bestimmten. Dieses Phänomen ist durchaus so zu erklären, daß im hellenistischen Judentum gebildete Frauen selbst über Rollenzuweisungen diskutierten.
[128] Zur Einstellung Philos zu Frauen vgl. MORTLEY, Womanhood, 6–19; SLY, Philo's Practical Application of δικαιοσύνη; DIES., Plight of Woman; WEGNER, Philo's Portrayal of Women. Philo gehörte zur eher konservativen Gruppe von Allegoristen, die den Einfluß der Frauen in den Weisheitskreisen zurückdrängen wollten; vgl. GEORGI, Frau Weisheit, 250–252. Er hat dies aber – so vermute ich – im *Gespräch* mit diesen Frauen getan.
[129] Die Bezeichnung „Hörerinnen und Hörer" bezieht sich sowohl auf die Hörerschaft der den Traktaten zugrundeliegenden mündlichen Vorträge Philos als auch auf die Hörerschaft, denen die Traktate laut vorgetragen wurden, wie es in der Antike üblich war.

Zur Erarbeitung der *thematischen* Fragestellung nach der Soteriologie und Mystik bei Philo werde ich *exemplarisch* vorgehen. Ich habe *jeweils einen* Text aus den MS (der EL), aus den QS und dem AK ausgewählt – *Virt* 211–219, *QE* 2.29 und *Her* 63–74 –, um an diesen drei Texten in der Form eines *exegetischen* Kommentars *paradigmatisch* die Fragestellung zu erörtern. Zum leichteren Überblick zitiere ich diese drei Texte in den von mir erarbeiteten Übersetzungen:

Virt 211–219
211: Diese nun gehören zur überführten Gruppe (von Menschen), denen – weil sie von Guten abstammend Schlechte geworden sind – die väterlichen Tugenden nichts genützt, vielmehr die Schlechtigkeiten in der Seele tausendfach geschadet haben. Ich kann aber von anderen sprechen, die im Gegensatz dazu eine bessere Gruppe bilden, deren Vorfahren zwar Schuldige waren, deren eigenes Leben aber bewundernswert und voll guten Rufes war. 212: Der Ahnherr des Volkes der Juden war der Abstammung nach ein Chaldäer. Sein Vater war ein Astronom, einer von denen, die sich mit der (astrologischen) Mathematik befassen, die meinen, daß die Sterne Götter seien und ebenso der ganze Himmel und auch der Kosmos, von denen ihrer Aussage nach das Gute und das Schlechte einem jeden herabgesandt wird, wobei sie der Überzeugung sind, daß keine Ursache außerhalb der wahrnehmbaren Dinge vorhanden sei. 213: Was aber könnte es Schlimmeres geben als dieses und was könnte den Unadel in derjenigen Seele mehr überführen, die durch die Kenntnis der vielen, sekundären und gewordenen Dinge zur Unkenntnis des Einen und Primären kommt, des Ungewordenen und Schöpfers aller Dinge, der der Edelste ist um dieser und um Myriaden anderer Dinge willen, welche wegen ihrer Größe kein menschliches Denken fassen kann? 214: Als er hierin Einsicht gewann und inspiriert wurde, verläßt er Vaterland, Sippe und väterliches Haus, weil er wußte, daß bei seinem Bleiben die Trugbilder der polytheistischen Meinung in ihm verbleiben würden und es fertigbrächten, daß die Entdeckung des Einen unvollendet bliebe, dessen, der allein ewig ist und der Vater aller Dinge, sowohl der noetischen wie der sinnlichen; wenn er aber auswandere, dann werde auch das Trugbild aus dem Denkvermögen auswandern, das anstelle der trügerischen Meinung die Wahrheit empfangen würde. 215: Zugleich aber auch fachten seine Sehnsucht, das Seiende zu erkennen, prophezeite Worte an. Von ihnen geführt, geriet er mit entschlossenstem Eifer ins Erforschen des Einen. Und nicht früher hörte er auf, als bis er klarere Vorstellungen erhalten hatte, nicht von seinem Wesen – denn dies ist unerreichbar –, sondern von seiner Existenz und Vorsehung. 216: Deswegen ist er auch der erste, von dem es heißt, daß er an Gott glaubte, weil er auch der erste war, der eine unbeugsame und feste Meinung besaß, daß es eine oberste Ursache gebe und sie Vorsorge treffe für die Welt und die Dinge in ihr. Als er den Glauben erworben hatte, die festeste aller Tugenden, da gewann er auch zugleich alle anderen, so daß er von denen, die ihn bei sich aufnahmen, für einen König gehalten wurde, nicht in Bezug auf die Kriegsrüstung – denn (in dieser Hinsicht) war er ein Laie –, sondern in bezug auf die Majestät der Seele, da er eine königliche Gesinnung besaß. 217: Und so verehrten sie ihn in der Tat beständig wie Untertanen einen Herrscher, die erschüttert sind wegen der alles umfassenden Größe seiner Natur, die vollkommener war, als unter Menschen gewohnt. Denn auch die Gemeinschaft, die er begehrte, war nicht dieselbe, sondern, wenn er inspiriert wurde, oftmals eine weit majestätischere. Sooft er also ergriffen wurde, verwandelte sich alles zum Besseren: Augen, Hautfarbe, Größe, Gebärden, Bewegungen, Stimme. Wann immer der göttliche Geist von oben herabgeweht worden

war und der Seele einwohnte, begabte dieser den Leib mit ausgezeichneter Schönheit, die Worte mit Überzeugungskraft und die Hörer mit Verstehen. 218: Würdest du nicht sagen, daß dieser Auswanderer, bar aller Genossen und Freunde, der alleradeligste sei, der nach der Verwandtschaft mit Gott strebte und mit jedem Mittel danach eiferte, mit ihm befreundet zu sein, der in die ausgezeichnetste Ordnung, die der Propheten, eingeordnet worden war, der sein Vertrauen auf keines der in der Schöpfung befindlichen Dinge vor dem Ungeschaffenen und Vater aller Dinge richtete, und der, wie ich erwähnte, bei denen, die ihn aufgenommen hatten, als ein König galt, der weder durch Waffen noch Heeresmacht, wie es die Art mancher ist, die Herrschaft erlangte, sondern durch Ernennung des tugendliebenden Gottes, der die Liebhaber der Frömmigkeit mit unbeschränkten Vollmachten belohnt zum Nutzen derer, die mit ihnen zusammentreffen? 219: Dieser ist Maßstab des Adels für alle Zuwanderer, die den von unnatürlichen Gesetzen und greulichen Gewohnheiten verursachten Unadel, der Steinen und Hölzern und überhaupt unbeseelten Dingen gottgleiche Ehren beimißt, verlassen haben und eine schöne Auswanderung unternommen haben zu dem wirklich beseelten und lebendigen Gemeinwesen, dessen Leiter und Aufseher die Wahrheit ist.

QE 2.29
Warum sagt er: „Mose allein wird sich Gott nahen", und „diese werden sich nicht nähern", und „das Volk wird nicht mit ihnen aufsteigen"? O wunderschöne und gottgeziemende Anordnung, daß das prophetische Bewußtsein allein Gott naht, daß die Zweiten aber hinaufsteigen, indem sie den Weg zum Himmel einschlagen, wohingegen die dritte, pöbelhafte (und chaotische) Charakterart weder nach oben aufsteigt noch mit jenen aufsteigt, daß vielmehr Beschauer werden diejenigen, die der Schau des seligen Wegs nach oben würdig sind! Aber jenes „er soll allein sich nähern" wird höchst allegorisch gesagt; denn das prophetische Bewußtsein, sooft es gottergriffen und gotterfüllt wird, wird der Monade gleich, indem es überhaupt nicht mit den Dingen vermischt ist, die mit der Zweiheit Gemeinschaft haben. Wer sich aber in die Natur der Einheit aufgelöst hat, von dem wird gesagt, daß er „sich Gott nähert" in einer Art verwandtschaftlicher Zugehörigkeit; denn da er zurückgelassen und beiseitegelassen hat alle sterblichen Seinsweisen, wird er in die göttliche verwandelt, so daß er gottverwandt und wahrhaft göttlich wird.

Her 63–74
63: Was nun notwendig war vorher zu hören, haben wir ans Licht gebracht; denn der Satz enthielt eine rätselhafte Dunkelheit. Was aber der Liebhaber des Lernens erfragt, muß genauer ausgelegt werden. Vielleicht ist es dies: ob einer, der sich nach dem blutigen Leben sehnt und Anspruch erhebt auf sinnliche Dinge, Erbe der unkörperlichen und göttlichen Dinge werden kann. 64: Dieser (Wirklichkeiten) wird nur derjenige gewürdigt, der – von oben her inspiriert – ein himmlisches und göttliches Schicksal erlost hat, der allerreinste Geist, der nicht nur den Körper verachtet, sondern auch den anderen Teil der Seele, der ja vernunftlos und mit Blut vermischt ist, der die kochenden Leidenschaften und feurige Begierden entflammt. 65: Er fragt also auf diese Weise: „Da du mir keinen Nachkommen gegeben hast" – jenen Geistigen, den Selbstgelehrten, den Gottähnlichen –, also „wird mein Hausgeborener mich beerben", der Nachkomme aus blutigem Leben? 66: In diesem Augenblick herbeieilend kam Gott dem Redenden zuvor, um vor dem Gesagten eine Lehre *vorher* abzuschicken – um das richtige Wort zu gebrauchen. „Sofort", sagt er nämlich, „kam die Stimme Gottes zu ihm mit den Worten: Nicht wird dieser dich beerben", nicht einer von denen, die unter den Aufweis durch die Sinne fallen. Denn unkörperliche Naturen sind die Erben geistiger Dinge. 67: Es ist aber genau zu beachten, daß hier nicht „er sprach" oder „er redete" steht, sondern „eine Stimme Gottes

kam zu ihm", als hätte er kräftig eingeschrieen und unaufhörlich hineinschallen lassen, damit die Stimme in der ganze Seele verteilt sei und kein Teil leer gelassen sei und ohne rechte Unterweisung, sondern durch und durch mit gesunder Lehre erfüllt sei. 68: Wer wird nun der Erbe sein? Nicht das Denken, das im Kerker des Leibes bleibt aufgrund freiwilligen Wunsches, sondern dasjenige, das von den Fesseln gelöst wurde und befreit wurde und aus den Gefängnismauern hinausgegangen ist und – wenn man so sagen darf – sich selbst verlassen hat. Denn „der aus dir herauskommen wird", heißt es, „dieser wird dich beerben." 69: Wenn dich nun eine Sehnsucht überkommt, Seele, die göttlichen Güter zu erben, verlasse nicht nur „Land", also den Leib, „Verwandtschaft", also die Sinnlichkeit, und „Vaterhaus", also die Sprache, sondern entlaufe auch dir selbst und trete aus dir selbst heraus, verzückt wie die Ergriffenen und nach Korybantenart Rasenden und gotterfüllt mit einer Art prophetischer Inspiration. 70: Denn der Vernunft, die gottbegeistert und nicht mehr in sich selbst ist, sondern von einer himmlischen Liebe erregt und entflammt worden ist und von dem wahrhaft Seienden angeführt und hoch zu ihm getragen wird, wobei die Wahrheit voranschreitet und das, was vor den Füßen liegt beseitigt, damit sie (die Vernunft) auf einer guten Straße einherschreiten kann, gehört dieses Erbe. 71: Wie du dich nun von jenen Früheren entfernt hast, sag es uns offen, o Vernunft, die hineinschallt in diejenigen, die gelehrt sind, das Geistige zu hören, indem du immer ständig sprichst: „Ich zog aus dem Leib aus, als ich bereits das Fleischliche verachtete, und aus der Sinneswahrnehmung, als mir alle Sinnesobjekte als nicht wahrhaftig existierend sichtbar wurden, weil ich zum einen die Prüfungsmittel als unecht, verfälscht und gefüllt mit lügnerischem Schein verurteilte, und zum anderen auch das Beurteilte als dazu eingerichtet verwarf, anzulocken und zu betrügen und die Wahrheit aus der Mitte der Natur zu rauben; ich verließ auch die Sprache, weil ich viel Unvernünftiges an ihr zu verurteilen fand, obgleich sie sich in die Höhe erhebt und sich aufbläht. 72: Mit großer Kühnheit wagt sie es, mir durch Schattenbilder Körper, durch Worte Gegenstände zu zeigen, was ja unmöglich ist. Und in der Tat, um zu täuschen, umschwätzt und umspült sie, da sie unfähig ist, mit der Allgemeinheit von Worten die Eigenart der zugrundeliegenden Dinge mit klarem Ausdruck darzustellen. 73: Leidend aber wie ein unverständiges und unmündiges Kind lernte ich, daß es also besser wäre, alle diese zu verlassen, jedoch die Fähigkeiten jedes einzelnen Gott zuzuschreiben, der sowohl den Leib gestaltet und aufbaut als auch die Sinneswahrnehmung befähigt wahrzunehmen und der Sprache das Reden verleiht." 74: In derselben Weise, wie du dich von den anderen entfernt hast, entweiche und ziehe hinweg von dir selbst. Wie aber geschieht dies? Verwalte nicht für dich selbst das Denken, das Nachdenken und Begreifen, sondern bringe und weihe es dem, der die Ursache des genauen Denkens und des täuschungsfreien Begreifens ist.

Die Begrenzung auf drei recht kurze exemplarische Abschnitte hat den Vorteil, daß die Textbewegungen genauer nachgezeichnet und die einzelnen Textaussagen ausführlicher analysiert werden können. Es fehlt bisher eine Philoexegese, die wie z.B. die neutestamentliche Exegese der Bewegung und den Einzelaussagen eines Textes folgt.[130] Die meisten begrifflichen und thematischen Untersuchungen zu Philo verzichten aufgrund der

---

[130] Vgl. zu den Vorteilen dieses Vorgehens RIST, The Use of Stoic Terminology, 1: „...perhaps there is no short cut to be found, no alternative route to be followed than the minute and painstaking enquiry that writing a good commentary seems to demand. For we may be able to detect something of a man's mind if we see how he works in detail."

Fülle des philonischen Materials auf eine eingehendere Exegese der jeweiligen Stellen, sie entkontextualisieren sehr stark und neigen dazu, inhaltlich oberflächlich zu sein. Die wenigen Strukturuntersuchungen zu Philo wiederum haben ganze Traktate aber keine kürzeren Textabschnitte im Blick. Die bisher vorliegenden Kommentare lassen sich auf die Texte nicht wirklich ein, sondern beschränken sich auf Strukturanalysen und die Klärung der von Philo verwendeten Begrifflichkeit.[131]

Die Nachteile des exemplarischen Vorgehens bei einer thematischen Fragestellung sind allerdings offensichtlich. Welcher Text kann schon dafür in Anspruch genommen werden, stellvertretend für die anderen zu stehen, gerade angesichts der oben festgestellten stilistischen, exegetischen und traditionsgeschichtlichen inhaltlichen Differenzen bei Philo? Außerdem ist es bei der exemplarischen Vorgehensweise leichter möglich, Texte zu ignorieren, die sich nicht in diejenige Richtung einordnen lassen, für die der exemplarische Text stehen soll.

Aufgrund dieser Problematik werde ich die *exemplarische Vorgehensweise durch die „Beweistextmethode" ergänzen*. Ich werde – vom Beispieltext ausgehend – das Textfeld immer wieder erweitern, zum Teil auch durch Exkurse. Zu *Virt* 211–219 werden überwiegend Parallelstellen aus den MS, zu *QE* 2.29 aus den QS und zu *Her* 63–74 aus dem AK herangezogen. Damit soll erreicht werden, daß das *spezielle Profil dieser drei Schriftenreihen* erkennbar wird. Die thematisch herangezogenen Texte können natürlich nicht so intensiv besprochen werden wie die drei ausgewählten exemplarischen Texte – das Phänomen der Entkontextualisierung taucht unvermeidlich auch bei meiner Vorgehensweise z.T. wieder auf.

Die exemplarische Vorgehensweise bei einer thematischen Fragestellung hat also ihre Grenzen – wie übrigens jede methodische Vorgehensweise. Vollständigkeit wird und kann mit ihr nicht erstrebt werden. Dieses Ziel paßt auch gar nicht zum Denken, in dessen Tradition Philo steht. Es wird immer ein ungeklärter Rest an Fragen und Problemen bei Philo bleiben. Darum aber entspricht der paradigmatisch-exemplarische Zugang in besonderer Weise der Methode Philos.

---

[131] Vgl. WINSTON/DILLON, Two Treatises of Philo of Alexandria.

1.4. Begründung für die Auswahl der Texte Virt 211–219, QE 2.29 und Her 63–74

Die Wahl fiel auf diese drei Textabschnitte, weil sie brennpunktartig wichtige Aspekte verwandelten Gottesbewußtseins entfalten, die ich für die jeweilige Schriftengruppe für typisch halte, und weil sie sich besonders gut für die Auseinandersetzung mit der These von Jonas zur philonischen Soteriologie eignen.

Virt 211–219 ist ein missionstheologischer Text, der in der Forschung schon öfters eine gewisse Aufmerksamkeit erhielt.[132] Sein missionstheologischer Charakter zeigt sich darin, daß Abraham als nachahmenswertes Modell und Vorbild für bekehrungswillige Heiden vorgestellt wird. Der Text faßt den Weg Abrahams vom Irrglauben bis hin zur Vollkommenheit als inspiratorisches, pneumatisches Geschehen griffig zusammen. Er thematisiert mehrere Phänomene verwandelten Bewußtseins, die auch sonst in den missionstheologischen Schriften eine wichtige Rolle spielen: die „Bekehrung" (212–214), den Weg zur Gottesschau (215), den Glauben als Vollendungszustand des Weisen (216) und die prophetische Inspiration (217). Der Text eignet sich damit als exemplarische Ausgangsbasis für das Vorhaben, das Phänomen des Gottesbewußtseins in den missionstheologischen Schriften zu untersuchen.

Trotz seines inhaltlich repräsentativen Charakters darf sein besonderer formaler Charakter nicht übersehen werden. Der Text ist eine kompakte und abgerundete Lobrede auf Abraham.[133] Abraham wird als beispielhaftes Vorbild dargestellt, aber nicht allegorisiert. Der Abschnitt unterscheidet sich damit formal von den allegorisch interpretierten Abrahamstexten in der EL. Dennoch: *Virt* 211–219 enthält zwar keine Allegorese, ist aber deutlich von der allegorischen Deutung von Gen 12,1ff. geprägt, wie sie

---

[132] Zum missionarischen Charakter von *Virt* 212–219 vgl. GEORGI, Gegner, 76–81; FRIEDLÄNDER, Geschichte der jüdischen Apologetik, 302–310; MAYER, Aspekte des Abrahambildes, 119, und WAN, Abraham, 11.

[133] Die kompakte, also knappe und griffige Form des Abschnittes läßt vermuten, daß er ein vorformuliertes Versatzstück ist. Philo scheint bei der Komposition der EL öfters solche Stücke in seinen Text einzubauen. Einen solchen Eindruck gewinnt man z.B. bei *Praem* 53–56 über Mose oder *Praem* 58–60 über die drei Erzväter. Sie sind in ihrer jetzigen Form philonisch, aber Philo schöpft hier sicherlich aus Traditionen, die ihm vorgegeben waren. Zum bewußten Rückgriff Philos auf geformte Erzähltraditionen vgl. seine Aussage in *Mos* 1.4 (die πρεσβύτεροι sind hier möglicherweise erfahrene Synagogenprediger und -lehrer; vgl. dazu *Hypoth* 7.13 und *Contempl* 31).

z.B. in *Abr* 68–88 vorliegt.[134] Der Textabschnitt allegorisiert nicht direkt, Abraham wird also nicht als Symbol für die gottsuchende Seele angesehen (so *Abr* 68), er setzt aber die allegorische Deutung voraus, nämlich die Deutung des Auszugs Abrahams als einer Bewußtseinsverwandlung. Aufgrund dieser Beobachtung schreibt Sandmel zu *Virt* 211–215: „The passage is a good example of Philo's merging of the literal and the allegorical."[135] In der unten vorliegenden Exegese werde ich zeigen, daß die Allegorese Abrahams in *Abr* 68–88 und seine Idealisierung in *Virt* 211–219 eine gemeinsame theologische Tendenz haben. Literale und seelenallegorische Ebene bilden in der EL keinen Gegensatz, sondern ergänzen sich. Die Allegoresen stehen im Dienst der Enkomien. Der Vorbildcharakter der beispielhaften Personen bleibt auch in den Allegoresen erhalten. Denn in den missionstheologischen Schriften fehlt die entpersonalisierende Tendenz der QS und des AK. Die Personen werden nicht zu Seelenzuständen in der *einen* Seele. In den allegorischen Deutungen der missionstheologischen Schriften werden die Erzväter zu Symbolen von Tugenden, ohne dabei ihre Vorbildhaftigkeit einzubüßen.[136] *Virt* 211–219 ist in seiner Tendenz darum auch repräsentativ für die missiontheologisch integrierten allegorischen Teile der EL.

QE 2.29 gehört in den Kreis der prominenten Stellen, die herangezogen werden, wenn Philos „ekstatische" Frömmigkeit charakterisiert werden soll. *QE* 2.29 steht im Kontext des Aufstiegsmysteriums von Mose und seinen Begleitern auf den Berg Sinai. Der Text ist nicht repräsentativ für die literalen Auslegungen (τὸ ῥητόν) in den QS, die ja recht umfangreich sind, sondern für die seelenallegorischen Abschnitte (τὸ πρὸς διάνοιαν).[137] Er gehört außerdem zu jener Gruppe von QS, die nur den al-

---

[134] Vgl. MACK, Weisheit und Allegorie, 76: „Man sieht, daß die Auslegungen der Patriarchengeschichten eine reichhaltige Entfaltung hatten, um aus vorallegorischen Ansätzen, unter dem Einfluß von Vorstellungen, die der späteren Allegorese selbst entnommen wurden, zum Schema der Expositionen in den Werken Philos zu gelangen."

[135] SANDMEL, Philo's Place in Judaism, 105 (Anm. 10). Die Verschachtelung von Allegorese und Typologie ist besonders schön auch in *Abr* 68–88 zu beobachten; vgl. dazu SANDMEL, Philo's Place in Judaism, 114 (Anm. 47).

[136] So verhält es sich ebenfalls bei den Homerallegoresen des Heraclitus Stoicus. Die Personen sind auch hier keine rein innerseelischen Symbole; vgl. dazu TOBIN, Creation of Man, 149f.

[137] Vgl. SELLIN, Der Streit um die Auferstehung, 143: „Die Deutung des Sinaimysteriums in QEx II 27–46" sei „ein Komplex, der eigentlich die gesamte von Philo gebotene hellenistisch-jüdische Lehre wie in nuce enthält." Einschränkend ist zu sagen, daß die Auslegung in *QE* 2.27–46 zunächst einmal nur für die *Soteriologie der QS* auszuwerten ist.

legorischen Sinn entfalten.¹³⁸ Da *QE* 2.29 ein kurzer Textabschnitt ist, werde ich in der Exegese recht umfangreich auf andere Texte aus den QS zurückgreifen, um ein Bild philonischer Soteriologie zu zeichnen, das die Seelenallegoresen der QS insgesamt im Blick hat.

Her 63–74 spielt schon lange eine zentrale Rolle bei der Einschätzung der „ekstatischen" und „mystischen" Frömmigkeit bei Philo. Nach Terian geht es hier um die Vorbereitung auf die Erfahrung prophetischer Inspiration:

„In response to Abraham's question, ‚Who then shall be the heir?' (Gen 15,4), Philo presents the divine response as inducing inspiration, with Abraham assuming the role of a prophet (63–67). Philo interprets the words ‚He who shall come out of thee' in terms of the soul leaving the body..., the senses..., and speech.... He urges his soul to experience the same by becoming a fugitive and possessed with divine madness (68–70). He then implores his mind or understanding to tell its experience of departure ‚from the first three' as did Abraham, and ‚the mind's confession' follows. Philo then begs his mind to depart from itself, which departure he explains as quitting its own thinking, purposing, and apprehending – another set of three (71–74). Philo is thus vacating his mind for divine inspiration."¹³⁹

In Theilers „Sachweiser zu Philo" stehen *Her* 69 und 74 (neben *Her* 85.265 und *Leg* 3.41) für die Ekstase (ἔκστασις) des Propheten: „Bei ihm verdrängt göttliches Pneuma menschlichen Intellekt".¹⁴⁰ Anders deutet Jonas:

„Es ist nun eine Beobachtung von außerordentlicher Wichtigkeit zu machen. Die Klimax in § 69: Aufgabe des Körpers, der Sinneswahrnehmung, der Vernunft, des Selbst, begegnete uns zuerst in einem ganz unmystischen Zusammenhang der philonischen Tugendlehre: bei Behandlung jenes ‚Sich-selbst-Entrinnens', das uns die äußerste Formulierung eines *sittlichen* Selbstverzichtes darstellte, wie er durch das Nichtigkeitsbewußtsein gegenüber Gott bedingt ist."¹⁴¹

Es gehe Philo hier um die „ideelle Selbstausschaltung", um eine „nur im Denken einzunehmende Haltung"¹⁴² als „Haltung des Willens".¹⁴³ Auch Völker ist der Überzeugung, daß hinter *Her* 63–74 keine eigentliche ekstatische Erfahrung steht:

---

¹³⁸ Zum quantitativen Verhältnis zwischen allegorischen und literalen Auslegungen vgl. die Zählung von WAN, Philo's Quaestiones, 35 (siehe oben Anm. 88).
¹³⁹ TERIAN, Inspiration and Originality, 75.
¹⁴⁰ THEILER, Sachweiser zu Philo, 407.
¹⁴¹ JONAS, Gnosis II/1, 104.
¹⁴² Ebd.
¹⁴³ Ebd. 119.

„Aber dies reicht nicht aus, es gilt vielmehr ernst zu machen mit dem ἐκ σοῦ = ἔκστηθι σεαυτῆς. Das ist für Philo das Signal, in § 69f. die uns bereits hinlänglich bekannten Ausdrücke von den Korybanten, vom bacchantischen Taumel usw. zu verwenden, Ausführungen, die von jeher zu den Hauptbelegen für Philo als Ekstatiker gehört haben. Beachtet man jedoch den Zusammenhang, so wird man anderer Meinung sein. Die Seele wird in § 71 aufgefordert, anzugeben, wie sie sich von allem befreit habe, wobei sie mit dem Aufzählen von skeptischen Gründen beginnt...Daraus ergibt sich die praktische Konsequenz, alles ἀναθεῖναι θεῷ. Die Regel gilt auch für das ἔκστηθι σεαυτῆς, das im gleichen Sinne gedeutet wird: der Mensch soll Denken, Verstehen, Begreifen nicht für sich selbst verwalten, sondern alles auf Gott als den αἴτιος zurückführen. Damit ist Philo wieder bei seinem Lieblingsgedanken angelangt, nichts als sein Eigentum zu betrachten, sondern Gott alles zuzuschreiben. Jeder wird zugeben, daß dieses Verständnis von ἔκστασις mit einer Ekstase im strengen Sinn des Wortes nichts mehr gemein hat, daß vielmehr gewisse Leitsätze philonischer Frömmigkeit gelegentlich, sofern das Schriftwort es nahelegen sollte, *auch in der damals üblichen Sprache des ekstatischen Erlebnisses ausgedrückt werden, ohne daß das irgendwie eine weitergreifende Bedeutung gehabt hätte."*[144]

Diese divergierenden Äußerungen zeigen, daß mit *Her* 63–74 ein hochdifferenzierter Text vorliegt, der sich keinesfalls leicht einordnen läßt. Ich möchte eine Interpretation vorlegen, die sich mit diesen Äußerungen auseinandersetzt und das spezielle Profil der mystischen Frömmigkeit, die sich in diesem Text äußert, herausarbeitet.

Philospezialistinnen und -spezialisten werden sich vielleicht fragen, warum ich nicht *Her* 249–266 gewählt habe, ein beliebter Text, um die prophetische Inspiration bei Philo zu beschreiben. Auf ihn beruft sich die von mir zu Anfang zitierte Interpretation von Jonas.[145] Dieser Text bleibt aber m. E. hinter der soteriologischen Aussagekraft von *Her* 63–74 deutlich zurück und repräsentiert nicht so offensichtlich diejenige Form mystischer Existenz, die meiner Ansicht nach in *Her* 63–74 bezeugt wird und sich durch alle Schriften des AK zieht. Ich werde aber auch auf *Her* 249–266 eingehen und einen Interpretationsversuch vorlegen, der zeigen soll, daß *Her* 249–266 von *Her* 63–74 her zu verstehen ist.

---

[144] VÖLKER, Fortschritt und Vollendung, 310–314.
[145] JONAS, Gnosis II/1, 100 und 118.

2. Gottesbewußtsein in der Expositio Legis am Beispiel von *Virt* 211–219

2.1. Virt 211: Überleitung – das Kriterium wahren Adels

Virt 211 bildet eine jener strukturierenden Ein- und Überleitungen in der EL, die den Leserinnen und Lesern den Argumentationsgang transparent machen. Von der vorliegenden Überleitung ausgehend, ist es zunächst sinnvoll, den weiteren und engeren Kontext unseres Abschnittes in der EL zu bestimmen:

Virt 211:	*Virt* 211:
Οὗτοι μὲν οὖν εἰσι τῆς ἐπιλήπτου τάξεως, οὓς ἐξ ἀγαθῶν πονηροὺς γενομένους ὤνησαν μὲν οὐδὲν αἱ πατέρων ἀρεταί, αἱ δ᾽ ἐν τῇ ψυχῇ κακίαι μυρία ἔβλαψαν. ἔχω δ᾽ εἰπεῖν ἑτέρους τὴν ἐξ ἐναντίας ἀμείνω τεταγμένους τάξιν, οἷς πρόγονοι μὲν ὑπαίτιοι, ζηλωτὸς δὲ καὶ ἀνάπλεως εὐφημίας ὁ βίος.	Diese nun gehören zur überführten Gruppe (von Menschen), denen – weil sie von Guten abstammend Schlechte geworden sind – die väterlichen Tugenden nichts genützt, vielmehr die Schlechtigkeiten in der Seele tausendfach geschadet haben. Ich kann aber von anderen sprechen, die im Gegensatz dazu eine bessere Gruppe bilden, deren Vorfahren zwar Schuldige waren, deren eigenes Leben aber bewundernswert und voll guten Rufes war.

Das Grundthema der EL klingt an: die Verurteilung des lasterhaften Lebens und die Werbung für das tugendhafte Leben. Mose hat nach Philo in dreifacher Weise die Ordnung des tugendhaften Lebens im Gesetz erläutert: im Schöpfungsbericht, in der Erzählung von den Erzvätern und in der Gesetzgebung vom Sinai.[146] Der Aufbau der EL orientiert sich an dieser Dreiteilung:
- *Opif* exegetisiert Gen 1–3,
- *Abr* und *Jos* deuten die Erzväter als personale Verkörperung der Gesetzgebung,

---

[146] So nach *Praem* 1–3, vgl. *Mos* 2.45–48.

- *Decal*, *Spec* 1–4, *Virt* und *Praem* interpretieren die Gesetzgebung.[147]

Nach der Interpretation der allgemeinen Gesetzgebung in *Decal* und der Einzelgesetzgebung in *Spec* 1–4 zeigt Philo, daß das Gesetz auch zur Orientierung an den zentralen Tugenden ermahnt. Die *Gerechtigkeit* wird als erstrangige Tugend noch in *Spec* 4.136–238 thematisiert. Weitere wichtige Tugenden werden in *Virt* abgehandelt:[148]

- Zunächst geht es in *Virt* 1–50 um die *Tapferkeit*.
- Der zweite Abschnitt über die *Menschenliebe* gliedert sich in drei Teile. Als erstes wird Mose selbst als vorbildlicher Menschenfreund vorgestellt (51–81). Dann führt Philo Beispiele für humane Vorschriften im Gesetz an, die auch die Rücksichtnahme auf Tiere und Pflanzen einschließen (82–160). Schließlich folgt eine Paränese, sich vor dem Hochmut zu hüten (161–174).
- Dann folgt, formal ohne Anschluß und auch inhaltlich recht überraschend, eine kurze Abhandlung über die *Umkehr/Metanoia* (175–186).
- Daran knüpft eine Unterweisung an,[149] wie zwischen *wahrem* und *falschem* Adel zu unterscheiden ist (187–227).

In diesem letzten Teil hebt Philo hervor, daß Adel und Unadel allein vom Besitz oder Nichtbesitz der Tugenden abhängig sind und nicht an gute oder schlechte Herkunft gebunden werden dürfen (226–227). Darum nützt gute Abstammung nichts, wenn man selber lasterhaft lebt (187–197). Philo bringt dann vier Doppelbeispiele für diese These: als Norm für alle Menschen die Beispiele *Adam und Kain, Noah und Ham, Gott und Adam* in 198–205; für die Juden im Besonderen das Beispiel *Isaak und Esau* in

---

[147] Zur Gesamtstruktur der EL vgl. die Erläuterungen Philos in *Opif* 1–6, *Abr* 1–6, *Decal* 1, *Spec* 1.1 und *Praem* 1–6. Die EL liegt uns heute nicht mehr vollständig vor. Verlorengegangen sind die Traktate über *Isaak* und *Jakob*, die weitere Darstellung der *Bestrafung der Bösen* und der Beginn der *Segnungen der Guten* zwischen *Praem* 78 und 79. Die beiden explizit an die nichtjüdische Öffentlichkeit gerichteten Schriften über Mose (*Mos* 1 und 2) sind erst später von Philo in die EL integriert worden (*Praem* 53).

[148] Der ursprüngliche Aufbau und Inhalt von *Virt* ist aufgrund der widersprüchlichen Benennung und verwickelten Überlieferung des Traktats nicht mehr zweifelsfrei zu ermitteln. Zur Textgeschichte und zu den verschiedenen Lösungsversuchen vgl. RUNIA, Underneath Cohn and Colson, 117–133; COLSON, PLCL 8, xi–xviii. Ich halte beim heutigen Überlieferungsstand mit Runia diejenige Form für ursprünglich, die Clemens von Alexandrien um 200 n.Chr. bezeugt. Auf ihr fußt die heute gängige von Cohn rekonstruierte Textfassung. Zum Aufbau von *Virt* vgl. ALEXANDRE JR., Rhetorical Analysis, 9–28. Zur Forschungsgeschichte zu *Virt* vgl. HILGERT, Review of Previous Research, 103–115.

[149] Sie könnte auch an *Virt* 174 anknüpfen, da Philo in *Virt* 187 ebenfalls gegen den natürlichen Reichtum polemisiert, der schon in *Virt* 161–174 angegriffen wurde. Der grammatikalisch unvermittelte Einsatz nach *Virt* 175 läßt die Vermutung, daß der Abschnitt Περὶ μετανοίας ursprünglich nicht zu *Virt* gehörte, nicht ganz unterdrücken.

206–210. Hervorzuheben ist das Beispiel *Gott und Adam*, weil es als einziges von einer *Bewußtseins*veränderung zur Untugend spricht. *Virt* 211 leitet von diesen negativen Beispielen zum positiven Phänomen über, daß Menschen trotz schlechter Herkunft ein tugendhaftes Leben führen können. Als Beispiele nimmt Philo Abraham (212–219), Thamar (220–222) und zwei weitere namentlich nicht genannte Frauen (223–225: in Gen 29,24 und 29 sind das Zilpah und Bilhah), also einen Mann und drei Frauen. Interessant an diesen Beispielen sind die Differenzierungen in „alle Menschen" und „Juden im Besonderen" und in „Männer" und „Frauen". Philo macht damit klar, daß das wahre adlige Leben weder an die Volks- noch an die Geschlechtszugehörigkeit gebunden ist. Der *selbstkritische, emanzipatorische* und *universale* Charakter der alexandrinischen Missionstheologie wird damit deutlich.

Die beiden Beispiele Abraham und Thamar haben eine thematische Beziehung zum Abschnitt über die μετάνοια und stehen im starken Kontrast zum Fall Adams.[150] Beide zeigen, worin das Kriterium wahren Adels besteht: im Ergreifen der Möglichkeit, sich vom Polytheismus und von den Lastern abzukehren und sich zum Glauben an den wahren Gott hinzuwenden. Ein Bewußtseinsvorgang also entscheidet über den Adel und nicht die natürliche Herkunft. Der *ursprünglich aristokratisch-elitäre* Begriff des Adels wird *individualisiert* und *demokratisiert*, indem er *ethisiert* und zu einem *sapientalen* Begriff umgeformt wird. Dabei behält er jedoch seine aristokratische, ja monarchische Note und erhält die damit verbundenen Heilsversprechen der Lebensfülle. Im Begriff der εὐγένεια ist auch das angelegt, was Philo weiter unten mit dem Motiv des Königtums Abrahams entfalten wird.

Die Überleitung zeigt die Perspektive, aus der Philo Abraham beschreiben möchte: Es geht um die bewundernswerten, tugendhaften Entscheidungen und Erfahrungen in seinem Leben, die ihm einen hervorragenden öffentlichen Ruf eingetragen haben. Dahinter steht die Verheißung, daß die Hinwendung zur Tugend auch vor dem Forum der Öffentlichkeit wahrgenommen und anerkannt, also innerweltlich belohnt wird.

---

[150] Diese inhaltliche Nähe von *Virt* 175–186 zu *Virt* 187–227 spricht wiederum *für* die ursprüngliche Zugehörigkeit von Περὶ μετανοίας zu *Virt*. Möglicherweise hat Philo *Virt* 175–186 als bereits geprägtes Lehrstück an diese Stelle plaziert und dabei die Spuren der Eigenständigkeit nicht ganz beseitigt.

2.2. Virt 212: Die astrologische Herkunft Abrahams

Etwas unvermittelt, weil nicht als Beispiel eingeführt, beginnt Philo von Abraham zu erzählen:

Virt 212:
τοῦ τῶν Ἰουδαίων ἔθνους ὁ πρεσβύτατος γένος μὲν ἦν Χαλδαῖος, πατρὸς δὲ ἀστρονομικοῦ τῶν περὶ τὰ μαθήματα διατριβόντων, οἵ τοὺς ἀστέρας θεοὺς νομίζουσι καὶ τὸν σύμπαντα οὐρανόν τε καὶ κόσμον, παρ' οὓς τό τε εὖ καὶ τὸ χεῖρον ἑκάστοις φασὶν ἀποβαίνειν, οὐδὲν ἔξω τῶν αἰσθητῶν αἴτιον ὑπολαμβάνοντες εἶναι.

Virt 212:
Der Ahnherr des Volkes der Juden war der Abstammung nach ein Chaldäer. Sein Vater war ein Astronom, einer von denen, die sich mit der (astrologischen) Mathematik befassen, die meinen, daß die Sterne Götter seien und ebenso der ganze Himmel und auch der Kosmos, von denen ihrer Aussage nach das Gute und das Schlechte einem jeden herabgesandt wird, wobei sie der Überzeugung sind, daß keine Ursache außerhalb der wahrnehmbaren Dinge vorhanden sei.

Philo stellt Abraham – ohne seinen Namen direkt zu nennen – als „Ahnherr des Volkes der Juden" vor. Damit benennt er das, was Abraham unverwechselbar von allen anderen Menschen unterscheidet.[151] Er geht davon aus, daß die Leserinnen und Leser wissen, wer gemeint ist. Die Wahl der dritten statt der ersten Person („unseres Volkes") zeigt, daß Philo als Erzähler dennoch keine Insiderposition einnehmen will, sondern von außen, aus der *Perspektive der nichtjüdischen Öffentlichkeit*, an Abraham herantritt. Natürlich will er nicht sachlich aufklären, sondern den Ahnherrn der Juden als nachahmenswertes Vorbild für alle Menschen darstellen. Aber der zunächst sachlich-informierende Ton wendet sich an die Vernunft und Einsicht der Hörerinnen und Hörer; er holt sie auf der Ebene des Intellekts ab. Auf diese Weise wird eine gemeinsame, allgemeine Veständigungsebene geschaffen, die typisch für missionarisch orientierte Texte ist. Den jüdischen Hörerinnen und Hörern wird darüber hinaus in Erinnerung gerufen, daß ihr Urvater der Abstammung nach kein Jude, sondern ein heidnischer Chaldäer aus Mesopotamien war, was für sie selbst wiederum heißt, daß sie ihrer vornehmen jüdischen Herkunft[152] keine heilssignifikante Bedeutung zumessen dürfen.

Wenn Philo Abraham der Herkunft nach einen „*Chaldäer*" nennt, dann spielt er mit der Doppeldeutigkeit dieser Bezeichnung. Seine Leserinnen und Leser werden wahrscheinlich eher an Astrologen gedacht haben als an

---

[151] Eine grundsätzliche, theologisch motivierte Namensvermeidung wie etwa in der Weisheit Salomos liegt daher nicht vor.
[152] Philo spricht der jüdischen Herkunft durchaus natürlichen Adel zu, vgl. *Spec* 1.51.

Mesopotamier,[153] da im 1 Jh. n. Chr. die Begriffe „Astrologe" und „Chaldäer" synonym gebraucht wurden.[154] Mit der Bezeichnung des Vaters Abrahams als *„Astronom, einer von denen, die sich mit der Mathematik befassen"*, definiert Philo außerdem eindeutig die Tätigkeit eines Astrologen.[155] Die Astrologie war seit dem 2. Jh. v. Chr. zu einer geistigen Weltmacht geworden, die Religion und auch Philosophie durchdrang, und besonders in Ägypten, dem Ursprungsland der „neuen" Astrologie, große Bedeutung erlangt hatte. Die ältere jüdische Missionstheologie in Ägypten feierte Abraham als Entdecker der Astrologie.[156] Auch unser Text spiegelt die Bedeutung wider, die die Auseinandersetzung mit der Astrologie für die jüdische Theologie hatte. Philo selbst bewertet die Astrologie jedoch negativ. Spuren der älteren Apologetik finden sich aber auch bei ihm noch. So setzt Philo das Hebräische mit der Sprache der Chaldäer gleich (*Abr* 7, *Mos* 1.26–40, *Praem* 23), verlegt also seinen Ursprung nach Mesopotamien. In *Mos* 1.23f. erwähnt er neutral, daß die Bildungskarriere des Mose auch die astrologische Wissenschaft von den Himmelskörpern und damit verbundene mathematische Studien einschloß.[157]

Philo selbst lehnt die Astrologie aufgrund bestimmter mit ihr verbundenen religiös-weltanschaulichen Überzeugungen ab, die jedoch, bevor sie gewertet werden, zunächst einmal aufgezählt werden: die Sterne, der Himmel und der Kosmos seien Götter; von diesen Göttern werde das Gute und Böse einem jeden Menschen herabgesandt; es gebe keine Ursache außerhalb dieser wahrnehmbaren Dinge.[158] Philo hat damit kein vergangenes Phänomen im Blick, sondern die Astrologie seiner Zeit mit ihrem aus-

---

[153] Vgl. auch WONG, Philo's Use of Chaldaioi, 1–3.10.
[154] Vgl. z.B. Cic. nat. deor. 1.2; 2.87–89.91; Apul. met. 2.12.2; 13.1; 14.1; 14.5.
[155] Vgl. KLAUCK, Die religiöse Umwelt des Urchristentums, 186.
[156] Vgl. Artapanos, FrGrHist 726,1 (= Eus. praep. ev. 9.18.1) und Pseudo-Eupolemos, FrGrHist 724, 1 und 2 (= Eus. praep. ev. 9.17.2–9 und 18.2).
[157] Die ältere Apologetik setzte sich vor allem mit dem Götzendienst des Polytheismus auseinander, vgl. Pseudo-Sophokles (= Clem. Alex. strom. 5.113.1–2), Arist 134–138 und Sib 3.29–35. Die Astrologie als Wissenschaft wurde noch positiv eingeschätzt.
[158] Vgl. die ausführlichere Darstellung in *Abr* 69: „Die Chaldäer nämlich betreiben vorzugsweise die Sternenkunde und schrieben alles den Bewegungen der Gestirne zu; daher glaubten sie, daß alles in der Welt von Kräften geleitet wird, die in Zahlen und Zahlenverhältnissen enthalten sind, und priesen das sichtbare Sein, während sie das unsichtbare und rein geistige nicht begriffen. Bei ihrer Durchforschung der in jenen (Himmelskörpern) herrschenden Ordnung, die in den Kreisbewegungen der Sonne, des Mondes und der übrigen Planeten und Fixsterne, sowie in dem Wechsel der Jahreszeiten und in den engen Beziehungen zwischen den himmlischen und irdischen Dingen zu Tage tritt, nahmen sie an, daß die Welt selbst Gott sei, indem sie sündhafterweise das Geschaffene dem Schöpfer gleichstellten" (PCH).

geprägten Schicksalsglauben. Die Auseinandersetzung des jüdischen Glaubens mit der zeitgenössischen Astrologie und Astralfrömmigkeit wird in die Abrahamsgeschichte *zurückprojiziert*. Wie konkret diese Auseinandersetzung war, läßt sich an der Person des in Alexandria lebenden stoisierenden Philosophen und ägyptischen Priesters *Chairemon*[159] aufzeigen. Chairemon gehörte zur antijüdischen alexandrinischen Delegation nach Rom zu Beginn des Prinzipats von Claudius, der es u.a. um eine stärkere Kaiserverehrung in Alexandria ging. Er war also direkter politischer Gegner Philos.[160] Von ihm überliefert Porphyrios (der selbst Neuplatoniker war, wie der Schlußsatz des Zitates zeigt), daß er physische Kosmologie und polytheistische ägyptische Astrologie miteinander verband:

„Chairemon und die anderen glaubten an nichts anderes jenseits der sichtbaren Welten (Χαιρήμων μὲν γὰρ καὶ οἱ ἄλλοι οὐδ' ἄλλο τι πρὸ τῶν ὁρωμένων κόσμων ἡγοῦνται). Sie behaupteten, daß die Götter der Ägypter die grundlegenden Ursachen bilden, und daß es keine anderen Götter gibt außer den sogenannten Planeten und den Sternen, die den Zodiak ausfüllen, und all jenen, die in ihrer Nähe aufgehen, und den Sektionen der Dekanen und den Horoskopen und den sogenannten mächtigen Herrschern. Sie *deuteten alles auf das Physische und nichts auf die asomatischen, lebenden Dinge* (ὅλως πάντα εἰς τὰ φυσικά, καὶ οὐδὲν εἰς ἀσωμάτους καὶ ζώσας οὐσίας ἑρμηνεύοντας)."[161]

Er vertrat somit eine *antiplatonische Kosmologie*, die den sinnlich wahrnehmbaren Himmelskosmos mit seinen astronomischen Phänomenen zum Seienden erklärte. Von daher ist die Offenheit Chairemons für den Polytheismus und die Verehrung des Kaisers als Gott verständlich. Das Sein kann und muß sich sinnenhaft und greifbar zeigen. Darum sind für ihn die ägyptischen Priester, die sich mit dem Lauf der Gestirne und mathematischen Studien befassen, echte Philosophen.[162] Sie besitzen gemeinsam mit den Chaldäern die „wahre Erkenntnis des Seienden" (τὴν ἀληθινὴν

---

[159] Zu Chairemon vgl. VAN DER HORST, Chaeremon (mit Sammlung der Fragmente); FREDE, Chaeremon der Stoiker; STRATHMANN, Chairemon.
[160] Siehe dazu den Brief des Claudius an die Alexandriner, CPJ 153; dt. Übersetzung in LEIPOLDT/GRUNDMANN, Umwelt II, 250–253. Der Brief zeigt, daß Chairemon die ausgeprägte Kaiserverehrung der Alexandriner billigte und förderte. Da die Astralfrömmigkeit ein zentraler Bestandteil des Kaiserkultus war, konnte dieser problemlos von den Alexandrinern gefördert und vertieft werden. Zur Beziehung zwischen Philo und Chairemon in der politischen Auseinandersetzung vgl. STERLING, Philo and the Logic of Apologetics, 412–430.
[161] Bei Eus. praep. ev. 3,4 = FrGrHist 618,4 (S. 147, Z. 26–30 und 148, Z. 4–5).
[162] Vgl. FrGrHist 618,6 (= Porphyr. abst. 4.5). Ihre astrologischen Studien werden von Chairemon als „Schau der Götter" gedeutet (ἀπέδοσαν ὅλον τὸν βίον τῆι τῶν θείων θεωρίαι καὶ θεάσει – S. 149, Z. 27).

γνῶσιν τῶν ὄντων).[163] Chairemon war damit nicht nur ein *politischer*, sondern auch ein *weltanschaulicher Gegner* Philos.

2.3. Virt 213: Negative Wertung der astrologischen Wirklichkeitssicht aus monotheistischer Perspektive

Philos Wertung dieser am physischen Kosmos orientierten Wirklichkeitssicht folgt in 213:

Virt 213:
τούτου δὲ τί ἂν εἴη χαλεπώτερον ἢ μᾶλλον ἀπελέγξαι τὴν ἐν τῇ ψυχῇ δυσγένειαν δυνάμενον δι' ἐπιστήμης τῶν πολλῶν καὶ δευτέρων καὶ γενητῶν εἰς ἀνεπιστημοσύνην ἰούσῃ τοῦ ἑνὸς καὶ πρεσβυτάτου καὶ ἀγενήτου καὶ ποιητοῦ τῶν ὅλων καὶ διά τε ταῦτα ἀρίστου καὶ διὰ μυρία ἄλλα, ἃ διὰ μέγεθος ἀνθρώπινος λογισμὸς οὐ χωρεῖ;

Virt 213:
Was aber könnte es Schlimmeres geben als dieses und was könnte den Unadel in derjenigen Seele mehr überführen, die durch die Kenntnis der vielen, sekundären und gewordenen Dinge zur Unkenntnis des Einen und Primären kommt, des Ungewordenen und Schöpfers aller Dinge, der der Edelste ist um dieser und um Myriaden anderer Dinge willen, welche wegen ihrer Größe kein menschliches Denken fassen kann?

Die Bewertung der Wirklichkeit durch die Astrologie ist für ihn also grundlegend falsch. Philo fällt sein negatives Urteil aus der Perspektive des monotheistischen Schöpferglaubens. Er gibt ihm die Form einer *rhetorischen Frage*, die die Zustimmung der Leserinnen und Leser erreichen will. In die rhetorische Frage eingewoben ist ein Argument, das an die *Vernunft* der Leserinnen und Leser appelliert: Es sei töricht, wenn jemand aufgrund der Kenntnis von „*sekundären Dingen*" nicht auf das ursächliche Prinzip schließt. Wer diesen Schluß unterläßt, betreibt nach Philo schlechte Philosophie. Jeder vernünftige Mensch – so hofft er – wird diesem Argument zustimmen. Es ist also dem Urteilsvermögen angemessener, monotheistisch und damit schöpfungstheologisch zu denken. Die Welt wird für Philo erst wirklich verstanden, wenn sie von der ersten Ursache her erkannt wird. Die Gottesprädikate stammen aus philosophischer, vor allem platonischer Überlieferung. Ihr wissenschaftlicher Charakter trägt zur Plausibiliät des vorgetragenen Argumentes bei. Philo stellt sich auf die

---

[163] FrGrHist 618,7 (S. 153, Z. 3–4). In diesem von Psellos überlieferten Fragment diskutiert Chairemon, ob die Ägypter oder die Chaldäer die Entdecker der astrologischen Weisheit waren.

Seite der Platoniker gegen diejenige physische Seinslehre, die sein Gegner Chairemon vertritt.

Adel hat also die Seele, die an den „*Einen und Primären*", den „*Ungewordenen und Schöpfer aller Dinge*" glaubt. Die massive Aufzählung der Gottesprädikate gibt dem rationalen Argument eine *suggestive* und *erhebende* Wirkung. Von Gott ist nicht zu sprechen, wenn nicht auch die Sprache das Staunen vor Gott und die Niedrigkeit des menschlichen Vernunftvermögens ausdrückt.[164] Vernunft und Gotteslob fallen in der rationalen Missionstheologie nicht auseinander, sondern verschmelzen zu einer kompakten Einheit. In der Schlußwendung deutet sich die später noch vertiefte Überzeugung an, daß Gott in seinem *Wesen* mit der Vernunft nicht erkennbar ist.

Mit dem Ausdruck τὴν ἐν τῇ ψυχῇ δυσγένειαν wird deutlich, daß es Philo um *Bewußtseinsinhalte* geht, die inkorrekt sind. Das Bewußtsein des astrologisch denkenden Menschen ist für ihn ohne Adel, d.h. ohne wirkliche Vernunft. Adel oder Unadel werden nicht an äußerlichen Merkmalen festgemacht, sondern an der Wirklichkeitswahrnehmung eines Menschen. Daß mit einer polytheistischen und astrologischen Realitätskonstruktion auch ein Mangel an Tugenden einhergeht, wird von Philo mitgedacht, auch wenn es hier nicht explizit ausgesprochen wird. Anteil an echtem Adel erhält man nur, wenn man Gott wahrnimmt, der in seiner unfaßbaren Majestät der „Edelste" ist. Das Motiv des Königtums klingt auch hier wieder an. Im Vorgriff auf die weiteren Ausführungen läßt sich formulieren: Nur wer Gott als wahren König erkannt hat, kann auch als Weiser Gottes Adel auf Erden königlich repräsentieren.

2.4. Virt 214: Die Neuorientierung Abrahams – Erkenntnis des Schöpfergottes

Philo beschreibt in 214, wie sich Abraham aus der falschen Wirklichkeitswahrnehmung löst:

Virt 214:
ὧν ἔννοιαν λαβὼν καὶ ἐπιθειάσας καταλείπει μὲν πατρίδα καὶ γενεὰν

Virt 214:
Als er hierin Einsicht gewann und inspiriert wurde, verläßt er Vaterland, Sippe und väterli-

---

[164] Vgl. dazu Röm 1,18–25 mit dem Gotteslob am Schluß.

καὶ πατρῷον οἶκον, εἰδὼς ὅτι μένοντος μὲν αἱ τῆς πολυθέου δόξης ἐγκαταμενοῦσιν ἀπάται ἀνήνυτον κατασκευάζουσαι τὴν τοῦ ἑνὸς εὕρεσιν, ὅς ἐστιν ἀίδιος μόνος καὶ ὅλων πατὴρ νοητῶν τε αὖ καὶ αἰσθητῶν, εἰ δὲ μεταναισταίη, μεταναστήσεται καὶ τῆς διανοίας ἡ ἀπάτη μεθαρμοσαμένης τὴν ψευδῆ δόξαν εἰς ἀλήθειαν.

ches Haus, weil er wußte, daß bei seinem Bleiben die Trugbilder der polytheistischen Meinung in ihm verbleiben würden und es fertigbrächten, daß die Entdeckung des Einen unvollendet bliebe, dessen, der allein ewig ist und der Vater aller Dinge, sowohl der noetischen wie der sinnlichen; wenn er aber auswandere, dann werde auch das Trugbild aus dem Denkvermögen auswandern, das anstelle der trügerischen Meinung die Wahrheit empfangen würde.

Erzählt wird hier die Auswanderung Abrahams als ein *äußerer* Vorgang, der den *inneren* Vorgang der *Bewußtseinswandlung* unterstützt und ermöglicht. Von der Sache her läßt Philo Abraham das erfahren, was er an anderen Stellen μετάνοια (oder auch μεταβολή oder βελτίωσις) nennt. Es handelt sich hier um einen zentralen Bewußtseinsbegriff bei Philo, der mit den deutschen Worten „Bekehrung" oder gar „Reue" nur unzureichend übersetzt ist, weil er in erster Linie ein *Umdenken* und eine *veränderte Wahrnehmung* bezeichnet.[164]

Es ist zunächst zu fragen, was die Neuorientierung auslöst. Mit der Formulierung „*als er hierin Einsicht gewann und inspiriert wurde*", in deren Hintergrund Gen 12,1–4 steht, gibt Philo die auslösenden Faktoren an. Auffällig ist, daß Philo nicht den Empfang des Gotteswortes, sondern die Einsicht Abrahams in den Vordergrund stellt. Die Vorgänge im Bewußtsein Abrahams und seine Aktivitäten werden stärker betont als die Handlungen Gottes, die diese Vorgänge ausgelöst haben. Diese Tendenz ist typisch für den Enkomienstil. Philo will Abraham eben von seiner besten Seite zeigen. So wird auch Abraham vor seiner Hinwendung zum Schöpfergott nicht wirklich als schlecht dargestellt. Seine Seele hat grundsätzlich die Fähigkeit zur Einsicht in tiefere Wirklichkeiten. Diese Einsichtsfähigkeit wird durch die Inspiration erschlossen, aber nicht ursächlich erzeugt.[166] Die Umorientierung wird als Entschluß Abrahams gedeutet. Das

---

[165] Vgl. die Übersicht bei BEHM, Art. μετανοέω, 988–990; BAILEY, Metanoia in the Writings of Philo, 135–141. Ausführlicher äußert sich Philo in den MS zur μετάνοια in *Virt* 175–186 und bei der Deutung des Namens „Henoch" in *Abr* 17–25 und *Praem* 15–21.

[166] Die MS gehen davon aus, daß der Mensch von Natur aus in Gestalt der Seele mit Gott verbunden ist. Vgl. GEORGI, Gegner, 143, und SCHLATTER, Geschichte Israels, 18f. Von den Erzvätern glaubt Philo, daß sie von Gott herausragend geschaffen wurden (*Abr* 5f.; zu Mose vgl. *Mos* 1.162, *Mos* 2.3). Zur Vorstellung der guten Naturanlage vgl. Cic. Tusc. 3.2: „Es sind nämlich unserer Anlage Samen zur Tugend eingeboren" (Übers. Büchner). So auch Sen. epist. 94,31: „Nicht nämlich ist in ihm ausgelöscht die natürliche Begabung, sondern verdunkelt und unterdrückt" (Übers. Rosenbach).

liegt vor allem daran, daß die Missionspredigt immer an die Vernunft und den guten Willen der Hörerinnen und Hörer appelliert. Ihnen soll vermittelt werden, daß Abraham diesen guten Willen aufgebracht hat und für die äußeren Rahmenbedingungen sorgte, unter denen sich innerlich das wahre Bewußtsein zur Vollkommenheit entfalten konnte. Es liegt also in der Hand der Hörerinnen und Hörer, wie Abraham zu handeln. Die Wendung verdeutlicht hier außerdem, daß Inspiration kein Geschehen ist, das die Vernunft außer Kraft setzt, sondern diese so unterstützt, daß sie zwischen Wahrheit und Lüge unterscheiden und zur wahren Welterkenntnis durchdringen kann. Dennoch gilt für Philo: ohne Inspiration gibt es auch keine Gotteserkenntnis. Der Mensch bedarf des Geistempfangs, um die Beziehung zu Gott zu gewinnen.[167]

Der Auszug aus der Heimat wird ebenfalls als Entschluß und Vernunftüberlegung Abrahams gedeutet: Er *„verließ Vaterland, Sippe und väterliches Haus, weil er wußte, daß bei seinem Bleiben die Trugbilder der polytheistischen Meinung in ihm verbleiben würden."* Philo charakterisiert Abraham damit als eine beeindruckend souverän und vernünftig handelnde Person. Das Verlassen des heimatlichen Milieus, um das wahre Leben zu erlangen, ist ein Grundmotiv weisheitlicher Existenz.[168] Da er den „Einen, den allein Ewigen und Vater aller Dinge" erkennen will, verläßt er das Milieu, das ihn an dieser Erkenntnis hindert. Philo will damit eine bedeutende Leistung beschreiben.

In *Virt* 178 beklagt Philo, wie Eltern, Ammen, Erzieher und viele andere Bekannte die mythischen Vorstellungen (μυθικῶν πλασμάτων) von frühester Kindheit an in die noch zarten Seelen einprägen.[169] Von Kindheit

---

[167] Bei Josephus ist dieser Anstoß von Gott her nicht nötig; es genügt bei ihm eine besondere Naturanlage Abrahams, über deren Ursache er sich nicht näher äußert. Sie wird – wie bei Seth, Noah, Isaak, Mose u.a. – einfach als Phänomen hingenommen (ant. Iud. 1.154-155): „Er war geschickt, alles zu verstehen, mit Überredungsgabe gegenüber den Hörern ausgestattet, und in dem, was er vermutete, irrte er sich nicht. Daher begann er mehr nachzudenken über die Tugend als die anderen, und er war gesonnen, die Meinung über Gott, die allen gemeinsam war, zu erneuern und zu verändern. Er war also der erste, der es wagte, auszusprechen, daß Gott, der Schöpfer des Alls, einer sei, und wenn überhaupt sonst einer etwas zur Wohlfahrt beitrüge, so gewähre es der nach jenes Anweisung und nicht aus eigener Kraft" (Übers. nach GEORGI, Gegner, 69f.). In seiner ganzen Darstellung Abrahams fehlen Aktivitäten Gottes, die Abraham zur Frömmigkeit befähigen. Stattdessen reagiert Gott auf Abrahams Leistungen mit Verehrung (ant. Iud. 1.256), bei Noah und Isaak mit Liebe und Belohnungen (ant. Iud. 1.99 und 1.346).

[168] Vgl. die kynisch und stoisch geprägten Ausführungen zu diesem Motiv in *Abr* 62–67, *Praem* 17–21, *Contempl* 13–20, *Prob* 63f.

[169] Vgl. auch *Spec* 4.68 und Cic. Tusc. 3.2-3: „Jetzt aber leben wir, gleich sobald wir ans Licht getreten und anerkannt worden sind, in jeder Verirrung und in der schlimmsten

an werden also bestimmte Weltvorstellungen eingeübt und im Bewußtsein eingeprägt. In *Spec* 1.21–31 beschreibt Philo noch ausführlicher den Vorgang der Bewußtseinsprägung durch Götterbilder und Mythen. Kritisch beobachtet er, wie eine ganze Bewußtseinsmaschinerie aufgefahren wird, um die Wahrheit in Vergessenheit zu bringen. Mythographen erfinden neue Götter und bauen lügnerische Vorstellungen auf. Sie benutzen Bildhauerei und Malerei, Dichtkunst und Musik, um die Sinne zu täuschen.[170] Das falsche Bewußtsein ist dagegen für die wahren Gottesgläubigen Betrug, Lüge und schließlich ein kollektiver Wahn, dem alle verfallen (28–30), eine kollektive Autosuggestion und Selbsthypnose. Vor diesem Hintergrund wird Abraham in unserem Text vorgestellt als einer, der fähig ist, diese Vorgänge zu durchschauen, und der darum sein von der Astrologie geprägtes heimatliches Milieu verläßt. Im Distanzierungsvorgang von der eigenen Herkunft entwickelt sich das eigenständige Denken, das zur Wahrheit befreit.

Äußerer Milieuwechsel und *innere Bewußtseinsänderung* bedingen somit einander. Wie charakterisiert Philo hier die innere Wandlung Abrahams? Der Text beschreibt einen Bewußtseinsvorgang, der auf den Wandel des Bewußtseins (hier der διάνοια) selbst zielt. Er geschieht, wenn *„das Trugbild aus dem Denkvermögen auswandert"* und durch Wahrheit ersetzt wird. Dabei verändert sich die Qualität des Denkvermögens selbst, *„das anstelle der trügerischen Meinung die Wahrheit"* empfängt. Die *„Wahrheit"* ist hier die grundsätzliche Erkenntnis, daß es jenseits der wahrnehmbaren Dinge einen ersten Verursacher dieser Dinge, den Schöpfergott, gibt. Es geht also darum, daß bestimmte, dem Monotheismus widersprechende Bewußtseinsinhalte ausgelöscht oder beseitigt werden und durch Vorstellungen ersetzt werden, die dem Schöpfungsglauben entspre-

---

Verkehrung der Vorstellungen, derart, daß wir fast zugleich mit der Milch der Amme den Irrtum eingesogen haben, wie es scheint. Wenn wir aber den Eltern zurückgegeben, darauf den Lehrern anvertraut sind, werden wir so von mannigfaltigen Irrtümern erfüllt, daß die Wahrheit der Nichtigkeit und dem verhärteten Vorurteil die Natur selbst weicht. Hinzu kommen noch die Dichter, die, wenn sie einen großen Schein von Gelehrsamkeit und Weisheit vor sich her tragen, gehört, gelesen und gelernt werden und tief in den Geistern Wurzeln fassen; wenn vollends dazu noch als eine Art größter Lehrmeister das Volk kommt und die ganze überall in Hinsicht auf Verkehrtheiten einige Masse, werden wir völlig von falschen Meinungen vergiftet und fallen völlig von der Natur ab" (Übers. Büchner).

[170] Mit vernichtender Polemik beschreibt Philo in *Legat* 93–113 die Gestaltverwandlungen des Gajus in Hermes oder Apollos (εἰς δὲ Ἀπόλλωνα μετεμορφοῦτο καὶ μετεσκευάζετο) und andere Götter. In *Legat* 114–118 betont er, daß nur die Juden diese Täuschungen klar durchschauten und darum von Gajus auch besonders verfolgt wurden.

chen. Zu diesen gehören vor allem, daß Gott – als „*der Eine*" – der alleinige Gott ist. Die Betonung liegt auf der Einzigartigkeit Gottes, die irgendwelche Götter neben oder unter ihm kategorisch ausschließt. Als dieser „*Eine*" ist Gott der „*Vater*", der als Schöpfer die noetische und sinnliche Wirklichkeit geschaffen hat. Anders als die polytheistische, am physischen Kosmos orientierte Astralfrömmigkeit orientiert sich das neue Bewußtsein an zwei umfassenderen Wirklichkeitsdimensionen: am noetischen Kosmos und an Gott, der auch diese geistige Wirklichkeit noch transzendiert. In *Opif* 170f. nennt Philo fünf Hauptlehren, die sich dem monotheistischen Bewußtsein erschließen:

(1) Gott existiert; der Atheismus ist darum zurückzuweisen.
(2) Gott ist ein einziger Gott; der Polytheismus hingegen ist Projektion der Pöbelherrschaft in den Himmel.
(3) Der Kosmos ist von Gott erschaffen; die Lehre, er sei ewig, ist falsch.
(4) Die von Gott geschaffene Welt ist eine; es gibt nicht unendlich viele Welten.
(5) Gott trägt mittels der Naturgesetze stets Sorge für den Kosmos.

Das Bewußtsein orientiert sich an diesen neuen Lehren. Diese Neuorientierung hat grundlegenden Charakter, weil sie die ganze Existenzweise verändert, wie der Milieuwechsel Abrahams zeigt.[171] Der Qualitätsunterschied zwischen Vorher und Nachher besteht darin, daß Schein gegen Wahrheit eingetauscht wird. Diese Wahrheit findet ihre Mitte im Monotheismus. Die neue Qualität der Einstellung verdankt sich einer *Erweiterung des Orientierungsrahmens*, einem *neuen monotheistischen Bezugssystem*, das die Verarbeitung von Wahrnehmung verändert und alte Dinge in einem neuen Zusammenhang sieht. Μετάνοια ist also ein *Vorgang des „Umdenkens"*.[172] In ihr geschieht eine Transzendenzerschließung, in der frühere polytheistische Transzendenzerfahrungen zu negativen Immanenzereignissen degradiert werden.

---

[171] Richtig BEHM, Art. μετανοέω, 989, der feststellt, daß an vielen Stellen „bei μετάνοια oder μετανοέω an eine völlige Wandlung des Seins und der Lebensführung gedacht" ist (Z.16f.), „die den ganzen Menschen" angeht (Z.50).

[172] Vgl. LEISEGANG, Der Apostel Paulus als Denker, 36 (Anm. 1): „Ich möchte den hellenistischen Begriff μετάνοια und die entsprechenden Termini in der griechischen Philosophie überhaupt tiefer auffassen. Es handelt sich beim μετανοεῖν nicht nur um eine ‚Sinnesänderung', sondern darum, daß man umdenken lernen, sich auf eine andere Ebene des Bewußtseins begeben muß, auf der eine andere Denktechnik geübt wird."

Exkurs: Μετάνοια *in den missionstheologischen Schriften*

Ich möchte die bisherigen Beobachtungen zur μετάνοια mit Paralleltexten vertiefen, die ebenfalls die Neuorientierung Abrahams thematisieren.

In *Abr* 68–87 deutet Philo den Auszug Abrahams aus Chaldäa allegorisch als „die Suche einer tugendliebenden Seele nach dem wahren Gott" (68). *Abr* 70 betont wie *Virt* 214 die Aktivität Abrahams. *Er* ist es, der sein Seelenauge öffnet, und der dem geschauten Licht folgt. Er ist darum *aktiv* am Offenbarungsgeschehen beteiligt:

„Nachdem Abraham in diesem Glauben herangewachsen und lange Zeit Chaldäer gewesen war, *öffnete er* wie aus tiefem Schlafe das Auge der Seele und begann statt tiefer Finsternis *reinen Lichtglanz* zu schauen; *er folgte diesem Licht* und nahm wahr, was er vorher nicht gesehen hatte, einen Lenker und Leiter der Welt, der über sie waltet und in heilsamer Weise sein eigen Werk regiert und allen seinen Teilen, die seiner göttlichen Fürsorge würdig sind, seinen Schutz und Beistand angedeihen läßt" (PCH).

Der Vorgang der μετάνοια selbst wird als innere Lichterfahrung beschrieben. Die Lichtmetapher verweist auf den *intensiven Gefühlszustand,* der mit der neuen Erkenntnis einhergeht und *euphorische Qualität* hat. Dabei ist diese Erfahrung eine *abstrakte, nicht mehr an der Sinneswelt orientierte Erfahrung.* Ein Wirklichkeitsbereich öffnet sich, der Abraham vorher verschlossen war. Die eigentliche Transzendenz erschließt sich ihm. Er erkennt geistig den Einen, den Schöpfer und Bewahrer der Welt. Der menschliche Nous ist an dieser Erkenntnis voll beteiligt. Ja, man kann sagen, daß sich durch die μετάνοια die *eigentliche Fähigkeit* des Bewußtseins, die Transzendenzerkenntnis, erschließt. Der Zustand des Bewußtseins vor der μετάνοια gleicht einem Schlaf. Die μετάνοια beseitigt also keinen grundlegenden Defekt im Denkvermögen, sondern erschließt eine *brachliegende* Fähigkeit.[173] Erst in der Gotteserkenntnis entfaltet sich der Nous zu seinem eigentlichen Wesen. Daß die Fähigkeit zur Gotteserkenntnis im geschöpflichen Nous und auch noch in den Nachkommen Adams angelegt ist, betont Philo in der EL immer wieder.[174]

Abr 78–79 bestätigt diese Beobachtungen. Die μετάνοια erschließt eine *erweiterte Wirklichkeitswahrnehmung,* die die eigentliche Transzendenz miteinschließt, und damit auch die sichtbare Wirklichkeit neu bewertet:

„Nachdem er aber *seinen Wohnsitz geändert hatte,* mußte er erkennen, daß die Welt untertan und nicht selbständig ist, nicht herrschend, sondern *beherrscht von einem Urheber*, von einem, der sie geschaffen. Damals zuerst hat dies der Geist

---

[173] Vgl. GEORGI, Gegner, 144 (Anm. 6), zu *Abr* 70ff.: „Ergänzend möchte ich bemerken, daß die Unwissenheit, die Abraham bei seiner Bekehrung zu überwinden hat, nicht grundsätzlicher Art ist. Es wird hier kein metaphysischer Gegensatz überwunden, sondern nur ein Defekt, der eine allgemein gegebene Möglichkeit einstweilen verstellt. Es sollte nicht übersehen werden, daß der eigentliche Bekehrungsvorgang als Tat des Abraham dargestellt wird."

[174] Vgl. *Opif* 69–71, *Opif* 145–147, *Virt* 203–205. Vgl. auch die Deutung des Höhlengleichnisses in Plat. rep. 518c: „Die jetzige Rede aber, sprach ich, deutet an, daß dieses der Seele eines jeden einwohnende Vermögen und das Organ, womit jeder begreift,....nur mit der gesamten Seele zugleich von dem Werdenden abgeführt werden muß, bis es das Anschauen des Seienden und des glänzendsten unter dem Seienden aushalten lernt" (Übers. Schleiermacher).

aufschauend wahrgenommen. Denn vorher hatten die sinnlich wahrnehmbaren Dinge eine dichte Finsternis über ihn ausgebreitet, und erst als er diese durch *warme und flammende Lehren* zerstreut hatte, vermochte er wie bei klarem Himmel eine Vorstellung von dem früher ihm Verhüllten und Unsichtbaren zu gewinnen" (PCH).

Philo betont auch in diesem Text, daß der Ortswechsel ursächlich zur wahren Gotteserkenntnis beigetragen hat. Erst die räumliche Distanzierung vom astrologischen Polytheismus ermöglicht es, den Urheber der Welt zu erkennen. Der Vorgang der μετάνοια wird weiter präzisiert: das Unvermögen des Bewußtseins, Gott zu erkennen, wird mit einem Nebel verglichen, den die Sinnesdinge ausgegossen hatten. Durch die Erkenntnis höherer Wahrheiten löst sich dieser Nebel auf, und das Bewußtsein wird fähig, Gott zu sehen. Es liegt also kein grundsätzlicher Defekt des Bewußtseins vor, sondern eine Täuschung durch die Sinneswelt, die beseitigt wird, sobald das Bewußtsein mit der göttlichen Welt in Berührung kommt und dabei verbessert wird. Verantwortlich für die Dunkelheit sind hier die sinnlich wahrnehmbaren Dinge. Die μετάνοια wird durch *Lehren* ausgelöst, die die vorherige Nichterkenntnis, die „Dunkelheit" zerstreuen. Μετάνοια wird zur *Aufklärung*, vermittelt durch wahre Lehren. Vom neu empfangenen Licht her wird der vorherige Zustand als Finsternis gedeutet, er wird negativ umgewertet.

Mittel der Aufklärung sind „Dogmen". In der μετάνοια findet nach *Abr* 81 eine „Umwandlung der Sache und der Lehre" statt (μεγάλου πράγματος καὶ δόγματος ἐνδειξαμένου τὴν μεταβολήν). „Dogmen" sind mehr als Aussagesätze. Sie sind keine wissenschaftliche Hypothesen, sondern Ausdruck der Wirklichkeitserschließung, in die durch sie eingeübt wird. Die richtigen und wahren Lehren erschließen die Transzendenz. Sie haben also *symbolischen Charakter*. In ihnen wird die Transzendenz im Bewußtsein *realpräsent*. Sie repräsentieren die „Wahrheit", das, was eigentlich „Sache" ist. Es kann auch gar nicht anders sein, da ja die Transzendenz nicht sinnlich greifbar ist, sondern sich allein durch das Denken erschließt.

Die *Entsinnlichung des Bewußtseins* durch die μετάνοια wird besonders in *Abr* 84 und 88 betont:

„Für den Himmelskundigen scheint nun gar nichts Größeres zu existieren als das Weltall, das er deshalb als Ursache alles Werdens annimmt. Der Weise aber, der *mit seinen schärferen Augen* sieht, daß es noch ein vollkommeneres, *rein geistiges*, herrschendes und führendes Wesen gibt, von dem alles andere beherrscht und geleitet wird, tadelt sich selbst heftig wegen seines früheren Lebens, weil er *wie ein Blinder durchs Leben gewandelt, gestützt auf die sinnlich wahrnehmbaren Dinge*, die doch ihrer Natur nach unsicher und schwankend sind." – „Somit haben wir beide Auffassungen erörtert, die buchstäbliche, die sich auf den Mann, und die versteckte, die sich auf die Seele bezieht, und haben gezeigt, daß sowohl der Mann als auch der Geist liebenswert ist, der Mann, weil er gehorsam den göttlichen Befehlen aus schwer zu lösenden Banden sich losriß, der Geist, weil er nicht für immer in Selbsttäuschung bei der sinnlich wahrnehmbaren Natur stehen blieb und die sichtbare Welt für die höchste und erste Gottheit hielt, sondern *in seinem Denken höher stieg und noch ein anderes Sein, ein besseres als das sichtbare, nämlich das rein geistige wahrnahm* und den, der zugleich Schöpfer und Herrscher beider ist" (PCH).

Wahrnehmungspsychologisch gesehen findet hier eine *Vertiefung des menschlichen Abstraktionsvermögens* statt. Gotteserfahrung wird nicht mehr an konkrete sinnliche Erlebnisse gebunden wie im Polytheismus und im Kaiserkult, sondern sie wird zu einer *Erfahrung des inneren, abstrakten Denkens*. Sie wird damit auch von solchen vergewissernden sinnlichen Erfahrungen unabhängiger. Die *Entsinnlichung Gottes* hat ihr Äquivalent in der *Entsinnlichung des Heilsgeschehens zu einem „Umdenkereignis"*. Die Erlangung dieser Fähigkeit ist dabei keineswegs rational im Sinne moderner instrumenteller Rationalität, sondern eine geistige Erfahrung, für die Philo die *stärksten sinnlichen Licht- und Wärmeerfahrungen* heranzieht, um den extrem *intensiven* Charakter dieser Bewußtseinserfahrung zu veranschaulichen.[175]

In *Virt* 220–222 stellt Philo neben den Mann Abraham auch die Frau Thamar mit der Begründung:

„Solchen Adel haben nicht nur von Gott geliebte Männer, sondern auch Frauen zu erlangen gesucht, welche die ihnen anerzogene Unkenntnis *vergaßen*, in der sie nur Göttern von Menschenhand Ehren erwiesen, und die Kenntnis der Lehre von der Alleinherrschaft (Gottes) sich aneigneten, durch die die Welt regiert wird" (PCH).

Von Thamar selbst erzählt er:

„Thamar war eine Frau aus dem syrischen Palästina, erzogen in einem Hause und in einer *Stadt von Götzendienern*, die mit Bildsäulen aus Holz und Stein und überhaupt mit Götterbildern angefüllt war. Als sie aber *wie aus tiefem Dunkel einen kleinen Schein der Wahrheit zu sehen vermochte*, wandte sie sich mit Todesgefahr zur Frömmigkeit und dachte gering vom Leben, wenn sie nicht ein schönes Leben führen könnte; das ‚schöne' Leben bezog sie aber auf nichts anderes als auf die *Verehrung und Anbetung des Einen*, des Urgrundes" (PCH).

---

[175] Vgl. die Beschreibung von KOESTLER, Ein Gott, der keiner war, 25f.: „Der Ausdruck, es sei einem plötzlich ‚ein Licht aufgegangen' ist eine armselige Bezeichnung für das geistige Entzücken, das dem Bekehrten widerfährt – ganz gleich, zu welchem Glauben er bekehrt worden ist. Das neue Licht scheint von allen Seiten in die Schädelhöhle hineinzudringen; die verwirrende Fülle der Erscheinungen nimmt plötzlich eine faßbare Gestalt an, als hätte ein Zauberstab die verstreuten Mosaikstücke eines Puzzle-Spiels mit einem Schlag zusammengefügt. Von nun an gibt es auf jede Frage eine Antwort; Zweifel und Konflikte gehören der qualvollen Vergangenheit an, jener weit zurückliegenden Vergangenheit, als man noch in schmachvoller Ungewißheit in der faden, farblosen Welt der Uneingeweihten gelebt hat." – Vgl. auch PIAGET, Autobiographie, 19f., zu seiner ekstatischen Erfahrung während einer Bergson-Lektüre: „Ich erinnere mich an einen Abend, an dem ich eine tiefe Offenbarung erfuhr: die Identifikation Gottes mit dem Leben selbst war ein Gedanke, der mich fast bis zur Ekstase aufwühlte, weil er mir erlaubte, von nun an in der Biologie die Erklärung aller Dinge und des Geistes selbst zu sehen." – HEGEL beschreibt in den „Vorlesungen über die Philosophie der Geschichte" den Durchbruch zur Aufklärung in ergriffener Sprache: „Nun aber erst ist der Mensch dazu gekommen zu erkennen, daß der Gedanke die geistige Wirklichkeit regieren solle. Es war dieses somit ein herrlicher Sonnenaufgang. Alle denkenden Wesen haben diese Epoche mitgefeiert. Eine erhabene Rührung hat in jener Zeit geherrscht, ein Enthusiasmus des Geistes hat die Welt durchschauert, als sey es zur wirklichen Versöhnung des Göttlichen mit der Welt nun erst gekommen" (Jubiläumsausgabe 11, 557f.).

Μετάνοια ist auch hier der Wandel von Unkenntnis zur Kenntnis. Es ist ein Vorgang des Vergessens einer anerzogenen falschen Wirklichkeitssicht. Thamar ist geprägt von einer Kultur, die vom Götterglauben geprägt ist. Philo stellt ein Milieu vor, das auf das Alexandria seiner Zeit zutrifft. So wird Thamar zu einer *Identifikationsfigur für heidnische Frauen*, die sich für das Judentum interessieren. Der Vorgang der μετάνοια wird als Aufleuchten der Wahrheit in tiefer Dunkelheit metaphorisiert. Μετάνοια erschließt wahres Wissen über den transzendenten Gott, sie ist ein *Enthüllungsereignis*. Sie führt zu einem existentiellen, attraktiven Wissen und Denken, was sich daran zeigt, daß die Bekehrte ihr Leben riskiert und sich der Todesgefahr aussetzt.[176]

Während Philo bei *Abraham* und *Thamar* die *metaphysische* Seite der μετάνοια betont, steht *Henoch* symbolisch für die *ethische* μετάνοια.[177] Die beiden Dimensionen der Neuorientierung, die Henoch, Abraham und Thamar repräsentieren – Hinwendung zur Tugend und die Entdeckung des Schöpfergottes – integriert Philo in *Virt* 175–186 in ein *Gesamtbild* dessen, was er im Anschluß an die alexandrinische Missionstheologie unter μετάνοια verstand.[178] Philos missionstheologische μετάνοια-Vorstellung entspricht in vielerlei Hinsicht der popularphilosophischen Konzeption von μετάνοια.[179]

---

[176] Diese Aussagen zu Thamar haben im Gegensatz zu denjenigen über Abraham fast keinen Anhalt am biblischen Text. Wie also ist dieses Enkomion entstanden? Ich vermute, daß biblische Frauenpersonen gesucht wurden, die als Vorbilder für heidnische Frauen, die sich dem Judentum zuwandten, gelten konnten. Möglicherweise waren Frauen selbst an der Formulierung dieser Neuerzählung beteiligt.

[177] In *Abr* 17–26 und *Praem* 15–21 deutet Philo Henoch allegorisch als „Begnadeten", der von Gott die Möglichkeit der μετάνοια geschenkt bekommen hat: „Den zweiten Rang nach der Hoffnung erhielt die Neuorientierung und die Besserung nach Verfehlungen (ἡ ἐπὶ τοῖς ἁμαρτανομένοις μετάνοια καὶ βελτίωσις). Daher schildert er (Mose) als nächstes den Mann, der von einem schlechten Leben zu einem besseren wechselte (πρὸς τὸν ἀμείνω μεταβαλόντα). Bei den Hebräern heißt er Enoch, die Griechen aber würden ihn den ‚Wohlgefälligen' nennen. Von ihm wird gesagt (*Abr* 17f.): ‚Henoch gefiel Gott wohl und wurde nicht gefunden, weil Gott ihn versetzte' (μετέθηκεν). Die Versetzung bedeutet nämlich eine Wendung und Umwandlung (ἡ γὰρ μετάθεσις τροπὴν ἐμφαίνει καὶ μεταβολήν); es ist aber eine Umwandlung zum Besseren hin (πρὸς δὲ τὸ βέλτιον ἡ μεταβολή), da sie durch Gottes Fürsorge geschieht."

[178] In *Virt* 176 sieht Philo einen engen Bezug zwischen μετάνοια und Wiedererinnerung. Beides sind Bewußtseinsphänomene: in der μετάνοια wird sich der Mensch einer Wirklichkeit bewußt, die er vergessen hatte.

[179] Vgl. dazu Philos Beschreibung der überredenden und belehrenden Weisheit in *Prob* 13–14, die eine „nüchterne Trunkenheit" auslösen kann, Lukians satirisch eingefärbte autobiographische „Bekehrungs"-Schilderung im Nigrinos 1–7, die Figur der personifizierten weiblichen μετάνοια bei Pseudo-Cebes („Das Gemälde des Cebes") und die Aufforderung zur μετάνοια in CH I, 28. Zum hellenistischen Verständnis der μετάνοια vgl. NOCK, Conversion, 164–186; DERS., Bekehrung, 107f.; DERS., Conversion and Adolescence, 469–480; MALHERBE, Paul and the Thessalonichans, 21–28; DERS., Moral Exhortation, 55–59, und SCHÖNFELD, Metanoia, pass.

2.5. Virt 215: Die Intensivierung der Gotteserkenntnis

Nachdem Philo den Entschluß Abrahams umzudenken betont hat, erwähnt er wieder das Wirken Gottes bei der Wahrnehmungsveränderung:

Virt 215a:
ἅμα δὲ καὶ τὸν πόθον ὃν ἐπόθει
γνῶναι τὸ ὂν προσανερρίπισε λόγια
χρησθέντα·

Virt 215a:
Zugleich aber auch fachten seine Sehnsucht, das Seiende zu erkennen, prophezeite Worte an.

Die Formulierung ist deutlich *synergistisch*. Der Eifer des Menschen und Gottes Worte wirken in der Weise zusammen, daß Gott die Suche des Menschen unterstützt und mit vorantreibt. Göttliche Orakel lenken den Weg Abrahams.[180] Philo versteht dies als Auszeichnung. Sie ist typisch für das Phänomen des „göttlichen Menschen" im Hellenismus, der in direkter Verbindung mit der Transzendenz steht und von Gott geführt wird.[181] Das Bild Abrahams als eines in besonderer Weise mit Gott verbundenen Menschen – in der Forschung hat sich dafür die umstrittene Kategorie θεῖος ἀνήρ/θεῖος ἄνθρωπος eingebürgert[182] – deutet sich mit dem Motiv der prophetischen Inspiration und der Führung Gottes durch Orakel schon an.[183] Es wird von Philo – unter expliziter Verwendung des Königsmotivs – noch stärker entfaltet werden.

---

[180] Vgl. Gen 12,1–9; 13,14–18; 15,1–6 als Hintergrund der Formulierung.

[181] Zum religionssoziologischen Phänomen des „göttlichen Menschen" vgl. BIELER, ΘΕΙΟΣ ΑΝΗΡ; BETZ, Gottmensch; GEORGI, Gegner, 145–182; GEORGI, Opponents, 390–422; ZELLER, Art. Mensch, göttlicher, 764f.

[182] DUTOIT, Theios anthropos, hat in einer umfangreichen semantischen Analyse zu zeigen versucht, daß diese Begriffe nicht als *termini technici* für Gottmenschen benutzt wurden (u.a. gegen BETZ, Lukian, 100). Er bestreitet mit diesem Ergebnis allerdings keineswegs die Möglichkeit der Existenz eines Konzepts des göttlichen Menschen in der Antike (so 406). Seine Untersuchung zeigt vielmehr, daß es ein sehr breites Wortfeld gab, mit dem in der Antike das Phänomen des gottnahen Menschen bezeichnet werden konnte (das hat auch BETZ, Lukian, 100f., schon betont!). Ich benutze den Terminus „göttlicher Mensch" als religionsphänomenologischen Idealtypus, der das Phänomen in der Forschung kommunizierbar machen soll. Vgl. dazu auch ZELLER, Art. Mensch, göttlicher, 764: „Θεῖος ἀνήρ ist in antiken Quellen kein exklusiver, eindeutiger terminus technicus; daneben stehen Parallelbegriffe und verwandte Modelle (z.B. im Menschen epiphaner Gott). Es gibt aber Ansätze zum titularen Gebrauch."

[183] Nach BETZ, Gottmensch, 236, repräsentieren Menschen, „die kraft besonderer charismatischer Begabung über das allgemein-menschliche Maß hinausragen", den Typus des Gottmenschen. Gegenüber den vergotteten Heroen gilt: „Dagegen ist für den θεῖος ἀνήρ zunächst charakteristisch, daß hier die göttliche Inspiration eines lebenden Menschen im Vordergrund steht" (238).

Die Gottesbezeichnung τὸ ὄν ist platonisch-stoischer Herkunft, bezeichnet bei Philo aber nicht den Kosmos oder die Ideenwelt als das Seiende, sondern den schöpfungstranszendenten Gott. Gleichwohl ist sie Indiz dafür, daß das Judentum, das eine solche Begrifflichkeit aufnimmt, an einer starken Kontinuität zwischen Welt und Gott interessiert ist, also unter platonisch-stoischen Voraussetzungen seine eigene Tradition interpretiert hat. Für Philo ist der welttranszendente Gott selbst der eigentliche Seinsgrund aller Wirklichkeit.[184]

Die μετάνοια als grundlegende Orientierung hin zum Schöpfergott setzt eine *geistliche Wanderung* in Gang, die als Ziel eine *intensivierte* Gotteserkenntnis hat:

Virt 215b:	*Virt* 215b:
οἷς ποδηγετούμενος ἐπὶ τὴν τοῦ ἑνὸς ἀοκνοτάτῃ σπουδῇ ζήτησιν ἥξει· καὶ οὐ πρότερον ἀνῆκεν ἢ τρανοτέρας λαβεῖν φαντασίας, οὐχὶ τῆς οὐσίας – τοῦτο γὰρ ἀμήχανον –, ἀλλὰ τῆς ὑπάρξεως αὐτοῦ καὶ προνοίας.	*Von ihnen geführt, geriet er mit entschlossenstem Eifer ins Erforschen des Einen. Und nicht früher hörte er auf, als bis er klarere Vorstellungen erhalten hatte, nicht von seinem Wesen – denn dies ist unerreichbar –, sondern von seiner Existenz und Vorsehung.*

Die μετάνοια bringt Abraham auf den Weg zu „*klareren Vorstellungen*" Gottes.[185] Abraham macht sich in völliger Hingabe – „*mit entschlossenstem Eifer*" – auf diesen Weg. Seine Kompromißlosigkeit und Entschiedenheit haben also vorbildlichen Charakter. Das Erforschen selbst ist eine besondere Tugend, weil sie die Orientierung auf Gott hin beweist.[186]

Zwischen der Entscheidung, sich von den falschen Gottesvorstellungen abzukehren hin zum wahren Gott, und der vollen Erkenntnis dieses Gottes liegt die Aktivität der Suche, der „*Erforschung*" Gottes. In *Praem* 58 heißt es von Abraham:

„Das Gaukelspiel der chaldäischen Wissenschaft verachtete er infolge einer vollkommeneren Schau (τελειοτέρας ὄψεως), durch deren Anblick angezogen er dieser Vor-

---

[184] Philo bevorzugt sonst das personale ὁ ὤν. Eine sachliche Differenz zwischen den beiden Bezeichnungen vermag ich bei Philo allerdings nicht zu erkennen.
[185] Der Toratext berichtet zweimal, in Gen 12,7 und 17,1, daß Gott Abraham erschienen ist. Philo hat sicherlich nicht nur Gen 12,7 im Blick, wie BIRNBAUM, What Does Philo Mean by „Seeing God", 551, meint.
[186] Vgl. *Spec* 1.36: „Was nun das Wesen Gottes anlangt, so ist es freilich schwer zu fassen und zu begreifen; trotzdem muß man es zu erforschen suchen, soweit es möglich ist. Denn nichts Besseres gibt es, als den wahren Gott zu suchen, wenn es auch Menschenkraft übersteigt ihn zu finden, da schon der Eifer des Forschens an sich unsagbare Freude und höchstes Vergnügen bereitet" (PCH).

stellung folgte (ἠκολούθησε τῇ φαντασίᾳ), wie das Eisen von dem Magnetstein angezogen wird, und so aus einem Sophisten einer *Weiser durch Belehrung* wurde."

Die μετάνοια orientiert den Menschen also auf ein Kraftzentrum hin, daß ihn immer stärker in den Bann zieht. Deutlich wird hier wie in *Abr* 81, daß die Erkenntnis und Betrachtung durch Belehrung, also durch „Lehren" vermittelt gedacht ist. In *Mos* 1.48 wird der Weg des Mose hin zur Vollkommenheit ebenfalls als ein durch Lehren vermitteltes Bildungsereignis beschrieben:

„Aber während dies Gottesgericht [über Ägypten] zu erwarten stand, lag Mose in hartem Ringen den Aufgaben der Tugend ob, wobei er als *Lehrerin in seinem Innern die edle Vernunft* (λογισμὸς ἀστεῖος) hatte, von der zu den edelsten Arten der Lebensführung, der beschaulichen und der werktätigen, vorbereitet er in emsiger Arbeit sich mühte, *immerfort die Lehren der Philosophie zu überdenken*, sie mit der Seele richtig zu erkennen und *im Gedächtnis unvergesslich zu bewahren*, das eigene immer rühmliche Tun nach ihnen einzurichten und nicht nach dem Scheine, sondern nach der Wahrheit zu streben; denn ihm schwebte nur ein Ziel vor, das Leben nach der rechten Stimme der Natur, die allein Anfang und Quelle der Tugenden ist" (PCH).

Dieser Text nennt als zentrale Tätigkeit, die Abraham und Mose noch ganz ohne schriftliche Grundlage[187] vorbildlich praktiziert haben sollen: die *ständige innerliche Einübung der monotheistischen Wirklichkeitswahrnehmung*.

Exkurs: Psychagogische Übungen in den missionstheologischen Schriften

Wie soll man sich den Vorgang der andauernden innerlichen Einübung der monotheistischen Wirklichkeitswahrnehmung konkret für die Zeit Philos vorstellen?

Es gibt in den MS verschiedene Hinweise auf *psychagogische Techniken,*[188] *die diese Verinnerlichung vorantreiben*. Ihr Ziel ist die *bleibende Präsenz* der wahren Lehren und Vorstellungen im Bewußtsein. Sie wird nur durch *ständige Wiederholung und Übung* erreicht. Der Weisheitsschüler praktiziert dies durch Zuhören, Lesen, Schreiben und durch ständige innere Beherzigung der Lehren, die dabei memoriert werden.[189]

---

[187] Zu Abraham vgl. *Abr* 275.
[188] DEWIT, Kontemplative Psychologie, 38, spricht von „Bewußtseinsstrategien".
[189] Zur philosophischen Psychagogie vgl. RABBOW, Seelenführung; CANCIK, Briefe; I. HADOT, Seneca; P. HADOT, Philosophie als Lebensform; MALHERBE, Paul and the Thessalonians, 81–88. I. HADOT, Seneca, 59, urteilt: „Das ständige Memorieren und innere Bereitstellen philosophischer Grunddogmen ist das Kernstück kaiserzeitlicher Seelenleitung." Vgl. auch die Aufforderung Epikurs am Ende seines Lehrbriefes an Menoikeus: „Dieses nun und all das, was dazu gehört, überdenke Tag und Nacht bei dir selber (μελέτα πρὸς σεαυτὸν ἡμέρας καὶ νυκτός) und zusammen mit dem, der deinesgleichen ist (epist. 135)." – RABBOW, Seelenführung, beschreibt folgende Techniken, die in der Popularphilosophie eingesetzt wurden: Prüfung der Vorstellungen, Imagination des

In der EL sind die jüdischen Synagogen Lehr- und Lernstätten (διδασκαλεῖα), in denen Lehren vorgetragen und gehört werden. Philo deutet in *Spec* 2.62 die sabbatliche Predigt als philosophischen Lehrvortrag, der in die wahren Lehren einübt:

> „So stehen an jedem siebten Tag in jeder Stadt unzählige *Schulen der* Klugheit, der Nüchternheit, der Tapferkeit, der Gerechtigkeit und der anderen *Tugenden* weit offen, in denen die Hörer in Reih und Glied ruhig dasitzen, die Ohren gespitzt mit aller Aufmerksamkeit wegen des Durstes nach angenehmen Worten. Einer der Erfahrensten steht auf und legt das Beste und Nützlichste vor, durch welches das ganze Leben zum Besseren fortschreitet."[190]

Die Empfehlung, die Tora abzuschreiben und tagtäglich zu lesen, findet Philo schon in Dtn 17,18–19 (*Spec* 4.160–167). Philo selbst beschreibt seine schriftstellerische Tätigkeit in *Spec* 3.6 als psychagogische Übung, bei der sein Lehren zum Lernen und Üben wird. Sie führt ihn nach eigenen Worten aus der geistigen Finsternis heraus, in der er sich durch die politischen Aufgaben befindet:

> „Freilich muß ich bei alledem Gott danken, daß die Flut, die auf mich einströmt, mich doch nicht völlig in die Tiefe reißt; schlage ich doch auch die Augen meiner Seele auf, die ich unter der Aufgabe jeder schönen Hoffnung schon für erblindet hielt, lasse mich vom Lichte der Weisheit bestrahlen und bin nicht für mein ganzes Leben der Finsternis preisgegeben. Und so unternehme ich es denn auch jetzt, nicht nur mit den heiligen Verkündigungen des Moses mich zu befassen, sondern auch voll Wissensdrang mich in jede einzelne zu versenken und das, was den meisten unbekannt ist, zu enthüllen und ans Tageslicht zu bringen" (PCH).

Besonders anschaulich beschreibt Philo Bewußtseinsstrategien in seiner Schrift über die Therapeutriden und Therapeuten, in der er den kontemplativen Lebensstil feiert.[191] Die

---

Guten und der Hoffnung, Prämeditation als Bedenken möglicher Schicksalsschläge, Übung des Vorbehalts, leises und lautes Selbstgespräch, Betrachtung und Bedenkung, Überdenkung, geistige Zurückgezogenheit, unablässige Vergegenwärtigung wichtiger Sätze, wiederholte Akte der Beherzigung sittlicher Grundwahrheiten, Grundsätze der Lehre stets griffbereit halten und auswendiglernen, Meditation von Texten (z. B. von Dichtersprüchen als Tageslosung), psychagogisches Schreiben, Hören von Vorlesungen, beim Lesen von Dichtung Ausweitung des Dichterspruches, Warum-Frage bei bedenklichen Aussprüchen, Jünger-Meister Beziehung, briefliche Seelsorge, lautes Lesen von Texten, Diatribestil. – Zwei Stellen bei Philo zählen die wichtigsten dieser philosophischen Übungen auf. *Her* 253: Untersuchung (ζήτησις), gründliche Prüfung (σκέψις), Lektüre (ἀνάγνωσις), Anhören (ἀκρόασις), Wachsamkeit (προσοχή), Selbstbeherrschung (ἐγκράτεια), Gleichgültigkeit gegenüber den gleichgültigen Dingen (ἡ ἐξαδιαφόρησις τῶν ἀδιαφόρων); *Leg* 3.18: Lektüre (ἀναγνώσεις), Überdenkung (μελέται), Therapie der Leidenschaften (θεραπεῖαι), Erinnerung an das, was gut ist (τῶν καλῶν μνῆμαι), Selbstbeherrschung (ἐγκράτεια) und Ausübung der Pflichten (τῶν καθηκόντων ἐνέργειαι).

[190] Vgl. auch *Mos* 2.215–216.
[191] Vgl. GEORGI, Gegner, 175–182, der vor allem auf die allegorische Auslegungsmethode der Therapeutriden und Therapeuten eingeht. – Philos Darstellung darf nicht als objektiver Bericht mißverstanden werden. Ich werte ihn unter der Fragestellung aus, wie

geistlichen Übungen zielen hier teilweise auch auf ekstatische Zustände ab. Philo läßt sie wie Abraham auf der zielstrebigen Suche nach der Erkenntnis Gottes sein:

„Sie übersteigen die sichtbare Sonne und verlassen diese bestimmte Stelle[192] nicht bis zur vollkommenen Freude. Die zu diesem Gottesdienst gehen, tun dies nicht aus Gewohnheit oder wegen Ermahnung anderer, sondern ergriffen von einer *himmlischen Liebe* (ὑπ' ἔρωτος ἁρπασθέντες οὐρανίου) – wie die Bakcheuten und Korybanthen – bleiben sie solange enthusiastisch (ἐνθουσιάζουσιν), bis sie das Ersehnte sehen" (*Contempl* 11–12).

Ungezwungen, aber leidenschaftlich erstreben sie die rein geistige Gottesschau. Ihre Hingabe ist, wie Philo auch bei Abraham betonte, unabdingbare Voraussetzung zur Erreichung des Ziels. Die „himmlische Liebe", von der sie ergriffen sind, meint sowohl die Liebe, die sie zu Gott haben, als auch die Liebe, die ihnen von Gott her verliehen wird. Mit welchen Mitteln streben nun die Therapeutriden und Therapeuten die Gottesschau an?
    Zunächst verlassen sie den städtischen Trubel und lassen sich in einer ruhigen und klimatisch angenehmen Landschaft nieder (13–23). Dieser *kollektive* Rückzug wird durch einen *individuellen Rückzug intensiviert*: Jeder Therapeut und jede Therapeutin haben ein Meditationszimmer für sich allein, „einen heiligen Raum, der ‚Semneion' oder ‚Monasterion' genannt wird" (25). In diesem Raum befinden sich nur Dinge, die der Erkenntnis dienen, vor allem heilige Schriften: die Tora, prophetische Schriften, Psalmen (25). Zweimal am Tag – am frühen Morgen und am Abend – beten sie um geistiges Licht und Freiheit von der Sinnlichkeit (27). Am Tag praktizieren sie die Kontemplation (θεωροῦσι): Sie lesen die heiligen Schriften und erforschen dabei ihren allegorischen Tiefensinn (28).[193] Sie benutzen dafür schriftliche Auslegungen früherer Allegoristen (29). Sie

---

Philo als *Missionstheologe* die kontemplative Praxis der Gruppe wahrgenommen und interpretiert hat. Ich gehe davon aus, daß Philo die Lebensweise einer tatsächlich existierenden monastischen Gruppe beschreibt, aber im Sinne der Missionstheologie stark *idealisiert* und *typisiert* hat. Das heißt aber, daß ein exemplarisches Einzelphänomen von Philo in einen Interpretationshorizont gerückt worden ist, der *vor allem* über das *missionstheologische Verständnis psychagogischer Praxis* im alexandrinischen Judentum informiert. Dieser Ansatz könnte auch mit der These von ENGBERG-PEDERSEN, Philosopher's Dream, 40–64, leben, die Schrift gehöre zur Gattung der fiktiven Erzählung, die ein theoretisches Ideal veranschaulichen will, und darum gar keinen historischen Hintergrund habe. Festzuhalten wäre dann aber, daß die Schrift Spiegel sozialer, kontemplativer Praxis in Alexandria ist. An der Historizität der Therapeutriden und Therapeuten festhaltend, verorten TAYLOR/DAVIES, The So-Called Therapeutae, 16–24, den sozialen Status der Gruppe im alexandrinischen jüdischen Oberschichtsmilieu, dem auch Philo entstammte.

[192] Die Sätze „sie...verlassen diese bestimmte Stelle nicht bis zur vollkommenen Freude", und „sie bleiben solange enthusiastisch, bis sie das Ersehnte sehen", sind parallel formuliert. Die Wendung „diese Stelle" verortet ein Bewußtsein, das die sinnliche Welt verlassen hat und sich ganz auf Gott konzentriert (gegen GEORGI, Gegner, 179).

[193] GEORGI, Gegner, 176: „Die von den Vätern überkommene Kunst der Schriftauslegung wird also als Schau verstanden und mit Äußerungen des gottesdienstlichen Lebens zusammengenommen, die nach gemeinantiker Anschauung aus dem Bereich des gewöhnlichen irdischen Treibens herausragen."

prägen sich Lehrsätze so intensiv ein, daß sie sogar in ihren Träumen präsent sind (26). Außerdem sind sie schöpferisch tätig: Sie komponieren Psalmen und Hymnen und singen sie (30.35). Die Präsenz Gottes im Bewußtsein wird also durch Gebet, Gesang, Lesen und Schreiben eingeübt. Während dieser Übungen am Tage fasten sie, manche fasten sogar mehrere Tage lang (34–35). Am Sabbat versammeln sich die Therapeutriden und Therapeuten, um der Predigt, dem ruhigen und sorgfältigen Lehrvortrag des Ältesten, konzentriert zu lauschen (30–31).[194] Philo hebt die zurückhaltende Rhetorik hervor, die sich von derjenigen der Rhetoriker unterscheidet, weil sie nicht auf den überwältigenden, beifallheischenden Effekt aus ist, sondern sich auf das Verstehen des Textes und das Verständnis der Zuhörerinnen und Zuhörer konzentriert. Philo betont, daß die Lehren mit Verstand und Vernunft vorgetragen werden (μετὰ λογισμοῦ καὶ φρονήσεως). In größeren Abständen feiern die Therapeutriden und Therapeuten ein besonderes Fest, das in *Contempl* 64–90 beschrieben wird. Es fallen einige psychagogische liturgische Praktiken auf: Sie tragen weiße Kleider und erheben zu Beginn des Festes die Hände und Augen zum Himmel (66). Sie trinken beim Mahl Wasser und verzichten auf Fleisch (73f.). Während des Mahles findet eine biblische Unterweisung durch den Ältesten statt. Bemerkenswert ist, wie Philo die psychagogische Technik des Vortrags beschreibt, die er von der hektischen Vortragsweise der Rhetoren deutlich unterscheidet:

„Er trägt die Lehre langsam vor, verzögernd und verlangsamend durch Wiederholung, und prägt so die Gedanken in die Seele ein (76)."

Bei der Auslegung der biblischen Texte bedient sich der Älteste der allegorischen Methode. Daraufhin folgt ein Wechselgesang zwischen Vorsänger und Chor mit traditionellen und neukomponierten Hymnen auf Gott; die geistliche Produktivität der Einzelnen (vgl. 30.35) wird damit in die Gemeinschaft eingebracht (80). Das Abendmahl schließt mit dem Genuß von ungesäuertem Brot. Den Höhepunkt des Festes bildet die Nachtfeier, in der bis zum Morgen hin von den Männern und Frauen Hymnen gesungen werden, und dann zunächst getrennt, später auch gemeinsam der *Reigentanz* (χορεία) getanzt wird (83–87). Philo läßt sie durch dieses getanzte Gotteslob, das Gottes Rettungstat beim Auszug aus Ägypten auch pantomimisch darstellte,[195] in einen enthusiastischen Bewußtseinszustand (ἐπιθειάζοντες 84, ἐνθουσιῶντες 87) geraten, der Ausdruck ihrer Gottesliebe (85) und Frömmigkeit (88) sein soll.[196] Philo beschreibt diesen Bewußtseinszustand in *Contempl* 89 so:

---

[194] Die Bewußtseinsstrategie der Aufmerksamkeit auf das Hier und Jetzt (vgl. DEWIT, Kontemplative Psychologie, 104f.), d. h. auf die Toraverlesung und -auslegung, ermöglicht das Verlassen der eigenen Gedanken.

[195] Chorgesang, Tanz und pantomimische Darstellung bildeten bei diesem – normalerweise τὸ ὑπόρχημα genannten Tanz – eine Einheit: „Both song and dance interact and mutually interpret the meaning of the ‚sacred virgil'. The action of the choir imitates the Exodus experience which is narrated through the songs" (DEWEY, The Hymn in the Acts of John, 79). Interessant ist die Beobachtung von GEORGI, Frau Weisheit, 258, daß auch die Weisheit Salomos mit einer ausführlichen Behandlung des Exodusgeschehens inklusive musiktheoretischer Überlegungen (19,18) schließt (Kap 16–19).

[196] Zur psychagogischen und ekstatischen Wirkung des Tanzes in der Antike vgl. DEWEY, The Hymn in the Acts of John, 75–80, u.a. mit Verweis auf *Contempl* 83–89. Zur Verbindung von Gesang und Tanz vgl. den gnostischen Hymnus im den ActJoh 94–96.

„Bis zum Morgen sind sie trunken in dieser *edlen Trunkenheit*, bei der sie keinen schweren Kopf haben und die Augen schließen, sondern sie sind *aufgeweckter als zu Beginn der Feier*. Sie stehen mit dem Gesicht und dem ganzen Körper nach Osten gerichtet, und sobald sie die Sonne aufgehen sehen, strecken sie ihre Hände gen Himmel. Dabei beten sie um Glück und Wahrheit und *Scharfsinn für das Denkvermögen* (ὀξυωπίαν λογισμοῦ)."

Philo charakterisiert hier das Phänomen, das er an anderen Stellen „nüchterne Trunkenheit" nennt.[197] Er erläutert diese „Trunkenheit" als einen Zustand, in dem das Bewußtsein nicht ausgeschaltet ist, sondern das Denkvermögen und Verstehen über seine alltäglichen Grenzen hinausgeführt wird hin zum mystischen Erfassen der gesamten Schöpfungswirklichkeit. Es geht um die erregende Erfahrung tieferer Einsicht in die Struktur der Wirklichkeit, die mit einer Steigerung des Denkvermögens untrennbar verbunden ist. Philos missionstheologischer Ansatz führt ihn zur Versicherung, daß diese Ekstase das Denken *nicht ausschaltet, sondern vielmehr verstärkt*.[198]

Entscheidend ist die quantitative wie qualitative Intensität der beschriebenen psychagogischen Praktiken. Sie dienen alle dazu, die Beziehung zu Gott zu *verstärken*. Diese *Konzentration auf den Schöpfergott* unterscheidet die jüdische von der popularphilosophischen Psychagogie. Sowohl die geistigen Übungen der Stoiker als auch die der Epikureer sind nicht auf einen welttranszendenten Gott, sondern auf sich selbst (ἑαυτοῦ ἐπιμελεῖσθαι) und auf den Kosmos ausgerichtet. Nicht die personale Bindung an Gott, sondern die Bindung an die „Natur" ist das Ziel dieser Schulen.[199] Es geht nicht um die Konzentration auf den Schöpfergott, sondern auf sich selbst als Teil des göttlichen Kosmos.[200]

Jüdische Psychagogie, so wie sie sich bei Philo in den MS darstellt, ist schwerpunktmäßig mit dem vernunftstärkenden Studium und der *Meditation der heiligen Schriften* verbunden. Philo kennt zwar auch Übungen ohne direkten Schriftbezug. So gilt der Sabbat als Studientag, an dem die Gewissenserforschung praktiziert wird und die Werke der

---

[197] Der Begriff und die Vorstellung der „nüchternen Trunkenheit" stammen aus der hellenistischen Philosophie und nicht, wie LEWY, Sobria Ebrietas, 73–90, meinte, aus der Gnosis. Zur Herkunft aus der Popularphilosophie vgl. Philo, *Prob* 13f. und Lukian, Nigrinos 1–7. Von Lukian wird als Folge seiner μετάνοια angegeben, daß die Seele immer scharfsichtiger wurde (τὴν δὲ ψυχὴν ὀξυδερκέστερος). Der durch die Rede des Nigrinos hervorgerufene neue Bewußtseinszustand wird mit Gottesbegeisterung und einer Trunkenheit (ἔνθεος καὶ μεθύων ὑπὸ τῶν λόγων περιέρχομαι) verglichen, die aber volle Nüchternheit ist: „Das ist freilich keine Trunkenheit (μεθύειν), sondern Nüchternheit und Besonnenheit (νήφειν τε καὶ σωφρονεῖν)". Es geht hier wie bei Philo in den MS (vgl. noch *Opif* 69–71) nicht um einen Zustand, in dem das Gottespneuma das eigene verdrängt (so SIEGERT, Philon von Alexandrien, 88f.), sondern um eine Intensivierung des Denkvermögens durch Gott. Philo ist allerdings schon in der Seelenallegorese des AK Zeuge für eine veränderte vernunftkritische, bewußtseinsdualistische Interpretation des Oxymorons: so *Leg* 1.84 (vgl. unten 4.11.4.).

[198] Ich vermute allerdings, daß die Therapeuten und Therapeutriden dualistischer gedacht haben, als Philo sie in seiner missiontheologisch motivierten Schrift darstellt.

[199] Vgl. dazu P. HADOT, Philosophie als Lebensform, 15–23.

[200] Ebd. 115f. Vgl. auch FOUCAULT, Die Sorge um sich, 60–71.

Natur betrachtet werden.²⁰¹ Aber im Zentrum steht die Schriftauslegung mit allegorischen Auslegungsmethoden. Denn die *Allegorese* erschließt die unsichtbare göttliche Wirklichkeit:

> „Dabei beginnt die vernünftige Seele ganz besonders das Eigene zu schauen, gleichsam *durch den Spiegel der Worte die herrliche Schönheit der Gedanken*, die in Erscheinung tritt, und entrollt und *enthüllt die Symbole*, so daß sie die Gedanken unverhüllt ans Licht führt für die, die infolge nur eines kleinen Anstoßes *das Unsichtbare vermittels der sichtbaren Dinge zu schauen vermögen*" (*Contempl* 78).

In der Allegorese werden *sinnenhafte Worte in abstrakte, unsichtbare Gedanken und Lehren transformiert*. Sie ist also ein zentrales Mittel der Entsinnlichung und Verinnerlichung der Gottesbeziehung.

Worin besteht nun die *intensivierte Gotteserkenntnis*, die Abraham durch seine Suche gewonnen hat? Welche Gotteserkenntnis erreichen die Therapeutriden und Therapeuten durch ihre Übungen? Worin unterscheiden sich die „klareren Vorstellungen" Gottes von der grundlegenden Erkenntnis der Existenz des Schöpfergottes und dessen Vorsehung? Eine *Wesenserkenntnis* Gottes ist es nicht. Diesen Grundsatz alexandrinischer Missionstheologie schärft Philo seinen Leserinnen und Lesern nicht nur an dieser Stelle ein.²⁰² Die geschöpfliche Vernunft kann über die Erforschung des Kosmos auf Gottes Existenz schließen, doch die Schau Gottes selbst, also seines Wesens, überfordert sie.²⁰³ Nur Gottes *Zugewandtheit zur Schöpfung* ist erkennbar, eben sein Schöpfersein und seine Vorsehung.

Wieder hilft ein Blick in die Schrift über die Therapeutriden und Therapeuten, den Charakter dieser vor allem auf Gottes Vorsehung konzen-

---

²⁰¹ *Decal* 98–101. Vgl. auch in *Spec* 2.208–209 die Prämeditation von Notsituationen. Zu ihr gehört der Gottesdank und die Bitte um Schutz.

²⁰² In den MS *Spec* 1.43f., *Opif* 71, *Praem* 44 (Im AK: *Leg* 1.91, *Post* 13–21.168, *Mut* 7–15). Die Missionstheologie betonte lange vor Philo, daß Gott einer sei und dies die höchste Gotteserkenntnis sei; vgl. Arist 132; Sib 3.11–16. Gott wird jedoch als Lenker der Welt erkannt (Arist 195.208). M. E. gibt es bei Philo aber auch Indizien für eine Tradition, die zwischen der Erkenntnis des Daseins und des Wesens Gottes noch nicht unterschied und die Wesensschau schlicht zugestand, vgl. *Legat* 4f., *Mos* 2.163, *Contempl* 12, *Abr* 2.

²⁰³ Vgl. *Opif* 69–71 und *Spec* 1.32–40. *Opif* 71 und *Spec* 1.37 sprechen davon, daß das Licht Gottes zu stark für das geistige Auge der geschöpflichen Vernunft ist. Die Unfähigkeit, Gottes Wesen zu schauen, ist für die MS also kein Defekt, sondern eine grundsätzliche Begrenzung des Geschöpfs. Vgl. JONAS, Gnosis II/1, 77–80, zu den jüdisch-alttestamentlichen und den erkenntnistheoretisch-platonischen Wurzeln dieses Agnostizismus.

trierten Gottesschau zu klären. In *Contempl* besteht die Erfüllung der Sehnsucht nach der Schau des Seienden nicht in der Schau Gottes selbst, sondern in dem, was dem Menschen zugänglich ist: in der Schau des Kosmos, der Ideenwelt, der Kräfte Gottes und des Wesens der φύσις (*Contempl* 64 und 90). Dieses Ziel wird nach *Contempl* 12, 26 und 78 auch tatsächlich erreicht. Ein Mangel oder ein unerfüllter Rest wird nicht angedeutet. In dieser Sehnsucht nach dem Seienden erweisen sich die Therapeutriden und Therapeuten als Freunde Gottes (*Contempl* 2 und 90).

Auf dieser platonischen Charakterisierung der von Gott geschaffenen Wirklichkeit basiert auch die Interpretation in *Mos* 1.158:

„In die Dunkelheit, wo Gott war, ist er hineingegangen, so steht es geschrieben (Ex 20,21), d.h. in die ungesehene und unsichtbare und paradigmatische Wesenheit des Seienden, dabei das, was für die sterbliche Natur unschaubar ist, betrachtend."

Also nicht Gott selbst, sondern die ideelle Struktur des Seienden wird geschaut. Dabei wird das Wesen der Schöpfung erfaßt, zu dem auch der Logos und die Kräfte Gottes als die schöpfungszugewandte Seite Gottes gehören können. *Transzendenzkontakt ist also Kontakt mit der schöpfungszugewandten Seite Gottes.* Dieser Kontakt mit Gott kann von Philo mit Bildern des Himmelsflugs zum astralen Himmel[204] oder in die Ideenwelt veranschaulicht werden.[205] Entscheidend ist aber für Philo nicht der kosmologische Bezugsrahmen, der bei ihm durchaus wechseln kann, sondern die damit verbundene Gottesgemeinschaft und die Erfahrung der Gottesabhängigkeit, die im Glauben an Gottes Vorsehung besteht. Gotteserkenntnis ist also *Einblick in Gottes Schöpfungs- und Bewahrungswerk*, nicht aber Wesensschau Gottes.[206]

---

[204] Vgl. *Spec* 3.1–6. In *Somn* 1.34–37 kommt eine ältere Tradition zu Wort, die Moses Aufenthalt auf dem Berg als ein kosmisches Mysterium darstellt: Mose hörte die perfekte kosmische Sphärenmusik, als er 40 Tage auf dem Berg auf Wasser und Brot verzichtete.

[205] Vgl. *Opif* 69–71.

[206] Vgl. WINSTON, Logos and Mystical Theology, 49f.: „The Philonic Logos is...a rather vivid and living hypostatization of an essential aspect of Deity, the face of God turned toward creation." Die Lehre über die Kräfte Gottes und den Logos darf deshalb auch nicht als Wesensaussage über Gott mißverstanden werden, sondern sie gehört zur Erkenntnis der „Vorsehung" Gottes, die auch die monotheistische Antwort auf den astrologischen Schicksalsglauben ist. Die Logos- und Kräftelehre differenziert nur die unterschiedlichen Möglichkeiten Gottes, sich zur Schöpfung zu verhalten. Sie bezeichnen Funktionen Gottes gegenüber seiner Schöpfung: den Kosmos erschaffen, über den Kosmos herrschen, vorsorgen, segnen und strafen. Jenseits dieser aus Gottes Werken erschließbaren Tätigkeiten kann nur festgestellt werden, daß Gott der Seiende oder das Seiende ist. In einem ausführlichen Stück beschreibt Philo, wie Mose Gott bittet, sich

So erstaunt es zunächst, daß Philo dennoch Stufungen kennt bezüglich der Erkenntnis, *daß* Gott ist. In *Praem* 40–46 ist die physikotheologische Gotteserkenntnis einer unmittelbaren Gotteserkenntnis durch Gott selbst untergeordnet:[207]

„Diese gotterfüllten Männer, die sich vor den anderen besonders auszeichneten, sind freilich, wie gesagt, ‚von unten nach oben' wie auf einer Himmelsleiter vorgeschritten, sie *haben aufgrund anscheinend richtiger Überlegung von den Werken auf den Bildner geschlossen.* Manche aber besaßen die Fähigkeit, *ihn aus ihm selbst zu begreifen*, ohne daß sie irgend welche andere Vernunftgründe zu Hilfe zu nehmen brauchten, um zu seinem Anblick zu gelangen; solche müssen in Wahrheit zu den frommen und echten Dienern und Lieblingen Gottes gezählt werden. Zu diesen gehört der Mann, der in chaldäischer Sprache Israel genannt wird, auf Griechisch der Gott Schauende, *nicht welcher Art Gott ist* – denn das ist, wie gesagt, unmöglich, *sondern daß er ist*" (43–44a PCH). – „Gute Treffer sind also die Menschen, die sich bemühen aus der Schöpfung den ungeschaffenen Schöpfer des Alls zu erkennen, sie handeln ähnlich denen, die *aus der Zweiheit die Natur der Einheit erforschen*, während man umgekehrt von der Einheit – diese ist ja der Anfang – ausgehen müßte, um die Zweiheit zu betrachten; zur Wahrheit aber gelangen nur die Menschen, *die die Vorstellung von Gott durch Gott gewinnen, die Vorstellung vom Licht durch das Licht*" (46 PCH).

Würde Philo nicht korrigieren, daß es sich auch hier nur um die Erkenntnis, *daß* es Gott gibt, handelt, läge der Schluß auf der Hand, daß hier die Möglichkeit der Wesenserkenntnis Gottes beschrieben wird. Denn Philo sagt selbst in *Spec* 1.42 und *Praem* 40, daß die Wesenserkenntnis Gottes durch die Erkenntnis Gottes aus sich selbst heraus erlangt wird. Israel erhält diese Erkenntnis, und nun soll es doch keine Wesenserkenntnis sein? Zurecht fragt Jonas:

„Fühlt man nicht, daß für die Erlangung einer bloßen Gewißheit vom Dasein Gottes die Einzigartigkeit dieser Zugangsweise zu hoch gegriffen, das Ergebnis nicht im rechten Verhältnis dazu ist? In der Tat hat man es bei allen Schilderungen dieser überlegenen ‚Erkenntnis Gottes aus Gott selbst' bald vergessen, daß es nur das ὅτι sein soll, das auf solche Weise kundgetan wird; und man fühlt einen inneren Bruch der Gedankenführung, wenn die vorsichtige Einschränkung ‚aber nicht das Was, nur das Daß' wieder daran erinnert."[208]

---

ihm nicht aus den Werken, sondern aus sich selbst heraus zu zeigen, also ihm sein Wesen zu offenbaren (*Spec* 1.41–50 zu Ex 33,18–23). Gott selbst sagt ihm, daß das nicht möglich sei und er sich mit der Erforschung der Natur begnügen solle (49). Nicht einmal die Kräfte Gottes könne er begreifen (45–47). Mose behält jedoch seine Sehnsucht nach Gott selbst (50). Gott in seinem Wesen ist dem Geschöpf unzugänglich, weil Schöpfer und Geschöpf qualitativ unterschiedlich sind (43f.).
[207] Vgl. dazu JONAS, Gnosis II/1, 79.86–88.93–94.
[208] Vgl. ebd., 88.

Wie ist diese Unausgeglichenheit zu erklären? Ist sie Ausdruck des nicht zu unterdrückenden Wunsches, doch Gottes Wesen erkennen zu wollen, wie Jonas vermutet? Oder beruht sie auf einer mystischen Tradition, die die inspirierte Wesenserkenntnis Gottes behauptet und die Philo hier korrigierend aufnimmt? Das ist durchaus möglich. Die Hauptaussage liegt aber woanders: Philo geht es hier im Kontrast zur induktiven naturwissenschaftlichen Gotteserkenntnis um einen „genuin religiösen Zugang zu Gott aus göttlichem Tun selber".[209] Er hebt die Überlegenheit der mystischen Offenbarungserkenntnis Gottes gegenüber der naturwissenschaftlichen Erkenntnis hervor. Denn sie macht den Menschen gewisser.

Vor diesem Hintergrund ist auch *Virt* 215 zu deuten. Abrahams Gotteserforschung wird von Gottesworten begleitet. *Virt* 215 spricht zwar nicht so explizit wie *Praem* 46 von einer Gotteserkenntnis durch Gott selbst, aber der Sachverhalt, daß Gott Abraham die Gotteserkenntnis ermöglicht, ist klar ausgesprochen. Wer aber der Existenz Gottes durch Gott selbst gewiß wird, hat ein *intensiveres* Verhältnis zu Gott. Sie ist ihm nicht mehr nur durch ein anderes vermittelt, sondern unmittelbar und darum evident im Bewußtsein. Er weiß zwar *nicht mehr* über Gott, aber im Bewußtsein ist Gott *stärker, weil unmittelbarer verankert*. Philo ist im Grunde weniger am Wesen Gottes als an der *Qualität des Bewußtseins* des Weisen interessiert. Letztlich ist wichtig, daß Gott die Vernunft des Menschen umgreift und ihn zur Gottesliebe und zum Glauben führt. Entscheidend ist, daß Gottes Realität das Bewußtsein so erfüllt, daß keine Zweifel mehr bestehen, und daß Gott zum Angelpunkt allen Denkens und Handelns wird. Offenbarung hat bei Philo nicht die Wesenserkenntnis Gottes zum Ziel, sondern die Erfüllung des Bewußtseins mit der *schöpfungszugewandten Seite Gottes*. An eine Ausschaltung des menschlichen Nous ist bei dieser mystischen Erfahrung keineswegs gedacht, wie wir noch sehen werden.[210]

Es kann also nur darum gehen, daß die in der μετάνοια gewonnene Gotteserfahrung gefestigt wird. Die zunächst gewonnene Seinserfahrung ist noch kein Garant für eine *bleibende* Verwandlung. Dazu bedarf es der Übung. Durch die Übung gewinnt die Gotteserkenntnis an Präzision und

---

[209] Ebd.

[210] Eine etwas andere, aber letztlich in die gleiche Richtung zielende Differenzierung der Gotteserkenntnis findet sich in *Abr* 119–130. Hier wird besonders deutlich, daß es Philo um die Intensität des Verhältnisses des Menschen zu Gott geht. Es geht um Haltungen und qualitativ unterschiedliche Verhältnisse zum Schöpfergott, also um Beziehungsqualitäten. Die tiefste Gottesbeziehung ist dann erreicht, wenn der Mensch Gott um Gottes willen liebt und die Beziehung zu ihm nicht mehr von Furcht oder Aussicht auf ein glücklicheres Leben geprägt ist, sondern allein von der Liebe (128–129).

Klarheit. *„Klarer"* ist die Erkenntnis Gottes, wenn der Schleier des Irrtums die Seele völlig verlassen hat. In der Suche Gottes läßt Abraham die falschen Meinungen hinter sich. Sein Eifer ist ganz auf Gott konzentriert. Er hat sein Ziel erreicht, da in seinem Bewußtsein die Erkenntnis Gottes dauerhaft und felsenfest verankert ist.[211] Die in der μετάνοια gewonnene Erkenntnis Gottes nimmt nun allen Raum in der Seele des Weisen ein. Er verliert nie den Gedanken an Gott aus dem Gedächtnis:

„Allezeit unvergeßlich behalten sie Gott im Bewußtsein (ἀεὶ μὲν οὖν ἄληστον ἔχουσι τὴν τοῦ θεοῦ μνήμην), so daß sie *sogar in ihren Träumen* nichts anderes als die Schönheit der göttlichen Tugenden und Kräfte schauen (*Contempl* 26)."[212]

Bei den Therapeutriden und Therapeuten bleibt diese Gottesgegenwart durch die Bewußtseinsschulung sogar in den Nachtträumen erhalten.

2.6. Virt 216a: Der Glaube Abrahams als Wesensmerkmal der intensivierten Gotteserkenntnis

Philo bezeichnet den durch das *„Erforschen"* erreichten vollkommenen Bewußtseinszustand Abrahams als *„Glaube"*. Abraham zeichnet sich vor allen Menschen dadurch aus, daß er als erster an Gott glaubte:

Virt 216a:	*Virt* 216a:
διὸ καὶ πιστεῦσαι λέγεται τῷ θεῷ πρῶτος, ἐπειδὴ καὶ πρῶτος ἀκλινῆ καὶ βεβαίαν ἔσχεν ὑπόληψιν, ὡς ἔστιν ἓν αἴτιον τὸ ἀνωτάτω καὶ προνοεῖ τοῦ τε κόσμου καὶ τῶν ἐν αὐτῷ.	*Deswegen ist er auch der erste, von dem es heißt, daß er an Gott glaubte*, weil er auch der erste war, der eine unbeugsame und feste Meinung besaß, daß es eine oberste Ursache gebe und sie Vorsorge treffe für die Welt und die Dinge in ihr.

Diese Aussage ist eine kurze Interpretation von Gen 15,6. Der Glaube Abrahams wird als feste und unbeugsame Meinung verstanden. Nach dieser Deutung wird der Glaube hier zum Wesensmerkmal des Vollkommenen. Philo interpretiert Glaube als Ziel des Bewußtseinsweges, der zur Ausschaltung aller Trugbilder und falschen Überzeugungen führt. Der Glaubende ist in seinem Glauben an Gott durch andere Lehren nicht mehr zu verunsichern. Im Bewußtseinszustand, den Philo als Glauben qualifi-

---

[211] Vgl. *Abr* 58: Der Weise soll um das Bleiben und Feststehen der Gottesschau bitten (μονὴν εὐχέσθω καὶ στάσιν).
[212] So auch *Spec* 1.133.

ziert, ist die Lehre zentral, daß Gott nicht nur der Schöpfer, sondern auch der *Bewahrer* der Welt ist. Dieser Vorsehungsglaube ist nach *Opif* 9 für Philo – ganz in der Tradition der Missionstheologie[213] – zentrales Merkmal der vollkommenen Gottesbeziehung:

„Die aber von der Welt behaupten, daß sie unerschaffen sei, beseitigen unwissentlich das *nützlichste und notwendigste* der zur Gottesverehrung führenden Dinge, nämlich die Vorsehung."

An Gott glauben heißt daher, an dessen Weltregierung zu glauben.[214] Durch die Vorsehung nämlich erkennt der Mensch als Geschöpf seine völlige Abhängigkeit von Gott, aber auch den Schutz und die Vorsorge, die Gott ihm gewährt. Schöpfungsglaube ist deswegen immer auch Glaube an die beständige Wirksamkeit Gottes, die sich vor allem in den nomologischen Strukturen des Kosmos zeigt.[215]

Welches kritische Potential dieser Glaubensbegriff enthält, wird in *Praem* 28–30 deutlich. Hier definiert Philo Glauben als radikale Bindung allein an Gott, als Gottesorientierung:

---

[213] Vgl. GEORGI, Gegner, 141: „Das eigentliche Interesse der Apologeten haftete an der ständigen Wirksamkeit Gottes. Der Schöpfungsgedanke wurde vom Prozeßgedanken her verwandelt." Das bedeutet auch, daß „die Apologetik die Geschichte in der Natur aufgehen" ließ (ebd. 142). Bei Aristobul (Eus. praep. ev. 13.12.4) heißt es: „Es scheinen mir aber Pythagoras, Sokrates und Plato, nachdem sie alles erforscht, dieser Auffassung zu folgen (daß man nämlich die ganze Schöpfung der Welt als göttliche Worte bezeichnen kann), indem sie sagen, daß sie Gottes Stimme vernehmen, wenn sie den Weltbau betrachten, wie er von Gott sorgfältig geschaffen und unaufhörlich erhalten wird (συνεχομένην ἀδιαλείπτως)."

[214] Vgl. noch *Opif* 171, *Praem* 42. Die Verbindung von Gottesglaube und Vorsehungsglaube wird schon im Platonismus und vor allem in der Stoa betont; vgl. BEHM, προνοέω, 1007f. Die Stoiker begründen die Vorsehung mit dem Naturgesetz, daß das schaffende Wesen für das Geschaffene sorgt (so auch Philo in *Praem* 42). Philos Dialoge *Prov* 1–2 sind ein Zeugnis für den Vorsehungsglauben in der Popularphilosophie seiner Zeit. In ihnen setzt sich Philo mit kritischen Anfragen an diesen Glauben auseinander und widerlegt sie. Auch *Flacc* und *Legat* wurden von Philo unter der theologischen Perspektive geschrieben, daß Gottes Vorsehung und Gerechtigkeit (in *Flacc* 104 personifiziert in δίκη) nicht außer Kraft gesetzt sind, auch wenn Leidenserfahrungen dagegen sprechen (vgl. *Flacc* 102.125.146.170.191, *Legat* 1–7).

[215] „Isaak" steht in der EL allegorisch für die wohltuende, die Seele ganz und gar erfüllende Empfindung der Freude des Weisen. Er erfreut sich an Gott und an dessen Lenkung der geschöpflichen Geschicke (*Praem* 31–35). Er repräsentiert das Bewußtsein, das die göttliche „Vorsorge für die Welt und der Dinge in ihr" vorbehaltlos akzeptiert. Der Weise erfreut sich – bis auf willentlich böse Taten von Menschen – an allem, was in der Welt geschieht, auch wenn er äußerlich darunter zu leiden hat, weil er überzeugt ist, daß es zum heilvollen Fortbestand des Kosmos beiträgt. Zur anders kodierten „Isaak"-Allegorese im AK vgl. unten Kapitel 4.3.

„Wer nun wahrhaftig an Gott glaubt (oder: Gott vertraut), begegnet allen anderen Dingen, die geschaffen und vergänglich sind, mit Mißtrauen (ἀπιστίαν)."²¹⁶

Damit ist jedoch keine Welt- oder Selbstverachtung gemeint, sondern die Einsicht, daß bezüglich des Strebens nach Erkenntnis Gott allein wirklich vertrauenswürdig ist. Philo begründet diese Haltung in *Praem* 28–29 gerade im Blick auf die besten Bestandteile des Menschen: Die Denkkraft (λογισμός) irrt bei der Beurteilung der geistigen Dinge, die sich auf die Wahrheit beziehen, und das Wahrnehmungsvermögen läßt sich durch Bilder täuschen.²¹⁷ Philo greift hier auf die skeptische Erkenntniskritik zurück, um zu zeigen, daß alles Geschöpfliche unsicher ist.²¹⁸ Wer dennoch darauf vertraut, handelt gerade entgegen den avanciertesten Einsichten des Urteilsvermögens (λογισμός) selber, das eben nur dann vernünftig agiert, wenn es sich auf Gott verläßt:

„Wem es aber möglich wurde, nicht nur über alles Körperliche, sondern auch alles Unkörperliche hinwegzuschauen und zu übersteigen und sich allein auf Gott zu verlassen und zu stützen *mit Stärke zeigender Denkkraft* (μετ' ἰσχυρογνώμονος λογισμοῦ) und unbeugsamem und festestem Glauben, dieser ist wahrhaftig selig und gesegnet (30)."

Philo beschreibt hier also eine existentielle Haltung zu Gott, eine Haltung des Vertrauens, die gerade auf einem besonders starken Einsatz der Denkkraft beruht.²¹⁹ Für Philo ist genau das vernünftig, sich selbst gar nicht, sondern allein Gott zu vertrauen, gerade weil es dafür einsichtige Gründe gibt. Vernunft erschließt sich nur in der kritischen Absage an den endlichen Verstand. „*Glaube*" ist somit kein Akt gegen die Vernunft, sondern

---

²¹⁶ Vgl. *Abr* 269: „Wer jenen Dingen vertraut, mißtraut Gott, wer aber jenen Dingen mißtraut, der vertraut Gott."
²¹⁷ Philo geht damit weiter als in *Abr* 262–269, wo er alle körperlichen und äußeren Dinge wie Macht, Ruhm, Reichtum oder körperliche Schönheit im Blick hat, nicht aber das Erkenntnisvermögen des Menschen selbst.
²¹⁸ Vgl. auch die Aufgabe des Herrschers nach *Jos* 125–150, die Unsicherheit aller äußeren Dinge wie auch des Urteilsvermögens (142) zu durchschauen und die Menschen in den Tugenden zu belehren.
²¹⁹ Zum „Glauben" bei Philo vgl. BULTMANN, Art. πιστεύω, 202f. Ich kann seiner Deutung nicht zustimmen, die auf Distanz statt auf Nähe zum neutestamentlichen Glaubensbegriff aus ist: „In der πίστις steht der Mensch nicht vor Gott, um von ihm zu empfangen; sondern sie ist das Ziel der Frömmigkeit, zu der sich der Mensch aus eigener Kraft ausbildet. Die πίστις ist in Wahrheit gar nicht ein Verhältnis des Menschen zu Gott, sondern wie in der Stoa ein Verhältnis des Menschen zu sich selbst (203)." Richtig ist die Beobachtung, daß für Philo die πίστις nicht Anfang, sondern Ziel des Weisheitsweges ist und eine Bewußtseinsqualität beschreibt, die der Mensch erstrebt. Er kann sie aber nur mit der Hilfe Gottes erreichen. Sowohl der Weg wie auch das Ziel des Glaubens ist die Ausrichtung auf *Gott* und nicht in latenter Weise auf sich selbst.

gegen die *Verabsolutierung des Verstandes*, der unabhängig von Gott agiert. Glaube und Vernunft, wenn sie Weisheit ist, sind hingegen identisch. Glauben heißt also, durch Orientierung an Gott allein vernünftig zu werden.

2.7. Virt 216b–217a: Die öffentliche Anerkennung Abrahams als „König"

Bedeutet Glaube, sich gerade im Denken an Gott zu binden und ihm zu vertrauen, so ist dennoch der „Lohn" des Glaubens außergewöhnlich. Das will Philo jetzt seinen Leserinnen und Lesern vermitteln. Der Glaube bringt alle anderen Tugenden mit sich. Erfüllt mit den Tugenden hat Abraham eine solche Ausstrahlung, daß er von den Menschen als König verehrt wurde:

Virt 216b:	*Virt 216b:*
κτησάμενος δὲ πίστιν,[220] τὴν τῶν ἀρετῶν βεβαιοτάτην, συνεκτᾶτο καὶ τὰς ἄλλας ἁπάσας, ὡς παρὰ τοῖς ὑποδεξαμένοις νομίζεσθαι βασιλεύς, οὐχὶ ταῖς παρασκευαῖς – ἰδιώτης γὰρ ἦν –, ἀλλὰ τῷ περὶ τὴν ψυχὴν μεγέθει, φρονήματος ὢν βασιλικοῦ.[221]	Als er den Glauben erworben hatte, die festeste aller Tugenden, da gewann er auch zugleich alle anderen, so daß er von denen, die ihn bei sich aufnahmen, für einen König gehalten wurde, nicht in Bezug auf die Kriegsrüstung – denn (in dieser Hinsicht) war er ein Laie –, sondern in bezug auf die Majestät der Seele, da er eine königliche Gesinnung besaß.

Wie ist zunächst der Gedanke zu verstehen, daß mit dem Glauben „*zugleich alle anderen*" Tugenden gewonnen werden? In *Virt* 181 heißt es von der – mit dem Glauben identischen – Tugend der „Verehrung" Gottes:

„Gleichzeitig folgen zwingend – wie in der Sonne der Schatten dem Körper folgt – der Verehrung des wahrhaft seienden Gottes all die anderen Tugenden."

---

[220] In allen Handschriften steht ἐπιστήμη. Gegen diese Lesart spricht a. der Kontext, in dem es um den Glauben geht und b. die Beobachtung, daß Philo ἐπιστήμη sonst an keiner Stelle als Tugend bezeichnet. Die Korrektur πίστιν geht auf Mangey zurück und wurde von Cohn (PCW) und Colson (PLCL) übernommen. *Inhaltlich* bedeutsam ist, daß frühe Textüberlieferer ganz richtig den Glauben als Erkenntnis- und damit als Bewußtseinsbegriff gedeutet haben.

[221] Der qualitative Genitiv ist ungewöhnlich. Vorschläge zum möglicherweise ursprünglichen Text in PLCL 8, 296 (Anm. 1).

Angelpunkt des gesamten Lebensstils ist also die Gottesbeziehung. Wer mit Gott als Quelle der Tugend verbunden ist, erhält folglich Anteil an allen anderen Tugenden. Philo kennt den allgemeinen philosophischen Grundsatz: „Wer eine Tugend besitzt, besitzt auch alle anderen".[222] Neben dem Glauben beanspruchen bei Philo auch die εὐσέβεια[223] und die τιμὴ θεοῦ[224] den Rang der höchsten Tugend. Diese drei Tugenden sind darum synonym zu verstehen.[225]

Wie kommt nun Philo dazu, die Vorstellung der Tugenderfülltheit mit dem Königsmotiv zu verbinden? Die gleiche erklärungsbedürftige Verknüpfung finden wir auch in *Abr* 261. Hier interpretiert Philo Gen 23,1–6, wo vom Königtum Abrahams die Rede ist:

„Da konnten sie das Lob über so große und so herrliche Tugend – denn alles an ihm war ja ausgezeichnet – nicht in ihrer Seele verschließen; sie traten an ihn heran und riefen aus: ein König von Gott bist du unter uns."[226]

Philo setzt offensichtlich einen *gängigen Motivzusammenhang* zwischen Tugenderfülltheit und Königtum voraus. Tatsächlich läßt sich dieser Motivzusammenhang auf die *philosophische Königstheorie* des Hellenismus zurückführen, die sich aus der platonischen Lehre entwickelte, daß nur der Weise ein wahrer König sein könne.[227] Diese Vorstellung zog zwei Schlußfolgerungen nach sich:
- Die tatsächlichen Könige brauchen eine philosophische Schulung, d.h. vor allem die Erziehung in den Tugenden, damit sie Weise und damit wahre Könige werden können.[228]

---

[222] *Mos* 2.7. Vgl. auch die philosophischen Belege, die PCH 1, 299, zur Stelle gibt.
[223] *Spec* 4.147, *Praem* 53, *Decal* 52.
[224] *Virt* 181.
[225] Nach *Abr* 60 wurde Abraham Anhänger der Frömmigkeit, der höchsten und wichtigsten Tugend. *Spec* 1.52 parallelisiert Frömmigkeit und Gottesverehrung.
[226] Gen 23,6 (LXX): βασιλεὺς παρὰ θεοῦ εἶ σὺ ἐν ἡμῖν.
[227] Vgl. Plat. rep. 587b.
[228] Aus dieser Forderung heraus entstanden die philosophischen περὶ βασιλείας-Traktate der hellenistischen Zeit, die nur noch fragmentarisch überliefert sind. Grundlegend ist der Überblick bei HADOT, Fürstenspiegel, 574–600. Zu den wichtigsten sog. *Pythagoreerfragmenten* vgl. GOODENOUGH, Political Philosophy, 61–89 (mit englischer Übersetzung der Fragmente); DERS., Philo's Politics, 44.98f.; TAEGER, Charisma, 398–401.622–626; CHESNUT, The Ruler and the Logos, 1313–1320; HADOT, Fürstenspiegel, 589–592; BRÉHIER, Les Idées, 19–20. – Zur Philosophie des Königtums in hellenistisch-römischer Zeit vgl. auch den Aristeasbrief, Sen. clem., Dion Chr. Or. 1–4, Musonius (Stob. 4.7.67) und Plut. mor. (ad principem ineruditum). Nicht zuletzt ist *Philo* ein wichtiger Zeuge: Als idealer König wird Mose in *Mos* 1 und 2 dargestellt. *Mos* 1.148–162 läßt sich als kompakter περὶ βασιλείας-Traktat interpretieren (so HOLLADAY, Theios

– Wer durch philosophische Schulung ein Weiser geworden ist, ist auch ohne politisches Amt ein wahrer König.

Diese zweite *herrschaftskritische* Schlußfolgerung wurde vor allem von den Stoikern und Kynikern gezogen.[229] Diese *Philosophie des Königtums* entfaltete sich parallel zur und in Wechselwirkung mit der *Ideologie des Herrscherkultes*,[230] von der sie allerdings deutlich zu unterscheiden ist.

Philos Darstellung des Abraham als König enthält vor allem Elemente der *stoischen* und *kynischen* herrschaftskritischen *Philosophien des Königtums*, die im Philosophen den wahren König repräsentiert sahen. Abraham wird dabei in eine reflektierte Beziehung zu den idealen Eigenschaften des Herrschers gesetzt, wie sie in der *Ideologie des Herrscherkultes* entwickelt wurden: das Göttliche repräsentieren, Frieden stiften, den Menschen Wohltaten erweisen, für eine treffliche Rechtsordnung sorgen. Die Vorstellung kriegerischer Fähigkeiten wird jedoch völlig abgelehnt.[231] Das Königtum des waffenlosen Weisen wird mit dem tatsächlichen Königtum der Herrscher kontrastiert. Philo geht in *Abr* 261 näher auf Gen 23,6 ein und verdeutlicht diesen Unterschied:

„Das haben sie ganz zurecht gesagt (daß Abraham ein König von Gott sei); denn alle anderen Königtümer werden von Menschen eingesetzt. Sie sind mit Kriegen, Feldzügen und unzähligen Übeln verbunden, welche die nach Macht Strebenden einander zufügen und sich gegenseitig töten, indem sie Fußvolk und Reiterei und Seetruppen gegeneinander aufstellen. Das Königtum des Weisen dagegen verleiht Gott. Der Tugendhafte, der es empfängt, *wird für niemanden zur Ursache des Unglücks, sondern für alle seine Untergebenen zur Ursache des Besitzes und Genusses der guten Dinge, indem er ihnen Frieden und gesetzliche Ordnung verkündet*."

Aner in Hellenistic-Judaism, 109). Zur politischen Philosophie Philos vgl. noch *Jos, Legat* 43–51, *Virt* 70f. und die Fragmente Harris 104 und Mangey II 673 (siehe GOODENOUGH, Philo's Politics, 99).

[229] Vgl. dazu Epikt. diss. 3.22; HÖISTAD, Cynic Hero and Cynic King. Diese Schlußfolgerung hat massiv auf das Königsbild im hellenistischen Judentum, im frühen Christentum und in der Gnosis eingewirkt.

[230] Zum hellenistischen Herrscherkult vgl. HANSEN, Herrscherkult und Friedensidee, 127–142 (mit Literaturüberblick). Von der philosophischen Königstheorie ist die Ideologie des Herrscherkultes zu unterscheiden. Beide haben natürlich aufeinander eingewirkt. In den „Pythagoreerfragmenten", die m. E. zwischen 100 v. und 100 n. Chr. zu datieren sind, zeigt sich die Verknüpfung beider Traditionen besonders deutlich. Die philosophische Theorie wird hier zur intellektuellen Untermauerung, aber auch Disziplinierung des Herrscherkultes (vgl. CHESNUT, The Ruler and the Logos, 1315).

[231] Mit diesem philosophischen Königsverständnis setzt sich Philo von der älteren Missionstheologie ab, die – wohl anknüpfend an Gen 14 – ein politisch-militärisches Königtum Abrahams behauptete; vgl. die Auswertung der nicht-jüdischen Quellen bei GEORGI, Gegner, 66–68.

Der tugenderfüllte Weise wird zum eigentlichen Garanten der göttlichen Friedensordnung in der Welt. Die Tendenz von *Virt* 216 und *Abr* 261 ist darum *polemisch*. Was der politische Herrscher – gerade auch in der ideologischen Überhöhung – verspricht, aber nicht halten kann, das erfüllt der tugendhafte Weise, der eben durch seine Gewaltlosigkeit und seine Verkündigungstätigkeit tatsächliche königliche Macht ausübt.[232]

Nicht äußere militärische Macht – so hebt Philo hervor – sondern innere *Seelengröße*, die sich in der *königlichen Gesinnung* offenbart, charakterisiert das Königtum Abrahams. Mit diesen Wendungen *vertieft* Philo den Charakter des mit Gott verbundenen tugenderfüllten Bewußtseins. Sie zeigen, daß das normale menschliche Maß überschritten ist, indem sich das Bewußtsein Abrahams *zur Transzendenz hin erweitert* hat und sich an Gott orientiert. Die „Größe der Seele" beschreibt das Ergebnis des Vorgangs, wenn sich das Bewußtsein an die letztgültige Wirklichkeit anbindet. Für die Stoiker führte dies zu einem *kosmischen Bewußtsein*,[233] bei Philo zum *Gottesbewußtsein*, das die gesamte Wirklichkeit umschließt. Der Weise wird darüber hinaus mit der Fülle der Tugenden zu einem *Repräsentanten* und zu einer *Inkarnation* der göttlichen Vorsehung in Gestalt des göttlichen Gesetzes. In dieser Weise kann Philo in der EL die Erzväter als νόμοι ἔμψυχοι vorstellen:

„Diese gehören zu den Männern, die tadellos und sittlich gut gelebt haben, deren Tugenden in den heiligsten Schriften eingegraben sind, nicht zu ihrem Ruhm allein, sondern auch, um die Leser zu ermuntern und zum gleichen Eifer zu führen. *Denn die beseelten und vernünftigen Gesetze sind jene Männer geworden* (οἱ γὰρ ἔμψυχοι καὶ λογικοὶ νόμοι ἄνδρες ἐκεῖνοι γεγόνασιν)" (*Abr* 4f.).

Die Tugenderfülltheit und damit die Existenz als νόμος ἔμψυχος ist nach der philosophischen Königstheorie ein *Wesensmerkmal des wahren Königs*.[234]

---

[232] Auch Mose kam – wie Philo betont – nicht durch Waffengewalt, sondern durch seine Tugendhaftigkeit zum tatsächlichen politischen Königtum (*Mos* 1.148). Diese Vorstellung entspricht dem philosophischen Ideal des Königs, vgl. Ps.-Diotogenes bei Stob. 4.7.62 = Hense 266,1–5.
[233] Vgl. HADOT, Philosophie als Lebensform, 179f. zum Begriff *kosmisches Bewußtsein*: „Letzteres bedeutet, sich dessen bewußt zu werden, daß man einem menschlichen und kosmischen Ganzen angehört: es stellt eine Art Ausdehnung und Verklärung des Ichs dar, welche die Seelengröße (*megalopsychia*) bewirkt."
[234] Vgl. Musonius bei Stob. 4.7.67 („Daß auch die Könige philosophieren sollten"); Ps.-Diotogenes bei Stob. 4.7.61: ὁ δὲ βασιλεὺς ἤτοι νόμος ἔμψυχός (= Hense 263,18–19).

Ich möchte jetzt unter Auswertung der sogenannten *Pythagoreerfragmente* das Verständnis der Wendung „*königliche Sinnesart*"[235] vertiefen.
Grundsätzlich gilt für Ps.-Diotogenes: „Königtum ist eine Sache, die Gott nachahmt."[236] Der wahre König zeigt darin „königliche Sinnesart", daß er sich an den Merkmalen der göttlichen Herrschaft im Kosmos orientiert und als „lebendiges Gesetz" das Göttliche in der Welt repräsentiert:

„Der König, der uneingeschränkte Macht hat und selbst das lebendige Gesetz ist, hat sich in einen Gott unter den Menschen verwandelt."[237]

Sein Bewußtsein soll sich darauf konzentrieren, den Rest der Menschen in der Tugend zu übertreffen, um Majestät auszustrahlen:

„Er muß angesichts der Größe seines Führungsamtes verstehen, daß die größten Lüste diejenigen sind, die in guten und großen Taten bestehen und nicht im Vergnügen. Er muß sich von den menschlichen Leidenschaften distanzieren und die Nähe der Götter suchen; nicht mit Überheblichkeit, sondern mit Seelengröße (μεγαλοφροσύνη) und *mit unübertrefflicher Größe der Tugenden.*"[238]

Seelengröße ist nach dieser Aussage die nichtüberhebliche Annäherung an das Göttliche und dessen Qualitäten. Zur Qualität des Göttlichen gehören nach Ps.-Diotogenes die göttlichen Tugenden der Güte, Gerechtigkeit, Angemessenheit und Milde, durch die Zeus den Kosmos heilvoll regiert.[239] Für Ps.-Stenidas zeigen mehrere Verhaltensweisen die Gottähnlichkeit:

„Er imitiert Gott am besten, indem er sich selbst großgesinnt und gnädig zeigt, weniger Dinge bedarf und eine *väterliche Haltung* den Untertanen gegenüber zeigt."[240]

Ps.-Ekphantos stellt fest:

---

[235] Synonyme: φρόνημα εὐγενές in *Jos* 4, *Mos* 1.266, *Prob* 119, *Flacc* 64 (in *Jos* 4 bezieht sich die Formulierung auf die Führungsfähigkeiten und damit auf die Tugendhaftigkeit des Joseph, die er als junger Mann beim Schafehüten beweist); ἠρρενωμένον φρόνημα in *Jos* 79 (Freiheit von den Leidenschaften); ψυχῆς εὐγένειαν καὶ φρονήματος μέγεθος in *Mos* 1.149 (u.a. Haß des Bösen).
[236] Stob. 4.7.62 = Hense 270,10–11: θεόμιμόν ἐντι πρᾶγμα βασιλήα. Vgl. *Spec* 4.188: „Dies (das Gute zu wollen) sollen sich die guten Herrscher vornehmen, nachzuahmen, wenn ihnen daran gelegen ist, Gott ähnlich zu werden" (ταῦτα μεμεῖσθαι προσήκει τοὺς ἀγαθοὺς ἄρχοντας, εἴ γέ τις αὐτοῖς φροντίς ἐστιν ἐξομοιώσεως τῆς πρὸς θεόν).
[237] Stob. 4.7.61 = Hense 265,10–12: ὁ δὲ βασιλεὺς, ἀρχὰν ἔχων ἀνυπεύθυνον, καὶ αὐτὸς ὢν νόμος ἔμψυχος, θεὸς ἐν ἀνθρώποις παρεσχαμάτισται.
[238] Stob. 4.7.62 = Hense 267,21–268,5.
[239] Ebd. = Hense 268,14–270,11.
[240] Stob. 4.7.63 = Hense 270,19–21. Vgl. Musonius (Stob. 4.7.67): „Er muß Zeus nacheifern und wie jener ein Vater seiner Untertanen sein" (= Hense 283,26–27).

„Sofern er eine heilige und göttliche Gesinnung hat (ἱερὰν καὶ θείαν ἔχων ἔννοιαν), ist er seinshaft König. Denn wenn er ihr gehorcht, wird er die *Ursache für alle guten* und keines der bösen Dinge sein. Und er wird offensichtlich gerecht sein, indem er sich in allem *gemeinschaftsförderlich* (κοινωνικός) verhält."[241]

Auch hier wird die Konzentration auf Gott und damit auf die Tugenden betont. Zu den nachahmenswerten göttlichen Verhaltensweisen, die zu einer majestätischen, anziehenden Ausstrahlung führen, gehören bei Ps.-Ekphantos Liebe (φιλία) und Gemeinschaftsfähigkeit (κοινωνία), Selbstgenügsamkeit (αὐτάρκεια) und Enthaltsamkeit (ἐνκράτεια).[242] Das Zentrum dieser Tugenden ist die φρόνησις, denn Gott selbst ist die Vernunft des Kosmos.[243]

Zusammenfassend läßt sich sagen, daß die *„königliche Sinnesart"* nach den Pythagoreerfragmenten zentral in der *Konzentration auf Gott* und in der *Imitatio Dei* besteht, woraus die Herrschaft über die Leidenschaften und umfassender Tugendbesitz resultiert. Es geht dabei nicht nur um eine ethische Überhöhung des Normalmenschlichen, sondern auch um eine *seinshafte Steigerung geschöpflicher Existenz*, denn der König hat am Sein des Göttlichen Anteil und damit an dessen schöpfungserhaltendem Handeln.

In 217a zeigt Philo, wie stark er von der Vorstellung beeinflußt ist, daß der König göttliche Qualität hat:

Virt 217a:
καὶ δῆτα θεραπεύοντες αὐτὸν διετέλουν ὡς ἄρχοντα ὑπήκοοι τὸ περὶ πάντα μεγαλεῖον τῆς φύσεως αὐτοῦ καταπληττόμενοι τελειοτέρας οὔσης ἢ κατὰ ἄνθρωπον·

Virt 217a:
Und so verehrten sie ihn in der Tat beständig wie Untertanen einen Herrscher, die erschüttert sind wegen der alles umfassenden Größe seiner Natur, die vollkommener war, als unter Menschen gewohnt.

Die Erschütterung ist Reaktion auf die göttliche Majestät, die Abraham ausstrahlt. Die Majestät Abrahams umschreibt Philo mit der Wendung „*alles umfassende Größe seiner Natur,*[244] *die vollkommener war, als unter Menschen gewohnt*". Sie markiert die außergewöhnliche Erhabenheit Abrahams, und damit auch seine ästhetische Anziehungskraft. Sie ver-

---

[241] Stob. 4.7.66 = Hense 278,22–279,2.
[242] Stob. 4.7.65–66 = Hense 276–279.
[243] Stob. 4.7.66 = Hense 279,14–16. Zur φρόνησις als Zentraltugend, von der die anderen Tugenden abhängen, vgl. Plat. Phaid. 69 a–b.
[244] Vgl. die Parallele in *Det* 29 über Isaaks Natur: τὸ μεγαλεῖον καὶ ὑπερβάλλον ἐν ἅπασι τῆς φύσεως αὐτοῦ. Sie bedeutet dort, daß Isaak allein die Gemeinschaft mit Gott sucht.

deutlicht, daß die Grenzen des Üblichen und Natürlichen zum Göttlichen hin überschritten sind.[245] Auch hier ist Philo von der Königsphilosophie beeinflußt. Nach Ps.-Ekphantos ist der König diejenige Gestalt, die unter den Menschen am göttlichsten ist:

„Aber bei uns auf der Erde ist das bestgeschaffene Wesen der Mensch, das göttlichste aber der König."[246]

Der König ist also der Träger göttlicher Qualität unter den Menschen. Vom Hohepriester, den Philo an das Bild des königlichen Weisen annähert, heißt es folglich in *Spec* 1.116:

„Denn das Gesetz will, daß ihm eine größere Natur als die menschliche zuteil wird, indem er näher an die göttliche Natur herantritt."[247]

Wer diese Gottesnähe erreicht hat, repräsentiert in seinem Bewußtsein das Göttliche in der Welt. Das geschöpfliche Bewußtsein hat sich damit verwandelt. Abraham besitzt nun eine „durch höhere Einsicht gewonnene Natur."[248] Dabei wird jedoch das geschöpfliche Bewußtsein nicht aufgehoben, sondern erhöht. Abraham hat die im Geschöpflichen angelegte Möglichkeit der Gotteserkenntnis genutzt, durch sie seine Seele mit Gott und dessen Tugenden erfüllen lassen und damit Anteil am göttlichen Sein erhalten. Sein Bewußtsein vermag jetzt „*alles zu umfassen*", es wird identisch mit der schöpfungszugewandten, welterhaltenden Seite Gottes.

Abraham bleibt – wie der Text deutlich hervorhebt – nicht verborgen, sondern wird *öffentlich wahrgenommen und respektiert*. Dieses Sichtbarwerden der inneren Größe vor den anerkennenden Augen der anderen ist für die Missionstheologie sehr wichtig. Damit wird klargestellt, daß die Transzendenz auf die Immanenz eingewirkt hat, daß Gott den Menschen im „Weisen", im „König" begegnet und nahe kommt. Gottes Wesen bleibt zwar verborgen, aber seine schöpfungszugewandte Seite wird in seinen

---

[245] Ps.-Longinos nennt in περὶ ὕψους die Männer, die in ihren Reden „Größe" vermitteln, göttergleich (35.2) und folgert in 36.1: „Bei genialen Schriftstellern nun, wo Größe und praktischer Nutzen nicht mehr auseinanderfallen, läßt sich ohne weiteres feststellen, daß so große Männer, wenn auch von Fehlerlosigkeit weit entfernt, dennoch alle über sterbliches Maß hinausragen; und während andere Eigenschaften ihre Besitzer als Menschen erweisen, erhebt uns Erhabenheit fast bis zur Majestät Gottes" (Übers. Schönberger).
[246] Stob 4.7.64 = Hense 272,9–10: ἐν δὲ τᾷ γᾷ καὶ παρ' ἁμὶν ἀριστοφυέστατον μὲν ἄνθρωπος, θειότατον δ' ὁ βασιλεύς.
[247] Vgl. *Mos* 2.66–68.
[248] GEORGI, Gegner, 78.

Werken und vor allem im königlichen Weisen sichtbar. Verehrung und Erschütterung sind die angemessenen Reaktionen auf die Erscheinung des mit Gott verbundenen Abraham.[249] In der Verehrung wird Abraham zugleich als Tugendmodell anerkannt.[250] Seine Erscheinung hat damit eine heilvolle Wirkung, was auch der weitere Text zeigen wird. Die großartige öffentliche Wirkung Abrahams als Tugendmodell wird mit dem Motiv der inspirierten Lehrbefähigung Abrahams vertieft werden. All dies sind Elemente, die typisch für das Phänomen des „göttlichen Menschen" sind.

2.8. Virt 217b–c: Abraham, der durch Inspiration verschönerte und erfolgreiche Weisheitslehrer

Auf das Phänomen des „göttlichen Menschen" spielt Philo in 217 noch deutlicher mit dem Motiv der Inspiration an, das an die Aussage in 213 anknüpft:

Virt 217b:	Virt 217b:
οὐδὲ γὰρ ὁμιλίαις ἐχρῆτο ταῖς αὐταῖς, ἀλλ᾽ ἐπιθειάζων τὰ πολλὰ σεμνοτέραις·	Denn auch die Gemeinschaft, die er begehrte, war nicht dieselbe, sondern, wenn er inspiriert wurde, oftmals eine weit majestätischere.

Abraham unterscheidet sich für Philo von den normalen Menschen, weil er die Gottesschau anstrebt. Die Orientierung an Gott führt ihn notwendigerweise zu einer gewissen Distanz zu den gewöhnlichen Menschen, denen menschliche Gemeinschaft reicht. Er steht darum – wie ein König – Gott näher als den Menschen um sich herum.[251] Wenn der Weise in die Sphäre göttlicher Majestät eintritt, hat dies dramatische Folgen:

---

[249] Vgl. die Reaktion des Kaisers auf die Erscheinung des Apollonius: ἐκπλαγεὶς ὑπὸ τοῦ εἴδους (Philostratos, Das Leben des Apollonius von Tyana, 7.32). Artapanos (FrGrHist 726,3 = Eus. praep. ev. 9.27) berichtet von Mose, daß er die Zuneigung der Ägypter erworben und von den Priestern gottgleiche Ehre zuerkannt bekommen habe.

[250] Vgl. dazu die Ausführungen von Ps.-Diotogenes über die Majestät, die ein König ausstrahlen wird, wenn er tugenderfüllt ist: „So will he succeed in putting into order those who look upon him, amazed at his majesty, at his self-control, and his fitness for distinction. For to look upon the good king ought to affect the souls (τρέπεν τὰς ψυχάς) of those who see him no less than a flute of harmony" (Stob. 4.7.62 = Hense 268,9–14, Übers. nach Goodenough).

[251] Vgl. Ps.-Diotogenes über den gottzugewandten König: „Er darf nicht den Vielen gleichen, sondern sollte weit von ihnen unterschieden sein" (Stob. 4.7.62 = Hense 265, 15f.).

Virt 217c:
ὁπότε γοῦν κατασχεθείη, μετέβαλλε πάντα πρὸς τὸ βέλτιον, τὰς ὄψεις, τὴν χρόαν, τὸ μέγεθος, τὰς σχέσεις, τάς κινήσεις, τὴν φωνήν, τοῦ θείου πνεύματος, ὅπερ ἄνωθεν καταπνευσθὲν εἰσῳκίσατο τῇ ψυχῇ, περιτιθέντος τῷ μὲν σώματι κάλλος ἐξαίρετον, τοῖς δὲ λόγοις πειθώ, τοῖς δ' ἀκούουσι σύνεσιν.

Virt 217c:
Sooft er also ergriffen wurde, verwandelte sich alles zum Besseren: Augen, Hautfarbe, Größe, Gebärden, Bewegungen, Stimme. Wann immer der göttliche Geist von oben herabgeweht worden war und der Seele einwohnte,[252] *begabte dieser den Leib mit ausgezeichneter Schönheit, die Worte mit Überzeugungskraft und die Hörer mit Verstehen.*

Mehrere Besonderheiten fallen an Philos Beschreibung auf: Die Inspiration leitet keine prophetische Zukunftsschau ein, sondern Belehrung. Es geht offensichtlich nicht um Orakelprophetie, sondern um *philosophische Unterweisung*. Auffällig ist weiter die *äußere Wirkung* der Inspiration. Sie verbessert und verschönert die leibliche Gestalt Abrahams (Augen, Hautfarbe, Größe), seine Haltung und Gestik (Gebärden, Bewegungen) und seine Stimme. Sie stattet ihn also mit Attributen aus, die einer erfolgreichen Verkündigung förderlich sind. Die Inspiration schaltet dabei nicht das Bewußtsein Abrahams aus, sondern wohnt der Seele ein und ermächtigt sie zum überzeugenden Einsatz der Vernunft in der Verkündigung. Die Hörer schließlich erhalten die Gabe des Verstehens. Der Geist *verstärkt* und *intensiviert* so die menschlichen *Kommunikationsmöglichkeiten*,[253] er schafft ein geisterfülltes *Feld*, das Lehrer und Zuhörer heilvoll umfaßt. Abraham wird also als ein von Gott inspirierter Lehrer voller Überzeugungskraft vorgestellt, der im Zustand der Inspiration auch äußerlich tief zu beeindrucken weiß und das Bewußtsein seiner Zuhörerschaft verändert.

Zwei Motive möchte ich genauer untersuchen, und zwar (1) Abraham als inspirierter Weisheitslehrer und (2) seine Verwandlung in einen wunderschönen Menschen. Um sie besser zu verstehen, werde ich nach Parallelen suchen.
(1) Das *Motiv des erfolgreichen Weisheitslehrers* taucht nicht nur bei Philo auf:
- *Ps.-Ekphantos* verknüpft in seiner Darstellung des idealen Königs zwei Aufgaben: Der König soll *Imitationsmodell* und *Redner* sein. Der wahre König soll einerseits als attraktives Tugendmodell die freiwillige Nachahmung der Untergebenen hervorrufen. Da jedoch der gute Wille dazu bei

---

[252] Mit WAN, Abraham, 14, läßt sich vermuten, daß Philo hier an Gen 15,12 denkt.
[253] Vgl. GEORGI, Gegner, 80.

fast allen Menschen fehle, bedürfe es auch des λόγος des Königs, um die Menschen aus ihrem heillosen Zustand herauszurufen.²⁵⁴ Zur philosophischen Königstheorie gehören zudem die Forderungen nach rhetorischer Überzeugungskraft,²⁵⁵ Gelehrsamkeit²⁵⁶ und wahrscheinlich auch die Vorstellung der Inspiration während der Belehrung.²⁵⁷ Diese Fähigkeiten sind gleichzeitig fest mit der θεῖος-ἀνήρ-Vorstellung verbunden, denn diese hat einen wichtigen Einfluß auf die Königsideologie und Königsphilosophie ausgeübt.²⁵⁸
- In der *Stoa* ist der Weise – als wahrer König – als einziger wahrhaft redebegabt.²⁵⁹
- *Josephus* stellt – wie Philo – Abraham als überzeugenden Weisheitslehrer vor, der „mit Überredungsgabe gegenüber den Hörern ausgestattet"

---

²⁵⁴ Stob. 4.7.65 = Hense 278, 9–20. Zur Verknüpfung beider Aufgaben vgl. auch *Jos* 86f.: Der „Staatsmann" Joseph weist die Gefängnisinsassen durch philosophische Reden und Lehren zurecht und ist zugleich ein Modell der Tugend und Enthaltsamkeit.

²⁵⁵ Vgl. auch Musonius (Stob. 4.7.67 = Hense 283,1–4): „Und wenn irgendetwas königlich ist, dann, auch in der Diskussion (ἐν λόγῳ) unbesiegbar zu sein und herrschen zu können, wie mit den Waffen über die Kampfgegner, so mit Argumenten (λόγοις) über die, mit denen er diskutiert (τῶν διαλεγομένων)." Der ideale König erteilt nach Xen. Kyr. 1.3.18 und Polyb. 4.3 keine Befehle, sondern überwindet Widerspruch durch Argumente. In diesem Sinne heißt es in *Leg* 3.80: „Der König überredet lieber, als daß er gebietet." Vom „Staatsmann" Joseph wird zusammenfassend gesagt, daß er den Gipfel der Schönheit, der Klugheit und der Redefähigkeit erreicht habe (*Jos* 268). Mose zeigt sich nach *Mos* 1.319–333 als überlegener Rhetor in der Auseinandersetzung mit seinem Volk.

²⁵⁶ Zum König als Erzieher der Untertanen hinsichtlich der Tugenden vgl. Musonius bei Stob. 4.7.67. Im Aristeasbrief (172–294) wird Ptolemäus als frommer und gebildeter König vorgestellt, der die Weisheit der 72 Übersetzer prüft. Vor allem Platon hat diesem Bild vorgearbeitet, vgl. KLEINKNECHT, Art. βασιλεύς, 563. Zur Gelehrsamkeit des Politikers vgl. *Jos* 86f. Der Staatsmann hat die Menschen über die Wahrheit der Wirklichkeit aufzuklären und über alles zu belehren (143–147).

²⁵⁷ Platon behauptet in Men. 99d: „Die Politiker sind am besten, wenn sie göttlich und inspiriert sind" (θείους τε εἶναι καὶ ἐνθουσιάζειν). Im Aristeasbrief wird die Überzeugungskraft des Redners, auch des Königs, auf Gott zurückgeführt: „Die Überzeugung wird nur durch Gottes Wirken erreicht" (266).

²⁵⁸ BETZ, Gottmensch, 287. Interessant ist auch die Darstellung des Heroen Herakles in der kaiserzeitlichen Popularphilosophie als König, Redner und inspirierter Mantiker. Zu Herakles als König vgl. Dion Chr. Or. 1.59–60; zu Herakles als Dialektiker und Mantiker vgl. Plut. mor. 387d (= de E apud Delphos); zu Herakles als Redner vgl. Lucian. Heracl. 4–6 (vgl. dazu HÖISTAD, Cynic Hero and Cynic King, 68–72, der diese Vorstellung auf Antisthenes zurückführt). Zu Herakles als König bei Philo vgl. *Legat* 81 und 90–92. Möglicherweise spielt Philo auf das popularphilosophische Heraklesbild an.

²⁵⁹ Stoicorum Veterum Fragmenta Bd. 3, Nr. 594: ὡς οἱ λέγοντες μόνον τὸν σοφὸν πλούσιον ἢ μόνον καλὸν ἢ μόνον εὐγενῆ ἢ μόνον ῥήτορα. – Nr. 612: ὁμοίως δὲ καὶ ἀρχικοὺς δικαστικούς τε καὶ ῥητορικοὺς μόνους εἶναι, τῶν δὲ φαύλων οὐδένα.

gewesen sei und sich in Mesopotamien zunächst erfolglos für den Monotheismus eingesetzt habe (ant. Iud. 1.154–157). In Ägypten habe er dann beabsichtigt, sich auf einen Wettbewerb mit den ägyptischen Priestern einzulassen und „sie zum Besseren zu verändern, wenn er selbst der Tüchtigere wäre" (161). Da es ihm gelungen sei, ihre Lehren zu widerlegen,

„wurde er von ihnen bei diesen Zusammenkünften bewundert als ein Mann von äußerster Einsicht und als geschickt, nicht nur zu verstehen, sondern *auch zu überzeugen*, und zwar in allem, was er zu lehren unternahm. So schenkte er ihnen die Arithmetik und übermittelte ihnen die Gesetze der Astronomie (167)."

Wir sehen, wie Josephus in seiner Darstellung Abrahams ebenfalls auf die ϑεῖος ἀνήρ-Vorstellung zurückgreift. Wahrscheinlich sind Josephus und Philo von einer gemeinsamen missionstheologischen Tradition abhängig, die Abraham unter Einwirkung der philosophischen ϑεῖος ἀνήρ-Vorstellung als erfolgreichen Lehrer darstellen will. Das Interesse, Abraham zu einem ernstzunehmenden Konkurrenten der Heroen der griechischen Welt zu machen, war so groß, daß das Schweigen der Tora bezüglich missionarischer Lehraktivitäten Abrahams keine Rolle spielte.

Philo hebt in seiner Darstellung der Lehrtätigkeit Abrahams den gelungenen Kommunikationsvorgang zwischen Lehrer und Hörern hervor. Dies zeigt wieder die rationale, auf Verständnis und tiefere Einsicht zielende Tendenz der Missionstheologie. Die Rede wirkt überzeugend,[260] das intellektuelle Begreifen wird möglich. Der Geist Gottes wird der Meister der Rhetorik Abrahams. Durch die Einwohnung des Geistes in seiner Seele wird Abraham zum fähigen Redner. Seine Rede wird zu einem wunderbaren, geistlichen Akt. Das heißt auch, daß die wahre Belehrung nur unter Inspiration stattfinden und gelingen kann.[261] Denn in der Mission geht es

---

[260] „Überredung" oder „Überzeugung" ist das Wesen unterschiedlicher Redeformen wie der Gerichtsrede, der politischen Rede, aber auch der philosophischen und religiösen Missionspredigt. Rhetorik als Technik soll die Überredung ermöglichen. Von den frühen sizilianischen Rhetoren Korax und Teisias wird überliefert, daß sie die Rhetorik „Schöpferin der Überredung" (ῥητορική ἐστι πειϑοῦς δημιουργός) nannten (RADEMACHER, Artium scriptores, 30). Augustinus, Principia rhetorices 2, stellt fest: „Ergo quasi consensu omnium finis est oratoris officii, persuadere (= Migne 1441, Z. 12–13). Für den Missionstheologen Josephus besteht die Grundfähigkeit eines Rhetors darin, Menschen zu überzeugen (c. Ap. 186). Platon besaß seiner Ansicht nach diese Fähigkeit von allen Philosophen am ausgeprägtesten (c. Ap. 223).

[261] Vgl. auch die Schilderung der inspirierten Apostelpredigten bei Lukas in Apg 1,7–8; 2,14–36; 4,8 und 4,31. Stephanus diskutiert mit jüdischen Weisheitslehrern: „Und sie konnten der Weisheit und dem Geist nicht widerstehen, womit er redete" (Apg 6,10). Philo läßt Gott zu Mose sagen: „Ich bin es, daher fürchte nichts, denn durch meine Huld werden alle Laute zu deutlicher Sprache werden und in ebenmäßige Rede sich verwan-

nicht darum, profane Sachverhalte überzeugend zu machen, sondern den Hörerinnen und Hörern die Transzendenz zu erschließen, die durch die Sinneswirklichkeit wie durch einen Nebel verdeckt ist.

Im Zustand der Inspiration verliert Abraham also nicht sein Bewußtsein, sondern er wird zu einer *vertieften Kommunikation von Rationalität ermächtigt*. Auf diese „stärker aktivische Form der Prophetie"[262] ist deshalb hinzuweisen, weil sie von vielen Philoexegetinnen und -exegeten übersehen wird.[263] Sie spielt jedoch in den missionstheologischen Schriften eine viel größere Rolle als die Vorstellung, nach der der Geist des Mantikers durch Gottes Geist ersetzt wird, also der Besessene oder Gotterfüllte in der Zeit des Offenbarungsvorgangs sein Bewußtsein verliert, außer sich gerät und Gott selbst durch ihn spricht.[264] Die *Verstärkung der*

---

deln, sodaß ohne jedes Hindernis fortan schnell und glatt aus reiner Quelle der Strom deiner Worte fließen wird" (*Mos* 1.84 PCH). Zur göttlichen Inspiration des philosophischen Lehrvortrags vgl. Dion Chr. Or. 1.57: „Denn all die klugen Worte und Gedanken der Menschen sind nichts wert im Vergleich zu göttlicher Erleuchtung und Kunde (πρὸς τὴν παρὰ τῶν θεῶν ἐπίπνοιαν καὶ φήμην). Alles nämlich, was bei den Menschen jemals weise und wahr über die Götter und das All gesagt worden ist, ist nicht ohne göttliche Absicht und Fügung in der menschlichen Seele einmal entstanden und auf die Seher und Gottesmänner der Vorzeit zurückzuführen....Alle aber, die, ohne von Gott ergriffen und erleuchtet zu sein (ἄνευ δαιμονίου κατοχῆς καὶ ἐπιπνοίας), irgendwelche selbstgefundenen Geschichten unter dem Schein der Wahrheit in Umlauf bringen, sind töricht und schlecht."

[262] GEORGI, Gegner, 127. Vgl. zu dieser Form der Prophetie auch BURKHARDT, Inspiration; DERS., Inspiration der Schrift, 214–225. WINSTON, Hidden Tensions, 15, unterscheidet zwischen ekstatischer und hermeneutischer Prophetie; vgl. seine Auslegung zu *Decal* 35: „In sharp contrast to ecstatic prophecy, divine voice or noetic prophecy does not render its recipient passive." – „It is clear from this description that the inspired mind that perceives this special rational soul created by God, far from being preempted or rendered passive, is rather extraordinarily quickened and sharpened." AMIR, Verwendung, 25f., interpretiert *Mos* 2.187–191 vom stoischen Orakelverständnis her und kommt zum Schluß, „daß Prophetie im eigentlichen Sinne eigene Tätigkeit des Menschen sein müsse, die ihm zwar gewiß nur durch göttliche Eingebung verliehen werden kann, aber ihn dennoch nicht zum willenlosen, fast unbeteiligten Werkzeug macht. Sie bedeutet Krönung der σοφία, keine Mattsetzung menschlicher Fähigkeiten."

[263] So z. B. von LEISEGANG, Der Heilige Geist, 125ff.; SIEGERT, Philon von Alexandrien, 86–91, und MEYER, Art. προφήτης, 822f., die sich vor allem an *Spec* 4.49 und *Her* 265 orientieren.

[264] So *Spec* 4.49: „Denn der Prophet bringt nichts Eigenes hervor, sondern er ist ein Sprecher, bei dem alles, was er hervorbringt, von einem anderen angeregt ist. In dieser Zeit ist er gotterfüllt in Unwissenheit (ἐνθουσιᾷ γεγονὼς ἐν ἀγνοίᾳ) geworden, die nachsinnende Vernunft (ὁ λογισμός) ist verschwunden und hat die Burg der Seele verlassen, dafür ist der göttliche Geist eingezogen und wohnt in ihr (ähnlich QG 3.9); dieser bringt den ganzen Stimmapparat in Bewegung und instruiert deutlich (vgl. dazu die Übersetzungsanmerkung in PLCL), was er offenbart." Vgl. die Ausführungen Platons in

Kräfte des menschlichen Geistes während der Inspiration bezeugt Philo bei der Orakelprophetie,[265] bei der Übersetzung von Bibeltexten,[266] bei der Traumdeutung,[267] bei der Rechtsprechung[268] und – wie hier – bei der missionarischen Verkündigung. Diese Beispiele zeigen auch, daß „Prophetie"

Ion 533d–534b mit der Erläuterung: ἐνθεός τε γένηται καὶ ἔκφρων καὶ ὁ νοῦς μηκέτι ἐν αὐτῷ ἐνῇ (534b). Weitere Stellen bei Platon: Tim. 71d–e, Phaidr. 244d, Men. 99c. Vgl. Lukan. 5.167ff.: „Mentemque priorem expulit atque hominem toto sibi cedere iussit pectore." In den Bakchen des Euripides beruht die Tragik darauf, daß die Mutter des Pentheus – von Dionysos ergriffen und ihres eigenen Verstandes nicht mehr mächtig – einen Mord begeht. Weitere Philostellen in den missionstheologischen Schriften, die in diese Richtung gehen: *Mos* 1.283, *Spec* 1.65, *Praem* 55. Philo benutzt zur Beschreibung der prophetischen Vorgänge fast durchgängig die Termini, die aus der Beschreibung der Orakelprophetie (Mantik) hervorgegangen sind: vor allem ἐνθουσία(σμον), ἐπιθειάζειν, κατέχεσθαι, ἔνθεος, θεοφορήτος, καταπνεῦσθαι. Sie sind von ihm aber in den MS oft – wie auch bei den Stoikern – synergistisch verwendet worden.

[265] Vgl. *Mos* 2.165: „Der Nous würde nicht mit solcher Sicherheit das Richtige treffen, wenn nicht der göttliche Geist ihm den Weg zur Wahrheit zeigte."

[266] Nach *Mos* 2.37–40, einem Bericht über die Entstehung der LXX, zeichneten sich die Übersetzer als Propheten und Priester durch reine Verstandeskraft (λογισμὸς εἰλικρινός) aus, die an den absolut reinen Geist (πνεῦμα καθαρώτατος) des Mose heranreichte und ihm kongenial war. Anstatt die Genauigkeit der LXX auf die göttliche Inspiration zurückzuführen, die zunächst in *Mos* 2.37 im Sinne von *Spec* 4.49 dargestellt wird, leitet sie Philo hier von der außergewöhnlichen Verstandeskraft der Übersetzer ab.

[267] Vgl. *Jos* 95 zum Traumdeuter: „Sie legen göttliche Worte aus (διερμενεύω) und prophezeien." Der Traumdeuter ist insofern ein Prophet, als er göttliche Worte auslegt, also verständlich macht; er hat eine Aufgabe, die gerade eine menschliche Vernunft voraussetzt. Diese Vorstellung des Propheten als Ausleger eines Orakels ist platonisch; vgl. Tim. 71e–72b: Der Mantiker bedarf eines σώφρων προφήτης μαντευόμενος, eines κριτής, der mit der Vernunft und der Dialektik das Orakelwort sachgemäß beurteilt und auslegt. Vgl. auch 1 Kor 14, wo Paulus einen Prophetiebegriff entwickelt, bei dem das Bewußtsein des Menschen eine wichtige Rolle spielt, was u. a. für die Auslegung (διερμενεύω V. 13) der Glossolalie unverzichtbar ist. Bei der Glossolalie geht Paulus davon aus, daß das Bewußtsein ausgeschaltet ist, wenn der Geist Gottes spricht (V.14–16). In der vernunftorientierten missionstheologischen Theologie des Lukas tritt an die Stelle der Glossolalie die „Fremdsprachengabe" (Lk 2).

[268] Vgl. *Spec* 4.191f.: „Denn die echten Diener Gottes haben den Geist (διάνοια) besonders geschärft und halten auch einen unbedeutenden Fehler für nicht unbedeutend, weil der König, dem sie dienen, in allem über alle Begriffe erhaben ist – darum ist auch allen Priestern vorgeschrieben, nüchtern zu opfern, damit kein sinnverwirrendes und betäubendes Genußmittel in sie eindringe und die Augen des Geistes (οἵ τῆς διανοίας ὀφθαλμοί) verdunkle – vielleicht aber auch weil der wahre Priester zugleich Prophet ist, weil er nicht wegen seiner Abstammung, sondern wegen seiner Tugenden zum Dienste des wahrhaft Seienden berufen wurde; einem Propheten aber ist nichts unbekannt (ἄγνοστος), da er eine geistige Sonne (νοητὸς ἥλιος) und schattenlose Strahlen in sich hat zur völlig klaren Erkenntnis (κατάληψις) dessen, was den Sinnen unsichtbar, dem Geist (διάνοια) aber erkennbar ist."

bei Philo einen *weiteren* Vorstellungsbereich umfaßt als nur Orakelprophetie und Mantik.

Philo hebt die Überzeugungskraft der inspirierten Lehrtätigkeit Abrahams hervor, die zum *Verstehen* der Hörer führt. Philo greift damit in das Gespräch über Wirkung und Funktion „inspirierter" Rede ein. Für Pseudo-Longinos ist inspirierte Rede per se erhabene Rede:

„Das Großartige führt die Hörer *nicht zum Überzeugtsein, sondern zur Ekstase*; immer und überall wirkt ja das Erstaunliche mit seiner erschütternden Kraft mächtiger als das, was nur überredet oder gefällt (1,4; vgl. 15,9)?"[269]

Der Vergleich zeigt, daß Philo am freiwilligen Verstehen der Hörerinnen und Hörer interessiert ist und nicht an ihrer rhetorischen Überwältigung. Philo denkt eben an eine intellektuelle Auseinandersetzung in der missionarischen Situation mit rationalen Argumenten und einleuchtenden Sachbeweisen. Der rationale und damit auf Freiwilligkeit angelegte Zug der Missionstheologie zeigt sich auch hier deutlich. Das „Überzeugen" schließt nämlich die Freiwilligkeit der Hörerinnen und Hörer bei ihrer Hinwendung zur Erkenntnis ein und den Verzicht von Zwang oder Überwältigung auf seiten des Redners.[270] Gleichwohl bedarf es der Inspiration der Hörerinnen und Hörer, damit sie verstehen können. Das Ziel ist aber nicht die Außerkraftsetzung des Bewußtseins in der Überwältigung oder im Zwang, sondern seine freie Ermächtigung zu wahrer Erkenntnis durch überzeugende Verkündigung.[271]

---

[269] Vgl. Pseudo-Longinos 1.4, 7.2, 30.1, 33.5, 36.1. Pseudo-Longinos zählt Demosthenes zu den besonders beeindruckenden Rhetoren, die bewußt das Erhabene einsetzten, um ihre Hörer zu erschüttern (15.9, 16.2).

[270] Vgl. *Jos* 269, wo Philo die Redegewandtheit (τῶν λόγων δύναμις) Josephs bezeugt sieht durch „die Gewandtheit in der Unterhaltung und der entsprechenden Überredungsgabe (πειθώ), mit der er es erreichte, daß keiner der Untergebenen gezwungen, sondern jeder freiwillig (ἑκών) ihm gehorchte." Auch Mose ist in *Virt* 178 ein Missionar, der seine Lehren versöhnlich und freundlich darreicht (συμβατηρίους καὶ φιλικὰς προτείνων). Eine schöne Illustration für diese Art von Verkündigung bietet Dion Chr. Or. 32.11–12, wenn er den idealen Kyniker vorstellt und von den harschen Redeweisen anderer Kyniker abgrenzt: von Gott gesandt, sind sie Berater, die keinen Zwang benötigen, und Worte haben, die angemessen und profitabel für die Hörer sind; vgl. dazu MALHERBE, Paul and the Popular Philosophers, 37–47.

[271] Kritisch dazu Paulus in 1 Kor 2,4, wo er sich von „überredenden Worten der Weisheit" absetzt und an die Stelle der Überzeugung und der Argumentation die Kraft und den Geist Gottes setzt. Für die Missionstheologie hingegen sind Rhetorik (= Überredung) und Geist Gottes keine Gegensätze, sondern ergänzen sich.

(2) Ich komme nun zum zweiten auffälligen Motiv in *Virt* 217b, der *leiblichen Verschönerung Abrahams*. Es ist sowohl mit dem Motiv der erfolgreichen Rhetorik verknüpft als auch mit dem Motiv der Inspiration.

Die Betonung der außerordentlichen leiblichen Schönheit Abrahams während der Rede beruht auf der Vorstellung, daß das Schöne und Erhabene Gottesnähe anzeigt und damit den Offenbarungscharakter der Verkündigung auch äußerlich repräsentiert. Die Belehrten können die Gegenwart der Transzendenz am verwandelten Körper erkennen. Für die Griechen gehört außergewöhnliche Schönheit zur Sphäre des Königlichen und damit Göttlichen, so sind erhabene Schönheit und königliche Gottesnähe identisch.[272] Besondere körperliche Schönheit und Größe gehören außerdem zur Ausstattung des königlichen und göttlichen Menschen.[273] Gibt es

---

[272] Vgl. dazu Xen. symp. 1.8–11 über die Wirkung der Schönheit des jungen Autolykos: „Autolykos nahm neben seinem Vater auf einem Sessel Platz; die Übrigen, wie es Brauch ist, lagerten sich. Schon hierbei nun würde ein aufmerksamer Beobachter des Hergangs die Überzeugung gewonnen haben, daß Schönheit etwas von Natur Königliches ist (φύσει βασιλικόν τι τὸ κάλλος εἶναι), zumal, wenn sie Jemand, wie damals Autolykos, im Verein mit Sittsamkeit und Bescheidenheit besitzt. Denn wie ein Licht, wenn es in der Nacht erscheint, Aller Augen auf sich lenkt, so zog auch damals die Schönheit des Autolykos zunächst Aller Blicke nach ihm hin, dann aber war unter denen, die ihn sahen, auch nicht Einer, der nicht im Innersten von ihm ergriffen worden wäre. Die Einen zeigten es dadurch, daß sie stiller wurden; die Anderen legten es sogar durch irgendwelche Gebärden an den Tag. Nun gelten zwar alle, die von irgendeinem der Götter ergriffen sind, als sehenswerte Erscheinungen; während aber die von anderen Göttern Erfaßten in ihrem Aussehen wilder, in ihrer Stimme fürchterlicher, in ihrem Wesen ungestümer werden, zeigen sich die vom sittsamen Eros Beseligten in ihren Blicken liebreicher, in ihrer Stimme milder und in ihren Bewegungen anständiger. In diesem Zustande nun befand sich damals durch den Eros auch Kallias und gewährte als solcher den mit diesem Gott Vertrauten ein sehenswürdiges Schauspiel" (Übers. Zeisig). Wichtig ist dieser Abschnitt, weil er die tugendhafte Wirkung der Schönheit beschreibt. Sie verfeinert die Seeleneinstellung, sie ist tugendfördernd, den Geist bewegend. Die Schau der Tugend verstärkt die Schärfe des Verstandes. Nach Ps.-Ekphantos strahlt der wahre König himmlisches Licht aus: „Accordingly the king, as a copy of the higher king, is a single and unique creation, for he is on the one hand always intimate with the one who made him, while to his subjects he appears as though he were a light, the light of royalty" (Stob. 4.7.65 = Hense 272,14–173,2). – „And he (the king) who stands in it (in the divine Royalty) must be pure and radiant in nature, so that he may not tarnish its exceeding brightness by his own blemishes" (Hense 273,12–14, Übers. nach GOODENOUGH, Political Philosophy).

[273] Vgl. das übermenschliche Aussehen des Apollonius nach Philostratos 7.32 und die Harmonie zwischen äußerer Erscheinung und geistigen Fähigkeiten bei Alexander v. Abonuteichos nach Lucian. Alex. 4. Artapanos beschreibt Moses äußerliche Erscheinung so (FrGrHist 726,3,39 = Eus. praep. ev. 9.18.1): „Er sagt, Mose sei groß gewesen, rötlich, grau, langhaarig-lockig und sehr majestätisch (ἀξιωματικόν)." Artapanos charakte-

für die Verbindung der beiden Motive der leiblichen Schönheit und überzeugenden Rhetorik weitere Belege? Es gibt bei Philo eine Stelle, die explizit auf die missionarische Bedeutung der Verbindung von leiblicher Schönheit und rhetorischer Überzeugungskraft hinweist. In *Spec* 1.319–323 stellt er den im Verborgenen wirkenden Mysterienlehrern den öffentlich auf dem Marktplatz auftretenden Weisheitslehrer gegenüber:

„Wer aber gemeinnützig wirkt, der trete offen hervor und schreite am hellen Tage mitten über den Markt, um dichte Menschenhaufen anzutreffen, im reinen Sonnenlicht sein eigenes Leben hell erstrahlen zu lassen und mit Hilfe der wichtigsten Sinne den Versammelten zu nützen, dadurch daß *diese sowohl den angenehmsten und zugleich überwältigendsten Anblick genießen* wie auch als Zuhörer sich an dem Strom der Rede erquicken, die das Herz aller zu erfreuen pflegt, die nicht ganz vom Geiste der Musen verlassen sind" (*Spec* 1.321 PCH).

Die gleiche Verknüpfung liegt implizit in 2 Kor 10,10 vor, wenn Paulus die Klage der Korinther zitiert, sein leibhaftiges Auftreten sei schwächlich und seine Rede nichts wert. Paulus enttäuscht also die Erwartung, daß ein Missionar äußerlich und rhetorisch eindrucksvoll aufzutreten habe. Porphyrios verknüpft beide Motive bei der Beschreibung der Ankunft des Pythagoras in Italien:

„Als er aber Italien betrat und nach Kroton kam, sagt Dikaiarchos, war er ein weitgereister, außergewöhnlicher und von seiner Natur her vom Schicksal schön ausgestatteter Mann, denn *seine Erscheinung war vornehm und voll großer Schönheit* (μέγαν χάριν τε πλείστην) und *schöne Ordnung war in seiner Stimme*, in seinem Charakter und in allem Anderen (κόσμον ἐπί τε τῆς φωνῆς καὶ τοῦ ἤθους καὶ ἐπὶ τῶν ἄλλων ἁπάντων ἔχειν). Die Stadt der Krotoner wurde *so* in Stimmung versetzt, daß er, nachdem er das Kollegium der Ältesten in der Seele bewegt hatte, *indem er viel und schön geredet hatte* (ἐψυχαγώγησεν πολλὰ καὶ καλὰ διαλεχθείς) – von den Archonten gebeten – noch einmal den Jüngeren jugendgemäße Ermahnungen erteilte; danach den Kindern, die aus den Schulen zu einer Gruppe zusammengekommen waren; weiter den Frauen – denn auch eine Versammlung der Frauen wurde für ihn veranstaltet."[274]

Dieser göttliche Mensch besitzt nach Porphyrios seine äußere Schönheit und Redefähigkeit als Habitus, nicht nur als je verliehene Gabe Gottes. Das unterscheidet ihn vom philonischen göttlichen Menschen, wie ihn Abraham oder Mose repräsentieren. Näher an *Virt* 217 ist eine Aussage des Porphyrios über Plotin:

---

risiert Mose ganz als göttlichen Menschen: als Sänger, Erfinder, Gesetzgeber, Staatsmann, Feldherrn, Lehrer, Schriftforscher, Wundertäter und Gottesboten.

[274] Porphyr. vit. Pyth. 18. Dies ist übrigens ein weiterer Beleg für Frauen als Hörerinnen philosophischer Vorträge.

„Während er sprach, trat sein Geist sichtbar zutage und bestrahlte mit seinem Glanz selbst noch sein Antlitz; immer anziehend von Anblick war er in solchen Augenblicken geradezu schön."[275]

Die Vorstellung, daß das Gesicht des Inspirierten oder seine ganz Erscheinung während der Verkündigung strahlt, ist im antiken Judentum geläufig.[276] Keine der Belegstellen zeigt aber wie Philo ein eigenständiges Interesse an der äußerlichen, leiblichen Verschönerung des Inspirierten.

Die nächste Parallele zur Verbindung von Inspiration und Verschönerung findet sich bei Philo selbst, nämlich bei seiner Beschreibung der Verklärung des Mose auf dem Berg Sinai in *Mos* 2.69–70:

„Speise und Trank beachtete er aber 40 Tage lang nicht, weil er nämlich bessere Speisen durch die Betrachtungen (θεωρίας) hatte, durch welche er, von oben, vom Himmel her inspiriert (αἷς ἄνωθεν ἀπ' οὐρανοῦ καταπνεόμενος), *zuerst in Bezug auf das Denkvermögen und dann in Bezug auf den Leib unter Einwirkung der Seele verbessert wurde, in beiden*[277] *an Stärke und guter Beschaffenheit* (εὐεξίαν) *zunehmend*, so daß diejenigen, die (ihn) später sahen, es nicht glauben konnten. Denn als er aufgrund göttlicher Anweisungen auf den höchsten und heiligsten Berg in der Umgebung hinaufstieg, der unzugänglich und pfadlos war, blieb er dort, wie es heißt, während des (genannten) Zeitraumes, ohne irgendetwas zur Befriedigung der notwendigen Ernährung mit sich zu nehmen. 40 Tage später, wie gesagt wurde, stieg er herab *viel schöner in der Erscheinung* (ὄψις) als zu der Zeit, als er hinaufgestiegen war, so daß die, die (ihn) anschauten, erstaunt und erschrocken waren. Sie konnten auch nicht länger mit den Augen (der Erscheinung) standhalten wegen des Ansturms des hervorblitzenden sonnenartigen Glanzes."

---

[275] Porphyr. vit. Plot. 68.
[276] Vgl. die Bemerkung zu *Virt* 217 mit Belegen in BERGER/COLPE, Religionsgeschichtliches Textbuch, 60f.: „Hier bewirkt die Anwesenheit von Gottes Geist in Abraham als Missionar eine Art ‚Verklärung', ähnlich wird sie von Stephanus in ‚missionarischer' Funktion (Act 6,15), von Daniel (Hippolyt, Danielkommentar III 7: Daniel nimmt die Gestalt eines Engels an und bekommt ein feuriges Gesicht. Er erscheint bald als Mensch, bald als Engel. Mose wird ausdrücklich erwähnt), von Jeremia (kopt Jeremia-Apokryphon, ed. K.H.Kuhn: ‚Dann sah Abimelech den Propheten Jeremia...leuchten wie die Sonne'), vom jüdischen Hohenpriester Chananja (syrActa Philippi, ed. Wright, p. 84 ‚Und sie sahen, daß sein Antlitz war wie der Engel des Herrn') und von frühchristlichen Aposteln berichtet. Ähnlich ist auch Lev r 1,1 (über Ri 2,1) zu beurteilen: ‚Wenn der heilige Geist auf Pinchas ruhte, glühte sein Angesicht wie Fackeln.' – Es geht regelmäßig um Gottes Boten und Repräsentanten in der Situation entscheidender Worte. Wahrscheinlich steht die Tradition vom leuchtenden Antlitz des Mose im Hintergrund, doch ist sie hier verselbständigt."
[277] GEORGI, Gegner, 260 (Anm. 3), und PLCL 6, 483, beziehen καθ' ἑκάτερον richtig auf „Denken" und „Körper", also auf die vorausgehende Formulierung, die Übersetzung Cohns (PCH) falsch auf „Stärke" und „Wohlbefinden", also auf die folgende Konstruktion mit τέ – καί. Die Betonung auf den Tatbestand, daß *beide* zunehmen, ist notwendig, wenn es um die vorangegangenen gegensätzlichen Begriffe Leib-Seele, nicht aber, wenn es um die folgenden Synonyme „Stärke" und „Wohlbefinden" geht.

Auch hier stehen die verschönernden Auswirkungen der Schau und der Inspiration auf die geistig-leibliche Konstitution im Mittelpunkt des Interesses. Das Motiv der Schau Gottes im Zustand der Inspiration steht auch hinter *Virt* 217, obwohl von der Schau Gottes nicht ausdrücklich die Rede ist.[278] Sie wird aber vorausgesetzt, wenn von der Gemeinschaft Gottes die Rede ist, die Abraham suchte. Die Ursache der Inspiration und der leiblichen Verwandlung ist die Gottesnähe Abrahams.

Betrachten wir zunächst genauer, wie Philo in *Mos* 2.69-70 den Vorgang der Schau beschreibt: Es ist ein Inspirationsgeschehen, bei dem Mose vom Himmel her „Anblicke" der göttlichen Welt empfängt. Gott selbst ergreift die Initiative und ermöglicht die gewisseste Form der Gotteserkenntnis. Inspiration von oben und Schau von unten nach oben korrelieren miteinander. Mose genießt ein Schauspiel, einen Anblick des Göttlichen. Was er zu sehen bekommt, beschreibt Philo genauer in *Mos* 2.74: Er sah mit seinem Seelenauge die asomatischen Ideen der materiellen Dinge, aus denen der Tempel gebaut werden sollte. Der weitere Kontext zeigt, daß der materielle Tempel wieder symbolisch zurückverweist auf seinen ideellen, göttlichen Ursprung, wie z. B. die Bundeslade, die für Philo die göttlichen Kräfte darstellt. Mose schaut also die Ideenwelt, den rein geistigen Teil der Schöpfung Gottes, nicht Gott selbst.

Welche Wirkung hat nun die inspirierte Schau der Transzendenz? Sie führt zum einen zu einer *Verbesserung des Denkvermögens*, das an Stärke und guter Beschaffenheit zunimmt. Das Bewußtsein wird mit der Schau der göttlichen Ideen- und Tugendwelt erfüllt. In dieser Schau wird die Fähigkeit des Bewußtseins, diese Eindrücke zu verarbeiten und tugendhaft zu leben, noch einmal *verstärkt*. Die Inspiration führt zu einer Vergöttlichung des Bewußtseins, das Mose schon durch seine asketische Vorbereitung geschult hatte.[279] Damit ist aber keine Entweltlichung gemeint, son-

---

[278] Inspiration, strahlendes Angesicht, Lehrpredigt und Gottesschau bilden bei Lukas einen Motivzusammenhang, der beim Martyrium des Stephanus besonders deutlich wird (vgl. Apg 6,8–7,60).

[279] Vgl. *Mos* 2.68. Ziel des Fastens und der Enthaltsamkeit ist nach *Mos* 2.183-186 für Philo – was die Tugenderziehung betrifft – vor allem die Entfaltung der Urteilskraft: „Aber in Wahrheit sucht die hochheilige Vereinigung von Einsicht, Mäßigung, Tapferkeit und Gerechtigkeit die Strebenden und alle die auf, die nüchterner, harter Lebensführung in Enthaltsamkeit (ἐγκράτεια) und Standhaftigkeit mit Einfachheit und Anspruchslosigkeit sich hingeben, wodurch die bedeutendste unserer Fähigkeiten, die Urteilskraft (ὁ λογισμος), zu fester Gesundheit und zum Wohlbefinden fortschreitet, indem sie den schweren Widerstand des Körpers niederwirft, den Trinken und Schlemmen, Geilheit und die anderen unersättlichen Begierden stärken, da sie Wohlbeleibtheit erzeugen, die Gegnerin des Scharfsinnes (ἀγχίνοια)" (PCH).

dern die *Ermächtigung, die gesamte Schöpfungswirklichkeit inklusive ihrer Transzendenz zu verstehen* und zwischen Transzendenz und Immanenz zu vermitteln, z.B. in der Funktion als Hohepriester durch den Stiftshüttenbau, aber auch als Mystagoge, der missionarisch in die Wahrheit einweist.[280]

Diese Verwandlung zum Besseren hin betrifft zum anderen auch den Körper. Das gibt der biblische Text (Ex 34,29–35) nicht her, der nur von einem strahlenden Angesicht des Mose spricht. Philo weiß mehr: Unter Einwirkung der vollkommen gewordenen Seele erhält auch der Leib ein stärkeres und schöneres Aussehen. In 70 dramatisiert Philo – anknüpfend an Ex 34,30 – den Eindruck, den Mose auf das Volk machte: sein Aussehen ist schöner als vorher. Aber es ist keine sanfte, sondern eine erhabene Schönheit. Sein Glanz ist sonnengleich und stürmt auf die Beschauer ein. Mose bringt die von ihm geschaute Transzendenz leibhaftig unter das Volk. Staunen und Erschrecken[281] sind die Reaktion des Volkes auf die Transzendenzerfahrung, die die verwandelte Gestalt des Mose auslöst. Die Israeliten schauen den θεῖος ἀνήρ Mose.

Zusammenfassend läßt sich feststellen: In beiden Texten (*Virt* 217 und *Mos* 2.69–70) führt die Berührung mit dem Göttlichen nicht zur Entweltlichung des Inspirierten, sondern bewirkt eine Verschönerung und Kräftigung seiner geistigen wie leiblichen Existenz. Ideelle und sichtbare Welt stehen in einem Wechselverhältnis. Die ideelle Form verändert auch die Form des Sichtbaren, Transzendenz und Immanenz verschränken sich. Angesichts der geläufigen Vorstellung, daß Philos Theologie dualistisch-leibabwertend angelegt sei, ist dieser Befund sehr auffällig. Die hier von ihm vorgetragene Tradition legt nämlich Wert auf die *Verklärung* der geschöpflichen Existenz während der Inspiration. Eine Leibabwertung ist in der exegetischen Tradition, die *Virt* 217 und *Mos* 2.69–70 repräsentieren, *nicht* zu finden. Im Gegenteil – ein schöner und gesunder Körper spielt hier eine wichtige Rolle als Zeichen der Gegenwart des Schöpfergottes.[282]

---

[280] Vgl. *Virt* 178f.
[281] Vgl. die Reaktion auf Abraham in *Virt* 217.
[282] Vgl. neben den unten zitierten Stellen auch noch *Abr* 93 (Sara hatte eine ausgezeichnete Seele und einen wunderschönen Körper), *Jos* 268 (Philo lobt die εὐμορφία des Joseph), *Mos* 1.15 (Der kleine Mose besitzt schon εὐμορφία und εὐεξία) und *Virt* 182 (Untugend schädigt Leib und Seele). Vgl. dagegen die Abwertung des Körpers in *Spec* 1.311, *Spec* 3.51 u. ö. Zur Schönheit des Weisen siehe auch die Darstellung Jakobs in JosAs 22,7f.

In den MS gibt Philo dieser Tradition gewichtigen Raum. Ich möchte das Konzept dieser Tradition anhand einiger Textstellen genauer darstellen.

Exkurs: Monistische Anthropologie in den missionstheologischen Schriften

In *Praem* 64 faßt Philo alles zusammen, was er in seiner Darstellung Abrahams, Isaaks und Jakobs über ihre Vollkommenheitszustände Glaube, Freude und Gottesschau in *Praem* 24–60 berichtet hat:

„Die Seele aber, die sowohl gut veranlagt ist als auch einen guten Unterricht genossen hat und drittens durch fleißige Übung an die Grundsätze der Tugend gewöhnt ist..., die erwirbt Gesundheit, die erwirbt Macht, und *dazu noch gutes Aussehen* (εὔχροια) infolge von Sittsamkeit, *gute Beschaffenheit* (εὐεξία) und *Schönheit (des Körpers)*" (PCH).

Die Teilhabe an der Transzendenz bewirkt also eine Lebenssteigerung im Diesseits, die einerseits den Weisen persönlich betrifft, aber auch segensreiche Folgen für die menschliche Gesellschaft hat:

„[Von den Männern] aus diesem Haus, das im Laufe der Zeit zu volkreicher Zahl sich entfaltete, sind *Städte mit trefflicher Verfassung gegründet worden*, Lehrstätten der Einsicht, Gerechtigkeit und Frömmigkeit, in denen auch die Art und Weise der Erlangung jeder anderen Tugend ernsthaft erforscht wird" (*Praem* 66 PCH).

In *Praem* 104 heißt es ganz zuversichtlich in Hinblick auf die Verschränkung von transzendentem und immanentem Reichtum:

„Denn *wem der wahre Reichtum im Himmel ruht*, da er durch Weisheit und Frömmigkeit erworben wird, *für den ist auch der in Schätzen bestehende Reichtum auf Erden in Fülle vorhanden*; denn durch die Vorsehung und Fürsorge Gottes sind seine Vorratskammern stets gefüllt, damit die Regungen der Seele und die Unternehmungen der Hände nie gehemmt werden in der rechten Ausführung der mit Eifer betriebenen schönen Werke" (PCH).

In *Praem* 119–120 entfaltet Philo bei der Auswertung der Segensverheißungen in der Tora sehr genau die Beziehung zwischen einer reinen Seele und einem gesunden Körper:

„Mit der Gesundheit wird auch *Stärke der Sinnesorgane* verbunden sein und eine *vollkommene Beschaffenheit aller Teile*, die einen jeden instand setzt, ungehindert den Dienst zu verrichten, für den er geschaffen ist. Denn Gott wollte dem Tugendhaften *zur Belohnung ein wohlgebautes und vom Grund bis Dach gutgefügtes Haus anweisen* – der Körper ist ja das Haus der Seele, das mit ihr fest verwachsen ist – sowohl mit Rücksicht auf viele andere zum Leben nützliche und unentbehrliche Dinge als auch namentlich mit Rücksicht auf unsern durch vollkommene Sühnungen gereinigten Geist" (PCH).

Der gesunde Körper hat also vor allem die Funktion, dem Geist die ungetrübte Kontemplation zu ermöglichen. Der Geist hat durchaus Vorrang, aber Körper und Geist werden gleichzeitig holistisch als Einheit gefaßt.[283]

Urbild und Ideal dieser ganzheitlichen Anthropologie ist Adam, der erste und wahre θεῖος ἀνήρ. Philo beschreibt in *Virt* 198–210 Menschen, denen ihr naturgegebener Adel nichts genutzt hat und kommt dabei auch auf Adam zu sprechen:

„Aber warum muß ich an diese erinnern und sehe von dem ersten Menschen, dem erdgeborenen, ab? er (!), der hinsichtlich edler Abkunft keinem Sterblichen vergleichbar ist, *der durch die Hand Gottes mit höchster plastischer Kunst zur körperlichen Figur gestaltet war*, der einer Seele gewürdigt wurde, die nicht von einem geschaffenen Wesen stammt, sondern von Gott, der ihm von seiner eigenen Kraft einhauchte, soviel ein sterbliches Wesen aufzunehmen imstande war, – besaß dieser nicht den höchsten Adel, mit dem kein anderer, der je zur Berühmtheit gelangt ist, sich zu vergleichen vermag?" (*Virt* 203 PCH)

Noch ausführlicher wird Adam in *Opif* 134–150 charakterisiert: Philo unterscheidet in 134 zunächst den konkreten, irdischen, sinnlich wahrnehmbaren und von Natur aus sterblichen Adam in Gen 2,7 vom ideellen, „gattungsbegrifflichen" Adam in Gen 1,27. Diese ontologische Unterscheidung bedeutet aber keine Abwertung des irdischen Adam und kein Streben nach dem ideellen Adam.[284] Adam wird in 135 als Gebilde vorgestellt, das aus irdischer Substanz und göttlichem Hauch zusammengesetzt war, und so folgert Philo, scheinbar dualistisch:

„Darum kann man sagen, daß der Mensch auf der Grenze zwischen der sterblichen und der unsterblichen Natur steht, da er an beiden soviel, wie nötig ist, teilhat, und daß er zugleich sterblich und unsterblich geschaffen ist, sterblich in Bezug auf seinen Körper, unsterblich hinsichtlich seines Geistes."

Diese Feststellung führt allerdings nicht dazu, den Körper Adams abzuwerten. Im Gegenteil: Adam war

„der vorzüglichste Mensch, sowohl hinsichtlich der Seele als auch des Körpers, und übertraf die Nachkommen in hohem Grade durch ausserordentliche Vorzüge *beider Teile seines Wesens*. Er war wirklich der ‚wahrhaft Schöne und Edle'" (*Opif* 136 PCH).

---

[283] So wie der Heilszustand öffentlich erkennbar ist, so sind auch die Folgen des lasterhaften Lebens innerweltlich offensichtlich. In *Virt* 182 weist Philo auf die zerrüttenden leiblichen wie seelischen Folgeschäden der Lasterhaftigkeit hin.

[284] Erst im AK wird der irdische Adam zum erlösungsbedürftigen und gottfernen Menschen und der himmlische Adam von Gen 1,27 zum soteriologischen Ziel. In der Seelenallegorese des AK findet eine folgenreiche seelenallegorische Dualisierung der platonischen Ontologie statt, die in den missionstheologischen Schriften fehlt. Die Inkongruenz der Deutung von Gen 1 und 2 in *Opif* (vgl. SELLIN, Der Streit um die Auferstehung, 99, Anm. 78) ist traditionsgeschichtlich zu erklären, bewegt sich aber noch innerhalb der Gesamttendenz der missionstheologischen Exegese, die neben stoischen auch platonische Kosmosvorstellungen aufnahm.

Philo ist der Überzeugung, daß Gott bei der Gestaltung Adams mit höchster Sorgfalt vorging und seine künstlerische Meisterschaft zeigen wollte:

> „Der Schöpfer war ein Meister sowohl in allen anderen Dingen als auch ganz besonders in der Fertigkeit (des Bildens), so daß jeder der Teile des Körpers sowohl an und für sich die ihm zukommenden Proportionen erhielt als auch *zweckmäßig für die Gemeinschaft des ganzen Körpers mit Sorgfalt geformt* wurde. Mit diesem *Gleichmaß* verlieh er dem Körper auch das rechte Maß von Beleibtheit und schmückte ihn mit *gesunder Farbe*, da er wollte, daß der erste Mensch *so schön wie nur möglich anzusehen sei*" (*Opif* 138 PCH).

Genau diese körperliche Schönheit wird nach *Virt* 217 durch die Inspiration bewirkt. Der Urzustand, der seit Adam immer mehr verlorengegangen war (*Opif* 140–141), wird wieder hergestellt. Dieser Urzustand ist am Modell des θεῖος ἀνήρ orientiert. Adam hat ihn repräsentiert und Abraham zeigt exemplarisch, daß dieses Ideal erreicht werden kann. Nach *Opif* 142 ist Adam der „einzige Weltbürger", der nach dem „vernünftigen Naturgesetz" lebte, seine Zeit im Zusammenleben mit den Engeln verbrachte und die Gemeinschaft mit Gott anstrebte:

> „Ganz nahe verwandt mit dem Weltenlenker, da doch der göttliche Hauch voll in ihn geflossen war, bestrebte er sich alles nur zum Wohlgefallen des Vaters und Königs zu reden und zu tun, indem er seinen Spuren auf den Heerstraßen folgte, die die Tugenden bahnen, da nur den Seelen, die als Ziel die Ähnlichkeit mit dem göttlichen Schöpfer ansehen, sich ihm zu nähern gestattet ist" (*Opif* 144 PCH).

Dies entspricht dem, was Philo in *Virt* 215f. von Abraham berichtet hat. Auffällig ist die Betonung der Inspiration Adams, was die soteriologische Ausrichtung dieses Textes zeigt. Philo verleiht Adam darüber hinaus die für den θεῖος ἀνήρ typischen Attribute des Weisen und des Königs (*Opif* 148). Schließlich wird betont, daß sein Wahrnehmungsvermögen ungetrübt war und daß er die Dinge erkannte, wie sie tatsächlich sind:

> „Denn da die Denkkraft in der Seele noch ungetrübt war und noch keine Schwäche oder Krankheit oder Leidenschaft eingedrungen war, so nahm er die Vorstellungen von den Körpern und Gegenständen in voller Reinheit in sich auf und gab ihnen die zutreffenden Namen" (*Opif* 150 PCH).

Von diesen Aussagen her ist noch besser zu verstehen, was bei Mose und Abraham die Verbesserung des Bewußtseins bedeutet. Gemeint ist die klare, untrügliche Erkenntnis der gesamten geschöpflichen Wirklichkeit. Philo schließt mit der Feststellung:

> „So war er in allem Schönen ausgezeichnet und gelangte bis hart an das Endziel menschlicher Glückseligkeit" (*Opif* 150 PCH).

Es ist deutlich zu erkennen, wie Philo in diese Darstellung Adams die *monistische*[285] und dennoch *an der Transzendenz orientierte Soteriologie der Missionstheologie* eingewoben hat.[286]

---

[285] Vgl. SELLIN, Der Streit um die Auferstehung, 100 (Anm. 82): „Bezeichnend für den undualistischen Charakter der Adam-Motivik in *Opif* ist *Opif* 137: Gott nimmt für

Zu den besonderen Merkmalen dieser Soteriologie gehört also nicht nur das in *Virt* 217 und *Mos* 2.69–70 beobachtete Zusammenspiel von göttlichem und menschlichem Geist beim Inspirationsgeschehen, sondern auch die enge Verbindung von Vernunft und Leiblichkeit. In die gleiche Richtung verweisen Aussagen zum Zusammenspiel von Körper und Seele im Wechsel von Alltag und Sabbat. In *Decal* 98–101 repräsentiert die „Sechs" das aktive, die „Sieben" das kontemplative Leben, wobei sich beide Lebensweisen in sinnvoller Weise einander *abwechseln*. Es gehört zur Wirklichkeitsstrukturierung dieser Denkweise, daß kein Gegensatz, sondern ein zwar hierarchisches aber sich dennoch einander positiv bedingendes *Zusammenspiel* konstruiert wird.[287]

2.9. Virt 218: Zusammenfassung der Argumente für den Adel Abrahams

In *Virt* 218 faßt Philo die in *Virt* 212–217 vorgelegte Charakterisierung Abrahams in einer direkten Anrede an die Leserinnen und Leser zusammen:

Virt 218:
ἆρ' οὐκ ἂν εἴποις τὸν μετανάστην τουτονί, τὸν πάντων ἔρημον οἰκείων καὶ φίλων, εὐγενέστατον εἶναι,

Virt 218:
Würdest du nicht sagen, daß dieser Auswanderer, bar aller Genossen und Freunde, der alleradeligste sei,

---

Adam den besten Staub der Erde." Für ein Fehlurteil halte ich den Folgesatz: „Einzig hier (und *Praem* 120) wird bei Philo der Leib als ‚Wohnung' und ‚heiliger Tempel für die vernünftige Seele' gewürdigt. Das widerspricht der sonst durchgängigen negativen Sicht von σῶμα." Die von mir diskutierten Belege zeigen, daß in den MS die positive Sicht des öfteren auftaucht, vor allem in Verbindung mit dem θεῖος ἀνήρ-Motiv. Ein weiteres Beispiel für eine monistische Anthropologie ist die sog. „profane" Quelle im AK, die STEIN, Allegorische Exegese, 42–49, herausgearbeitet hat. Ihre psychologische Seelenallegorese hat keine dualistische Tendenz.

[286] Diesen Tatbestand übersieht SELLIN, Der Streit um die Auferstehung, 101, völlig, wenn er über *Opif* urteilt: „Diese Schrift ist kosmologisch angelegt. Der Allegorische Kommentar ist dagegen durchweg soteriologisch ausgerichtet." Auch *Opif* ist soteriologisch ausgerichtet, wenn auch mit anderer Tendenz. Das explizit soteriologische Anliegen von *Opif* wird vor allem in der Einleitung (1–6) und in der Zusammenfassung (170–172) deutlich. In den Rahmen dieser missionstheologischen Soteriologie gehört auch die Eschatologie, die Philo in *Praem* 79–172 vorstellt. Der in *Praem* entwickelten Eschatologie fehlt dabei jede apokalyptische Tendenz, sie ist vielmehr innerweltlich und optimistisch ausgerichtet; vgl. GEORGI, Gegner, 182–187, und BORGEN, Reflections on Messianic Ideas in Philo, 341–361.

[287] Vgl. auch *Spec* 2.63f.

τῆς πρὸς θεὸν συγγενείας <u>ὀρεχθέντα</u> καὶ <u>σπουδάσαντα</u> μηχανῇ πάσῃ γνώριμον αὐτῷ γενέσθαι,	der nach der Verwandtschaft mit Gott strebte und mit jedem Mittel danach eiferte, mit ihm befreundet zu sein,
καὶ <u>ταχθέντα</u> μὲν τάξιν ἀρίστην τὴν ἐν προφήταις, <u>πιστεύσαντα</u> δὲ μηδενὶ τῶν ἐν γενέσει πρὸ τοῦ ἀγενήτου καὶ πάντων πατρός,	der in die ausgezeichnetste Ordnung, die der Propheten, eingeordnet worden war, der sein Vertrauen auf keines der in der Schöpfung befindlichen Dinge vor dem Ungeschaffenen und Vater aller Dinge richtete,
καὶ βασιλέα δέ, ὡς ἔφην, παρὰ τοῖς ὑποδεξαμένοις <u>νομισθέντα,</u> μήθ' ὅπλοις μήτε στρατιωτικαῖς δυνάμεσιν, ὡς ἐνίοις ἔθος, <u>λαβόντα</u> τὴν ἀρχήν, ἀλλὰ χειροτονίᾳ θεοῦ τοῦ φιλαρέτου τοὺς εὐσεβείας ἐραστὰς αὐτοκρατέσιν ἐξουσίαις γεραίνοντος ἐπ' ὠφελείᾳ τῶν συντυγχανόντων;	und der, wie ich erwähnte, bei denen, die ihn aufgenommen hatten, als König galt, der weder durch Waffen noch Heeresmacht, wie es die Art mancher ist, die Herrschaft erlangte, sondern durch Ernennung des tugendliebenden Gottes, der die Liebhaber der Frömmigkeit mit unbeschränkten Vollmachten belohnt zum Nutzen derer, die mit ihnen zusammentreffen?

Philo praktiziert mit dem Stil dieser Zusammenfassung, was er von Abraham gesagt hat. Er will überzeugen. Philo ist auf Zustimmung aus, die sich aus der Plausibilität der vorangegangenen Darstellung speist. Die rhetorische Frage: „*Würdest du nicht sagen, daß dieser Auswanderer, bar aller Genossen und Freunde, der alleradeligste sei*", wird zur Aufforderung an die Leserinnen und Leser, sich seiner Sichtweise anzuschließen. Er will die Zustimmung der Leserinnen und Leser zu der These, daß Abraham wahren Adel gezeigt hat. Dazu strukturiert er die vorangegangene Beschreibung in *sechs Argumente* für den Adel Abrahams, die der rhetorischen Frage partizipial beigeordnet und kausal zu verstehen sind. Jeweils zwei Partizipien sind syntaktisch und inhaltlich miteinander verknüpft:
- Die beiden ersten Argumente heben hervor, daß Abraham konsequent die Gottesgemeinschaft anstrebte: „*der nach der Verwandtschaft mit Gott strebte und mit jedem Mittel danach eiferte, mit ihm befreundet zu sein.*"
- Die beiden mittleren Argumente betonen, daß Abraham als Prophet sein Vertrauen allein auf Gott richtete: „*der in die ausgezeichnetste Ordnung, die der Propheten, eingeordnet worden war, der sein Vertrauen auf keines der in der Schöpfung befindlichen Dinge vor dem Ungeschaffenen und Vater aller Dinge richtete.*"
- Die beiden letzten Argumente erinnern daran, daß Abraham als König verehrt wurde, dieses Amt aber nicht durch eigenes Machtstreben, sondern durch Gott selbst zum Nutzen der Menschen erwarb: „*und der, wie ich erwähnte, bei denen, die ihn aufgenommen hatten, als König galt, der weder durch Waffen noch Heeresmacht, wie es die Art mancher ist, die Herrschaft erlangte, sondern durch Ernennung des tugendliebenden Gottes,*

der die Liebhaber der Frömmigkeit mit unbeschränkten Vollmachten belohnt zum Nutzen derer, die mit ihnen zusammentreffen?"

Hinter dieser Gliederung verbirgt sich ein klares theologisches Schema:
- Wie wird man ein Weiser?
- Was zeichnet einen Weisen aus?
- Welche Funktion hat der Weise in der Welt?

Bevor wir uns näher mit der Formulierung dieser Argumente beschäftigen, ist zunächst zu untersuchen, warum Philo Abraham als *„Auswanderer, bar aller Genossen und Freunde"* vorstellt. Fügt sich dieses Motiv in das Bild des königlichen und göttlichen Menschen, das zuvor im Bild des verschönerten Offenbarers gipfelte?

Das Motiv des Wanderns gehört zum „göttlichen Menschen". Allerdings bezieht es sich auf Bildungsreisen durch verschiedenste Länder, bei denen der „göttliche Mensch" seine übernatürlichen Kräfte offenbart. Philo hingegen geht es um das Paradox allerhöchsten Adels in der Heimatlosigkeit des Exulanten und damit bei realpolitischer Einflußlosigkeit.[288] Er vollzieht damit eine *kynische* Umwertung des Königsbegriffs.[289] Außerdem klingt das Motiv der Einsamkeit des Weisen an, der sich um der Frömmigkeit willen von der Menge und sogar von Verwandten und Freunden distanziert.[290] So ist auch der *kynische Herakles* ein heimatloser einsamer Wanderer, der gerade darin der wahre König ist.[291]

Ich wende mich jetzt den Argumenten für den Adel Abrahams zu. Die beiden ersten Argumente beschreiben, wie Abraham zum Weisen wurde: Er *„strebte nach der Verwandtschaft mit Gott und eiferte mit jedem Mittel danach, mit ihm befreundet zu sein."* Mit der Wendung μηχανῇ πάσῃ deutet Philo die religiösen Methoden und Praktiken an, die das Bewußtsein der Gottesverwandtschaft und -freundschaft erreichen lassen. Noch

---

[288] Diese Formulierung bezieht sich sicherlich auf Gen 23,4 (LXX): πάροικος καὶ παρεπίδημος ἐγώ εἰμι μεθ' ὑμῶν. *Mut* 152 betont zu Gen 23,6 auch die relative Besitzlosigkeit des Exulanten Abraham gegenüber einem König, der eine Stadt besitzt. Anders hingegen *Abr* 209–211, wo Philo den Reichtum Abrahams in der Fremde hervorhebt.

[289] Vgl. HÖISTAD, Cynic Hero and Cynic King, 21:„...it is clear that the Cynic preaching also contained, among other things, a conception of kingship of an unique character – the solitary, poor, and suffering basileus."

[290] Vgl. *Abr* 62–67, *Praem* 17–21 (Henochs „Versetzung" wird als Auswanderung aus der Heimat gedeutet).

[291] Vgl. HÖISTAD, Cynic Hero and Cynic King, 34.62. Siehe auch die kynische Darstellung des Herakles bei Epikt. diss. 3.26.31f: Herakles sei Herrscher über alle Länder und Meere gewesen, rein von Ungerechtigkeit, aber voller Gerechtigkeit und Heiligkeit. Und das habe er nackt und allein getan.

einmal betont er die Hingabe, die mit der Ausübung dieser Praktiken verbunden ist. Die Qualität des vollkommenen Bewußtseins charakterisiert Philo mit Motiven, die die enge Vertrautheit mit Gott ausdrücken sollen: Verwandtschaft und intensive Bekanntschaft. Sie sind weitere Synonyme für das oben geschilderte Phänomen des Glaubens. Die Gottesverwandtschaft wird hier als Ergebnis eines Bildungsprozesses gewertet. Andere missionstheologische Texte, die dieses Motiv ebenfalls verwenden, führen sie schöpfungstheologisch auf die Verwandtschaft der menschlichen Vernunft mit dem göttlichen Logos zurück.[292] Doch ist zu bedenken, daß diese schöpfungstheologische Vorstellung in der Missionstheologie gleichzeitig soteriologisch gemeint ist. Der Anfang gilt als Maß für die Vollendung. Der Weise verwirklicht die in ihm angelegte potentielle Gottesverwandtschaft. Sie ist erreicht, wenn sich der menschliche Geist mit dem göttlichen Geist verbindet und sich an ihn zurückbindet.

Die beiden mittleren Partizipien beschreiben das Wesen des Weisen Abraham: er war von Gott *"in die ausgezeichnetste Ordnung, die der Propheten, eingeordnet worden und richtete sein Vertrauen auf keines der in der Schöpfung befindlichen Dinge vor dem Ungeschaffenen und Vater aller Dinge"*. Für Philo und seine Leserinnen und Leser ist selbstverständlich, daß die prophetische Fähigkeit die höchste Vollmacht ist, mit der ein Mensch ausgezeichnet werden kann. Sie ist eine weitere Charakterisierung desjenigen Menschen, der eine enge Verbindung mit Gott eingegangen ist und zum Vermittler zwischen Gott und Mensch wird. Die prophetische Inspiration als eine Fähigkeit des göttlichen Menschen wird hier zum Gipfelpunkt des Tugendweges. Sie bleibt indes immer *Gabe*, über die auch der Weise nicht verfügen kann. Außerdem ist sie eine Gabe, die nur der vollkommenen Seele verliehen wird. Sie ist also nicht ständiger Habitus des Weisen. Anders verhält es sich mit dem Glauben, der die *andauernde* nichtekstatische Bewußtseinsqualität im Weisen ist. Er bedeutet die ständige Ausrichtung auf Gott in allen Lebenssituationen. Der Weise zeichnet sich dadurch aus, daß er aus diesem Gottesbewußtsein nicht herausfällt, sondern es dauerhaft durchhält.

Die beiden letzten Partizipialsätze blicken noch einmal auf das Königtum Abrahams zurück. Philo führt dabei – in Kontrast zur militärischen Herrschaft – weitere wichtige Elemente seiner philosophischen Königsvorstellung ein: *"...und der, wie ich erwähnte, bei denen, die ihn aufgenommen hatten, als König galt, der weder durch Waffen noch Heeresmacht, wie es die Art mancher ist, die Herrschaft erlangte, sondern durch*

---

[292] *Opif* 77, *Decal* 134, *Spec* 4.14, *Praem* 163; vgl. *Spec* 4.159, *Virt* 79, *Decal* 41.

Ernennung[293] *des tugendliebenden Gottes, der die Liebhaber der Frömmigkeit mit unbeschränkten Vollmachten belohnt zum Nutzen derer, die mit ihnen zusammentreffen.*"[294] Das Königtum Abrahams und sein damit verbundener Adel werden auf Gott zurückgeführt. Philo betont auf diese Weise den Gabecharakter weisheitlicher Existenz – wie in *Abr* 261: „Das Königtum des Weisen hingegen verleiht Gott." Es verdankt sich der gewährten Verbindung mit der tugendhaften Wirklichkeit Gottes und ist damit keiner Kontingenz unterworfen.[295] Gott reagiert allerdings mit seiner Erwählung auf die Liebe des Frommen – Philo bleibt dem missionstheologischen Synergismus treu.

Philos Darstellung entspricht der kynischen Auffassung, daß allein der Weise Adel besitzt und König ist. Die herrschaftskritische Tendenz des Philotextes ist nicht zu überhören. Auffällig ist der Wechsel vom Singular zum Plural in der angehängten Partizipialkonstruktion. Abraham wird in die größere Schar der *„Liebhaber der Frömmigkeit"*[296] eingereiht. Er verwirklicht eine Daseinsmöglichkeit, die nicht nur ihm offensteht, sondern allen, die sich dem einen Gott als höchster Wirklichkeit zuwenden und sich von ihm bestimmen lassen. Die Bezeichnung „Liebhaber" ist sicherlich abgeschliffen, aber sie transportiert dennoch wichtige Aspekte des Bewußtseins, das Philo anstrebt. Diese Liebe – von Schönheit angezogen und begeistert – trägt ekstatische Hingabe in sich.[297] Erkenntnis und Leidenschaft schließen sich in dieser Ekstase nicht aus, sondern bedingen einander.

Von allen Weisen gilt, daß Gott sie mit *„unbeschränkten Vollmachten"*[298] belohnt. Worin bestehen diese Vollmachten? Welche Fähigkeiten schließen sie ein? Grundsätzlich stellt *Virt* 218 fest, daß sie zum Nutzen der Menschen, die den Weisen begegnen, eingesetzt werden. Darin zeigt

---

[293] Zu χειροτονία als „Ernennung" vgl. *Praem* 54, *QG* 4.76. Philo interpretiert auf diese Weise den LXX-Text Gen 23,6: βασιλεὺς παρὰ θεοῦ.

[294] Der Kontrast zwischen der Herrschaftsgewinnung durch eigenmächtige Waffengewalt und durch die Ernennung durch Gott taucht bei Philo auch *Abr* 261 und *Praem* 54 auf.

[295] Im AK und in den QS betont Philo die „ewige", nicht zeitlich begrenzte Dauer des Königtums des Weisen, vgl. *Mut* 151, *QG* 4.76.

[296] Vgl. noch *Spec* 1.316. Synonyme Formulierungen sind: „Liebhaber der Hoffnung" (*Abr* 7), „Liebhaber der Weisheit und Tugend (*Abr* 224), „Liebhaber der καλοκἀγαθία" (*Abr* 220), „Liebhaber der Wahrheit" (*Spec* 1.59), „Liebhaber der Vernunft" (*Spec* 2.45).

[297] Vgl. Plat. Phaidr. 244ff.

[298] Die Wendung entstammt politischer Sprache und charakterisiert die Macht des absoluten Monarchen, vgl. *Legat* 26.54.190, *Opif* 17.

sich die φιλανθρωπία des königlichen Abraham.²⁹⁹ Aber worin besteht dieser „Nutzen"?

Wir sind hier auf Texte bei Philo angewiesen, die über die Grundsätze in *Virt* 218 hinaus die königliche Gewalt des Weisen und seinen Nutzen für die Umwelt beschreiben. In *Abr* 261 heißt es, daß der Weise

> „niemandem etwas Böses zufügt, sondern allen Untertanen den Besitz und den Genuß des Guten vermittelt, indem er ihnen Frieden und gute Ordnung *verkündigt*."

Der Weise als König tritt hier als Verkünder der Tugenden und des wahren Lebens auf. Sein „Nutzen" liegt also in seiner missionarischen Tätigkeit. In *Prob* 62–64 besteht die Herrschertätigkeit der Weisen (vgl. *Prob* 42 und 159) darin, die Menschen mit dem „Bewußtsein der Freiheit zu infizieren" (62: ἐλευθέρου φρονήματος ἀναπιμπλάντες) und die irrenden Menschen zu belehren. Die *„unbeschränkten Vollmachten"* könnten also – wie in *Virt* 217 ausgeführt – darin liegen, bei dieser Lehrtätigkeit erfolgreich zu sein.³⁰⁰ Die eigentlich Mächtigen der Welt sind die für den Schöpfergott missionierenden Weisen.

Aber in den *„unbeschränkten Vollmachten"* steckt noch mehr. In *Mos* 1.148–162 skizziert Philo Mose als idealen König. Zunächst stellt Philo fest, daß Mose nicht durch Waffengewalt, sondern durch seine Tugend und durch die Erwählung Gottes die Herrschaft erhielt (148–149). Er sei allein darauf bedacht gewesen, seinen Untertanen durch Wort und Tat zu nützen (150–151).³⁰¹ Er habe materiellen Reichtum verachtet und nur nach der Pracht der Tugenden gestrebt (152–154). Die Parallelen zu *Virt* 217f. sind offensichtlich. Philo entfaltet hier nur etwas ausführlicher einen geprägten Motivzusammenhang. Die *„unbeschränkten Vollmachten"* des Weisen beschreibt Philo in *Mos* 1.155–156:

> „Weil er also der Gewinnsucht und dem unter den Menschen sich aufblähenden Reichtum entsagt hat, ehrt ihn Gott dadurch, daß er ihm dafür den größten und vollkommensten Reichtum gewährt: Dies aber ist derjenige der gesamten Erde, des Meeres und der Flüsse und aller anderen Dinge, was immer es für Elemente und Verbindungen auch geben mag. Denn weil ihn Gott für wert erachtete, als *Teilhaber seines eigenen Besitzes* zu erscheinen, gab er in seine Hand *die ganze Welt als Besitz*, der einem Erbe wohl anstand.

---

²⁹⁹ Vgl. VAN VELDHUIZEN, Model of Hellenistic Philanthropia, 215–224.

³⁰⁰ Philo zeichnet hier ein Ideal, denn der potentielle Anspruch auf Herrschaft war oft mit faktischer Machtlosigkeit und sogar Verfolgung des Weisen verbunden, vgl. die bewegenden Briefe von Pseudo-Heraklit (leicht zugänglich in: MALHERBE, The Cynic Epistles, 186–215).

³⁰¹ Vgl. Ps.-Diotogenes: „Auch ist der König damit beschäftigt, Gutes zu tun und seinen Untertanen wohlzutun" (Stob. 4.7.61 = Hense 264,18f.).

Darum *gehorchte ihm als Herrn ein jedes der Elemente, änderte sein Vermögen, das es besaß und gehorchte seinen Befehlen.* Und dies ist vielleicht nicht verwunderlich; denn wenn es nach dem Sprichwort geht ‚gemeinsam ist das, was Freunden gehört', der Prophet aber als Freund Gottes gilt, dann folgt, daß er auch an seinem Besitz Anteil hat, soweit es dienlich ist."

Gott hat nach diesem Text Mose in den Rang eines Mitherrschers eingesetzt. Die Teilhabe an Gottes Besitz bedeutet die *konkrete Anbindung an Gottes Schöpfermacht*. Der Weise ist durch die Verbindung mit Gott fähig, die elementaren Strukturen des Kosmos zu verändern. Der aufmerksame Leser des Traktates weiß sich an die Plagen erinnert, die Mose durch Gott an den Ägyptern vollstreckte (*Mos* 1.96 und 1.113–125). Philo erklärt die Plagen genauer als eine *von Gott verursachte* Verwandlung der Elemente zum Verderben von Frevlern:

„Die Elemente des Alls nämlich, Erde, Wasser, Luft und Feuer, wenden sich gegen sie; denn Gott erkannte es für recht, (durch dieselben Elemente), durch die das Weltall in seiner Vollendung geschaffen wurde, das Land der Frevler zu vernichten, um die Macht der Herrschaft zu zeigen, die er besitzt; denn denselben Mitteln gibt er in heilsamer Weise Form und Gestalt bei der Schöpfung des Alls und verwandelt sie, so oft er will, zum Verderben für die Frevler" (*Mos* 1.96 PCH).[302]

Es ist auffällig, daß Philo auch an anderen Stellen in *Mos* 1 bei der Schilderung von Wundern immer *Gottes Wirken* und Macht und nicht die des Mose betont (201–209.212f). Die „*unbeschränkte Vollmacht*" wird somit nie losgelöst von Gottes Macht gedacht. Sie ist vielmehr ein Verweis auf Gott selbst, nicht auf den Weisen an sich. Sie ist kein „Habitus" des Weisen, sondern existiert nur durch Gott hindurch.

Die Teilhabe an der Macht Gottes wird in 157 mit dem Motiv des Weisen als Weltbürger vertieft, der das gesamte Weltall als Erbteil erhalten hat, und steigert sich bis zum Motiv der Wesensschau des noetischen Kosmos (158). Schließlich wird Mose als nachahmenswertes Vorbild für alle Herrscher vorgestellt (158–161). Diese Themen tauchen auch in *Virt* 217–219 auf. *Mos* 1.148–162 und *Virt* 216–219 verwenden somit gleiche Motive, um das Königtum des Weisen zu illustrieren.

Mos 1.156 zeigt, daß Philo trotz seines kynisch und stoisch beeinflußten Bildes des „göttlichen Menschen" durchaus auch die Dimension der *Wundertätigkeit* andeuten kann. Das ist schon vom Mosebild der Tora her gar nicht zu vermeiden. Die Wunder werden aber *rationalistisch-*

---

[302] Nur unter Mißachtung dieses Kontextes kann HOLLADAY, Theos Aner in Hellenistic-Judaism, 121f. und 128, behaupten, in *Mos* 1.157 ginge es nicht um Wundertaten, sondern um rein ethische Vorgänge (128: „purely ethical in its scope").

wissenschaftlich plausibel gemacht. Die allgemeine Formulierung „*unbeschränkte Vollmachten*" in *Virt* 218 schließt also Wundertätigkeit ein. Auch die belehrende Missionstätigkeit Abrahams (*Virt* 217) ist streng genommen als Wunder zu verstehen, weil sie durch Inspiration Gottes zum Erfolg führt. Rhetorik wird durch die Inspiration zu einem wunderbaren, heilbringenden und damit wahrhaft göttlichen Geschehen.

2.10. Virt 219: Abraham als Modell für die Proselyten

Mit 219 schließt Philo sein kompaktes Enkomion auf Abraham ab. Er hebt die *typologische Bedeutung* seiner Geschichte hervor. Der Weg Abrahams vom Irrglauben bis hin zum vollkommenen Weisen hat nämlich *exemplarische*, vorbildliche Bedeutung für all diejenigen, die sich vom Heidentum zum jüdischen Gottesglauben bekehren:

Virt 219:	Virt 219:
οὗτος ἅπασιν ἐπηλύταις εὐγενείας ἐστὶ κανών, δυσγένειαν μὲν τὴν ἐξ ἀλλοκότων νόμων καὶ ἐκθέσμων ἐθῶν, ἃ λίθοις καὶ ξύλοις καὶ συνόλως ἀψύχοις ἰσοθέους ἀπένειμε τιμάς, καταλιποῦσι, καλὴν δ' ἀποικίαν στειλαμένοις πρὸς ἔμψυχον τῷ ὄντι καὶ ζῶσαν πολιτείαν, ἧς ἔφορος καὶ ἐπίσκοπος ἀλήθεια.	Dieser ist Maßstab des Adels für alle Zuwanderer, die den von unnatürlichen Gesetzen und greulichen Gewohnheiten verursachten Unadel, der Steinen und Hölzern und überhaupt unbeseelten Dingen gottgleiche Ehren beimißt, verlassen haben und eine schöne Auswanderung unternommen haben zu dem wirklich beseelten und lebendigen Gemeinwesen, dessen Leiter und Aufseher die Wahrheit ist.

Zum Nutzen für die Menschen trägt der Weise vor allem auch dadurch bei, daß er schlicht als Vorbild, d.h. als *nachahmenswertes Modell* anwesend ist.[303] Er repräsentiert das wahre Leben in einer falschen Welt.

Als „Kanon" stellt Abraham die vollendete Gestalt und damit das erstrebenswerte Ziel dar und ist gleichzeitig der untrügliche Maßstab zur Beurteilung der Dinge.[304] Er ist dies in besonderer Hinsicht für die Proselyten. Seine Neuorientierung (μετάνοια) und seine Teilhabe an Gott regen somit zur Nachahmung an. Welche Wirkung die Orientierung am „Kanon" hat, zeigt *Praem* 114f.:

---

[303] Philo hebt die paradigmatische Bedeutung Moses zweimal hervor: *Mos* 1.158 und *Virt* 70. Vgl. zur Nachahmung auch Sen. epist. 11,8–10; 100,12; Lucian. Nigr. 26.
[304] Diese Definition nach BEYER, Art. κανών, 601.

> „Denn *die fortwährende Betrachtung der schönen Paradigmen gräbt ähnliche Bilder in nicht zu verstockte und verhärtete Seelen ein.* Darum werden alle, die diese kostbare und wunderbare Schönheit nachahmen wollen, gebeten, die Hoffnung auf die Verwandlung zum Besseren und auf die Rückkehr zur Tugend und Weisheit aus der seelischen Diaspora, die das Böse bewirkt hat, nicht aufzugeben."

In Anspielung auf Dtn 30,4 wird hier die Rückkehr aus der Diaspora in die Heimat zu einem Verwandlungsereignis in der Seele selbst spiritualisiert. Es ist die Betrachtung des Vorbildes, die zur Bewußtseinsverwandlung führt.

In der Sprache des politischen Rechts, die mit dem Begriff „*Kanon*" schon angeklungen ist, skizziert Philo noch einmal den Unterschied zwischen falschem und wahrem Bewußtsein aus der Perspektive des wahren Bewußtseins. Der Unadel in der Seele wird auf widernatürliche Gesetze und Konventionen zurückgeführt, die sich vor allem in einer pervertierten Religiosität ausdrücken. Für den Monotheisten stellt sich der Polytheismus als Kultus mit leblosen Gegenständen dar, bei dem das Kultbild für den Gott selbst gehalten wird. Philos Formulierung steht damit in der Tradition jüdischer Götzenpolemik.[305]

Μετάνοια ereignet sich da, wo Menschen diesen *polytheistisch geprägten Lebens- und Wirklichkeitsraum* verlassen und sich auf dem Weg zur *monotheistischen Wirklichkeitserfahrung* befinden, die sich in der Begegnung mit dem Schöpfergott vollzieht.[306]

Ganz ähnlich wie in *Virt* 219 formuliert Philo in *Virt* 102:

> „Auch den Zuwanderern (ἐπηλύτας) muß seiner Ansicht nach alle Fürsorge gegeben werden, die ihre Blutsverwandtschaft, ihr Vaterland, ihre Sitten, ihre Heiligtümer, die Bildsäulen ihrer Götter und ihre Verehrung aufgegeben haben und die schöne Wanderung unternommen haben (καλὴν δ' ἀποικίαν στειλαμένους) von den mythischen Gebilden zur offenkundigen Wahrheit und zur Verehrung des einen und wirklich seienden Gottes."

---

[305] Vgl. Jer 2,26f; 10,3.14f.; Jes 44, 9–20; Weish 13,10–14,31; ApkAbr 1–6; JosAs 12,5; 13,11. Die Wendung vom Polytheismus zum Monotheismus kann psychoanalytisch als stärkere Kontrolle des Ichs und Über-Ichs über die Triebe gedeutet werden. Der Polytheismus steht aus der Perspektive des gewissensgesteuerten Monotheisten für ein ungeregeltes Triebleben, in dem jeder Gott für eine bestimmte Leidenschaft steht.

[306] Vgl. WELKER, Schöpfung und Wirklichkeit, 45: „Die Offenbarung, die bestimmte Orientierung, bestimmtes Wissen und bestimmte Information einschließt, bindet den sie empfangenden Menschen und zieht ihn in einen Erfahrungsbereich hinein, der ohne ihr Eintreten nicht da war oder für den betroffenen Menschen wenigstens nicht erkennbar, nicht wirklich durchsichtig und prägend war. Die Offenbarung zieht uns in einen gegenüber der Situation der ‚natürlichen Offenbarung' neuen und anderen Erfahrungsbereich, in eine neue und andere Geschichte, in eine neue und andere persönliche und öffentliche Identität, in eine neue Wirklichkeit hinein."

Auch hier benutzt Philo die Wendung „eine schöne Auswanderung unternehmen"[307] im Zusammenhang mit der Hinwendung von Nichtjuden zum Judentum. Möglicherweise liegt hier eine geprägte Formulierung vor, die in Missionspredigten benutzt wurde.[308] „Schön" im Sinne von „edel" und „ehrenhaft" ist sie, weil diese Übersiedlung die eigentliche Wirklichkeitswahrnehmung, die monotheistische Gottesverehrung erschließt.

Mit der Metapher des „*wirklich beseelten und lebendigen Gemeinwesens, dessen Leiter und Aufseher die Wahrheit ist*" beschreibt Philo einen Lebens- und Wirklichkeitsraum, der von der Anerkenntnis des einzigen Schöpfergottes geprägt ist. Die personifizierte ἀλήθεια ist ein Bild für die gesetzgeberische und regierende Seite Gottes, ist also Gottesbezeichnung.[309] Wem sich diese Wahrheit, wem sich Gott selbst erschließt, dessen Bewußtsein wird – wie schon in *Virt* 214 hervorgehoben – dieser Wahrheit gleichförmig.

In 219 geht es also in erster Linie um eine spirituelle Neuorientierung, um ein Bewußtseinsgeschehen, das kosmisch-universale Bedeutung hat. Es ist aber auch die Klammer zwischen *Virt* 212 und 219 zu beachten. Die Metaphern schließen die Zugehörigkeit zum jüdischen Volk ein, deren Ahnherr ja Abraham selbst ist. Philo hat hier – wie in *Virt* 102 – die Pro-

---

[307] Die geprägte Wendung ἀποικίαν στειλαμένους meint eindeutig den Vorgang der Auswanderung oder Wanderung von einem Ort zum anderen. Vgl. die Parallelen im Bericht vom Auszug Abrahams aus Chaldäa in *Abr* 66 und *Abr* 85: „Er (Abraham) zog sogleich, wie es ihm befohlen wurde, mit wenigen oder auch alleine hinaus (μετανίστατο) und er unternahm die Auswanderung mehr mit der Seele als mit dem Körper (καὶ τῇ ψυχῇ πρὸ τοῦ σώματος τὴν ἀποικίαν ἐστέλλετο), da himmlische Liebe die Zuneigung zu Sterblichen überwandt." – „Die zweite Wanderung unternahm der Edle – wiederum einem Orakel gehorchend – nicht mehr von Stadt zu Stadt, sondern in eine einsame Gegend." Vgl. auch *Mos* 1.163, *Mos* 2.246.288, *Spec* 2.146.158, *Virt* 77.102, *Fug* 36. Ἀποικία darf also in *Virt* 219 nicht mit „Kolonie" (so GEORGI, Gegner, 81) oder „land" (so COLSON, PLCL 8, 299) übersetzt werden; eine Übersetzung, die auch daran scheitert, daß ein πρός (so *Spec* 2.25) oder εἰς (so *Praem* 80, *Contempl* 22) vor (καλὴν δ') ἀποικίαν fehlt!

[308] Die Wendung läßt sich vorgangsbezogen (sie sind auf dem Weg) oder zielbezogen deuten (sie haben das Ziel durch die Wanderung bereits erreicht). In Verbindung mit dem Stichwort ἐπηλύται (Ankömmling, Zuwanderer) ist sie in *Virt* 102 und 219 zielbezogen zu deuten (vorgangsbezogen ist sie in *Abr* 66 und 68 zu verstehen). Falls die Wendung den Vorgang selbst meint, dann würde sie den prozessualen und sich intensivierenden Charakter der monotheistischen Bewußtseinsbildung hervorheben und den psychagogischen Vorgang der beständigen und sich damit intensivierenden Wahrheitssuche und -findung meinen, der in *Virt* 215a und *Abr* 68 von Abraham (und in *Praem* 114 vom Betrachter des Vorbildes) berichtet wird. Die Übersetzung des Partizips im Sinne eines andauernden Vorgangs nähme den Tatbestand ernst, daß es Philo auch hier in erster Linie um ein spirituelles Geschehen geht.

[309] Auch in *Her* 71 personifiziert Philo die Wahrheit (siehe unten 4.9.).

selyten seiner Zeit im Blick, für die die Konversion vom Polytheismus zum jüdischen Monotheismus ebenfalls nicht nur einen Bewußtseins- sondern auch einen Ortswechsel bedeutete. In *Spec* 1.51–52 wird unter Aufnahme von Gen 12,1f. von diesem Übertritt ganz ähnlich wie in *Virt* 219 gesprochen:

„Gott nimmt alle Gleichgesinnten [mit Mose, der nach Gotteserkenntnis strebt] auf, mögen sie es von Geburt an gewesen sein oder durch den Wandel zur besseren Ordnung besser geworden sein (ἐκ τοῦ μεταβάλλεσθαι πρὸς τὴν ἀμείνω τάξιν κρείττους γεγονότας), die einen, weil sie ihren Adel nicht zerstört haben, die anderen, weil sie es für Wert erachteten, sich der Frömmigkeit zuzuwenden – er nennt sie Proselyten, weil sie *zum neuen und gottliebenden Gemeinwesen* (καινῇ καὶ φιλοθέῳ πολιτείᾳ) hinzugekommen sind –, die die mythischen Gebilde verschmähen, aber die reine Wahrheit umarmen...Sie haben Vaterland, Freunde und Verwandte um der Tugend und Heiligkeit willen verlassen; so sollen ihnen denn eine andere Heimat, andere Verwandte, andere Freunde nicht versagt bleiben, Schutz und Zuflucht biete sich vielmehr denen, die ins *Lager der Frömmigkeit* übergehen; denn *das wirksamste Mittel zur Liebe und das festeste Band einigender Zuneigung ist die Verehrung des einzigen Gottes*" (PCH).

Anders jedoch als dieser Text verzichtet *Virt* 219 auf einen konkreteren Hinweis auf das jüdische Volk. Nicht die ethnische Zugehörigkeit zum besonderen jüdischen Volk, sondern die Teilhabe am universalen Gemeinwesen Gottes hat theologische Dignität.[310] Die Zugehörigkeit zum Volk der Juden hat aber darin Bedeutung, daß sie Anteil an der wahren, universalen monotheistischen Verehrung des Schöpfergottes gibt.[311] Wahres Judentum besteht in der Anerkenntnis des Schöpfergottes. Darum ist mit der partikularen Zugehörigkeit zum Judentum die universale Zugehörigkeit zum monotheistischen „Weltbürgertum" verbunden. Mose und Abraham sind als Juden solche Weltbürger:

---

[310] Zur Spannung zwischen Partikularismus und Universalismus bei Philo vgl. BIRNBAUM, The Place of Judaism (1993), 54–69. Ich stimme ihr nicht zu, wenn sie schreibt (65): „He does, however, write that they come over to a new πολιτεία. Since he uses this word in connection with the Jews but not with ‚Israel', we may logically assume that he views proselytes as joining the πολιτεία of the Jews, i.e., the community of people who live according to the constitution of Moses." – Mit der Formulierung in *Virt* 219 ist sicherlich mehr als die partikulare Zugehörigkeit zum Volk der Juden gemeint. Ebenso unzutreffend: „It is noteworthy that Philo does not say that proselytes acquire a vision of God nor that they gain the ability to see Him" (ebd.). Mit diesen Aussagen wird der Gesamtsinn von *Virt* 212–219 völlig verkannt. Mit der Zugehörigkeit zur wahren Politeia ist natürlich die sich intensivierende Gottesschau verbunden, wie das Vorbild Abraham beweist.

[311] Zum inklusiven Charakter der Gotteserkenntnis vgl. *Virt* 65. Vgl. auch den Abschnitt „Das Judentum als Menschheitsreligion" bei GEORGI, Gegner, 182–187.

„Denn Gott besitzt alles und bedarf doch keines Dinges, der herausragende Mensch aber nimmt, obgleich er eigentlich nichts besitzt, nicht einmal sich selbst, doch an den Schätzen Gottes teil, soweit er dazu imstande ist. Und das ist nur natürlich; denn er ist ein *Kosmopolit, weswegen er in keiner der Städte der Ökumene als Bürger eingetragen ist*, was ganz richtig ist, da er nicht nur ein Landstück, sondern die ganze Welt als Erbe empfangen hat" (*Mos* 1.157).

Mit dieser Einstellung wird das römische Bürgerrecht relativiert und dessen Vorenthaltung mehr als kompensiert. Damit wird aber auch die partikulare Zugehörigkeit zum Volk der Juden relativiert und nur dadurch zu einem religiösen wie gesellschaftsrelevanten Akt, weil sie Anteil am monotheistischen Universalismus gibt, der zum Wohlergehen der menschlichen Kultur beiträgt.[312] So steht ebenfalls das verwandelte Bewußtsein des Einzelnen im größeren Kontext des Heilshandelns Gottes für die gesamte menschliche Gesellschaft und gewinnt damit politische Relevanz. In der μετάνοια findet ein „Abstimmungsverhalten" statt, das der wahren Rechts- und Heilsordnung zustimmt und gleichzeitig die defizienten Staatsordnungen polytheistischer Provenienz ablehnt. Die Kritik am Status quo des Römischen Reiches ist unüberhörbar.

---

[312] So SIEGERT, Rezension Van Unnik, 197f. Vgl. auch BARCLAY, Jews in the Mediterranean Diaspora, 173: „Although Philo refers often enough to the Jewish people as ‚nation' (ἔθνος), their ethnicity is defined less in genealogical terms than by reference to their common ‚constitution', the holy πολιτεία of Moses. Such an emphasis enables Philo to portray the superiority of Jews in cultural rather than in racial terms."

3. Gottesbewußtsein in den Quaestiones et Solutiones am Beispiel von *QE* 2.29

Mit *QE* 2.29 habe ich einen Text aus den QS ausgewählt, der nur im Armenischen überliefert ist. Wenn man eine genauere Exegese vorlegen will, ist es nicht angeraten, mit den modernen Übersetzungen zu arbeiten, weil sie im Satzbau vom Ursprungstext abweichen und auch in der Übersetzung des Armenischen nicht immer Sicherheit zeigen. Ich freue mich deshalb, daß mir Folker Siegert, ein ausgewiesener Kenner des Armenischen und Spezialist für Rückübersetzungen aus dem Armenischen ins Griechische,[313] für *QE* 2.29 eine Rückübersetzung angefertigt hat. Ich werde sie zur Grundlage meiner Exegese von *QE* 2.29 machen. Wichtige Anmerkungen, die Folker Siegert seiner Rückübersetzung brieflich beigelegt hat, sind überwiegend den Fußnoten in kursiver Schrift zugeordnet und mit dem Namen *Siegert* versehen. Anfragen an seine Rückübersetzung und alternative Vorschläge meinerseits werde ich entweder im laufenden Text oder in den Fußnoten vorbringen.

Alle sonstigen Texte aus den QS, die ich in meiner Auslegung heranziehe, zitiere ich, soweit es möglich ist, nach den überlieferten griechischen Fragmenten (PLCL Suppl. II, 179–263), sonst nach der englischen Übersetzung von Marcus (PLCL, Suppl. I und II). Wenn ein begründeter Verdacht besteht, daß Marcus ungenau übersetzt hat, weise ich auf die französische Übersetzung von Terian (PAPM) hin.

3.1. Der Toratext als Frage

Der Gattung der ζητήματα entsprechend geht der Erklärung des Toratextes eine Frage voraus, die den Toratext erst einmal zu einem fragwürdigen Text macht. Die Zitation des Toratextes in leicht veränderter Form bereitet die Stufung vor, auf die die Auslegung hinauswill; sie ist also bereits mit der Antwort koordiniert:

---

[313] Vgl. die beeindruckende Rückübersetzung des Fragments *De Deo* bei SIEGERT, Philon von Alexandrien, 23–32.

Διὰ τί φησι,³¹⁴ ὅτι Μωυσῆς μόνος ἐγγιεῖ πρὸς τὸν θεόν, καί· αὐτοὶ οὐκ ἐγγιοῦσιν, καί· ὁ λαὸς οὐ συναναβήσεται μετ' αὐτῶν;³¹⁵

Warum sagt er: „Mose allein wird sich Gott nahen", und: „diese werden sich nicht nähern", und: „das Volk wird nicht mit ihnen aufsteigen"?

Philo greift sich aus dem ausgewählten Toratext (Ex 24,2) zunächst keine besonders erklärungsbedürftige Wendung heraus, er entwickelt auch keine Frage, die sich aus dem Inhalt ergeben könnte, sondern stellt den ganzen Textabschnitt zur Diskussion. Der Text selbst wird so zum Problem, nicht nur ein besonders fragwürdiger Aspekt. Die für die Gattung der ζητήματα typische Frage *an den Text* ist durch den *Text an sich* ersetzt.³¹⁶ Nicht zuletzt auch aufgrund der Seelenallegorese hat der gesamte Text bis in seine Feinheiten hinein eine „fragwürdige" Dignität erhalten.³¹⁷ Das Verfahren der QS setzt Hörerinnen und Hörer voraus, die mit dem Toratext völlig vertraut sind und darum den Textabschnitt (das Lemma) richtig einordnen können – die Versangabe Ex 24,2 fehlte ja noch. Ihnen ist klar, daß der Abschnitt zum Bericht des Aufstiegs auf den Berg Sinai gehört. Seit *QE* 2.27 ist derjenige Toraabschnitt Gegenstand der Auslegung, der von diesem Aufstieg berichtet, an dem neben Mose noch andere Personen beteiligt waren.

Aber dieser Kontext ist für die Auslegung der einzelnen Verse nur von untergeordneter Bedeutung. Eine kontextuelle Exegese dieses Aufstiegsberichtes (Ex 24 = *QE* 2.27–49) mit seinen inneren Spannungen und Brüchen interessiert Philo nur selten.³¹⁸ Der Horizont seiner Exegese verengt

---

³¹⁴ Oder: Διό φησιν, vgl. z.B. *QG* 1.29.

³¹⁵ Siegert: *„Das biblische Lemma von Ex 24,2 ist etwas verändert, nämlich in drei Teile zerlegt, im Vorgriff auf die Stufung, auf die die Auslegung hinauswill. Im Vergleich mit der LXX und mit dem armenischen AT des textus receptus ergeben sich zudem ein paar Freiheiten mehr in der Wortstellung. Die Verneinungen sind simple Verneinungen, nicht (wie in der armenischen Bibel) die des Prohibitivs. Ganz wie die LXX sagte Philon οὐκ, nicht μή. Einen Deliberativ vermag ich nicht zu erkennen."*

³¹⁶ Wichtig ist folgender Hinweis von WAN, Philo's Quaestiones, 53: „Departing from the bounds of traditional zetematic literature, which had been attentive to isolated problems and questions, the *Quaestiones* reflect a systematic application of the question-and-answer technique to a continuous commentary on the Biblical text. In so doing, Philo transformed the question-and-answer technique into a rhetorical device."

³¹⁷ Vgl. WAN, Philo's Quaestiones, 35: „For Philo, every Biblical lemma is a code that can be decoded only by allegorical interpretation and every text becomes a new type of ἀπορία that must be resolved."

³¹⁸ In *QE* 2.43 klärt er das durch den Kontext hervorgerufene Problem, warum Mose, der alleine zu Gott steigen soll (Ex. 24,2 und 12a = 2.29 und 2.40), von Josua begleitet wird. Die Antwort wird nicht auf der seelenallegorischen Ebene gegeben, was – wie *QE* 2.27 zeigt – leicht möglich gewesen wäre.

sich vielmehr – vor allem in der allegorischen Auslegung – auf ein kleines Textstück, eine einzelne Wendung oder einen einzelnen Begriff. Diese kontextuelle Einengung wiederum weitet sich zur universalen Perspektive des Weges des Menschen hin zur Tugend, zur geistigen Welt, zu Gott. Zu dieser – meist platonisch eingefärbten – Perspektive führt Philo jeden Textabschnitt, jede Wendung, jeden Begriff oder Namen hin. Diese Perspektive findet sich in der allegorischen Deutung in unzähligen Variationen, Philos schöpferische Fähigkeit, diese Sichtweise und den Wortlaut des Toratextes miteinander reagieren zu lassen, produziert eine Unzahl von anschaulichen Vergleichen, Sprachbildern und Metaphern. Dieser Vorgang läßt in den QS alle kontextuellen Bezüge verblassen, die es auf der Ebene des wörtlichen Textsinnes geben mag. Philo ist darum auch nicht an einem Ausgleich der Exegesen in den einzelnen QS interessiert. Allein schon die Interpretationen Philos zu Ex 24 auf einen Nenner zu bringen, wäre ein aussichtsloses Unterfangen.[319] *QE* 2.29 hat darum streng genommen keinen Kontext. Jede der QS steht für sich, kann und muß aus sich selbst heraus verstanden werden, ist in gewisser Weise einzigartig. Eine echte formale Parallele zu *QE* 2.29 gibt es in den ganzen QS nicht. Auf die universale Perspektive bezogen, an der sich Philo orientiert, wird allerdings fast jede der QS eine erläuternde Parallele zu *QE* 2.29.

3.2. Die formale Struktur der Antwort

In *QE* 2.29 wird von Philo ein Textabschnitt ausgewählt, der eine dreigliedrige Struktur hat (Ex 24,2):
καὶ ἐγγιεῖ Μωυσῆς μόνος πρὸς τὸν θεόν,
αὐτοὶ δὲ οὐκ ἐγγιοῦσιν·
ὁ δὲ λαὸς οὐ συναναβήσεται μετ' αὐτῶν.
Philo orientiert sich bei seiner exegetischen Auswertung nicht nur am Inhalt des Textes, sondern – sehr genau beobachtend – auch an dessen Struktur. Im ersten Teil der Interpretation wertet er zunächst unter Berücksichtigung der Dreigliederung den gesamten zitierten Text aus, im zweiten

---

[319] Vgl. z.B. die Unausgeglichenheit zwischen 2.37 und 2.39. Nach 2.37 sahen die Ältesten Gottes Kräfte und den Logos, nicht Gott selbst. Nach 2.39 sahen sie mit Hilfe des Logos Gott selbst. Nach 2.40 gelangt die inspirierte Seele zu Gott selbst, nach 2.67 erkennt sie Gott durch die höchsten Kräfte. Nach 2.40 steigt die „heilige Seele" auf den Berg, d.h. zu Gott selbst, nach 2.45 ist der „Sinai" (symbolisch: „unzugänglich") als Ort Gottes auch für den „heiligsten Nous" unerreichbar. Diese Differenzen ergeben sich, weil Philo jeweils genau dem Wortlaut der Tora folgt.

QE 2.29 – Die formale Struktur der Antwort

Teil konzentriert er sich auf den ersten Satzteil ἐγγιεῖ Μωυσῆς μόνος πρὸς τὸν θεόν. Der formale Aufbau seiner Auslegung läßt sich mit folgender Gliederung sichtbar machen:[320]

29aa
ᵀΩ παγκάλου καὶ θεοπρεποῦς διατάξεως, τὸν προφητικὸν νοῦν μόνον ἐγγίζειν θεῷ·
29ab
τοὺς δὲ δευτέρους ἀναβαίνειν ἀνατέμνοντες τὴν εἰς τὸν οὐρανὸν ὁδὸν
29ac
τὸ δὲ τρίτον καὶ ὀχλικὸν ἦθος μὴ ἀναβαίνειν μηδὲ συναναβαίνειν αὐτοῖς, πλὴν θεωροὺς γενέσθαι τοὺς ἀξιοθεάτους τῆς μακαρίου ἀνόδου.

29ba
ἀλλὰ τὸ <u>ἐγγιεῖ μόνος</u> φυσικώτατα εἴρηται· ὁ γὰρ προφητικὸς νοῦς, ὅταν ἐπιθειάζῃ καὶ ἔνθους γένηται, μονάδι ἐξομοιοῦται, μηδενὶ πάντως κεκραμένος τῶν ἐπικοινωνούντων τῇ δυάδι.

29bb
Ὁ δ' εἰς μονώσεως φύσιν ἀνεστοιχειωμένος <u>τῷ θεῷ</u> λέγεται <u>ἐγγίσαι</u> συγγενεῖ τινι οἰκειότητι· ἀφεὶς γὰρ καὶ παρεὶς τὰ θνητὰ γένη πάντα, μετατίθεται εἰς τὸ θεῖον, ἅτε γενέσθαι θεῷ συγγενὴς καὶ θεῖος πρὸς ἀλήθειαν.

29aa
O wunderschöne und gottgeziemende Anordnung, daß das prophetische Bewußtsein allein Gott naht,
29ab
daß die Zweiten aber hinaufsteigen, indem sie den Weg zum Himmel einschlagen,
29ac
wohingegen die dritte, pöbelhafte (und chaotische) Charakterart weder nach oben aufsteigt noch mit jenen aufsteigt, daß vielmehr Beschauer werden diejenigen, die der Schau des seligen Wegs nach oben würdig sind!

29ba
Aber jenes „er soll allein sich nähern" wird höchst allegorisch gesagt; denn das prophetische Bewußtsein, sooft es gottergriffen und gotterfüllt wird, wird der Monade gleich, indem es überhaupt nicht mit den Dingen vermischt ist, die mit der Zweiheit Gemeinschaft haben.

29bb
Wer sich aber in die Natur der Einheit aufgelöst hat, von dem wird gesagt, daß er „sich Gott nähert" in einer Art verwandtschaftlicher Zugehörigkeit; denn da er zurückgelassen und beiseitegelassen hat alle sterblichen Seinsweisen, wird er in die göttliche verwandelt, so daß er gottverwandt und wahrhaft göttlich wird.

29aa–ac interpretiert die dreigliedrige Satzstruktur als eine hierarchische Anordnung des Aufstiegs, die drei unterschiedlich zu qualifizierende Klassen unterscheidet. 29b lenkt den Blick auf die allegorische Tiefenbedeutung des ersten Satzteiles, der zweimal – gekürzt und umformuliert – mit ἐγγιεῖ μόνος und τῷ θεῷ ἐγγίσαι zitiert wird. 29ba konzentriert sich zunächst auf die allegorische Bedeutung von μόνος. 29bb allegorisiert das Verb ἐγγίσαι.

---

[320] Griechisch: Unveröffentlichte Rückübersetzung aus dem Armenischen ins Griechische von F. Siegert. Deutsch: Von mir (C.N.) verantwortete Übersetzung der griechischen Rückübersetzung. Zur Begründung der Rückübersetzung wichtiger und schwieriger Worte und Wendungen siehe die Einzelexegese unten.

3.3. Liegt in QE 2.29 eine seelenallegorische Auslegung vor?

Bevor ich mich der genauen Exegese des Textes zuwende, möchte ich zunächst klären, ob in *QE* 2.29 tatsächlich eine seelenallegorische Auslegung vorliegt. Diese Klärung ist wichtig, weil die in den QS übliche Formulierung τὸ πρὸς διάνοιαν fehlt. Hegermann z.B. erkennt in 2.29a den Ansatz einer ethischen Allegorese, hält aber 2.29b für nicht-allegorisch.[321] Ich werde in einem *ersten Schritt* (1) die bei ihm damit verbundene These zum Charakter von *QE* 2.27–49 vorstellen. In einem *zweiten Schritt* (2) werde ich unter Analyse von *QE* 2.27–49 Kriterien dafür entwickeln, in welchem Fall eine (seelen)allegorische Deutung vorliegt. In einem *dritten Schritt* (3) werde ich die Indizien, die *QE* 2.29 selbst gibt, untersuchen.

(1) Hegermann vertritt die Hypothese, daß Philo in *QE* 2.27–49 eine mysterienhafte, „realistische" Auslegung des Aufstiegs ethisch-allegorisch überarbeitet habe. Die realistische Auslegung sei vor allem auf der literalen Ebene vorhanden. Philo stehe dieser mysterienhaften Auslegung reserviert gegenüber und versuche, sie knapp zu halten und zur ethischen Allegorese abzulenken.[322] Hegermann zählt zur literalen, realistischen und mysterienhaften Auslegung u.a. auch *QE* 2.28, 29b, 39, 40.[323] Die Schwierigkeit, vor die *QE* 2.27–49 auch Hegermann stellt, besteht darin, daß Philo bei einer Reihe von QS nicht angibt, ob sie „literal" oder „allegorisch" zu verstehen sind. Diesen Hinweis gibt Philo immer nur dann ganz deutlich, wenn er zwischen τὸ ῥητόν und τὸ πρὸς διάνοιαν unterscheidet oder auf einen symbolischen Sinn verweist. Hegermann scheint den Schluß zu ziehen, daß fast überall dort, wo kein offensichtlicher Hinweis auf eine allegorische Deutung vorliegt, auf eine „literale" Auslegung zu schließen sei. Ich halte dieses Vorgehen für voreilig.

---

[321] HEGERMANN, Vorstellung, 32.

[322] HEGERMANN, Vorstellung, 27–29. Mit „ethischer Allegorese" meint er wohl u.a. die Deutungen τὸ πρὸς διάνοιαν. Aber auch *QE* 2.29a ist nach Hegermann ein „Ansatz zu einer ethischen Allegorese" (29).

[323] *QE* 2.29 schildere die „reale Vergottung" (32), es fehle „nichts an einer vollen Vergottungslehre" (33). Hegermann übersieht, daß die Mysterienterminologie einer an Platon angelehnten *philosophischen* Deutung des Sinaiaufstiegs entspringt. Wichtig ist der Hinweis von SELLIN, Der Streit um die Auferstehung, 141–143, daß Philo und seine Vorgänger auf Vorstellungen und Formulierungen des Phaidrosgleichnisses zurückgegriffen haben, das ja selbst schon Mysteriensprache enthält. Diese Anspielungen sind allerdings nicht überzubewerten. Viele Aussagen Philos lassen sich vom Phaidrosgleichnis nicht erklären. Auf dieses Gleichnis wird nur dann angespielt, wenn offensichtliche Parallelen im Toratext vorliegen.

(2) Um zu einer genaueren Bestimmung des Charakters der einzelnen QS in 2.27–49 zu gelangen, müssen sie zunächst kategorisiert werden. Folgende Kategorien lassen sich unterscheiden:
- τὸ ῥητόν: 27a, 31a, 34a, 38a, 44a, 47a
- τὸ πρὸς διάνοιαν: 31b, 34b, 38b, 44b, 47b
- ἀλληγορεῖται: 27b[324]
- φυσικώτατα: 29b
- Hinweis auf symbolische Deutung: 33, 36, 41b
- Ohne genauere Kennzeichnung: 28, 30, 32, 35, 37, 39, 40, 42, 43, 45, 46, 48, 49.

Ich bestimme zunächst (a) den Charakter der „literalen" Deutungen, und dann (b) den Charakter der Deutungen τὸ πρὸς διάνοιαν – und zwar bei denjenigen QS, die zwischen τὸ ῥητόν und τὸ πρὸς διάνοιαν (ἀλληγορεῖται) unterscheiden (27, 31, 34, 38, 44, 47). Dann werde ich (c) fragen, welche der anderen QS dem Charakter einer Deutung τὸ πρὸς διάνοιαν entsprechen.

(a) Der Charakter der „literalen" Deutungen: Die Frage, die der Antwort vorausgeht, ist eine Frage *an* den Text wie z.B. „Does God write the Law?" (42) oder „Why does Moses, who has been summoned alone, go up not alone but with Joshua?" (43). Sie interpretieren das in der Tora erzählte Geschehen des Aufstiegs auf den Berg Sinai als tatsächliches geschichtliches Ereignis, das Menschen von Fleisch und Blut erlebt haben. So ist z.B. Mose der Prophet. Dennoch haben auch diese Auslegungen eine entsinnlichende, rationalisierende Tendenz, die apologetischen Charakter hat: Aussagen der Tora über Gott, die anthropomorph mißverstanden werden können, werden antianthropomorph gedeutet, d.h. entsinnlicht und vergeistigt (34, 47). Der Aufstieg auf den Berg wird in 44 zur „ätherischen und himmlischen Reise" spiritualisiert. Auch zahlensymbolische Hinweise werden gegeben (27). Insgesamt zeigt sich ein deutlich rationalistisch-apologetischer Zug in diesen Auslegungen.[325] Hier geht es um sachliche,

---

[324] ἀλληγορεῖται ist ein Synonym für τὸ πρὸς διάνοιαν. So erscheint die mit 2.27 identische Auslegung von Mose und Aaron in 2.44 unter der Kategorie τὸ πρὸς διάνοιαν.

[325] Die Wiege der Frage-Antwort-Gattung war die rationale, apologetische Deutung umstrittener, scheinbar unsinniger Homerpassagen (vgl. Aristoteles, Homerische Untersuchungen). Diese Aufgabe hat auch die älteste Schicht der QS bei Philo, nämlich die literale Ebene, wobei angemerkt werden muß, daß viele literale Auslegungen auch von Philo selbst stammen können, nämlich dann, wenn er mit der literalen Deutung zur allegorischen Deutung überleiten will.

vernünftige Argumentation auf der Ebene sinnlicher und geschichtlicher Erfahrung.[326]

(b) *Der Charakter der Deutungen* τὸ πρὸς διάνοιαν: Die vorangestellte Frage ist oft keine Frage *an* den Text, sondern der Text *selbst* wird zur Frage, die allegorisch beantwortet werden will, vor allem dann, wenn nur allegorisch interpretiert wird. Auffällige Wendungen des Textes (34: „er sprach zu den Ohren des Volkes"; 38: οὐ διεφώνησεν οὐδὲ εἷς), Namen (27: Mose, Aaron, Nadab, Abihu; 44: Mose, Aaron, Hur) oder Begriffe (31: junge und alte Männer; 47: πῦρ φλέγον) werden genauer unter die Lupe genommen. Die Wendung τὸ πρὸς διάνοιαν verweist auf zwei Dimensionen der Deutungen, eine formale und eine inhaltliche. Zum einen geht es formal um eine „noetische" Perspektive auf diese Textpartikel. Man könnte die Seelenallegorese auch als „noetische Allegorese" bezeichnen, da sie den sinnlich unanschaulichen, rein geistig-geistlichen Tiefensinn zu entschlüsseln sucht. Von der geschichtlichen Situation wird völlig abgesehen, der Textsinn wird enträumlicht und entzeitlicht. Zum anderen konzentriert sich die Deutung τὸ πρὸς διάνοιαν inhaltlich auf positive oder negative Qualitäten, die den höchsten Seelenteil betreffen, also auf Bewußtseinsqualitäten (27, 31, 38, 44, 47). Zu den positiven Qualitäten gehören: Tugenderfülltheit, Heiligkeit, Reinheit, Gottesliebe, Würdigkeit, freiwillige Frömmigkeit, Weisheit, heilige Logoi, praktische Tugendhaftigkeit. Zu den negativen Qualitäten gehören: Disharmonie, Ungerechtigkeit, Bösartigkeit, Gottlosigkeit. Die Seelenallegorese beschreibt, welche Wirkung die Präsenz der Vernunft Gottes im Bewußtsein hat, z.B. die Zerstörung aller gottlosen Gedanken, wodurch das gesamte Bewußtsein geheiligt wird (47).[327] Sie unterscheidet zwischen der kontemplativen und praktischen Lebensführung (31). Begriffe für das Bewußtsein sind διάνοια, νοῦς oder ψυχή. An die Stelle von Bewußtseinsbegriffen können auch die Formulierungen „weiser Mann/Mensch" und „böser Mann/Mensch" treten (44). Die Seelenallegorese beschreibt außerdem psycha-

---

[326] Vgl. z.B. zur Beschneidung auch *QG* 3.48. Im Blick auf alle QS läßt sich sagen, daß der Literalsinn oft den geschöpflichen Zustand beschreibt, wozu auch die doppelte Menschenschöpfung gehört oder der göttliche Geist als Substanz des menschlichen Nous. Zu dieser *rationalen* Beschreibung der geschöpflichen Wirklichkeit gehören zahlensymbolische Beobachtungen, wissenschaftliche Erklärungen der Struktur der Wirklichkeit und auch geschichtliche Sachverhalte.

[327] Vgl. das griech. Fragment zu *QE* 2.47: Ὥσπερ δὲ ἡ φλὸξ πᾶσαν τὴν παραβληθεῖσαν ὕλην ἀναλίσκει, οὕτως, ὅταν ἐπιφοιτήσῃ εἰλικρινὴς τοῦ θεοῦ ἔννοια τῇ ψυχῇ, πάντας τοὺς ἑτεροδόξους ἀσεβείας λογισμοὺς διαφθείρει, καθοσιοῦσα τὴν ὅλην διάνοιαν (PLCL Suppl. II, 251f.).

gogische Vorgänge zwischen Lehrenden und Studierenden (34).³²⁸ Damit ist ihr „Sitz im Leben" deutlich erkennbar. Ihr zentrales Merkmal ist die völlige Verinnerlichung äußerer Vorgänge, indem sie im Bewußtsein verortet werden. Ihre Zielrichtung ist eine soteriologische, weil sie sowohl Zustände der Errettung und Verdammung, des Lebens und des Todes, als auch den Vorgang der Erlösung durch die Begegnung mit der göttlichen Wirklichkeit beschreibt.³²⁹

(c) Wenn diese beiden Auslegungsstile mit *QE* 2.29 verglichen werden, ist leicht zu erkennen, daß auf alle Fälle 29b zur noetischen Allegorese gehört. Das gilt ebenso für die Auslegungen 33, 36³³⁰ (Stichworte: Seele, Weisheit, Lehrer, Schüler) und 41b, die explizit den symbolischen Sinn einzelner Formulierungen erschließen. Dem oben charakterisierten Literalsinn lassen sich 30, 32, 35, 41a, 42, 43, 48, 49 zuordnen. Allerdings enthalten auch sie teilweise allegorische „Einsprengsel" (35, 43, 49b). Besonders schwierig einzuordnen sind die Texte, die vom Aufstieg auf den Berg berichten: 28, 37, 39, 40, 45, 46. Da die vorausgehende Frage nicht *an* den Text gestellt ist, sondern den Text *selbst* zur Frage macht,³³¹ läßt sich schon formal vermuten, daß sie allegorischen Charakter haben. Sie

---

³²⁸ *QE* 2.34: „...it is necessary to hold the opinion that the teacher and the pupil were there. One of them speaks privately to his disciples without concealing anything, not even things not to be spoken of, and the other is the recipient who offers himself as one worthy of voluntarily being a repository of the divine Law and a guardian of those things which it would not be proper to interpret to the many, whatever may happen." Hier deutet Philo den Logos Gottes als Heilsmittler und eigentlichen Lehrer an, vgl. auch Rebekka in *QG* 4.97ff. als Weisheit und Lehrerin.

³²⁹ Ich ergänze diese Beobachtungen, indem ich mich auf alle QS beziehe: Die Seelenallegorese als „intellektuelle" Allegorese beruht auf der Fähigkeit, abstrakt zu denken, also unabhängig von sinnlichen Erscheinungen. Sie erschließt die vernünftige, geistliche Bedeutung des Textes. Diese Fähigkeit wird durch Bildung und Erziehung erreicht. „Bildung" als produktive psychagogische Interaktion zwischen Lehrenden und Studierenden ist darum ein zentrales Thema der Seelenallegorese. Ein wichtiges Thema der „Bildung" ist die Rolle der „allgemeinen Schulbildung" (τὰ ἐγκύκλια παιδεία; vgl. z.B. *QG* 3.21, *QE* 1.5, *QE* 2.103) und der Umgang mit den Gedanken (λογισμοί), die die Wirklichkeitswahrnehmung prägen. Die Seelenallegorese unterscheidet zwischen drei grundsätzlichen Bewußtseinszuständen: dem schlechten, dem fortschreitenden und dem vollkommenen Zustand. Soteriologisch ist die Seelenallegorese, weil es in ihr um den Weg der Seele über die Verachtung der Sinneswirklichkeit hin zu den göttlichen Tugenden und zu Gott selbst geht. Das Verhältnis der Seele zur Sinneswahrnehmung und zum Körper wird daher auch sehr oft thematisiert.

³³⁰ *QE* 2.36 steht für viele QS, die eine noetische Allegorese vorlegen, ohne daß Philo explizit darauf hinweist; vgl. z.B. *QE* 2.20.

³³¹ Eine Ausnahme bildet 46; hier liegt eine Mischung von „Frage an den Text" und „Text als Frage" vor. Gerade in 46 überschneiden sich literale Ebene („calling above of the prophet") und allegorische Ebene (hier stark zahlensymbolisch orientiert).

enthalten inhaltlich Anklänge an einen realen Vorgang, den bestimmte Menschen erleben (39a, 46: die ἀνάκλησις des Propheten), hauptsächlich aber geht es um den rein geistlichen Aufstieg der Seele in die noetische Wirklichkeit Gottes. Sie beschreiben also Vorgänge, die die Seele, den Nous an sich betreffen, wenn er in die göttliche Wirklichkeit aufsteigt. Eine „reale" mysterienhafte Vergottung des *gesamten* Menschen, wie Hegermann meint, ist dabei nicht im Blick.[332] Zu erkennen ist vielmehr eine völlig spiritualisierte, platonisch eingefärbte mystagogische Sprache, die sich an der *inneren Wirklichkeit des Bewußtseins* orientiert. Mysterienterminologie und Anspielungen auf den Phaidrosmythos dienen nur der Beschreibung mystischer Bewußtseinsphänomene.

(3) Ich wende mich nun den Indizien in *QE* 2.29 zu, die zeigen, daß hier eine noetische Allegorese vorliegt:

(a) Hauptindiz dafür ist der Tatbestand, daß Mose als prophetischer Nous allegorisiert wird. Es geht Philo nicht um Mose als greifbare Person, etwa als „Prophet" (vgl. *QE* 2.31), sondern als Symbol für einen besonderen Charakter der Seele. Siegert berücksichtigt diese allegorische Perspektive nicht, wenn er schreibt, hier sei

„die Rede von Moses ‚prophetischem Geist': das ist ein zu prophetischen Aufgaben geeigneter Menschengeist, eine Begabung von Geburt, im Sinne von Philons Drei-Klassen-Anthropologie."[333]

Es ist gerade nicht die Rede *von* Moses prophetischem Geist, sondern von *Mose als prophetischer Geist*. Siegert unterschlägt damit die allegorisch-soteriologische Dimension der Auslegung Philos, dem es nicht um natürliche Begabungen eines bestimmten Menschengeistes, sondern um den denkbar höchsten Bewußtseinszustand geht.[334] Es ist nicht der *Mensch* Mose im Blick, sondern das *Wesen* des gottnahen Bewußtseins, das als Ziel allen Menschen auf dem kontemplativen Weg vor Augen steht.[335]

---

[332] Dies ist auch gegen den Versuch von PASCHER, Der Königsweg zu Wiedergeburt und Vergottung, 238–253, zu sagen, hinter den Aussagen von *QE* 2.29–2.46 einen jüdischen Mysterienkult zu vermuten (vgl. auch 189–191).
[333] SIEGERT, Philon von Alexandrien, 86.
[334] Siegerts Aussage trifft allerdings auf *eine* Stelle aus der EL zu, in der es um „göttliche Menschen" als Träger des reinsten Geistes geht: „...so daß sie jene Männer nicht Übersetzer, sondern Oberpriester und Propheten nennen, denen es gelungen sei, durch sonnenklares Denken *mit Moses' reinem Geisteshauche gleichen Schritt zu halten*" (*Mos* 2.40 PCH). Hier arbeitet Philo mit dem Phänomen des „göttlichen Menschen".
[335] Seltsam ist auch folgende Überlegung von HEGERMANN, Vorstellung, 42f.: „Über die Vergottung des Mose hat Philo in den Quaestiones ziemlich ungehemmt berichtet.

(b) In *QE* 2.27 ist klar zu erkennen, daß Philo die Bezeichnung „prophetischer Nous" im Kontext der Seelenallegorese verwendet:

„But one should recognize that through the literal meaning this passage is allegorized: For Moses is the *most pure and God-loving mind* (καθαρώτατος καὶ θεοφιλέστατος[336] νοῦς), while Aaron is his word, which is the unlying interpreter of the truth. And Nadab is voluntary vision, for (his name) is to be interpreted as ‚voluntary'. And Abihu is truth from God, for it is this to which the name refers. Thus you see a soul (ψυχή) adorned with all the ornaments that lead to virtue so as to please God, (namely) a *worthy mind* (νοῦς), a true word, one who is voluntary pious and one who guards them (like) a barrier and wall, (namely) help from God. But the power of the number four will be subordinated to a commander consisting of one, for there are three ornaments of the *one prophetic mind* which is aquired by you."[337]

Seele und Nous sind hier synonyme Begriffe, ebenso „reinster Nous" und „prophetischer Nous". Seelenallegorisch ist auch *QE* 2.28 zu deuten:

„This is said in reference to the dissolution and rapture of the *most perfect and prophetic mind*, for which it is fitting and lawful to enter the dark cloud and to dwell in the forecourt of the palace of the Father."

Schließlich ist auch der seelenallegorische Charakter von *QE* 2.67 zu Ex 25,21 (LXX) offensichtlich:

„The *most lucid and most prophetic mind* receives the knowledge and science of the Existent One not from the Existent One Himself, for it will not contain His greatness, but from His chief and ministering powers. And it is admirable that from these His splendour should reach the soul in order that through the secondary splendour it may be able to behold the more splendid (splendour)."[338]

Dabei redet er offenbar absichtlich fast durchgehend vom *intellectus propheticus*, statt einfach von Mose. Das ist nicht eigentlich eine Abweichung in Richtung Allegorese, vielmehr eine Verallgemeinerung." Verallgemeinerung ist ja gerade das Kennzeichen der Allegorese, und die Zuspitzung der Verallgemeinerung auf das Bewußtsein ist Kennzeichen der Seelenallegorese. Den seelenallegorischen Charakter übersieht auch SEGAL, Paul the Convert, 44, wenn er schreibt: „In Questions and Answers on Exodus 1(sic!). 29, 40, Philo writes that Moses was changed into a divinity on Mount Sinai."

[336] Terian übersetzt nicht wie Marcus mit „gottliebend" (φιλοθέος), sondern mit „gottgeliebt".

[337] Besser übersetzt bei Terian: „Mais la puissance de la tétrade doit être subordonnée à une puissance supérieure: celle de la monade, puisque vous avez trois ornements d' un esprit prophétique."

[338] Vgl. das griechische Fragment (PLCL Suppl. II, 255): γνῶσιν καὶ ἐπιστήμην ὁ εἰλικρινέστατος καὶ προφητικώτατος νοῦς λαμβάνει τοῦ Ὄντος οὐκ ἀπ' αὐτοῦ τοῦ Ὄντος, οὐ γὰρ χωρήσει τὸ μέγεθος, ἀλλ' ἀπὸ τῶν πρώτων αὐτοῦ καὶ δορυφόρων δυνάμεων. Καὶ ἀγαπητὸν ἐκεῖθεν εἰς τὴν ψυχὴν φέρεσθαι τὰς αὐγὰς ἵνα δύνηται διὰ τοῦ δευτέρου φέγγους τὸ πρεσβύτερον καὶ αὐγοειδέστερον θεάσασθαι.

An allen Stellen geht es um Vorgänge, die nicht den ganzen Menschen betreffen, sondern die innere Welt der Seele.[339] In *QE* 1.4 schließlich wird innerhalb einer noetischen Allegorese als Ziel des inneren Weges die Sehnsucht *nach* und die Nachahmung *von* prophetischen Seelen (προφητικῶν ψυχῶν) angegeben.

(c) Der Ausdruck „prophetische Seele" kommt *auch* in nichtallegorischen Abschnitten vor (*QE* 2.49). Er ist damit nicht an sich ein seelenallegorischer Ausdruck. Ganz sicher aber ist es die Kennzeichnung von Mose als „Nous" (44: „Moses, who is called by another name, mind") oder „reinster Nous" (27). Die Symbolisierung des Mose als „prophetischer Nous" ist also mit Sicherheit eine seelenallegorische Präzisierung des Ausdrucks „prophetische Seele".

(d) Ein weiteres sehr sicheres Indiz für die Seelenallegorese ist in 29ac die Formulierung: τὸ δὲ τρίτον καὶ ὀχλικὸν ἦθος. Ἦθος ist *terminus technicus* der seelenallegorischen Deutung, wie *QG* 4.137 beweist:

„For the inquiry of the theologian is about *characters* and types and virtues (ἡ τοῦ θεολόγου ζήτησις περὶ ἠθῶν καὶ τρόπων καὶ ἀρετῶν), and not about persons who were created and born."

Philo geht es um Bewußtseinszustände und Bewußtseinsformen, wenn er den Begriff ἦθος verwendet.

(e) QE 2.29b leitet Philo mit der Formulierung ein: „*Aber jenes ‚er allein soll sich nähern'* wird höchst allegorisch (φυσικώτατα) gesagt." Φυσικώτατα kann eine kosmologische Allegorese, aber auch eine Seelenallegorese einleiten (vgl. *QG* 4.30, 4.82, 4.88, 4.109, 4.115). In *QG* 3.3 bezieht sich φυσικώτατα auf eine kosmologische Auslegung, ἠθικωτέρα auf die eigentliche Seelenallegorese (vgl. auch *QG* 2.1 und *QG* 4.8). Die Wendung kommt also von der kosmologischen Allegorese her, zu der auch die Zahlensymbolik gehören kann (vgl. *QG* 2.5 zur Zahl 24 als φυσικώτατος). Sie wird von Philo darüber hinaus aber auch als Einführungsbegriff in die Seelenallegorese verwendet. Wahrscheinlich wählt Philo in *QE* 2.29b diesen Ausdruck, weil es hier auch um den zahlensymbolischen Gegensatz zwischen der „Zweiheit" und der „Einheit" geht. Eine solche Verbindung von Zahlensymbolik und Seelenallegorese findet sich ebenfalls in *QG* 2.12, *QE* 1.2 und *QG* 4.30. In *QG* 4.30 wertet Philo die Zahlensymbolik seelenallegorisch aus:

---

[339] Darum darf *Mos* 2.288 *nicht* als enge Parallele zu *QE* 2.29 herangezogen werden; vgl. dazu die Ausführungen unter 3.12.

„Dem Abraham aber erscheinen drei, und zwar zur Mittagszeit, dem Lot zwei, und zwar am Abend. Eine *höchst natürliche* Unterscheidung zwischen dem Vollkommenen und dem Fortschreitenden führt das Gesetz ein (φυσικώτατα διάφορον εἰσηγεῖται ὁ νόμος τελείου καὶ προκόπτοντος)."[340]

In *QG* 2.12 verhandelt Philo die Symbolik der Zahlen 7 und 2 (zu Gen 7,2f.) zunächst auf der τὰ φυσικά genannten Ebene, dort ohne ethische Wertung:

„In a manner befitting to God (Scripture) calls the hebdomad pure but the dyad impure."

Auf der Ebene τὸ πρὸς διάνοιαν wird die Differenz zwischen 2 und 7 ethisch gewertet:

„However, the good is kin to the hebdomad, while evil is brother to the dyad."

Diese ethische Perspektive beherrscht auch *QE* 2.29.

(f) In 29bb liegt ein Subjektwechsel vor: Dem Subjekt ὁ προφητικὸς νοῦς folgt die Wendung ὁ δ' εἰς μονώσεως φύσιν ἀνεστοιχειωμένος τῷ θεῷ λέγεται ἐγγίσαι. Befindet er sich damit noch auf der Ebene der noetischen Allegorese? Ja, denn dieser Wechsel der Subjektbezeichnung ist für die Allegorese typisch (vgl. *QE* 1.7, 1.8, 1.11, 1.15; *QE* 2.12).[341] Philo kennt nämlich auf der Ebene der Seelenallegorese verschiedene Möglichkeiten, das beschriebene Subjekt zu bezeichnen: als „Seele", „Nous", „weise Seele", „gottliebende Seele", als tugendhaften oder lasterhaften Menschen, als Seele des Weisen oder des Bösen, als jemanden mit einem bestimmten ἦθος oder τρόπος, als Liebhaber der Weisheit, als Weisen oder Liebhaber der Lust. Es werden also zum einen Seelenvorgänge, zum anderen Menschentypen oder Menschengattungen charakterisiert. Philo verknüpft diese Ebenen teilweise so eng miteinander, daß sie kaum voneinander zu trennen sind.[342] Die Formulierung „*Wer aber...*" in QE 2.29b meint also einen bestimmten Typus von Mensch, dessen Seele ganz von

---

[340] Griech. Text nach PLCL Suppl. II, 215.

[341] *QE* 1.7: „Some (men) who have progressed in virtue turn back and flee before they have reached the end." – *QE* 1.8: „So do the souls of progressive men experience similar things." – *QE* 1.11: „Such happens to be the state of the progessive men. For they..." – *QE* 1.13: „It was proper for those who wished truly to repent to effect the purification of their souls." – *QE* 1.15: „And so, we who desire repentance." – *QE* 1.16: „For many men change unexpectedly to the opposite." – *QE* 2.7: „For it is impossible for anyone who comes into the sight of God to be empty but (rather must he be) full of every good. For just as one who comes near the light is straightway illumined so also is filled the entire soul of him to whom God has appeared."

[342] Vgl. *QG* 4.88 zu Isaak.

Gott erfüllt ist. Der Subjektwechsel führt damit sachlich nicht von der allegorischen Deutung des Aufstiegs weg.

29a ist aufgrund dieser Beobachtung ebenfalls der Seelenallegorese zuzuordnen, weil Philo hier drei Menschengattungen differenziert. Der Sitz im Leben dieser Differenzierung ist die Unterweisung der Studierenden, die sich an bestimmten Seelenzuständen oder Menschentypen orientieren sollen, um auf ihrem Weg zur Gotteserkenntnis voranzukommen.

3.4. Mose als „prophetisches Bewußtsein"

Nachdem nun geklärt ist, daß in QE 2.29 tatsächlich eine noetische Allegorese (Seelenallegorese) vorliegt, wende ich mich jetzt der Exegese des Textes zu. Da ich den Text exemplarisch für die QS ausgewählt habe, werde ich in kürzeren, aber auch längeren Ausführungen die Themen, die QE 2.29 anschneidet, ausführlich diskutieren und dabei das Textfeld deutlich erweitern.

Die Antwort auf die Frage beginnt mit einem Ausruf des Erstaunens und der Bewunderung darüber, wie gut der Text des Gesetzes formal gestaltet und inhaltlich formuliert ist. Philo gibt damit zu erkennen, daß die allegorische Auslegungsmethode auch stark ästhetisch geprägt ist.[343] Philo zeigt sich ergriffen von der Größe und Dimension der Gottesbegegnung, von der die Rede ist. Das inspiratorische Geschehen, von dem Toratext berichtet, erzeugt im Vollzug der Lektüre eine inspirierende Wirkung auf den Exegeten:[344]

29aa	29aa
῟Ω παγκάλου καὶ θεοπρεποῦς[345] διατάξεως[346], τὸν προφητικὸν νοῦν μόνον ἐγγίζειν[347] θεῷ·[348]	O wunderschöne und gottgeziemende Anordnung, daß das prophetische Bewußtsein allein Gott naht...[349]

---

[343] In QG 4.196 weist Philo darauf hin, daß im Tiefensinn – ἐν τῇ φυσικῇ ὑπονοίᾳ – die Schönheit der Schrift liegt. Vgl. auch die Einführung in die noetische Allegorese in QE 2.20: „That it is *most excellent and fine* that the lives of His worshippers should be reckoned not by months nor by numbers but by days".

[344] Zu ὦ als Ausdruck der Ergriffenheit angesichts von Erhabenheit vgl. TERIAN, Inspiration and Originality, 58, mit Hinweis auf Pseudo-Longinos (Περὶ ὕψους).

[345] Vgl. die griech. Fragmente zu QE 2.66 (PLCL Suppl. II, 255): παγκάλη τίς ἐστι καὶ θεοπρεπὴς ἡ τῶν λεχθέντων εἰκών, und zu QG 2.15: Θεοπρεπῶς γὰρ τὸ ἐξαλείψω γέγραπται. Vgl. auch Cher 84: Καὶ ὡς μεγαλοπρεπῶς ἅμα καὶ θεοπρεπῶς διεξέρχεται περὶ τούτον, κατανοήσωμεν.

[346] Vgl. Spec 1.230: σεμνὴ δὲ καὶ θαυμάσιος καὶ ἡ περὶ ταῦτα διάταξις.

Was ist das „*prophetische Bewußtsein*"?³⁵⁰ Der Text verrät zunächst soviel, daß die Gottesnähe die entscheidende Qualität des prophetischen Bewußtseins ist. Die Qualifizierung als „*prophetisches*" Bewußtsein zeigt an, daß es um eine Form ekstatischen, inspirierten Bewußtseins geht. Das prophetische Bewußtsein ist gotterfüllt und schaut Gott.³⁵¹ Im gleichen Kontext prophetischer Inspiration und Gottesschau stehen die synonymen seelenallegorischen Ausdrücke „vollkommenster Nous" (für Mose in *QE* 2.28), „reinster und gottliebender Nous" (für Mose in *QE* 2.27), „heilige Psyche" (für Mose in *QE* 2.40), „reinster Nous" (für Abraham in *QG* 4.8) und „reinster und untadeligster Nous" (für Abraham in *QG* 4.29).³⁵² Diese Ausdrücke beschreiben die besondere Qualität des prophetischen Bewußtseins. Sie stehen in der Tradition Platons, der in Phaidr. 250c die präexistenten Seelen καθαροί nennt. Sie sind rein, weil sie noch unbelastet vom Leib in der Gegenwart der Götter leben. Reinheit und Distanz vom Körper gehören bei Platon zusammen. Die Superlative „reinster" oder „vollkommenster" Nous bei Philo drücken diese Distanz zum Körper wie auch zur gesamten raum-zeitlichen Sinneswirklichkeit in entsprechender Weise aus. Der Superlativ zeigt zugleich an, daß eine Steigerung der Gottesnähe und des Transzendenzbezugs nicht mehr möglich ist. Eine Höchstform des Bewußtseins wird also bezeichnet.

Diese Beobachtungen zum „prophetischen Bewußtsein" werde ich unter 3.8. noch vertiefen.

3.5. Drei Bewußtseinsstufen

Vom reinsten, prophetischen Bewußtsein werden zwei voneinander unterschiedene Klassen abgesetzt, so daß sich das Bild von drei Menschenklassen oder Bewußtseinsstufen ergibt:

---

³⁴⁷ Oder nach LXX: ὅτι...ἐγγιεῖν.
³⁴⁸ Oder nach LXX: πρὸς τὸν θεόν.
³⁴⁹ Oder kohortativisch im Anschluß an den Text der LXX: „....nahen soll."
³⁵⁰ *Siegert* übersetzt ebenfalls mit „prophetisches Bewußtsein": „*Englisch würde man sagen: the prophetic mind. Es ist nicht das direkt von oben kommende πνεῦμα.*"
³⁵¹ Zur Verbindung von prophetischer Inspiration und Gottesschau vgl. *QG* 4.138.
³⁵² Vgl. auch die Deutung von „Mamre" in *QG* 4.1 (zu Gen 18,1–2) als „geistlicher (πνευματικός), scharfsichtiger, exzellenter Nous". Auch hier ist der Kontext die Gottesschau.

29ab
τοὺς δὲ δευτέρους ἀναβαίνειν ἀνατέμνοντες³⁵³ τὴν εἰς τὸν οὐρανὸν ὁδόν·

29ac
τὸ δὲ τρίτον καὶ ὀχλικὸν ἦθος³⁵⁴ μὴ ἀναβαίνειν μηδὲ συναναβαίνειν αὐτοῖς, πλὴν³⁵⁵ θεωροὺς³⁵⁶ γενέσθαι τοὺς ἀξιοθεάτους τῆς μακαρίου ἀνόδου.³⁵⁷

29ab
daß die Zweiten aber hinaufsteigen, indem sie den Weg zum Himmel einschlagen,

29ac
wohingegen die dritte, pöbelhafte (und chaotische) Charakterart weder nach oben aufsteigt noch mit jenen aufsteigt, daß vielmehr Beschauer werden diejenigen, die der Schau des seligen Wegs nach oben würdig sind!

Die Einteilung in drei Klassen kommt bei Philo oft vor; die hier vorliegende Rangeinteilung findet sich jedoch seltener.³⁵⁸ Das Dreiklassenschema ist schon bei Platon angelegt und einige Indizien deuten darauf hin, daß Phaidros 248a–b die Auslegung in *QE* 2.29a beeinflußt hat.³⁵⁹ Im zeitgenössischen Platonismus spielte dieses Schema eine wichtige Rolle.³⁶⁰ Auch in der kaiserzeitlichen Stoa hatte der „Fortschreitende" angesichts der Überzeugung, es gebe kaum einen echten Weisen, eine wichtige Funktion. Mit ihm konnte sich die faktisch vorhandene Gruppe der Philosophen identifizieren, die zwar das Ziel der Weisheit noch nicht erreicht haben, also eigentlich noch zur Gruppe der Toren gehören, sich aber längst von der Welt der Sinnlichkeit und der Laster losgesagt haben.³⁶¹ Philo steht in der Tradition dieser Dreiteilung:

„Thus there are three persons...: the wise man, the progressive man and the wicked man" (*QG* 4.47).

---

³⁵³ Siegert: „Übersetzt nach Post 31 (leider armenisch nicht erhalten). Was nach dem Armenischen auch ginge, nämlich die ganze Redewendung (mit τὴν ὁδόν) mit ὁδοιπορεῖν wiederzugeben, widerspricht Philons Sprachgebrauch, der dieses Wort nicht im übertragenen Sinn nimmt; auch wird ὁδοιπορεῖν in Abr. 107 armenisch anders wiedergegeben, mit einem verbum simplex." Ich glaube, daß Philo im Griechischen die geprägte Wendung ὁδὸν τέμνειν „einen Weg einschlagen" benutzt hat wie in *QG* 2.34 (PLCL Suppl. II, 200): Ἥτις καὶ τὴν εἰς φιλοσοφίαν ὁδὸν ἔτεμε τὴν πρώτην.

³⁵⁴ Oder: τοὺς δὲ τρίτους, τοὺς ὀχλικοὺς καὶ θορυβώδεις ἤθους.

³⁵⁵ Oder: ἀλλά.

³⁵⁶ Siegert: „Das armenische Wort, ein nomen agentis, abgeleitet von tesanem= ὁράω, θεωρέω, fehlt (wie auch seine Alternativform tesanol) im Venediger Thesaurus, dürfte infolgedessen beim arm. Philon sonst nicht vorkommen."

³⁵⁷ Oder: ἄνω ὁδοῦ.

³⁵⁸ Zur Rangeinteilung vgl. *Congr* 51–53, *Somn* 1.44. Beide Texte werden unten noch ausgewertet.

³⁵⁹ Auch Plat. Phaidr. 248a–b kennt drei Menschengruppen. Zur Anspielung auf θόρυβος (248b) in 29ac siehe die Überlegungen unten.

³⁶⁰ Vgl. Plut. mor. 1130 c–d und 1101–1107 (= An recte dictum sit).

³⁶¹ Vgl. DUTOIT, Theios anthropos, 85–91.

QE 2.29a – Drei Bewußtseinsstufen

In *QG* 2.79 unterscheidet Philo den „Guten", den „Bösen" und den „Indifferenten" (Sem, Ham und Japhet). Dieser „fortschreitende" oder „mittlere" Menschen- und Seelentyp wird von Philo in den QS mehrfach ausführlich beschrieben.[362]

Die Toraaussage αὐτοὶ δὲ οὐκ ἐγγιοῦσιν wird von Philo so interpretiert, daß diese zweite Gruppe immerhin auf dem Weg zur Gottesnähe ist. Sie erreicht aber nicht diejenige Gottesnähe, die dem prophetischen Bewußtsein vorbehalten ist. Auffällig ist, daß Philo die in *QE* 2.28 und 29 aufgrund von Ex 24,1–2 getroffene Differenzierung zwischen absoluter und relativer Gottesnähe in 2.39 und 2.40 nicht weiterführt (zu Ex 24,11–12).[363] In *QG* 4.4. und 4.8 unterscheidet er wieder zwischen einer niedrigeren Gottesschau, bei der Gott mit seinen Kräften geschaut wird, und einer absoluten Gottesschau, bei der Gott alleine gesehen wird.

Das Grundphänomen ist deutlich. Philo kennt Stufen der Gottesnähe oder Gottesferne. Neben den Dualismus zwischen völliger Gottesnähe und völliger Gottesferne, zwischen „wahr" und „falsch", „gut" und „böse", tritt eine Zwischenstufe innerhalb dieser Dualismen. Philo beschreibt einen Seelentypus, dessen Gottesschau noch nicht rein ist, und der weder ganz zum Bösen noch ganz zum Guten neigt, vielmehr auf dem Weg zur Tugend und zur reinen Gottesschau ist.[364]

Dieser Dreiteilung von Menschentypen entspricht eine kosmologische Einteilung, die Philo in *QG* 4.8 auf die Pythagoräer zurückführt:

---

[362] Neben dieser Dreiteilung kennt Philo auch eine Differenzierung zwischen zwei unterschiedlichen Qualitäten der Gottesschau: Nach *QE* 2.28 bleibt bei der einen zwischen Beschauer und Gott eine lebenserhaltende Distanz, während bei der anderen der Beschauer sich distanzlos mit Gott verbinden kann, ohne dabei vernichtet zu werden. Geht es hier um die psychische Erfahrung eines Übermaßes an Gottespräsenz und ekstatischer Lichtwahrnehmung, die zerstörerisch wirken kann, wenn dieser übersteigerte Bewußtseinszustand nicht mehr ausgehalten werden kann? Und ist das Aushaltenkönnen eine besondere Gnadengabe? – Zu Stufen der Intensität der kontemplativen Erfahrung vgl. bei Philo noch *Sacr* 5–10 (hier geht es zwar um den postmortalen Aufstieg in die Transzendenz, der Text spiegelt aber sicherlich mystische Erfahrungen wider). Zur Intensität der Lichtwahrnehmung in der mystischen Ekstase vgl. die Berichte bei JAMES, Vielfalt der religiösen Erfahrung, 307f.

[363] Philo wertet jedenfalls die Schau Gottes, die den Ältesten zuteil wird, nicht gegenüber dem Aufstieg des Mose ab wie in *QG* 2.29. Eine Differenz ist allerdings deutlich. Die Ältesten schauen vom Logos her „the Master in a lofty and clear manner, envisioning God with the keen-sighted eyes of the mind." Bei Mose jedoch ist in *QE* 2.40 nicht mehr von einer Schau die Rede, sondern von einer Gotterfülltheit und einem Stehen bei Gott selbst.

[364] Zum Dreiklassenschema im AK vgl. u.a. *Gig* 60–61 (erdgeborene, himmelgeborene und gottgeborene Menschen), *Congr* 51–53 (Gottesschauer, Himmelsbetrachter, Skeptiker).

„Die Pythagoräer halten unter den Zahlen die Triade und unter den Figuren das rechtwinklige Dreieck für das Grundelement der gesamten Wirklichkeit.³⁶⁵ Ein (ἕν!) Maß nun ist dasjenige, nach dem der unkörperliche und geistige (ἀσώματος καὶ νοητός) Kosmos errichtet wurde. Ein zweites (δεύτερον) Maß ist dasjenige, nach dem der sinnliche Himmel herbeigeführt wurde, der eine fünfte und göttlichere (θειοτέραν) Natur erhielt, unwandelbar und unveränderlich. Ein drittes (τρίτον) Maß aber ist dasjenige, nach dem die sublunaren Dinge aus den vier Kräften (δυνάμεων) geschaffen wurden (ἐδημιουργήθη), wodurch sie Werden und Vergehen (γένεσιν καὶ φθοράν) empfingen."³⁶⁶

Im ἕν steckt die monadische Seinsform der Transzendenz, die nicht nur „göttlicher" ist – wie der Äther im Kontrast zu den vier Elementen –, sondern göttlich im vollen Sinn, weil sie keinerlei sinnenhafte Wirklichkeit besitzt. Der Äther ist eine Zwischenform; er ist zwar noch ein Element der Sinneswirklichkeit, aber auch schon so rein, daß er dem Göttlichen weitaus näher steht als die anderen Elemente. Die vier sublunaren Elemente, die hier „Mächte" genannt werden, repräsentieren die Gottesferne und Vergänglichkeit. Die Entsprechung dieser kosmologischen Dreiteilung zur anthropologischen Dreiteilung in *QE* 2.29 ist offensichtlich. Den drei Bereichen kosmischer Wirklichkeit entsprechen die drei Menschen- oder Bewußtseinstypen. Das prophetische Bewußtsein wird der obersten kosmischen Wirklichkeit teilhaftig, es ist darum „wahrhaft göttlich" (vgl. *QE* 2.29bb) und seine Gottesbegegnung ist absolut rein. Der zweite Bewußtseinstyp steigt zum „Himmel" oder zum „Äther" auf, d. h. seine Gotteswahrnehmung ist schon reiner, aber noch durch die Sinneswirklichkeit vermittelt. Der dritte Bewußtseinstyp bleibt an die vergänglichen Kräfte gebunden und „vegetiert" in der Gottesferne vor sich hin.³⁶⁷

Nicht nur drei, sondern vier Menschenklassen nimmt Pascher an, der in *QE* 2.29 Mysterienterminologie zu erkennen meint:

„Die Einteilung des Gottesvolkes erfolgt hier zwar im Anschluß an die biblischen Klassen: Priester, Leviten, Volk. Reitzenstein hat jedoch recht: die Mysterienterminologie zeigt, daß Philon die Gliederung einer Mysteriengemeinde im Auge hat, die Schauenden der großen Mysterien, die Hörenden der kleinen und das gläubige

---

³⁶⁵ Nach der armenischen Übersetzung müßte es heißen: „das Grundelement der gesamten Erkenntnis" (gelesen wurde γνώσεως statt γενέσεως).
³⁶⁶ Übersetzung nach dem griech. Fragment bei Joh. Lydus (= PLCL Suppl. II, 214), der bis auf eine offensichtliche Auslassung den griechischen Text recht zuverlässig wiedergibt, wie ein Vergleich mit dem Armenischen zeigt (vgl. MARCUS zur Stelle).
³⁶⁷ Wichtig ist auch, daß Philo im Anschluß an diese Stelle die göttlichen Kräfte zu Urhebern dieser drei Wirklichkeitsbereiche macht. „Die Älteste der Ursachen" – der Logos – ist der Schöpfer des noetischen Kosmos, die „schöpferische Macht" ist der Schöpfer des Ätherhimmels und die „königliche Macht" der Schöpfer der sublunaren Welt.

Volk. Um mit Apuleius zu sprechen: es sind die ‚sacerdotes' oder ‚sacrati' bzw. die Pastophoren als oberste Mystenklasse, sodann die „initiati" und zuletzt die ‚populares', welche bei der Isisprozession die große Masse des mitflutenden Menschenstromes ausmachen und in dem eigentlichen Zuge durch die Blumenstreuerinnen, Lichtträger, Sänger und Musikanten vertreten sind."[368]

Den Schlußsatz von *QE* 2.29ac interpretiert er als Differenzierung innerhalb der dritten Gruppe:

„Unter dem Volke deutet Philon eine Klasse von Frommen an, die wenigstens verdienen, ‚den Höhenweg zu schauen'. Auf diese paßt der Terminus ‚religiosi' vortrefflich, dagegen würde er nicht recht zu dem hohen Range des Aaron und seiner Begleiter stimmen."

Pascher orientiert sich bei seiner Interpretation der Schlußwendung von 29ac an Apul. met. 11.8–17, wo vier Gruppen unterschieden werden können: Die Pastophoren (Priester), die Eingeweihten und das Volk, von dem ein Teil profan-bunt, der andere religiös-weiß angezogen ist. Es könnte aber auch sein, daß der religiös-weiß angezogene Teil des Volkes sachlich zur Gruppe der Eingeweihten gehört, also auch bei Apuleius nur von drei Gruppen auszugehen ist.[369] Ich halte die Differenzierung Paschers für möglich, aber sachlich trägt sie nichts aus, denn die Qualifikationen in *QE* 2.29ac und 29ab sind inhaltlich *beide* dem Typus des Fortschreitenden zuzuordnen. Dies wird unten eine genauere Analyse der beiden Formulierungen zeigen. Eine Differenzierung in vier Gruppen erübrigt sich also, sie kommt auch sonst bei Philo nicht vor.

3.6. Das fortschreitende Bewußtsein

Die zweite Gruppe wird in *QE* 2.29 von Philo mit zwei unterschiedlichen Bildern beschrieben, der Wanderung und der Schau: a) ἀναβαίνειν (ἀνα)τέμνοντες τὴν εἰς τὸν οὐρανὸν ὁδόν: Sie sollen aufsteigen, indem sie den Weg zum Himmel einschlagen; b) τοὺς ἀξιοθεάτους τῆς μακαρίου ἀνόδου: Sie sind würdig, den seligen Weg nach oben zu schauen. Mit Hilfe von Parallelstellen läßt sich diese Bildersprache zum Teil entschlüsseln.

Die Formulierung (ἀνα)τέμνοντες τὴν εἰς τὸν οὐρανὸν ὁδόν hat die nächste Parallele in *QG* 2.34 (zu Gen 8,6). Dort heißt es vom Sehsinn, der der Seele zugeordnet wird:

---

[368] PASCHER, Der Königsweg zu Wiedergeburt und Vergottung, 249–251. Zur Kritik an der Überinterpretation der Mysterienterminologie, die vielmehr aus platonischer Tradition zu erklären ist, vgl. oben Anm. 323.
[369] REITZENSTEIN, Vorgeschichte der christlichen Taufe, 113, ordnet – anders als Pascher – die *religiosi* den Eingeweihten zu und bleibt damit beim Drei-Gruppen-Schema.

„Dieser hat zuerst den Weg zur Philosophie eingeschlagen" (Ἥτις καὶ τὴν εἰς φιλοσοφίαν ὁδὸν ἔτεμε τὴν πρώτην).[370]

Der Weg zur Philosophie besteht nach *QG* 2.34 darin, daß das Auge der Vernunft die Bewegungen des Himmels zeigt, damit diese auf die Ideen und schließlich auf Gott selbst, den Schöpfer der Ordnungen, schließen kann.

In *QE* 1.19 ist der „Weg zum Himmel" der Weg zur Tugend:

„And the shoes indicate the covering and protection of one who is engaged in hurrying not on a trackless way but on a *welltravelled and worn path*[371] *which leads to virtue.*"

Vom fortschreitenden Menschen heißt es in *QG* 3.19 (zu Gen 16,7):

„Perverted characters use a trackless route, while he who is able to improve himself goes by the *road that leads to virtue.*"

Sehr deutlich ist auch *Post* 31, eine Auslegung der Gottesverheißung aus Gen 46,4 (zitiert in *Post* 29: ἐγὼ καταβήσομαι μετὰ σοῦ εἰς Αἴγυπτον, καὶ ἀναβιβάσω σε εἰς τέλος):

„Mit denen aber, die, der Veränderung geneigt, hinabgehen – verbrüdert und verwandt nämlich ist mit den Kreaturen die Veränderlichkeit – werde ich hinabsteigen...Auch das aber tue ich aus Mitleid mit dem vernünftigen Geschöpf, damit es aus dem Hades der Leiden zum *olympischen Land der Tugend* hinaufgeführt werde unter meiner Leitung, der ich *den zum Himmel führenden Weg* (τὴν εἰς οὐρανὸν ἄγουσαν ὁδόν) allen hilfesuchenden Seelen gezeigt habe und ihn zur breiten Heerstraße bahnte (ἀνατεμὼν λεωφόρον), damit sie beim Wandern nicht müde werden."

Von diesem „Weg nach oben" spricht Philo in *QG* 4.46 bei der Auslegung von Gen 19,17 (εἰς τὸ ὄρος σώζου):

„When the mind begins to take *the higher road* (τὴν ἀνωτέραν ὁδόν),[372] it becomes better and progresses, leaving behind earth-bound and low things, which those men pursue and admire who are undisciplined. But (the mind) becoming light, is elevated to higher things, and looking around observes *what is in the air and in the ether* and the whole heaven together, its substance (οὐσίαν) and movements and harmonies and affinities and sympathies by which things are related to one another, and this whole world. This ascent

---

[370] Griechischer Text nach PLCL Suppl. II, 200.
[371] Auffällig sind in *QE* 1.19 die beiden positiven attributiven Bestimmungen des Weges. Ich halte „welltravelled and worn path" für eine echte Parallele zu „blessed path". Sie zeigt, daß die Rückübersetzung von Siegert und die englische Übesetzung von Marcus („beholders of the blessed path above") richtig liegen, wenn sie „selig" auf den Weg beziehen und nicht wie Terian auf die Betrachter („contemplateurs heureux de ce chemin ascendant"). Vgl. noch *Deus* 180: τὴν οὐράνιον καὶ βασιλικὴν ἀρετῆς ὁδόν.
[372] Vgl. auch *Det* 114.

is more figuratively called ‚mountain‘, but its true name is ‚wisdom‘, for the soul which is truly a lover of wisdom desired a *vision of higher and more exalted things, by being in ethereal regions.*"

Das Motiv des Weges nach oben zum Himmel, zur göttlichen Tugendwelt, ist bei Philo und seiner Tradition sicherlich vom Phaidrosmythos beeinflußt, der den Weg unter die Himmelsfeste bis zum überhimmlischen Ort beschreibt. Platon spricht in Phaidr. 256d von Seelen „welche schon vorangegangen waren auf dem himmlischen Weg" (τοῖς κατηργμένοις ἤδη τῆς ὑπουρανίου πορείας). In *QG* 4.46 und *QG* 2.34 verbinden sich die synonymen Vorstellungen des Himmelsweges und des Himmelsfluges,[373] wie dies auch im Phaidrosmythos geschieht.

Philo bezeichnet am Ende von 29ac den Menschentypus, der diesen Weg einschlägt, als *„Betrachter des seligen Weges nach oben"*. Der Weg zum Himmel ist ein Weg, der himmlische Qualitäten hat, also selbst göttlich und darum identisch mit Gottes Weisheit, seinem Geist, seinem Logos und den ewigen Tugenden ist. *QG* 3.27 verdeutlicht, daß die Betrachtung des Tugendweges gleichzeitig die Abwendung vom bösen Weg bedeutet: „Seeing the road of virtue, (he) turns away from the trackless way of evil." *QG* 4.108 beschreibt die Schau des Tugendweges als ein inneres Bewußtseinsgeschehen, das durch den Logos Gottes ausgelöst wird:

„And this progessive man...stood *silent a long while*, giving place to that which spoke in him without mouth or tongue or instruments or voice, (namely) *the divine Logos, understanding and seeing that path which leads to virtue and happiness*, and whether he will reach it."

Wichtig ist hier die vorausgesetzte *Stilleübung*, durch die die Vernunft Gottes geistig wahrnehmbar wird und ethische Klarheit schafft.[374] Die Sinneswahrnehmung wird dabei diszipliniert und auf die Tugend ausgerichtet.[375] Der Logos wäre dann in der Seele der Impulsgeber für gute Taten. Es handelt sich hier um eine theologische Reflexion des Phänomens der *Gewissenserfahrung*, des Hörens einer inneren Stimme, die plötzlich

---

[373] Vgl. dazu *Spec* 3.1–6 und *Opif* 69–71.

[374] Vgl. *QG* 3.28: „The divine Logos is a disciplinarian and an excellent healer of the weakness of the soul." – *QG* 3.23: „...that cutter of things, the divine Logos, supervenes and separates, divides and cuts off the probable from the true, and the means from the ends, and secondary things from those ranged in the first rank."

[375] Vgl. *QE* 2.13 (zu Ex 23,20f.): „(Therefore) of necessity was the Logos appointed as judge and mediator, who is called angel. Him He sets ‚before the face‘, there where the place of the eyes and the senses is, in order that by seeing and receiving sense(-impressions) it may follow the leadership of virtue, not unwillingly but willingly."

auftaucht,[376] das innere Streben auf Gott ausrichtet und eine Bewußtseinswandlung (μετάνοια) bewirkt.[377] Diese Erfahrung wird nach *QE* 2.13 durch die Verkündigung des Wortes Gottes ausgelöst, wobei zu beachten ist, daß Philo immer zugleich die allegorische, geistige Deutung der Tora mitdenkt, durch die der göttliche Logos wirkt.[378] Der fortschreitende Mensch entflieht somit den Leidenschaften unter der Leitung des *göttlichen Logos als Heilsmittler*.[379]

Die Ähnlichkeit der „Fortschreitenden" mit der in *QE* 2.29 beschriebenen zweiten Gruppe ist so auffällig, daß ich mich jetzt ausführlicher einigen Texten zuwenden möchte, die das fortschreitende Bewußtsein in den QS beschreiben.[380]

Das „Fortschreiten" ist ein Zustand zwischen Tugend und Laster, Krankheit und Gesundheit.[381] In *QE* 1.11 wird dieser Zustand auf folgende Weise beschrieben:

„For they (the progressive men) do not completely change to virtue nor do they remain unhindered in the affairs of mortal life."

---

[376] Vgl. *QE* 2.24, *Somn* 1.71.

[377] Vgl. dazu *Fug* 202–213.

[378] In *QE* 2.13 ist der Doppelsinn des Wortes Gottes als Tora und als Gewissen (= Logos, Geist Gottes) offensichtlich: „But whenever the *word of God is announced,* it is altogether good, beautiful and precious. For to him who does not obey He says, ‚he has no respect for thee', and (this is said) most naturally. For when *conviction* (ἔλεγχος) is established in the soul and perceives it inclining to wickedness, it reproaches (the soul) and becomes its accuser, and by scolding and threatening, puts it to shame." Zum Gewissen im AK vgl. die Texte *Det* 146, *Fug* 116–118 und *Deus* 133–139, in denen die Erfahrung des Gewissens als Inspiration der Seele gedeutet wird.

[379] *QG* 3.27. Vgl. auch *QG* 4.62: „The foolish man...is convicted by the divine Logos, which enters his soul and examines and searches him and forces him to confess."

[380] *QG* 2.71 zu Gen 9,22; *QG* 3.18-33 zu Gen 16,1–12; *QG* 4.30-55 zu Gen 19,1–30; *QG* 4.101-111 zu Gen 24,17-23; *QG* 4.188-191 zu Gen 26,8-15; *QG* 4.215 zu Gen 27,28; *QG* 4.243 zu Gen 28,2; *QE* 1.3-11 zu Ex 12,3-6 und *QE* 2.20 zu Ex 23,26. Alle Texte über die „Fortschreitenden" werden von Philo der Seelenallegorese zugeordnet. Eine besonders auffällige Differenz zum AK liegt bei der Deutung Lots vor, der in *QG* 4.30-55 zu Gen 19,1–30 positiv als „Fortschreitender" gedeutet wird. Im AK wird er – aufgrund der Namensdeutung ἀπόκλισις zu Gen 12,4 und 13,9 – negativ als einer gedeutet, der zum Sinnlichen hinneigt und an einem Fortschritt in der Tugend nicht wirklich interessiert ist (*Migr* 148f.; 175); jedoch zu Gen 19,23f. positiv als einer, der sich zur Tugend hinneigt (*Somn* 1.85f.). Zu Gen 19,1-30 liegt im AK keine Parallele vor. Erstaunlich ist die positive Deutung der Töchter Lots (Gen 19,30.37f.) in *QG* 4.56-58 gegenüber der durchgängig negativen Deutung im AK (*Ebr* 162–166, *Post* 175–177). Im AK scheitert „der durch Seelenschwäche abgetriebene und schwankende Lot" (*Post* 175), in den QS bleibt er der hoffnungsvoll „Fortschreitende".

[381] *QE* 1.11, *QG* 3.18, *QG* 4.243.

Das fortschreitende Bewußtsein ist nach *QG* 4.38 ein Gemisch von männlichen (Nachahmung der Weisheit und der Tugenden) und weiblichen Gedanken (körperliche Bedürfnisse, Leidenschaften). Es ist darum noch nicht rein. Die Unbeständigkeit besteht darin, daß Zeiten der Tugendorientierung mit Zeiten der Hingabe an die Leidenschaften wechseln.[382] Dieses Bewußtsein ist durch die Lüste angefochten, verliert sich aber nicht in ihnen und geht darum auch nicht verloren.[383] Es handelt jedoch noch aus Zwang und darum nicht freiwillig.[384] Da es noch unfähig ist, gute Taten zu vollbringen, soll es sich zur Vorbereitung auf die vollkommene Tugendausübung an den Fächern der „allgemeinen Schulbildung" (τὰ ἐγκύκλια) orientieren.[385] Als einfachere Lehre (γαλακτώδει διδασκαλίᾳ) soll sie der Vernunft vorarbeiten.[386] Im Gegensatz zur kontemplativen Vernunft werden die Fächer der Enzyklia mit Hilfe der Sinnesorgane ausgeübt.[387] Darum sollen die Schulfächer auf vernünftige, geistliche Weise und nicht sophistisch gelehrt werden, damit sie die Tugend vorbereiten.[388] Damit ist gemeint, daß ihre innere Einheit erkannt wird, also die rationale Struktur, die ihnen zugrundeliegt und letztlich zur Weisheit selbst hinführt.[389] Die Fortschreitenden können jedoch noch nicht die völlig ent-

---

[382] *QG* 4.38, *QE* 1.8, *QE* 2.20 (PLCL Suppl. II, 247): „Gut ist die Aussage ‚ich *werde anfüllen*' aufgrund der an Vernunft und Tugend leeren Intervalle in der Seele des Fortschreitenden" (εὖ δὲ καὶ τὸ ἀναπληρώσω διὰ τὰ κενὰ φρονήσεως καὶ ἀρετῆς ἐν ψυχῇ διαστήματα τοῦ προκόπτοντος). *QG* 4.31: „He who wishes to progress is neither within virtue nor outside virtue, but sometimes he is among those, who, as if within a city, are involved in the usual passions that belong to the soul and are the work of sterility and unfruitfulness and blindness. And sometimes, as if in a desert, he pursues a pure zeal which is without practical concern, and a truly contemplative way of life." *QG* 4.54: „For the way of life of the progressive man does not proceed rightly in every respect, but he limps somewhat and falls."
[383] Vgl. *QG* 3.28.
[384] Vgl. *QG* 3.32, *QG* 4.34.
[385] Vgl. *QG* 3.19-20, *QE* 1.5.
[386] *QG* 3.19: „Hagar is interpreted as ‚sojourning', and she is a servant, waiting on a more perfect nature. And she is very naturally an Egyptian by race. For she is the study of school disciplines, and being a lover of wide learning, is in a certain sense a servant waiting on virtue, since school studies are servicable to him who needs help in receiving it, inasmuch as virtue has the soul as its place, while the school studies need bodily organs; and Egypt is symbolically the body, (wherefore Scripture) rightly describes the form of the school studies as Egyptian." Vgl. noch QG 3.20, 3.31, 3.32, *QE* 1.5.
[387] Τὰ ἐγκύκλια stehen für alle Wissenschaften, die sinnesorientiert sind. Philo schließt in *QG* 3.21, wenn er von „other scientific disciplines" spricht, sicherlich auch die Naturwissenschaften und die Astronomie ein.
[388] Vgl. *QG* 3.19, 3.32, *QE* 1.5.
[389] So *QG* 3.31: „The honourable thing for a believing soul is not to revolt and resist because of its progress in learning and the most useful growth which comes from wide

sinnlichte, die Welt transzendierende Perspektive des reinen Bewußtseins einnehmen, denn sie neigen noch zu den sinnlichen Dingen und machen an ihnen zum Teil ihre Identität und ihr Weltverständnis fest.[390] Darum ist die Gottesschau im Gegensatz zum vollkommenen Bewußtsein noch nicht rein. Gen 19,1 wird in *QG* 4.30 in diese Richtung ausgelegt:

„Dem Abraham aber erscheinen drei, und zwar zur Mittagszeit, dem Lot zwei, und zwar am Abend. Eine *höchst natürliche Unterscheidung* (φυσικώτατα διάφορον) zwischen dem Vollkommenen und dem Fortschreitenden führt das Gesetz ein. Denn der Vollkommene schaut die Triade im schattenlosen Mittagslicht, *volles, fortwährendes und dichtestes Sein* (μεστὴν διηνεκῆ καὶ πληρεστάτην οὐσίαν); der (Fortschreitende) aber (schaut) in der Abenddunkelheit die Dyade, die aus *Trennung, Zerschneidung und Leere* besteht (διαίρεσιν καὶ τομὴν καὶ κενὸν ἔχουσαν). The one perceives the Father between His ministers, the two chief powers, while the other (perceives) the servant-powers without the Father, for he is unequal to seeing and understanding Him who is between and king of the powers. And the one is illumined by a most radiant light at midday without shadow, while the other (is illumined) by a changing (light) between night and day. For evening occupies *an intermediate place*; it is not the cessation of day, and not the beginning of night."[391]

Der „Schatten" und die Schau der Kräfte allein deuten auf eine Gotteserkenntnis hin, die von der Sinneswahrnehmung abhängig ist, die Gott von seinen Wirkungen als Schöpfer und Erhalter des Kosmos her versteht.[392] Aber das fortschreitende Bewußtsein ist auf dem Weg, immer reiner zu werden:

„When the progressive mind becomes *still purer*, it removes *still farther* and separates from the guilty und unlivable way of life..." (*QG* 4.55).

---

learning. For it is no longer like the word-catchers and word-traders who greedily stuff themselves with the various opinions that are (found) in the school studies, but (seeks) that truth which is in the various (studies). When it follows after this, and begins to seek out and search for it, it becomes worthy of beholding the sight of its unbribable, irreprehensible and irreproachable mistress."

[390] Vgl. *QG* 4.52: „But as for the deeper meaning, the wife of the mind is symbolically sense-perception, which becomes insolent not only in evil men but also in those who progress, and it inclines toward sense-perceptible things which are external rather than the things seen internally by reason."

[391] Griech. Text nach PLCL Suppl. II, 215. Die positive Bewertung der „Dreiheit" – sie wird mit den Attributen der „Monade" versehen – schließt an die Auslegung von Gen 18,1–2 in *QG* 4.1–2 an. In *QG* 4.4 (zu Gen 18,3) wird die „Dreiheit" – jetzt mit den Attributen der „Dyade" versehen – gegenüber der „Monade" abgewertet: „Now his mind clearly forms an impression with more open eyes and more lucid vision, not roaming about nor wandering off with the triad, and being attracted thereto by quantity and plurality, but running toward the one." Auch in *QG* 4.8 wird die Schau des Einen ohne seine Kräfte höher bewertet (ebenso in *Abr* 121–123).

[392] Siehe oben unter 3.5. die Beobachtungen zur *QG* 4.8.

Die Tugend ist eine anwachsende Kraft in der Seele, die Zeit braucht (*QE* 1.7).

Diese kleine Textzusammenstellung zeigt, daß das fortschreitende Bewußtsein Kontakt zur transzendenten Wirklichkeit, zur Welt des Seins hat, diese Beziehung aber nicht andauernd aufrechterhalten kann. Sie wird aber vom Logos, d.h. vom Geist Gottes, grundsätzlich in dieser Ausrichtung auf Gott hin gehalten. Philo beschreibt Bewußtseinszustände, in denen der Kampf, die Anstrengung, die Versuchung, das Versagen, das Schwanken und die Unausgeglichenheit in der Orientierung an der wahren Wirklichkeit eine bedeutende Rolle spielen.[393] Die Wahrnehmung dieses Bewußtseins ist nicht völlig entsinnlicht und darum von den chaotischen Leidenschaften angefochten. So kommt es, daß die durch die μετάνοια ausgelöste Umwertung der Wirklichkeit wieder zeitweise rückgängig gemacht wird. Die „allgemeine Schulbildung" steht als Symbol für eine Wirklichkeitsaneignung, die auf Sinnesdaten nicht verzichten kann.[394] Eine eminent wichtige Rolle für das fortschreitende Bewußtsein spielt das Gewissen, das als göttliche Stimme und damit als eine Art göttlicher Inspiration gedeutet wird.

Es ist anzunehmen, daß sich die Leserinnen und Leser Philos vor allem mit dem Typus der „Fortschreitenden" identifizieren konnten, weil dieser ihre eigene Lebenserfahrung widerspiegelte. Philo identifiziert sich und seine Hörerinnen und Hörer sowohl mit den Gottschauenden als auch mit den Gottfernen,[395] stellt sie also in die Spannung des „Fortschritts" hinein.

3.7. Das chaotische Bewußtsein

Allein in der Welt der Sinne leben die „Dritten". Philo wertet die Aussage ὁ δὲ λαὸς οὐ συναναβήσεται μετ' αὐτῶν negativ, indem er die dritte Gruppe als ὀχλικὸν ἦθος charakterisiert. An die Stelle des neutralen Wortes λαός setzt Philo die abwertende Einstufung ὀχλικὸν ἦθος. Philo

---

[393] Vgl. dazu auch Plat. Phaidr. 248a: „...andere erhoben sich bisweilen und tauchten dann wieder unter, so daß sie im gewaltigen Sträuben der Rosse einiges sahen, anderes aber nicht" (Übers. Schleiermacher).

[394] Vgl. *Somn* 1.44: „Wenn einer nun völlig unfähig ist, in der Vernunft (διάνοια) allein zu verweilen, dann gewinnt er als zweite Zuflucht die Sinneswahrnehmung (αἴσθησις)."

[395] Vgl. *QE* 2.33: „And the rational, being the better, is consecrated to the better nature, while the irrational, being worse, (is consecrated) to the inferior, which we, the untaught and incontinent and undisciplined, have received."

interpretiert somit die historische Begebenheit seelenallegorisch als negativen Bewußtseinszustand. ὀχλικὸν ist eindeutig negativ gemeint. Dazu merkt Siegert an:

> „Im Arm. mit zwei Adjektiven ausgedrückt, deren zweites Aucher zu dem überflüssigen conturbatos veranlaßt hat. Da jedoch καί nicht zwischen, sondern vor ihnen steht, ist die Hendiadys unverkennbar."

Die Schwierigkeit des Armenischen zeigen die unterschiedlichen Übersetzungsversuche – *Aucher*: „populares mores conturbatos"; *Marcus*: „the turbulent characters of the people"; *Terian*: „le peuple au caractere turbulent"; *Hegermann*: „die Volksmenge mit ungeordneten Sitten".[396] Ich vermute – anders als Siegert –, daß für das zweite Adjektiv im Armenischen, von Aucher mit *conturbatos* wiedergegeben, im Griechischen eine Adjektivform von θόρυβος stand, weil Philo „Pöbel" und „Chaos" gerne zusammenstellt. *Spec* 1.298 spricht vom „Pöbel und dem Chaos der Sinne" (τῶν αἰσθήσεων ὄχλου καὶ θορύβου). *Mut* 144 ist eine Auslegung des πολλή in 1 Sam 2,5:

> „Sie nennt aber zahlreich das aus vermischten und zusammengeströmten Gedanken durcheinandergewirbelte Denken, das wegen der Größe des Gedränges und der Verwirrung (ὄχλων καὶ θορύβων) um sich selbst herum heillose Übel gebärt" (PCH).

In *Leg* 2.77 wird der Körper der „volksartige, pöbelhafte Teil in uns" (τὸ λαῶδες καὶ ὄχλον ἔχον ἐν ἡμῖν μέρος) genannt. Das Pöbelhafte und Chaotische gehören bei Philo zusammen; die Ochlokratie bedeutet für ihn Anarchie, Unordnung und Aufstand (*Agr* 45).[397] Es geht um eine Wirklichkeitswahrnehmung, die allein an den körperlichen Sinnen orientiert ist und sich darum den Lüsten und Leidenschaften als eigentlicher Wirklichkeit hingibt, also Sein gegen Schein (δόξα) eintauscht. Wenn die Adjektivform von θόρυβος ursprünglich ist, dann spielt der griechische Text von *QE* 2.29 unverkennbar auf Phaidr. 248b an:

> „Die übrigen allesamt folgen zwar auch, dem droben nachstrebend, unvermögend aber werden sie im unteren Raume mit herumgetrieben, nur einander tretend und stoßend, indem jede der anderen zuvorzukommen sucht. Getümmel (θόρυβος) entsteht nun, Streit und Angstschweiß, wobei durch Schuld schlechter Führer viele verstümmelt werden, vielen vieles Gefieder beschädigt; alle aber gehen nach viel erlittenen Beschwerden un-

---

[396] Die Übersetzung Hegermanns findet sich in LEIPOLDT/GRUNDMANN, Umwelt des Urchristentums II, 296f.
[397] Zur Verbindung von ὄχλος mit den Lüsten, dem Körper, den Sorgen und Ängsten vgl. *Gig* 35, *Migr* 60, *Congr* 27.

teilhaft der Anschauung des Seienden davon, und so davongegangen halten sie sich an scheinbare Nahrung (τροφῇ δοξαστῇ χρῶνται)" (Übers. Schleiermacher).

Platon verbildlicht hier eine Daseinsweise, die am weitesten vom Seienden entfernt ist und deutet die Seinsverschleierung der „Sophisten" an.[398] Auch Philo greift das Modell des Sophisten auf, wenn er von den „Akademikern und Skeptikern" spricht, die mit „sophistischen" Argumenten Streit säen und zum Ziel die Widerlegung der Dogmen anderer Schulen haben, ohne selbst Halt geben zu können (*QG* 3.33). Sie produzieren damit eine Atmosphäre des Kampfes, des Widerspruchs, der Täuschung und des Betrugs.[399] Auch hier ist das Motiv des chaotischen Getümmels leitend.

Philo kennt eine ganze Palette von Worten, die die chaotische Absenz von Ordnung im chaotischen Bewußtsein beschreiben, z.B. Unordnung (ἀταξία *QG* 4.12), Disharmonie (*QG* 4.27), Wildheit (*QG* 3.33), Maßlosigkeit (*QG* 4.23), Heimatlosigkeit, Ortlosigkeit, Asozialität, Wegelosigkeit (*QG* 3.28), Rauch, der sich auflöst (*QG* 4.53). Kain ist in *QG* 1.78 ὁ ἀόριστος, ὁ ἀχώριστος, ὁ ἄδηλος, ὁ συγκεχυμένος, ὁ τεθορυβημένος. Zum chaotischen Bewußtsein gehören nach *QG* 3.10 die negativen – den vier Kardinaltugenden entgegengesetzten – Gefühlszustände ἡδονή, ἐπιθυμία, λύπη, φόβος.

Die Wirklichkeitswahrnehmung der Schlechten ist auf die Sinneswirklichkeit eingeschränkt:

„‚Edom'... is called ‚flame-coloured' or ‚earthly' and this name is appropriately given to him who is intemperate and unrestrained in character, and seeks not heavenly and divine things but all that is *earthly and corruptible*. And not even in sleep does he know the Form that is without quality and shape and form and body, but he is the *slave of colours and qualities, by which all the senses are deceived*" (QG 4.171 zu Gen 25,30).[400]

---

[398] Vgl. auch das Höhlengleichnis zu Beginn des 7. Buches (514–522) und das Bild des Tyrannen im 9. Buch der Politeia (571–580).

[399] Zur „sophistischen" Daseinsweise vgl. noch *QG* 4.88, 4.92, 4.104.

[400] Vgl. dazu die von Platon geprägten Ausführungen in *QG* 3.22: „But as for the deeper meaning, those who accept and honour glory more than the science of wisdom, and consider sense-perception more honorable than reason, set themselves apart from familiarity with the facts (πραγμάτων), thinking that the production of many things and the complacent love of appearances are great and perfect goods and are alone honourable, while barrenness in these is bad and dishonourable. For they do not see that invisible seed and the intelligible generations which the mind is wont to produce by itself." Philo stellt ganz platonisch der an die Sinneswahrnehmung gebundenen Verstandeserkenntnis die metaphysische, rein gedankliche Vernunfterkenntnis gegenüber.

Philo beschreibt hier die Unfähigkeit, die abstrakten Tiefenstrukturen der Wirklichkeit zu erkennen. Die Wahrnehmung ist „oberflächlich", „äußerlich", weil sie sich an Formen, Farben und Gestalten orientiert:

„...whoever belongs to the characters which measure all things by the senses is always of necessity bribed by something sense-perceptible, and is unable to judge in purity and holiness without gifts" (*QG* 4.118).

Die „himmlischen" Wirklichkeiten erschließen sich nur dem Bewußtsein, das die „Ideen" und deren ethischen Charakter „innerlich", also geistig erkennt.

Orientierung an der Sinneswahrnehmung und Hingabe an die Unruhe stiftenden Laster bedingen einander. Die ungezügelten Leidenschaften und das damit verbundene moralisch verwerfliche Handeln können sich so voll entfalten. Philo deutet in *QG* 2.28 das Bild der Sintflut als Einbruch des moralisch Chaotischen:

„And this is truly a great flood when the streams of the mind are opened by *folly, madness, insatiable desire, wrongdoing, senselessness, recklessness and impiety*; and when the fountains of the body are opened by sensual pleasure, *desire, drunkenness, gourmandism and licentiousness with kin and sisters and by incurable vices*."

Das Selbstverständnis des Schlechten ist gleichwohl anders, er liebt sich selbst und mißachtet den Schöpfer aller Dinge, indem er sich selbst zur Ursache macht:

„*Arroganz*, wie der Spruch der Alten sagt, ist die Auslöschung des Fortschritts; denn wer von sich selbst eingenommen ist, harrt nicht in der Umwandlung zum Besseren aus (Οἴησις, ὡς ὁ τῶν ἀρχαίων λόγος, ἐστὶν ἐκκοπὴ προκοπῆς· ὁ γὰρ κατοιόμενος βελτίωσιν οὐκ ἀνέχεται),[401] thinking that he is the cause that is involved. Very naturally does (Scripture) instruct those who think that they are the causes of generation, and do not intently fix their minds on seeing the begetter of all things" (*QG* 3.48).

In *QE* 2.3 vertieft Philo diese Egozentrik seelenallegorisch:

„But as for the deeper meaning, such souls as love themselves *honour the mind as a husband and as a father* – as a husband perhaps because it sows in them the powers of the senses by which the sense-perceptible object is attained and seized; and (they honour it) as a father because it is thought to be the parent of disciplines and arts."

Wir werden dieser seelenallegorischen Deutung, die sonst in den QS kaum eine Rolle spielt, im AK in einem viel intensiverem Maße begegnen.

---

[401] Griechischer Text nach PLCL Suppl. II, 211.

3.8. Das monadische, ekstatische Gottesbewußtsein

Ohne rhetorische Überleitung, mit einem knappen ἀλλὰ τό angeknüpft[402], wendet sich Philo dem zweiten Schritt seiner Auslegung zu:

29ba:
ἀλλὰ τὸ ἐγγιεῖ μόνος φυσικώτατα εἴρηται· ὁ γὰρ προφητικὸς νοῦς, ὅταν ἐπιθειάζῃ καὶ ἔνθους[403] γένηται, μονάδι ἐξομοιοῦται, μηδενὶ πάντως[404] κεκραμένος τῶν ἐπικοινωνούντων τῇ δυάδι.

29ba:
Aber jenes „er soll allein sich nähern" wird höchst allegorisch gesagt; denn das prophetische Bewußtsein, sooft es gottergriffen und gotterfüllt wird, wird der Monade gleich, indem es überhaupt nicht mit den Dingen vermischt ist, die mit der Zweiheit Gemeinschaft haben.

Das Verfahren, die einzelnen Auslegungsschritte schlicht aneinanderzureihen, ist typisch für die QS. Philo konzentriert sich in 29ba auf die allegorische Auslegung der Wendung μόνος ἐγγιεῖ. Philo verknüpft dabei zwei Vorstellungen miteinander, die prophetische Inspiration und die zahlensymbolische Deutung der Zwei und der Eins. Wie kommt es zu dieser Verknüpfung? Sie beruht auf exegetischer Kombination. Philo läßt die Deutung des Mose als „prophetischer Nous" und das „allein" miteinander reagieren. Daraus resultiert, daß er den Vorgang der Inspiration zahlensymbolisch als Transformation von der Dyade zur Monade versteht. Philo sieht sich vom μόνος dazu aufgefordert, die Höchstform prophetischer Inspiration in der Weise zu beschreiben, wie sie mit der Anverwandlung an die Monade erreicht ist.

Welche Bewußtseinserfahrung wird aufgrund dieser exegetischen Konstellation beschrieben? Sie ist „rein" von allem, „was mit der Zweiheit verbunden ist", d.h. von allen raum-zeitlichen, sinnlich-körperlichen, und leidenschaftlich-lusterfüllten Erfahrungen. Philo geht es auf der seelenallegorischen Ebene dabei sicherlich nicht um eine Beschreibung der Orakelprophetie, in der der Mensch von Gott medial zur Zukunftsschau benutzt wird, sondern er greift das Motiv der Prophetie auf, um eine ganz bestimmte Form des soteriologischen Bewußtseins zu beschreiben. Dieser fundamentale Unterschied darf nicht übersehen werden. Philo kennt in den QS auch eine Vorstellung von Orakelprophetie, bei der das Bewußtsein

---

[402] Oder: τὸ δέ; vgl. dazu das griech. Fragment von *QG* 1.1 (PLCL Suppl. II, 181): τὸ δὲ αὕτη ἡ βίβλος γενέσεως.

[403] Oder: ἐνθουσιᾷ καὶ θεοφορεῖται.

[404] Oder: οὐδαμῇ οὐδαμῶς; vgl. *Post* 87: τὸ γὰρ ἄνευ τούτων ἀκουσίου μερίδος ὂν οὐδαμῇ οὐδαμῶς ἐπαινετόν. Die gleiche Wendung auch *Plant* 14.116, *Ebr* 40.108, *Fug* 82, *Aet* 97.

des Menschen während der zeitlich begrenzten ekstatischen Inspiration durch den göttlichen Geist verschwindet. Er beschreibt diese Erfahrung ausgelöschten Bewußtseins gerne dann, wenn er durch das Stichwort „Ekstase" im Toratext dazu veranlaßt wird.[405] Darum geht es hier aber gerade nicht. Philo arbeitet zwar mit einer Terminologie, die in diese Richtung verstanden werden kann (ἐπιθειάζῃ καὶ ἔνθους oder ἐνθουσιᾷ καὶ θεοφορεῖται), gibt ihr aber auf der Ebene der Seelenallegorese eine andere Bedeutung. Philo knüpft terminologisch wieder an Platon an, der in Phaidros 249d vom ἐνθουσιάζειν der Seele während der Ideenschau spricht. Es geht um das Phänomen des reinsten Bewußtseins, des καθαρώτατος νοῦς. Diese Erfahrung wird mit dem Bild ekstatischer Prophetie veranschaulicht.

In der angelsächsischen Mystikforschung wird in den letzten Jahren mit dem Begriff des „reinen Bewußtseins" (pure consciousness) gearbeitet, um die ekstatische mystische Erfahrung zu beschreiben. Damit wird ein wacher, aber inhaltsloser Bewußtseinszustand umschrieben,[406] ein oft unerwartet auftretender Zustand, in dem die Bewegungen des Sinnesbewußtseins zur Ruhe gekommen sind: „a silent inner state of no thoughts".[407] Diese Erfahrung der Ruhe und der Leere soll von vielen Mystikern als Gotteserfahrung gewertet werden, vor allem von Mystikern aus monotheistischen Religionen.

Steht hinter Philos exegetischen Ausführungen in QE 2.29 eine analoge spirituelle Erfahrung? Der nächstliegende Schlüssel zur Beantwortung dieser Frage ist die Unterscheidung der Kategorien „Dyade" und „Monade". Ich werde (1) mit Hilfe von Parallelstellen aus den QS den Bedeutungsgehalt dieser beiden Kategorien erarbeiten. In einem zweiten Schritt (2) werde ich Textstellen aus den QS mit prophetischer Ekstaseterminologie analysieren und zu den Kategorien Dyade und Monade in Beziehung setzen. In einem dritten Schritt (3) werde ich dann weitere Textstellen heranziehen, die entsprechende Bewußtseinserfahrungen beschreiben.

---

[405] Zur „literalen" Auslegung vgl. *QG* 3.9: „A certain divine tranquility came suddenly upon the virtuous man. For ecstasy, as its very name clearly shows, is nothing else than *the departing and going out of the understanding*. But the race of prophets is wont to suffer this. For when the mind is divinely posessed (ἐνθουσιάζει) and becomes filled with God (θεοφόρητος γίνεται), *it is no longer within itself*, for it receives the divine spirit to dwell within it. Nay rather, as he himself has said, it fell upon (Abram), for it does not come upon one gently and softly but *makes a sudden attack*."

[406] FORMAN, Problem of Pure Consciousness, 21.

[407] Ebd. 27.

(1) Was also ist der Bedeutungsgehalt der „Dyade" und der „Monade"? Ich beginne mit einer Gegenüberstellung derjenigen Charakterisierungen, die sich in den QS finden lassen. Ich habe dabei auch auf Textstellen zurückgegriffen, die von einem Gegensatz zwischen der „Sechs"[408] und der „Sieben" und zwischen der „Zwei" und der „Drei"[409] ausgehen, weil sie strukturidentisch sind:

Dyade, Sechs	*Monade, Triade, Sieben*
„gerade" Zahl (*QE* 2.33)	„ungerade" Zahl (*QE* 2.33)
weiblich	männlich
passiv (*QE* 2.33)	aktiv (*QE* 2.33)
den Sterblichen zugeordnet (*QE* 2.33)	Gott zugeordnet (*QE* 2.33, *QG* 2.12)
Ungleichheit (*QE* 2.33, *QG* 2.12)	Gleichheit (*QE* 2.33; *QG* 4.144)
Unähnlichkeit (*QE* 2.33)	Ähnlichkeit (*QE* 2.33)
Differenz (*QE* 2.33)	Identität (*QE* 2.33)
Trennung (*QE* 2.33)	Einheit (*QE* 2.33, *QG* 4.144)
böse (*QG* 2.12; 4.110)	gut (*QG* 2.12, 4.110)
Zerteilung, Disintegration (*QG* 1.15)	Harmonisierung, Integration (*QG* 1.15)
unrein (*QG* 2.12)	rein (*QG* 2.12)
leer, geteilt (*QG* 4.30)	voll, zusammenhängend (*QG* 4.30)
vermischt (*QE* 2.46)	unvermischt, einfach (*QE* 2.46, *QG* 1.54)
geschaffen (*QE* 2.46)	ungeschaffen (*QE* 2.46)
Vernichtung (*QG* 2.45)	Errettung, lebensschaffend (*QG* 2.45)
ungeformte Materie (*QG* 2.12)	Anfang und Ende aller Dinge (*QG* 3.43)
Quantität, Pluralität (*QG* 4.4)	jungfräulich, ohne Mutter (*QG* 2.12)
	ungeboren, nichtgebärend (*QG* 2.12)
	heilig (*QG* 4.118)
	ohne Komplexität (*QG* 4.110)
	„allein" (*QG* 4.110)

Wie läßt sich dieser Befund interpretieren? Die „Dyade" symbolisiert die unselbständige, materielle, geschaffene Sinneswirklichkeit, die aus verschiedenen Bestandteilen zusammengesetzt ist und daher in sich selbst keine Tragfähigkeit besitzt. Ihre Vielfalt hat die Tendenz zur Auflösung

---

[408] Die „Sechs" wird von Philo zahlensymbolisch überwiegend negativ bewertet. Es gibt allerdings eine Ausnahme. In *QG* 2.56 wird die „Sechs" im Zusammenhang mit der Erschaffung des körperlosen Menschen zur vollkommenen Zahl erklärt (ὁ τέλειος ἀριθμός, so auch *QG* 2.42), während die „Sieben" für die Erschaffung des irdischen Menschen steht. Philo greift hier offensichtlich auf eine Auslegung des Schöpfungsberichtes zurück, die eine platonische Deutung der zwei Menschenschöpfungen und die pythagoreische Zahlensymbolik (die „Sechs" als erste vollkommene Zahl) anders als sonst bei ihm üblich kombiniert.

[409] Im Kontrast zur Dyade wird die Triade positiv (*QG* 4.30), im Kontrast zur Monade jedoch negativ gewertet (*QG* 4.4) – der exegetische Kontext entscheidet mit über die Bewertung der Dreizahl.

jeglicher Ordnung hin zum Chaos. So bezeichnet sie den ontologisch schwächsten, geringsten Zustand: Chaos, ungeordnete Materie, Abwesenheit von Ordnung – also ästhetisch gesehen Häßlichkeit. Philo steht hier ganz in der Nähe von Platons ungeschriebener Lehre, in der der ontologische Gegensatz von ἕν und ἀόριστος δυάς, von Sein und Nichtsein eine zentrale Rolle spielte:

- Die ἀόριστος δυάς steht bei Platon für die völlige Absenz vernünftiger Ordnungsstrukturen. Sie ist *werthaft* schlecht, steht *formal-logisch* für Verschiedenheit, Ungleichheit, Ausdehnung, Formlosigkeit, *kosmologisch* für Bewegung und Veränderung und *psychologisch* für die Sinneswahrnehmung und die triebhaften, körpergebundenen Affekte.[410]
- Die Eins (ἕν) steht für absolute Ordnung. Sie ist *werthaft* gut, steht *formal-logisch* für Identität, Einheit, Gleichheit, Grenze, Geformtheit, *kosmologisch* für Ruhe und Beständigkeit und *psychologisch* für die geistige Erkenntnis und den auf die Ideen bezogenen Logos.[411]

Die „Monade" symbolisiert somit den ontologisch höchstmöglichen Zustand, die Seinsfülle. Sie wird von Philo platonisch als Absenz jeglicher Vergänglichkeit und Zusammengesetztheit gedacht. Obwohl sie das Sein am „dichtesten" repräsentiert, ist diese „Dichte" sinnlich überhaupt nicht zu greifen. Sinnlich radikal reduziert, ohne räumliche und zeitliche Ausdehnung, ist die Monade dennoch die absolute Fülle, Ganzheit und absolute Identität, also Sein in höchstmöglicher Form. Die kosmische Monade ist der göttliche Logos, der völlig feststeht. So heißt es in *QE* 2.37 vom Logos:

„And if it is right (to say so, we may) say that this place is that of His Logos, since He has never given a suspicion of movement but of always standing, for the nature of the Father remains fixed and unchanged and more lucid and simpler than the (number) one which alone is a form of likeness."[412]

Der Logos ist Spitze und Zentrum der Wirklichkeit als schöpferische und einheitsstiftende Kraft des Kosmos.[413] Als Spitze des Seienden ist er

---

[410] Vgl. GAISER, Platons ungeschriebene Lehre, 18. Die Kategorien *werthaft, formal-logisch, kosmologisch* und *psychologisch* stammen von Gaiser.

[411] Ebd.

[412] Zur Differenz zwischen Eins und Monade vgl. *QG* 4.110: „And the monad differs from one as the archetype surpasses and differs from the copy, for the monad is the archetype while one is a likeness of the monad...But the monad does not come from many, for it is unsharing and has no association and is without complexity because of its aloneness, as its very name shows." Der Logos dürfte mit der Monade identisch sein, wie auch der Schluß von *QG* 4.110 zeigt: die Monade entspricht dem göttlichen Logos.

[413] Vgl. dazu die kosmologische Deutung der Bundeslade in *QE* 2.68.

„die reinste und lauterste Idee des Seienden".[414] Als Monade ist er das allgemeinste Prinzip, von dem her sich alle Dinge ableiten. Die Monade steht für die Ganzheit und Gemeinschaft aller Dinge.[415] Dem Menschen zugänglich ist der Logos als Spitze der ontologischen Pyramide, jedoch nicht mit seiner vergänglichen, menschlichen Natur, sondern nur im Zustand mystischer Inspiration, die ihn unsterblich macht.[416]

Gott in seinem Wesen, so schränkt Philo ein, steht allerdings nochmals jenseits dieses monadischen, transzendenten Zentrums der Wirklichkeit:

> „An erster Stelle steht derjenige, der älter ist als die Eins und die Monade und der Anfang. Dann kommt der Logos des Seienden, das erzeugende Sein alles Seienden."[417]

An vielen Stellen in den QS wird allerdings dieser Unterschied zwischen Logos und Gott selbst nicht problematisiert, sondern einfach von der Möglichkeit, Gott zu schauen, gesprochen.[418]

---

[414] So das erste unidentifizierte griechische Fragment zu *QE* in PLCL Suppl. II, 258 (= Harris, 72f.): Ἀμήχανον ἀνθρωπίνη φύσει τὸ τοῦ Ὄντος πρόσωπον θεάσασθαι. Τὸ δὲ πρόσωπον οὐ κυριολογεῖται, παραβολὴ δέ ἐστιν εἰς δήλωσιν τῆς καθαρωτάτης καὶ εἰλικρινεστάτης τοῦ Ὄντος ἰδέας.

[415] Zum Logos als Schöpfungsmittler in den QS: Er ist die Substanz und das Band aller Dinge (*QE* 2.118); er strukturiert als „Schneidender" die gesamte Wirklichkeit bis in ihre feinsten Verästelungen (*QG* 3.23; viel ausführlicher in *Her* 133–206).

[416] Das Fragment PLCL Suppl. II, 258, Nr.1 (= Harris 72f.) spricht von der Voraussetzung für die Schau des Logos: Ἐὰν δὲ ἀποθάνῃ μέν τις τὸν θνητὸν βίον, ζήσῃ δὲ ἀντιλαβὼν τὸν ἀθάνατον, ἴσως ὃ μηδέποτε εἶδεν ὄψεται.

[417] So das griechische Fragment zu *QE* 2.68 (PLCL Suppl. II, 255): τὸ πρῶτον ὁ καὶ ἑνὸς καὶ μονάδος καὶ ἀρχῆς πρεσβύτερος, ἔπειτα ὁ τοῦ Ὄντος λόγος, ἡ σπερματικὴ τῶν ὄντων οὐσία. Philo steht damit in der Tradition mittelplatonischer Überlegungen zu Gott, die SELLIN, Gotteserkenntnis, 21, folgendermaßen zusammenfaßt: „Das bedeutet eine Radikalisierung des an sich schon transzendenten platonisch-ontologischen Gottesbegriffs, die auf den pythagoreisierenden alexandrinischen Platoniker Eudoros zurückgeht, der dem pythagoreischen dualen Prinzipienpaar von Monade (= νοῦς) und Dyade (= Materie) noch eine höchste Einheit (bei Eudorus τὸ ἕν genannt) voranstellte und so den Dualismus von Geist und Materie noch einmal monistisch auffing." – „Die Stelle der Spitze der ontologischen Pyramide nimmt jetzt der Logos ein, der den Oberbegriff aller Ideen darstellt." – „Auch das ist sachlich Eudorus entlehnt, für den die μόνας den Inbegriff des qualifizierten Seins, der ποιότης, darstellt, das auf einer Ebene unter der qualitätslosen Existenz (τὸ ἕν) angesiedelt ist."

[418] So *QE* 2.51. Vgl. auch in *QG* 4.1–8 die Exegese der Vision Abrahams, in der Gott zwischen seinen Kräften geschaut wird und der Logos nicht erwähnt wird (so auch die Exegese der Vision Abrahams in *Abr* 122. In diesen Texten könnte der „Vater" zwar als Logos gedeutet werden, ich glaube aber eher, daß die Differenzierung zwischen Logos und Gott an sich hier keine Rolle spielt. Dem Toratext fehlt vor allem ein Textsignal, das die Logosdeutung auslöst (wie z.B. „Ort", „Eins", „Vier", „Zehn", „Engel"). Die Logosspekulation wird mit der Kräftespekulation (die durch die Gottesnamen „Gott" und „Herr" ausgelöst wird) eher selten verbunden, so in den QS nur in *QE* 2.37 und 2.68.

Während der Inspiration wird das Bewußtsein mit diesem Seinszentrum identisch (ὅμοιος).[419] Was der Logos ist, das ist auch das Bewußtsein geworden, nämlich καθαρώτατος. Es ist von aller dyadischen Wirklichkeit total abgetrennt. Der inspirierte Mensch überschreitet die Grenze zur absoluten Unanschaulichkeit, befindet sich dann aber nicht im Nichts, sondern in der Seinsfülle. Die sinnliche Leere bedeutet die ontologische Fülle. Die Sinneserfahrung ist aus dieser monadischen Perspektive gerade nicht gefüllt, sondern diffus und „leer". Je dichter die Seinserfahrung, desto unanschaulicher, „leerer" ist sie jedoch für die Sinneserfahrung. Die reinste Seinserfahrung ist darum der Sinneserfahrung überhaupt nicht mehr zugänglich. Man könnte diese paradoxe Erfahrung mit dem physikalischen Phänomen des schwarzen Lochs vergleichen, das so dicht ist, daß es Raum, Zeit und Licht verschluckt. Die Monade, obwohl sie sinnlich nicht existent ist, ist gleichwohl die absolute Masse, das Massenzentrum, von dem aus der ganze geistige und sinnliche Kosmos seinen Halt bezieht. Der Verflüchtigung des Sinnlichen entspricht die Fülle des Geistlichen. Deutlich wird diese Erfahrung von Fülle und Dichte in dem schon oben zitierten Text *QG* 4.30:

„Denn der Vollkommene schaut die Triade im schattenlosen Mittagslicht, *volles, fortwährendes und dichtestes Sein* (μεστὴν διηνεκῆ καὶ πληρεστάτην οὐσίαν); der (Fortschreitende) aber (schaut) in der Abenddunkelheit die Dyade, die aus *Trennung, Zerschneidung und Leere* besteht (διαίρεσιν καὶ τομὴν καὶ κενὸν ἔχουσαν)."[420]

Im monadischen Bewußtsein wird der Mensch in die unanschauliche Fülle des Seins hineingenommen. Die Monade steht einerseits für die gesamte göttliche Wirklichkeit, andererseits in dieser göttlichen Wirklichkeit für eine besondere „Gipfelerfahrung", in der alle abstrakten, begrifflichen Ideen in dem Einen aufgehen. Dies darf nicht mit einer Reduktion von

---

Anders in *Deo* 5 (AK): „Der Vater selbst aber hängt nicht oberhalb der Kräfte, sondern hat alles an sich hängen; denn Stütze des Bestehens und Säule des Alls ist er allein. Daß er aber *von oberhalb* spricht, der (doch) in der Mitte ist, sagt (die Schrift) deshalb, weil der Seiende durchs Wort das Universum ausgestaltet hat" (Übers. Siegert).

[419] Vgl. CH XIII, 7 und 8: Hier erfährt sich der Myste identisch mit dem Logos und den Kräften. Ich werde im Folgenden auf weitere Parallelen zwischen *QE* 2.29b und CH I und CH XIII hinweisen. Die Häufung von Parallelen ist auffällig und läßt darauf schließen, daß das Corpus Hermeticum und die in den QS vorliegenden Exegesen Ausdruck eines gemeinsamen religiös-philosophischen Milieus in Alexandria sind.

[420] Übersetzung des griech. Fragments (PLCL Suppl. II, 215): ὁ μὲν οὖν τέλειος τριάδα φαντασιοῦται ἐν ἀσκίῳ φωτὶ καὶ μεσημβρινῷ, μεστὴν διηνεκῆ καὶ πληρεστάτην οὐσίαν· ὁ δὲ δυάδα, διαίρεσιν καὶ τομὴν καὶ κενὸν ἔχουσαν ἐν ἑσπερινῷ σκότει. Die Übersetzung von Marcus hält sich stärker an die armenische Übersetzung, die teilweise deutlich vom griechischen Fragment abweicht.

Wahrnehmung verwechselt werden. Es geht um eine höchste Intensität von Wirklichkeitserfahrung. Die Schau des Einen ist die Schau des Ganzen. Der Logos entspricht der Monade, gleichzeitig strukturiert er die gesamte Wirklichkeit. Die Schau des Gesamten ist aber nur vom allgemeinsten Standpunkt aus zu erreichen. Je abstrakter, je entsinnlichter, desto wirklicher wird das Ganze geschaut.[421]

(2) Ich ergänze diese Beobachtung zur Erfahrung „reinen" Bewußtseins mit einer Analyse von Textstellen mit Inspirationsterminologie. *QG* 4.25 (zu Gen 18,22: Ἀβρααμ δὲ ἔτι ἦν ἑστηκὼς ἐναντίον κυρίου) beschreibt diese Erfahrung so:

„Again the soul becomes filled with God, *worshipping, admiring and honouring* the Cause above His powers, and also *standing still in His likeness*, for constancy in the truth is immovable and enduring."

Es geht um eine innere Hingabe ganz an Gott und dabei um das Erlebnis stillzustehen.[422] Meint Philo damit, daß es in diesem Moment auch keine Gedanken mehr gibt, die sich hin- und herbewegen? Das Stillstehen bezieht sich ja nicht auf den Körper, sondern auf den Geist. Wenn er „steht", dann liegt der Schluß nahe, daß er völlig zur Ruhe gekommen ist. Jedenfalls beschreibt Philo eine innere Stabilitäts- und Festigkeitserfahrung im Zustand der Inspiration. Der Nachsatz „for constancy in the truth is immovable and enduring" deutet jedoch eine andere Erfahrung an, nämlich das andauernde Gegründetsein in einer Wirklichkeitssicht, die ganz von Gott ausgeht.

QE 2.7 beschreibt das monadische Bewußtsein als innere Lichterfahrung, als ein Ganz-ausgefüllt-Sein von Gott:

„For it is impossible for anyone who comes into the sight of God to be empty but full of every good. For just as one who comes near the light is straightway illumined, *so also is filled the entire soul of him to whom God has appeared.* A spiritual light, however, is called by other names (namely) knowledge and wisdom."

---

[421] Vgl. die Beschreibung der Ekstase in CH XIII, 13: „Vater, ich sehe das All und mich selbst im Geist" (πάτηρ, τὸ πᾶν ὁρῶ καὶ ἐμαυτὸν ἐν τῷ νοΐ).

[422] So auch *QE* 2.40 zu Ex 24,12 (Ἀνάβηθι πρός με εἰς τὸ ὄρος καὶ ἴσθι ἐκεῖ): „This signifies that a holy soul is divinized (θεοφορεῖται?) by ascending not to the air or to the ether or to heaven (which is) higher than all but to (a region) above the heavens. And beyond the world there is no place but God. And He determines the stability of the removal by saying ‚be there', (thus) demonstrating the placelessness and the unchanging habitation of the divine place."

Weisheit und Erkenntnis meinen kein Wissen *über* Gott, sondern die Erfahrung des Göttlichen selbst.[423] Die Lichterfahrung und die innere Stabilität sind begleitet von Glücksgefühlen:

„If God returns to the soul, and the soul returns to Him, He immediately shows it *to be filled with joy*... Joy (consists) in seeming *to receive the most lucid radiance* that is brought from above" (*QG* 4.18 zu Gen 18,14).

Bis hierher läßt sich also feststellen: In *QE* 2.29b geht es um ein Bewußtseinsgeschehen, bei dem sich das Bewußtsein völlig von der Sinneswahrnehmung gelöst hat und in innerer Schau ganz bei Gott ist. Der Inspirierte ist seiner körperlichen Existenz nicht mehr gewahr. Das monadische Bewußtsein ist völlig auf die göttliche Wirklichkeit konzentriert, während das dyadische Bewußtsein mit der Sinneswahrnehmung arbeitet und dabei eine Identität konstruiert, die mit Sterblichkeit und Leidenschaften verbunden ist. Es geht nicht um eine tatsächliche Trennung vom Körper, sondern um eine kontemplative Erfahrung, in der die Sinneswirklichkeit keine Rolle mehr spielt und völlig ausgeblendet wird. Der Nous verwandelt sich von einem Organ der Wahrnehmung durch die Sinne in ein Organ der Wahrnehmung durch Gottes Inspiration, wobei hier Mittel und Objekt der Wahrnehmung identisch sind. Die Wahrnehmung ist gleichwohl aufs höchste gesteigert, sie geht ganz in der guten Wirklichkeit Gottes auf. Es geht um eine Totalidentifikation mit der ontologisch, ästhetisch und ethisch vollkommenen Wirklichkeit Gottes. Im monadischen Bewußtsein sind alle sinnlichen Affizierungen verschwunden – und damit sind Zeit und Raum transzendiert:

„(Scripture) reports a very great difference of superiority between the mind of the virgin, which makes use of nothing sense-perceptible, and the class of the type which receives the sense-perceptible" (*QG* 4.119).[424]

(3) Ich frage jetzt noch einmal genauer nach: Was passiert mit dem Bewußtsein in diesem Zustand? Das Sinnesbewußtsein ist ja nicht mehr exis-

---

[423] Vgl. *QG* 4.4: „But it is something great that he asks, that God shall not pass by nor remove to a distance and leave his soul desolate and empty. For the limit of happiness is the presence of God, which completely fills the whole soul with His whole incorporeal and eternal light."

[424] Vgl. *QG* 4.53 (zu Gen 19,27: Αβρααμ...εἱστήκει ἐναντίον κυρίου): „But as for the deeper meaning, the mind is firm, as the one God is firm. And behold, when it has become unalterable and unchangeable, all the things which it sees on looking around, which are all sense-perceptible, corporeal and subject to passion – all these substances it imagines as exhalation, furnace and smoke."

tent. Was geschieht, wenn auch Sprache und diskursives Denken – beide von Sinneseindrücken abhängig – aufhören? *QE* 1.22 beschreibt einen Zustand, in dem der Nous ohne Sinneswahrnehmung „allein in sich selber wohnt" („dwells in itself alone").[425] Der Nous steht dabei in Kontakt mit den vollkommenen, noetischen, körperlosen Ideen (αἱ τελειαὶ καὶ νοηταὶ καὶ ἀσωμάται ἰδέαι) und „sees only those things worthy to be seen, which shine forth from thoughts stripped of the senses." Um diskursive, Unterscheidungen fällende Gedanken kann es hier nicht gehen. Abel wurde nach *QG* 1.78 „aufgelöst in die Stimme, die Gott zu Hilfe ruft" („resolving him into a voice interceding with God"). Philo spielt hier auf eine Erfahrung der inneren Anbetung Gottes an. In *QG* 4.140 (zu Gen 24,63) beschreibt Philo genauer das innere Gespräch (ψυχικὴ ὁμιλία) mit Gott im Zustand der Inspiration (θεοφορεῖσθαι καὶ θειάζειν καὶ θεοληπτεῖσθαι) und ungestörten Ruhe:

„For he to whom separation from, and deficiency of, opinions of visible things are precious, begins to seclude himself alone with only the invisible God...And He speaks *without uttering words* and talks with someone *without audible voice*, and He does not turn away from (other) speakers or from His disciples or pupils but gives them freedom of speech in incorporeal matters and in conversation of speech about the intelligible things which are with Him, in order that by questioning they may understand what they do not already know and may comprehend what they think they surely know."[426]

Philo stellt Gott als Lehrer vor, der in einem inneren Dialog den Inspirierten belehrt.[427] Es ist eine Wahrheitsfindung, die sich fundamental von den üblichen philosophischen Gesprächen unterscheidet, die sich der sinnlichen Sprache bedienen. Sie ist dennoch an die Betrachtung der Schrift gebunden:

„...the sacred scriptures are not monuments of knowledge and vision [hier in der Bedeutung rationaler, sinnlich vermittelter Erkenntnis] but are the divine commands and the divine words, *which make known Him who is quiet, who is near as not there*."[428]

---

[425] Vgl. *Migr* 190: ὁ νοῦς ἑαυτῷ προσομιλεῖν ἄρχεται.

[426] In der Linie von *QG* 4.140 liegt die Auslegung von Gen 24,63 in *Det* 29–31. Es fehlt aber in *QG* 4.140 eine Auslegung des „Hinausgehens" im Sinne des *Sich-selbst-Verlassens*, wie sie in *Leg* 3.43 zu Gen 24,63 vorliegt. Diese exegetische Differenz ist ein wichtiges Indiz für die Akzentverschiebung zwischen den QS und dem AK.

[427] Vgl. im AK *Gig* 52: „Denn das in Worte (Gefaßte) ist nicht zuverlässig, weil eine Zweiheit; das Schauen des Seins aber ohne Stimme, allein durch die Seele, ist durchaus fest gegründet, weil es nach der unzerreißbaren Einheit geschieht" (PCH).

[428] Zu dieser Stelle vgl. GOODENOUGH, By Light, Light, 160; MARCUS, Review, 203–205, und WOLFSON, Philo II, 10.189.

Das Bewußtsein des Inspirierten ist hier nicht „leer", sondern es „erlebt" und „erfährt" etwas, es ist „im Gespräch" mit Gott. Es muß sich um eine Art ganzheitlicher Erkenntnis handeln, bei der Gott mit seinen ontologischen und ethischen Qualitäten nicht durch Nachdenken und Argumentieren, sondern durch ein „Widerfahrnis" erlebt wird. Diese Bewußtseinserfahrung vermittelt eine ethische und ästhetische Gewißheit über die Struktur der Wirklichkeit, vermittelt also Erkenntnis. In *QG* 3.3 unterscheidet Philo zwei völlig unterschiedliche Formen der Erkenntnis:

„There are two forms of reason: there is one in nature, by which things in the sense-perceptible world are analysed; and (the other is found) in those forms which are called incorporeal, by which the things of the intelligible world are analysed."

Die reine, geistige Erkenntnis hat monadische Qualität, wie der Schluß von *QG* 3.3 verdeutlicht:

„But the turtle-dove is likened to the intelligible and incorporeal form (of reason); for just as this creature is *fond of solitude* (φιλέρημος),[429] so (the reason) by an effort surpasses the forms of sense-perception and is *united in essence with the invisible*."

Die monadische Qualität dieses Bewußtseins zeigt sich darin, daß sich die reine Erkenntnis mit dem Unsichtbaren völlig verbindet, mit ihm eins wird und verschmilzt. Dabei verläßt der Inspirierte die partikulare Identität persönlicher Tugenden und gewinnt Anteil am Ganzen, am Wesen der Tugenden:

„Do you see the greatness of the gift? He has converted the part into the whole and *the species into the genus*, and the corruptible into the incorruptible" (*QG* 3.53 zum Namenswechsel von „Sarai" zu „Sara").

Er erfährt die ontologische Teilhabe an der Transzendenz. „Tugend" wird dabei ein ontologischer Begriff, der die göttliche Seinssphäre bezeichnet.[430] Das „Selbst" des Inspirierten verewigt sich. Es gehört nicht der

---

[429] „Einsamkeit" oder „Alleinsein" werden in der Allegorese monadisch gedeutet. Vgl. *Her* 127: φιλέρημος μὲν γὰρ ἡ θεία σοφία, διὰ τὸν μόνον θεόν, οὗ κτῆμά ἐστι, τὴν μόνων ἀγαπῶσα. Ebenso *Her* 234: ὁ γὰρ θεοῦ λόγος φιλέρημος καὶ μονωτικός, ἐν ὄχλῳ τῷ τῶν γεγονότων καὶ φθαρησομένων οὐχὶ φυρόμενος, ἀλλ᾽ ἄνω φοιτᾶν εἰθισμένος ἀεὶ καὶ ἑνὶ ὀπαδὸς εἶναι μόνῳ μεμελετηκώς.

[430] Vgl. die Bezeichnung der transzendenten Tugenden als „Kräfte Gottes" in CH XIII, 8. Sie konstituieren die neue Identität des Mysten: „Freue dich, mein Sohn, du bist durch die Kräfte Gottes gereinigt, denn sie sind da zum Aufbau des Wortes" (χαῖρε λοιπόν, ὦ τέκνον, ἀνακαθαιρόμενος ταῖς θεοῦ δυνάμεσιν· πάρεισι γὰρ εἰς συνάρθρωσιν τοῦ Λόγου). Mit „Wort" ist der göttliche Logos gemeint, in dem die Tugenden zusammengefaßt sind.

Sphäre des Gewordenen an, die dem Werden und Vergehen unterworfen ist, sondern ist ein unkörperliches Geschöpf Gottes geworden:

„Aber die Berufung des Propheten ist eine zweite Zeugung, die besser ist als die vorhergehende (Ἡ δὲ ἀνάκλησις τοῦ προφήτου δευτέρα γένεσις[431] ἐστι τῆς προτέρας ἀμείνων). For the latter is mixed with a body and had corruptible parents, while the former is an unmixed and simple sovereign part of the soul [Konjektur nach Marcus], being changed from a productive to an unproductive from, which has no mother but only a father, who is (the Father) of all" (QE 2.46).

Die Verwandlung des Bewußtseins ist so grundlegend, daß Philo von einer neuen Elternschaft des Inspirierten spricht, die als reine Vaterschaft die monadische Qualität Gottes symbolisiert. Das Bewußtsein ist dem Werden und Vergehen der dyadischen, sublunaren Welt entzogen. Das Motiv der Verwandtschaft mit Gott, das in *QE* 2.29bb betont wird, spielt auch hier eine wichtige Rolle.

Ich habe gefragt, ob Philo etwas beschreibt, was dem Phänomen des „reinen Bewußtseins" (pure consciousness) entspricht. Diese Frage ist zu bejahen, allerdings mit der Einschränkung, daß in dieser Erfahrung Wahrnehmung und Erkenntnis vermittelt werden, sie also „inhaltslos" nur in Bezug auf die Sinne, aber voller Erkenntnis in der transzendenten Begegnung mit dem Göttlichen ist. Das monadische Bewußtsein ist eine Wahrnehmungsform, in der alle *sinnlichen* Wahrnehmungen zur Ruhe kommen. Der höchste Seelenteil hat seine Verbindung zu den niederen Seelenteilen, die mit der Sinneswahrnehmung arbeiten, abgebrochen. Man könnte sich vorstellen, daß das Phänomen des monadischen Bewußtseins deshalb im abstrakten, entsinnlichten Denken besteht, das übrig bleibt, wenn der Geist bei sich alleine ist. Diese Erklärung greift aber noch zu kurz. Denn auch das aktive, unterscheidende Denken (λογισμός) kommt im Zustand monadischen Bewußtseins zur Ruhe. Diese reine Passivität ist Voraussetzung einer intensiven Aktivität Gottes, die jenseits aktiver Denkformen liegt, gleichwohl „Wahrnehmung" und „Erkenntnis" vermittelt.[432]

---

[431] Griech. Text bei PLCL Suppl. II, 251. γένεσις ist vom Kontext her mit „Zeugung" und nicht mit „Geburt" zu übersetzen (so Marcus zur Stelle). Der Begriff gehört zur Mysterienterminologie, die auch CH XIII verwendet: ἡ κατὰ θεὸν γένεσις (10), παλιγγενεσία (1, 7, 10, 13).

[432] So auch LEISEGANG, Der Heilige Geist, 144.215–231.

3.9. Zur Dauer des monadischen Gottesbewußtseins

Mit ὅταν impliziert Philo, daß die Erfahrung monadischen Bewußtseins zeitlich begrenzt ist. Geht dann auch die monadische Identität, die der Mystiker gewonnen hat, wieder verloren? Welches Bewußtsein hat der Vollkommene, wenn die ekstatische Inspiration endet? Oder ist er nur vollkommen *während* dieser besonderen Erfahrung? Zu dieser Problematik äußert sich Philo in *QG* 4.29 (zu Gen 18,33: „Der Herr ging weg, nachdem er aufgehört hatte, mit Abraham zu sprechen, und Abraham ging zurück zu seinem Platz):

> „The one who is begotten and brought into being *is not wont to be God-possessed always, but when he has been divinely inspired for some time he then goes and returns to himself.*" – „But it is necessary that the most pure and luminous mind should be mixed with the mortal (element) for necessary uses." – „For when it is wholly intent upon pleasing the Father and becomes God-possessed, it is rightly said to be fortunate. *And when it ceases to be inspired, after its enthusiasm it returns to itself and reflects upon its own affairs and what is proper to it. For piety and love of man are related virtues.* And these the wise man uses and observes, taking care to be reverent as a suppliant. While God stays, he remains there, and when He departs, he too departs. And the Father takes His departure because of His providential care and consideration for our race, knowing that it is by nature shackled and involved in its needs."[433]

Philo beschreibt hier zwei Erfahrungen des Weisen: Zustände ekstatischer Mystik wie auch Zustände, in denen er sich um des Überlebens in Raum und Zeit willen der Sinneswirklichkeit und dem gemeinschaftlichen Leben zuwendet. Überhaupt ist die besondere Erfahrung der Inspiration für den Weisen nichts, über das er verfügen könnte, sondern sie verdankt sich, wie Philo in *QG* 4.125 betont, der Souveränität Gottes:

> „Now the way which leads to it [the truth], so far as it rests with us, is knowledge and wisdom, for through these is it found. But by an *involuntary principle* (it is found) through prophecy. And since that which is proportioned and equal is a safe road, it leads to truth more evenly, briefly and smoothly than the former."

Der Weise orientiert sich jedoch immer an der Wahrheit, d. h. an Gott. In *QG* 1.91 stellt Philo beide Daseinsweisen gleichwertig nebeneinander:

---

[433] Vgl. auch *QG* 4.158: „When the soul of the virtuous man becomes filled with the contemplation of wisdom, which, like the day and the sun, illumines the whole reason and mind, then it begins to give birth to opposites in the separation of distinction and discrimination between holy and profan." – *QG* 4.25: „Again the soul becomes filled with God, worshipping, admiring and honouring the Cause above His powers, and also standig still in His likeness."

„There is one life with the body, and another without the body, to receive the gift of prophecy, *each of them being holy and altogether perfect.*"

Obwohl das Bewußtsein des Weisen nun mit der Sinneswahrnehmung gekoppelt ist, bleibt es doch „rein", weil es die innere Distanz zur Sinneswirklichkeit beibehält und immer auf die Wahrheit und Erkenntnis ausgerichtet ist. Alles andere betrachtet der Weise als wertlos:

„For men consider him to be their ruler and master who has an abundance of power in respect of corruptible materials, wheras God inspires with all wisdom him *for whom no inanimate and irrational materials have any value,* when He sees his soul greatly purified and *his mind free and unenslaved*" (QG 4.76).

Der Weise verliert sich nicht in den Lüsten und Leidenschaften, die durch die Sinneswirklichkeit hervorgerufen werden. Er bleibt frei von ihnen, weil sein Bewußtsein aus der Weisheit Gottes lebt.

Als sinnliches Geschöpf bedarf auch der Weise der Sinneswahrnehmung.[434] Aber er *kontrolliert* sie, indem er sie in den Dienst tugendhaften Handelns stellt.[435] Das Verhältnis des Weisen zu seinem Körper entfaltet Philo ausführlich in der allegorischen Sintflutdeutung, in der die Arche für den Körper steht.[436] In der seelenallegorischen Deutung von Gen 7,1 in *QG* 2.11 wird erklärt:

„When God saves the sovereign mind, which is the master of the soul, then He also saves the hole household with it. By this I mean all the parts and those things which are partial, and speech, which is projected outward, and the things of the body. For as the mind is in the soul, so the soul is in the body. Through reflexion all the parts of the soul are well-off, and all its household experiences benefit together with it. And when the whole soul fares well, then its household experiences benefit with it, the body (doing so) through moderation and restraint of habits and by cutting off its insatiable desire, which is the cause of illness."

Der Körper profitiert von der Disziplinierung durch den Geist. Die Leidenschaften werden unterbunden oder gezähmt.[437] Das reine Bewußtsein

---

[434] Zur neutralen, ja positiven Bewertung der Sinne vgl. *QG* 1.52–53.

[435] *QG* 2.49: „The female element, the senses, may be made manly by following masculine thoughts and by receiving from them seed for procreation, that it may perceive (things) with wisdom, prudence, justice and courage, in sum, with virtue."

[436] Vgl. *QG* 2.1–49.

[437] Vgl. *QG* 2.27: „As for the deeper meaning – the righteous mind, living in the body as in an ark, also has wild beasts and cattle but not those particular ones which bite and are harmful, but, as I might say, the generic ones having the status of seed and principle, for without these the soul is not able to appear in the body. Accordingly, (the soul) of the wicked man uses all things poisonous and lethal, but that of the virtuous those things

kontrolliert also die sinnlichen Dinge, gleichzeitig aber versucht es, alle sinnlichen Dinge, vor allem in der Gestalt der Lüste, von sich zu entfernen. Diese Bewußtseinsform, gleichsam zwei Wahrnehmungsformen dialektisch in der Waage zu halten, stellt Philo auch in einem anderen Zusammenhang dar. Zum Verhältnis des Weisen zur sinnlich orientierten Wissenschaft (τὰ ἐγκύκλια) führt er in *QG* 3.21 aus:

„But as for the deeper meaning, he who has truthfully entrusted his thoughts to wisdom and justice and other virtues, when once he has received the thoughts of wisdom and has tasted marriage with her, remains her mate and husband, even though he provides abundantly for the education of the school. For even if the virtous man has ready to hand the theories of geometry, arithmetic, grammar, rhetoric and other scientific disciplines, none the less is he mindful of his integrity, and addresses himself *to the one as a task, and to the other as to a side-task*."

Der Weise kennt somit Zeiten, in denen er sich um die sinnlichen Dinge kümmert, dabei aber immer an der transzendenten Weisheit und Tugend orientiert bleibt, aber auch Zeiten, in denen sich sein Denken ganz von den sinnlichen Dingen entfernt, die Schau der Transzendenz anstrebt und von Gott die Erfahrung ekstatischer, mystischer Inspiration geschenkt bekommt. Das vollkommene Leben besteht also aus zwei Existenzformen: Die eine ist die Beharrlichkeit in der Tugend, das praktische Leben, in denen Wort und Tat übereinstimmen, die andere ist die noetische Schau Gottes, also das kontemplative Leben. Das „reine" Dasein hat also sowohl *nichtekstatischen* als auch *ekstatischen* Charakter. In *QE* 2.29 hat Philo die Hochform *ekstatischer* Existenz im Blick.

Eine Synthese zwischen kontemplativem und praktischem Leben scheint auch in *QE* 2.3 vorzuliegen:

„But those who are free of self-love and hasten to God obtain from above his visitations and care as from a father, and as from a husband (they obtain) the sowing of good thoughts and intentions and words and deeds."

Hier verlängern sich die inspiratorischen Impulse Gottes in das aktive Leben hinein. Die Gottesbegegnung reichert nicht nur das Bewußtsein mit guten Gedanken und Absichten an, sondern gewährleistet auch ihre praktische Umsetzung durch gute Worte und Taten. So ist auch das praktische Leben von der Gotteserfahrung geprägt und durchzogen, das ethisch richtige Alltagsverhalten Ausdruck der Kontemplation und Inspiration.

---

which transform the nature of wild beasts into that of domestic ones." Siehe auch noch *QG* 4.80, 4.82, 4.121, 4.182f.

3.10. Gottesnähe

Während 2.29ba die Inspiration als ein Geschehen vorstellt, das souverän von Gott ausgeht und dem inspirierten Bewußtsein widerfährt, betont 2.29bb die aktive Beteiligung des Menschen:

29bb:
Ὁ δ' εἰς μονώσεως φύσιν ἀνεστοιχειωμένος[438] τῷ θεῷ λέγεται ἐγγίσαι[439] συγγενεῖ τινι οἰκειότητι·[440] ἀφεὶς γὰρ καὶ παρεὶς τὰ θνητὰ γένη πάντα,[441] μετατίθεται[442] εἰς τὸ θεῖον,[443] ἅτε γενέσθαι θεῷ συγγενὴς καὶ θεῖος πρὸς ἀλήθειαν.[444]

29bb:
Wer sich aber in die Natur der Einheit aufgelöst hat, von dem wird gesagt, daß er „sich Gott nähert" in einer Art verwandtschaftlicher Zugehörigkeit; denn da er zurückgelassen und beiseitegelassen hat alle sterblichen Seinsweisen, wird er in die göttliche verwandelt, so daß er gottverwandt und wahrhaft göttlich wird.

Mit Ὁ δ' εἰς μονώσεως φύσιν ἀνεστοιχειωμένος[445] verstärkt Philo die naturphilosophische Terminologie von 2.29b. Ἀναστοιχέω bezeichnet den Vorgang der Auflösung vieler Teileelemente in ein neues Gesamtelement, also einen echten Verwandlungsvorgang.[446] Der naturphilosophische Vorgang der Elementenverwandlung wird von Philo seelenallegorisch auf-

---

[438] Oder: προσκολλώμενος; siehe die Überlegungen im Text.
[439] Vgl. *Leg* 2.57 zu Nadab und Abihu: οἱ ἐγγίσαντες θεῷ καὶ τὸν μὲν θνητὸν βίον καταλιπόντες.
[440] Oder wie Marcus: κατὰ συγγενῆ τινα οἰκειότετα.
[441] Oder kürzer: τὰ θνητὰ πάντα.
[442] Oder: μεταβάλλει.
[443] Terians Übersetzung des Armenischen mit „il est devenu un homme divin", die er in einem Brief an mich mit εἰς θεῖον ἄνδρα μετέβαλεν/μεταβαλλοιοῦται rückübersetzt hat, ist nach *Siegert* „in der Tat in einer der drei Handschriften überliefert; in einer anderen steht ein Collectivum, das εἰς θείους ἄνδρας κτλ. ergäbe. Mein Text entspricht der von Aucher bevorzugten Variante, die ich auch für die beste halte – im Sinne der inneren Logik des Abschnitts".
[444] Oder: θεσπέσιος; vgl. die Charakterisierung der allegorisierenden Exegeten als θεσπεσίων ἀνδρῶν in *Spec* 3.178, und zwar im Zusammenhang einer Allegorese, die den Unterschied zwischen Monade und Dyade verdeutlicht.
[445] Vgl. die Parallele in *Mos* 2.288: „εἰς μονάδος ἀνεστοιχείου φύσιν."
[446] Vgl. *Aet* 94 zur Auflösung der Weltelemente in Feuer (Referat von Chrysipp) und *Abr* 43 zur Auflösung der Elemente während der Sintflut. Synonym verwendet Philo κατάλυσις, vgl. *QG* 2.15: „But the deeper meaning is as follows. The flood is a symbol of spiritual dissolution (σύμβολον τῆς πνευματικῆς καταλύσεως). And so, when by the grace of the Father we wish to cast off and wash off from the mind all the sensible and corporeal things by which it was stained as if by ulcers, it is inundated like salt-flats by the flow of sweet streams and potable springs."

genommen und veranschaulicht den mystischen Verwandlungsvorgang des Bewußtseins vom dyadischen zum monadischen Bewußtsein.[447]

Bevor ich die Rückübersetzung von Siegert erhielt, glaubte ich aufgrund der Übersetzung „*inhaeserit*" von Aucher, daß im griechischen Text das Verb (προσ)κολλάω stand und übersetzte mit „wer aber ganz am Wesen der Einheit festhängt." Es ist auffällig, daß dieses Verb zum Sprachfeld der Wendung „sich Gott nähern" gehört, (προσ)κολλάω also, wenn es ursprünglich ist, diese Wendung in 2.29 vorbereiten würde.[448] Das Bild des „Festhängens" oder „Festklebens" wird von Philo öfters zur Beschreibung der ekstatischen Bewußtseinserfahrung verwendet. Aufschlußreich dafür ist der letzte, griechisch überlieferte Teil von *QE* 2.3:[449]

„Aber wenn Seelen an Gott *angehängt werden* (προσκολληθῶσι θεῷ), werden sie aus Frauen Jungfrauen, indem sie die *weiblichen Verderbnisse wegwerfen*, die mit der Wahrnehmung und den Leidenschaften verbunden sind."

Marcus (zur Stelle) weist darauf hin, daß die armenischen Übersetzer in freier Form das Verb astouacazgestkʻ gewählt haben, das normalerweise für die Inspirationstermini ἔνθεοι oder θεοφόροι steht. Die Nähe von προσκολλάω zur Vorstellung der Inspiration ist also deutlich. Inhaltlich

---

[447] Vgl. im AK *Her* 29, *Her* 183f. und zur Kosmosmystik *Her* 200. – Siegert: „*Inhaltlich handelt es sich um die unio mystica, die ja bei manchen Autoren nicht nur als Vereinigung, sondern als Vermischung aufgefaßt wird.*"

[448] Vgl. *Migr* 132: „Indem er (der Gesetzgeber) aber die unaufhaltsame Sehnsucht nach dem Schönen noch stärker anspannt, muntert er ihn dazu auf, ihm (Gott) auch ‚anzuhaften' (κολλᾶσθαι αὐτῷ), wie es ja heißt: ‚den Ewigen, deinen Gott, sollst Du ehrfürchten, ihn verehren und ihm anhaften' (πρὸς αὐτὸν κολληθήσῃ). Welches ist nun das Bindemittel (ἡ κόλλα)? Welches? Frömmigkeit und Glaube natürlich! Denn diese Tugenden vereinigen und verbinden den Sinn mit der unsterblichen Natur. Von Abraham heißt es deshalb auch, nachdem er zum Glauben gelangt war: ‚er sei Gott näher gekommen'(ἐγγίζειν θεῷ)" (PCH). – Auch das Verb ἀναλύειν/καταλύειν – Synonym zu ἀναστοιχέω – steht in engstem Sinnzusammenhang mit προσκολλάω, wie *Leg* 2.49 beweist: „Wegen der Sinneswahrnehmung verläßt der Geist, wenn er sich von ihr knechten läßt, den Vater des Alls, Gott, und die Mutter aller Dinge, die Tugend und Weisheit Gottes, und hängt an der Sinneswahrnehmung fest und wird eins mit ihr und löst sich in die Sinneswahrnehmung auf (καὶ προσκολλᾶται καὶ ἑνοῦται τῇ αἰσθήσει καὶ ἀναλύεται εἰς αἴσθησιν), damit sie beide ein Fleisch werden und eine Empfindung." Der Vorgang der Monadisierung des Bewußtseins wird von Philo auch als Auflösung der Sinneswirklichkeit beschrieben: *QE* 2.28 spricht von der „Auflösung und Fortnahme des vollkommensten und prophetischen Bewußtseins" (κατάλυσις καὶ ἀφαίρεσις τοῦ τελειοτάτου καὶ προφητικοῦ νοῦ). Damit ist die völlige Entsinnlichung des Bewußtseins im Zustand größtmöglicher Gottesnähe gemeint.

[449] PLCL Suppl. II, 241.

verweisen beide möglichen Verben auf die ekstatische Erfahrung völliger Entsinnlichung bei gleichzeitiger größtmöglicher Gottesnähe.

Diese Nähe sieht Philo auch in der Wendung „*sich Gott nähern*" ausgedrückt. Er assoziiert das Verb συν/εγγίζειν (sich nähern) mit dem Adjektiv συγγενής (verwandt), das die Qualität des ganz Nahen, also Intimität, gleichnisartig (τινα) ausdrückt, wie auch das Nomen οἰκειότης, das mit Angehörigkeit, Freundschaft oder Vertrautheit übersetzt werden kann.

QE 2.3 greift dazu die Symbole des Vaters und des Ehemannes auf:[450]

„Nach der Schrift nun (Ex 22,22) sind solche Seelen zu Witwen geworden und sind Waisen für die sterblichen Dinge geworden; als *Mann* erhalten sie das rechte Gesetz der Natur und dies auch als ihren *Vater*, der ihnen erklärt, was sie zu tun haben, wie Söhnen mit dem höchsten Vormund."

Das „rechte Gesetz der Natur" verweist auf die Zugehörigkeit zum göttlichen Logos, die nur dem Tugendhaften gilt.[451] Diese Teilhabe wird in der Seelenallegorese nicht als eine angeborene, sondern als eine im Heilsgeschehen verliehene verstanden.[452]

3.11. Psychagogische Übungen in den Quaestiones et Solutiones

Die immer wieder hervorgehobene Kehrseite der Gottesnähe ist die totale Distanz zum Sterblichen. Dieser Distanzierungsvorgang wird von Philo auch als *aktives* Handeln des Menschen beschrieben: „*denn da er zurück-*

---

[450] Im AK betont Philo die Zusammengehörigkeit von Gottesnähe, Stabilität und Ruhe; vgl. *Somn* 2.228: „Tatsächlich nämlich wird auch das sich Gott Nahende an Unveränderlichkeit dem Feststehenden selbst verwandt (τὸ τῷ θεῷ συνεγγίζον οἰκειοῦται κατὰ τὸ ἄτρεπτον αὐτοστατοῦν), und wenn der Geist zur Ruhe kam, erkannte er deutlich, was für ein großes Gut die Ruhe ist, und staunend über ihre Schönheit erfaßte er, daß er entweder Gott allein zugeteilt worden sei oder dem zwischen dem sterblichen und dem unsterblichen Geschlecht in der Mitte stehenden Wesen" (PCH). Vgl. noch *Cher* 18–19 und *Post* 27 zu Gen 18,22f. (22: ἑστὼς ἦν ἔναντι κυρίου; 23: καὶ ἐγγίσας εἶπεν). Die beiden Verse werden in *QG* 4.25–26 unabhängig voneinander besprochen. *QG* 4.25 interpretiert Gen 18,22 als Vorgang ekstatischer Inspiration.

[451] Vgl. auch *QG* 2.62: „Moreover, Scripture wishes also to show that God most justly avenges the virtuous and decent men because they have a certain kinship with his Logos, of which the human mind is a likeness and image."

[452] Anders der Missionstheologe Philo in *Opif* 77: „Gott hat den Menschen durch das Vernünftige (τῆς λογικῆς), was das edelste Geschenk war, an seiner Verwandtschaft teilnehmen lassen." Vgl. auch *Opif* 146: „Jeder Mensch hat durch die Vernunft (διάνοια) Gemeinschaft mit dem göttlichen Logos."

gelassen und beseitegelassen hat alle sterblichen Seinsweisen". Ähnlich heißt es auch in *Leg* 2.57 von Nadab und Abihu, sie hätten „sich Gott genähert und das sterbliche Leben verlassen" (οἱ ἐγγίσαντες θεῷ καὶ τὸν μὲν θνητὸν βίον καταλιπόντες). Es ist typisch für den mystischen Denkstil, daß die Passivität und Aktivität des Menschen während der mystischen Erfahrung nebeneinandergestellt werden, weil sie sich komplementär entsprechen.

Man kann die Formulierung auch als einen Hinweis auf *psychagogische Übungen* lesen, die dieses Zurücklassen methodisch ermöglichen. In den QS überwiegt zwar mehr die phänomenologische Beschreibung der unterschiedlichen Daseinsebenen, aber es gibt durchaus einige Texte in den QS, die nicht nur dazu auffordern, *daß* man die sterblichen Dinge verlassen soll, sondern auch dazu anleiten, *wie* man sie zurückläßt. Diese Hinweise oder Aufforderungen stehen jedoch immer unter dem Vorzeichen, daß die Inspiration ein unverrechenbares Handeln Gottes ist. Auch die Liebe zu Gott, die nach der Kontemplation strebt, ist bereits von Gott verursacht; als Liebe *zu* Gott ist sie immer auch Liebe *von* Gott.

Bei der Frage nach Übungen ist zu beachten, daß Philo *zwei Ebenen der Übungen* kennt. Die eine Ebene zielt auf die Beherrschung der Sinneswahrnehmung und der Leidenschaften durch die Vernunft.[453] Sie üben *nichtekstatische Zustände vollkommenen Bewußtseins* ein, die in der Identität mit der Tugend und im absoluten Vertrauen zu Gott bestehen. Die andere Ebene zielt auf die Erfahrung *ekstatischer Inspiration*. Diese beiden Ebenen sind bei Philo nicht immer klar zu unterscheiden, weil sie eng zusammenhängen, und es ist auch oft nicht sofort deutlich, auf welche Ebene die Anweisungen oder Überlegungen Philos abzielen.[454] Diese Unschärfe hängt sicherlich auch damit zusammen, daß Philo über diese Übungen immer nur dann informiert, wenn er sich durch eine Aussage der Tora dazu veranlaßt fühlt. Außerdem: Wer die QS liest, nimmt immer schon an einer psychagogischen Übung teil, nämlich an der allegorischen Schriftauslegung. Alle Übungen stehen im Dienst einer Umwertung von Wirklichkeit, bei der der „gesunde Menschenverstand" als Trug entlarvt wird. Daß diese Unterscheidung zweier Ebenen geistlicher Übungen sach-

---

[453] Vgl. dazu die Aufzählung der popularphilosophischen psychagogischen Übungen oben in Kapitel 2.5.

[454] Vgl. z.B. *QE* 1.22 oder *QE* 2.71: „For those who are nourished by visible food in the form of allegory also say, that every soul desirous of moral excellence is a libation, that is if one first pours out and dedicates one's virtue to God. And this is an act desirable and agreeable and pleasing to the heart of the Father, just as is the most sweet-smelling incense by its fragrance."

lich angemessen ist, zeigt *QE* 1.4. Philo erläutert hier zwei Ebenen der seelenallegorischen Deutung des Passahs:

„But the deeper meaning is this. Not only do *men* make the *Passover* sacrifice when they change their places but so also and more properly do *souls*[455] *when they begin to give up the pursuits of youth* and their terrible disorder and they change to a better and older state. And so *our mind should change from ignorance and stupidity to education and wisdom,* and from intemperance and dissoluteness to patience and moderation, and from fear and cowardice to courage and confidence, and from avarice and injustice to justice and equality.

And there ist still another Passover of the soul beside this, which is its making the sacrifice of passing over from the body; and there is one of the mind, (namely, its passing over) from the senses; and as for thoughts, (their passing over consists) in one's not being taken with oneself but in willingly thinking further *of desiring and emulating prophetic souls.*"[456]

Die erste Ebene besteht darin, sich innerlich von den Leidenschaften, Lüsten und arroganten Gedanken abzuwenden und den Tugenden zuzuwenden. Immer wieder fordert Philo zu dieser ebenfalls dramatischen, wenn auch nicht ekstatischen Bewußtseinsveränderung auf. Die Hinwendung zur Welt der Tugend intensiviert sich dann im Streben nach ekstatischer (prophetischer) Inspiration. Philo deutet auch hier die Übung nur an: Es geht um ein *innerseelisches Distanznehmen vom Körper, von der Sinneswahrnehmung*[457] und – ganz wichtig – *vom inneren Gedankenspiel,* vom diskursiven Verstand (οἱ λογισμοί). Marcus[458] merkt an, es gehe darum, von der eigenen Wichtigkeit Abstand zu nehmen. Es ist aber zu beachten, daß sich „*ut non a se capiatur*" (Aucher) zunächst einmal auf das Spiel der Gedanken und Überlegungen bezieht. In *QG* 4.29 spricht Philo von einem Bei-sich-selbst-Sein in der Weise, daß man über seine anstehenden Tätigkeiten und Verpflichtungen nachdenkt und die richtigen Entscheidungen trifft: „The mind...returns to itself and reflects upon its own affairs and what is proper to it." *QG* 4.132 beschreibt negativer die Unruhe dieser Gedanken:

„The mind is always variable and subject to all kinds of change because of the thoughts (τοὺς λογισμούς) which frequently and continuously come at it from without and come into it like a torrent with ceaseless blows."

---

[455] Auffällig ist hier der Wechsel zwischen „Menschen" und „Seelen".
[456] In *Spec* 2.147 deutet Philo das Passah nur im Sinne der ersten Ebene als Eindämmung der Leidenschaften durch die Grundsätze der Tugend.
[457] Vgl. CH XIII, 7: „Schalte die Wahrnehmungen des Körpers aus, und die Geburt der Gottheit wird sich ereignen" (κατάργησον τοῦ σώματος τὰς αἰσθήσεις, καὶ ἔσται ἡ γένεσις τῆς θεότητος).
[458] PLCL Supplement II, 11 (Anm. j).

Es geht nach *QE* 1.4 darum, daß dieses immer auch anstrengende, auf Zeit und Raum ausgerichtete und von dort her angestiftete bewegte Hin und Her *zur Ruhe kommt,* und sich das Denken rein rezeptiv nur noch auf eine Sache konzentriert: auf die Erfahrung des ekstatischen Bewußtseins. Das eigene Urteilsvermögen wird dabei *deaktiviert*.[459] Philo beschreibt diese Konzentrationsübung als ein freiwilliges und entschiedenes Erwarten der Inspiration.[460]

Diese auf Gott ausgerichtete Konzentration – weg vom Vielerlei der Gedanken und der sinnlichen Erregungen – steht auch im Mittelpunkt des folgenden Textfragments:

„Wer den Besten des Alls schauen will, der muß zuerst *in seiner Seele stillstehen* (στῆναι τὸ πρῶτον κατὰ ψυχήν), fest verharrend bei einer Gesinnung und nicht mehr zum Vielen hin abirren (μηκέτι πρὸς πολλὰ πλάζεσθαι); ferner *verharren bei einer Gesinnung,* die dürr und unfruchtbar für alles Vergängliche ist. Denn wenn er irgend etwas von dem Einschmeichelnden zuläßt, verfehlt er seinen Vorsatz."[461]

Philo erwähnt kein sprachliches oder formales Hilfsmittel für diese Übung. In späteren Zeiten murmelte man ein bestimmtes Wort oder orientierte sich an einem Gegenstand, auf den man sich konzentrierte, um die umherschweifenden Gedanken zu beruhigen. Philo kennt immerhin die innere Anverwandlung an ekstatische Vorbilder, wie z.B. Abraham, Mose oder Jeremia.[462]

Die oben zitierte Interpretation von Marcus ergänzt diesen grundlegenden Sachverhalt der Deaktivierung aller sinnlichen Seelenregungen einschließlich der Gedanken. Denn das diskursive Denken steht in der Gefahr, sich selbst arrogant zu überschätzen und zum Mittelpunkt zu machen. In *QE* 2.3 benennt Philo genauer diese Gefahr:

„Such souls as love themselves honour the mind as a husband and father – as a husband perhaps because it sows in them the powers of the senses by which the sense-perceptible

---

[459] Vgl. *QG* 4.196.

[460] Vgl. die Übersetzung von Terian: „tourner résolument sa pensée vers le désir et l'émulation des esprits prophétiques."

[461] Aus dem griechischen Fragment (PLCL Suppl. II, 258, Nr. 1); Übersetzung nach Jonas, Gnosis II/1, 107 (Anm. 1).

[462] Vgl. *Conf* 95. STERLING, Recluse or Representative, 605, weist auf die Möglichkeit hin, daß bei Alexandria ein Heiligengrab Jeremias lag, und zwar unter Hinweis auf Aussagen der apokryphen Schrift „Das Leben der Propheten" über die Verehrung Jeremias in Alexandria und auf *Cher* 49: „Denn auch ich, der ich durch den gottgeliebten Mose in die großen Mysterien eingeweiht war, habe dennoch, als ich Jeremia den Propheten sah (ἰδών!) und erkannte, daß er nicht nur ein Myste, sondern auch ein geeigneter Hierophant war, keine Bedenken getragen, zu ihm in die Schule zu gehen."

object is attained and seized; and (they honour it) as a father because it is thought to be the parent of disciplines and arts."⁴⁶³

Hier wird dem Bewußtsein eine schöpferische Kraft zugesprochen, die sich auf die Herstellung – in Wirklichkeit täuschender – Sinneswirklichkeit bezieht.⁴⁶⁴

Gerade der täuschenden Sinneswirklichkeit will aber das Bewußtsein entfliehen, das sich nach der prophetischen Ekstase sehnt. In *QE* 1.13 finden wir die Beschreibung einer *Reue- und Stilleübung*, die die Gottesschau vorbereiten hilft:

„But as for the deeper meaning, it was proper for those who wished truly to repent to effect the purification of their souls invisibly and without making signs and *not saying anything more* but only believing (themselves) *to stand in night and darkness*, in order that no visible (and) visionary form of imaginary idols might appear to be seen. And none the less *does glory follow the humility* of the worshippers, for darkness does not make the stars invisible; rather do they appear more clearly at night."

Philo übergeht in seiner Exegese von Ex 12,8a den Tatbestand, daß das Pascha bei Vollmond geschah (so *Spec* 2.155 mit der Betonung, daß es in dieser Nacht *hell* gewesen sei). Die Erwähnung der „Nacht" veranlaßt ihn vielmehr dazu, eine Meditationsübung zu beschreiben, bei der *geschwiegen* wird und wahrscheinlich auch die *Augen geschlossen* werden.⁴⁶⁵ Auf diese Weise wird das Verschwinden aller sinnlichen Sensationen erreicht. Damit verbunden ist eine *Erfahrung der Nichtigkeit*, auch angesichts der eigenen Sündhaftigkeit.⁴⁶⁶ Mit dieser Übung ist die Verheißung verbunden,

---

⁴⁶³ Vgl. in den MS *Spec* 1.333–336.

⁴⁶⁴ Mit dieser Stelle deutet Philo das an, was er im AK viel ausführlicher und zentraler entfaltet, ja zum eigentlichen Thema macht: die Illusion des sich selbst setzenden Nous und die Wirklichkeit des in Gott gegründeten Selbst.

⁴⁶⁵ Vgl. CH I, 30: „Der Schlaf des Körpers wurde zur Nüchternheit der Seele, das *Schließen der Augen* wurde zur wahren Schau, und *mein Schweigen* (ἡ σιωπή μου) trug das Gute mit sich, und das *Schwinden von Worten* wurde eine Quelle des Guten." Das Schweigen spielt in CH XIII eine wichtige Rolle: σοφία νοερὰ ἐν σιγῇ (2); σιώπησον, ὦ τέκνον, καὶ εὐφήμησον καὶ διὰ τοῦτο οὐ καταπαύσει τὸ ἔλεος εἰς ἡμᾶς ἀπὸ τοῦ θεοῦ (8). Während dieser Stilleübung wird der Myste durch die Gnade Gottes von den Leidenschaften befreit und gereinigt. An die Stelle der negativen Gefühle und Leidenschaften treten positive Gefühle und Tugenden: u. a. Freude, Selbstbeherrschung, Ausdauer und Gerechtigkeit (8–9).

⁴⁶⁶ Vgl. *QE* 2.15: „And so, we who desire repentance eat the unleavened bread with bitter herbs, that is, we first eat bitterness over our old and unendurable life, and then (we eat) the *opposite of overboastful arrogance through meditation on humility*, which is called reverence [besser: Scham]."

daß dabei das göttliche Licht aufleuchtet und sich die Transzendenz offenbart. Eine solche *Demutsmeditation* beschreibt auch QG 4.28:

„Those who approach God with a pure mind (character) are especially aware of their *own weakness* in comparison with the greatness of Him whom they approach."[467]

In dieser Meditation werden arrogante Gedanken abgewehrt und zum Stillstand gebracht.[468]

Zur *inneren Überwindung aller negativen Seelenstimmungen* als Vorbereitung zur Gottesschau fordert Philo in QE 2.51 (zu Ex 25,8: Du sollst mir ein Heiligtum machen und ich werde euch erscheinen) mit eindringlichen Worten auf:

„For if, O mind, thou dost not prepare thyself of thyself, *excising desires, pleasures, griefs, fears, follies, injustices and related evils*, and dost (not) *change and adapt thyself to the vision of holiness*, thou wilt end thy life in blindness, unable to see the intelligible sun. If, however, thou art worthily initiated and canst be consecrated to God[469] and in a certain sense become an animate shrine of the Father, (then) instead of having closed eyes, thou wilt see the First (Cause) and in wakefulness thou wilt cease from the deep sleep in which thou hast been held. Then will appear to thee that manifest One, Who causes incorporeal rays to shine for thee, and grants visions of the unambiguous and indescribable things of nature and the abundant sources of other good things. For the beginning an end of happiness is to be able to see God. *But this cannot happen to him who has not made his soul, as I said before, a sanctuary and altogether a shrine of God.*"[470]

Der Text betont die aktive Vorbereitung der Gottesschau. Angestrebt wird eine Bewußtseinsverfassung, die frei ist von einer Gefangenschaft durch die Leidenschaften. Sie arbeitet der Ruhe und dem Frieden vor, die sich beide in der eigentlichen Ekstase nochmals vertiefen.

---

[467] Vgl. dazu 2 Kor 12, 1–9, wo Paulus explizit seine Schwachheit angesichts seiner Ekstasen betont. Er macht damit deutlich, daß man sich einer besonderen Erfahrung, die Demut zur Voraussetzung hat, nicht rühmen kann, obwohl sie rühmenswert erscheint. Paulus sieht sich durch die Gegner in Korinth dazu gezwungen, sich einer Erfahrung zu rühmen, von der er eigentlich schweigen will.

[468] Vgl. im AK den Hinweis auf diese übliche Praxis in *Migr* 191.

[469] Zu Mysteriensprache in den QS vgl. das zweite griechische Fragment zu QG 4.8 (PLCL Supplement II, 214): „Die Einweihung in die heiligen Mysterien (Τὰ ἱερὰ μυστήρια) ist eine Reinigung (τελείᾳ καθάρσει), die zur Schau der asomatischen und noetischen Natur befähigt." Vgl. auch das in PLCL Supplement II, 262, wiedergegebene Fragment (Nr. 20 = Harris, 75).

[470] Vgl. das Bekenntnis des Mysten in CH XIII, 1 als Antwort auf die Aufforderung, sich von der Welt zu entfremden: ἕτοιμος ἐγενόμην καὶ ἀπηνδρείωσα τὸ ἐν ἐμοὶ φρόνημα ἀπὸ τῆς τοῦ κόσμου ἀπάτης. Der Vorgang der Beseitigung der Tugenden wird in CH XIII, 7–9 als ein Gnadenakt Gottes geschildert. Die Reinigung geschieht also im Inspirationsgeschehen.

Das monadische Bewußtsein entfaltet sich, wenn der Weise die *Einsamkeit* und das *Alleinsein* sucht und sich dabei mit dem unsichtbaren Gott verbindet (*QG* 4.140). Die Einsamkeit ist nicht nur räumlich-zeitlich, sondern auch gedanklich gemeint. Der Weise trennt sich von den Meinungen über sichtbare Dinge, also vom sophistischen Gespräch im eigenen Bewußtsein (*QG* 4.140).

Neben der Stilleübung gibt es auch einen Hinweis auf ein *hymnisches Gotteslob*, das die Seele zu Gott hinaufschwingen läßt (*QG* 4.130):

„For being given wings and out of heavenly desire being borne aloft, they move in flight about the Father and Creator of all things, and Him, who truly fills all things with His powers for the salvation of all, *they call ‚holy, blessed Creator, God of truth'*."

In das hymnische, euphorische Lob wird der gesamte Kosmos als Gottes Schöpfung eingeschlossen, weil er von den Kräften Gottes, d.h. vom Logos und vom Geist Gottes durchdrungen erfahren wird. So verschmelzen Kosmologie und Soteriologie; der Schöpfergott ist im charismatischen Geschehen der geistlichen Schöpfungsdurchdringung gleichzeitig der Erlösergott. Schöne Beispiele für diese Gattung des ekstatischen Hymnus bieten z.B. Weish 7,22–8,1 und CH XIII, 17–20.[471] Diese Lieder entspringen der Ekstase und sollen sie gleichzeitig hervorrufen und den Mysten in engste Gottesbeziehung bringen.[472] Sie nehmen die Sängerinnen und Sänger in eine Bewegung hinein, in der die Realität von Raum und Zeit ver-

---

[471] Von Philo sind keine Hymnen überliefert. Basilides, der m.E. in der alexandrinischen Tradition der esoterischen Mystik Philos steht, soll neben seiner exegetischen Arbeit auch Hymnen geschrieben haben. Zum ekstatischen Hymnus vgl. das Ägypter-Evangelium (NHC IV,2: 78.10–14 = III,2: 66.8–67.2). In der Merkabah-Mystik, die ihre Wurzeln in der Apokalyptik hat, spielen ekstatische Lieder und die Anrufung des Namens Gottes eine zentrale Rolle (vgl. Hekhalot Rabbati 3.4 = Synopse § 102); vgl. dazu MORRAY-JONES, Transformational Mysticism, 24–31.

[472] Vgl. die formale Analyse von GEORGI, Wesen der Weisheit, 79, zu Weish 7,22f.: „Die Form der poetischen Vorstellung ist von großer Bedeutung. Dieser Lobgesang gibt uns keine mythologische Szene oder Erzählung. Statt dessen präsentiert er ein sich dauernd bewegendes Bild, das in einer Kaskade von Worten lebt. Die Bewegung ist nicht ziellos. Der unaufhaltsame Drang dieser Bewegung wird durch die stilistische Organisation der Worte wie auch durch die Assoziationen, die sie hervorrufen sollen, gelenkt. Der dadurch geschaffene sprachliche Prozeß ist von oszillierender Art, und so soll auch die erhoffte begleitende Reaktion, das mitgehende Erleben sein. Die in dieser Lebendigkeit der Symbole sich manifestierende Weisheit ist die Offenbarung des Göttlichen. Das Bewußtsein von ihr und so von Gott, das durch diese sprachliche Manifestation verursacht wird, ist kein Wissen von Fakten oder Definitionen, sondern ein offenes existentielles Engagement." Diese Formulierung könnte noch in Richtung einer „Haltung" mißverstanden werden, was zu wenig wäre. Durch das Sprachspiel des Hymnus kann sich wirklich reines mystisches Bewußtsein ereignen.

schwindet, auch das endliche Selbstbewußtsein, und sich an deren Stelle die Realität Gottes als alleinige Wirklichkeit manifestiert. Das reine Bewußtsein ist so die euphorische Präsenz der lebendigen, überraschenden, strahlenden Gegenwart Gottes.[473]

3.12. Vergöttlichung

Die Spitzenaussage von *QE* 2.29 steht am Schluß: *„Denn da er zurückgelassen und beiseitegelassen hat alle sterblichen Seinsweisen, wird er in die göttliche verwandelt, so daß er gottverwandt und wahrhaft göttlich wird."* Sie spricht von der Verwandlung ins Göttliche, und zwar – wie der Kontext zeigt – im Geschehen ekstatischer Inspiration. Diese Eingrenzung auf das Geschehen ekstatischer Inspiration ist sehr wichtig, denn Philo beschreibt hier keinen bleibenden Habitus. In der Seelenallegorese geht es um das Bewußtsein, und hier in *QE* 2.29 speziell um das monadische Bewußtsein, das aufgrund seiner Identität mit dem Göttlichen göttlich genannt wird. Mose repräsentiert allegorisch eine Bewußtseinsform, die für all diejenigen steht, die die Höchstform ekstatischer Inspiration erfahren. Aber der Text sagt nicht, daß diese Göttlichkeit sichtbar oder offen umhergetragen wird, wie es beim „göttlichen Menschen" geschieht. Die Erfahrungen, die hinter den seelenallegorischen Ausführungen stehen, sind sehr intim und verborgen, der Öffentlichkeit unzugänglich. Sie beruhen ja auf einem dualistischen Gegensatz zwischen Sinneswirklichkeit und Gotteswirklichkeit. Die absolute Transzendenzerfahrung kann sinnlich nicht mehr vermittelt werden. Das unterscheidet die Seelenallegorese der QS von der monistischen, missionstheologischen Denkweise der Enkomien, nach der die Transzendenz sichtbar auf die Immanenz abstrahlen kann, wie bei Abraham (*Virt* 216f.) oder Mose (*Mos* 2.69f.). Als ein veri-

---

[473] Das Gebet kann auch rein innerlich sein, wie GEORGI, Der Armen zu gedenken, 48f., hervorhebt: „Aufs Ganze gesehen wurde aber dann in der Entwicklung des weisheitlichen Denkens, besonders in dem der hellenistisch-jüdischen spekulativen Mystik, immer weniger von ‚Äußerlichem', wie etwas der konkreten geschichtlichen Tat, geredet. Immer mehr wandte sich die Betrachtung der innerlichen Haltung zu, die als gewirkte gedacht war (gratia infusa). Die Opfervorstellung wurde zunehmend stärker auf das Gebet übertragen, besonders auf das Dankgebet, das seinerseits die Tendenz hatte, zum mystischen Gebet zu werden, schließlich sogar zum schweigenden, inhaltlosen Gebet. So wurde die Opfervorstellung zu einer beliebten Metapher mystischen Redens und Denkens."

fizierbares, objektivierbares Phänomen ist diese „Vergöttlichung" überhaupt nicht im Blick.

In einem fragmentarisch überlieferten Text spricht Philo vom Tod, der Voraussetzung der Gottesschau ist:

„...man muß ein göttliches Wesen (θεόν) werden – was unmöglich ist – damit einer Gott zu begreifen vermag. Aber wenn einer dem sterblichen Leben stirbt, wird er leben, weil er das unsterbliche Leben empfangen hat, ebenso wird er sehen, was er zu keiner Zeit sehen konnte."[474]

„Ein göttliches Wesen werden" – eine noch stärkere Aussage als diejenige in *QE* 2.29 – ist hier, wie der nachfolgende Satz zeigt, im Sinne von „göttlich werden" gemeint. Es geht darum, „der göttlichen Transzendenz zuzugehören", was einem ermöglicht, den Logos Gottes zu schauen.[475]

Mit der Betonung „wahrhaftig göttlich" will Philo nicht aussagen, daß der Mystiker mit dem *Wesen* des welttranszendenten Gottes verbunden ist, der nochmals jenseits der Monade wirklich ist. Vielmehr will er betonen, daß er die Spitze der kosmischen Seinsordnung erreicht hat, also den göttlichsten und damit „reinsten" Teil des Seins. Die Qualifizierungen „wahrhaft göttlich" und καθαρώτατος sind synonym zu verstehen.[476] Ich erinnere auch daran, daß das Attribut καθαρώτατος sowohl dem göttlichen Logos wie dem inspirierten Bewußtsein zugeschrieben werden kann. Dennoch ist zu betonen, daß Philo die Differenz zwischen Logos und Gott in seinem verborgenen Wesen hier *nicht* thematisiert.[477] Außer Frage steht,

---

[474] PLCL Suppl. II, 258, Nr. 1 (= Harris, 72f.).: ...θεὸν γενέσθαι δεῖ πρότερον – ὅπερ οὐδὲ οἷόν τε – ἵνα θεὸν ἰσχύσῃ τις καταλαβεῖν. Ἐὰν δὲ ἀποθάνῃ μέν τις τὸν θνητὸν βίον, ζήσῃ δὲ ἀντιλαβὼν τὸν ἀθάνατον, ἴσως ὃ μηδέποτε εἶδεν ὄψεται.

[475] Gegen JONAS, Gnosis II/1, 101 (Anm. 3): „Der Abschnitt bewegt sich in einer selbst für Philo singulären Weise in Mysterienvorstellungen: statt vereinzelter pneumatischer Inspiration konstitutive Vergottung und Schau."

[476] Zu schwach ist die Deutung von HOLLADAY, Theios Aner in Hellenistic-Judaism, 160: „The deification of the prophet is the incorporealization of the prophetic nous, ‚divine' being used here in a fashion similar to what we find elsewhere as a synonym for ‚incorporeal'." Die Aussage ist zwar formal richtig, aber in ihrer Entdramatisierung des Adjektivs vernachlässigt sie die positive Seite des Unkörperlichen, die monadische Dichte des absoluten Seins.

[477] Möglicherweise orientiert sich Philo in 29bb an einer mystischen Tradition, die entweder die Differenzierung zwischen Gottes schöpfungszugewandter Seite und seinem Wesen an sich nicht kannte, oder diese bewußt ignorierte, um an der mystischen Gotteserfahrung keine Abstriche zu machen. Philo steht konservativ stärker auf der Seite derjenigen, die auch in Gott selbst noch eine distanzierende Hierarchisierung hineintragen, sicherlich ein Spiegel ihres androzentrischen Denkstils. Die nichthierarchisch organisierten paulinischen und johanneischen Jesusgemeinden wagten jedenfalls die Aussage, daß ihre Christusgemeinschaft sie mit *Gottes Wesen selbst* in Verbindung bringt.

daß der Ekstatiker die volle Seinsfülle erfährt. Diesen Zuspruch gibt Philo seinen Hörerinnen und Hörern.[478]

Die „Verwandlung ins Göttliche", die durch das Verlassen aller sterblichen Seinsweisen verwirklicht wird, ist ein inneres Bewußtseinsgeschehen. Das Sterbliche ist ebenfalls als Teil des Bewußtseins gedacht, nämlich als der ἦθος oder τρόπος, der im Ausgeliefertsein an die Leidenschaften und falschen Vorstellungen besteht. Im Vorgang der Inspiration wird das Bewußtsein frei von diesen Seelenzuständen, d.h. aber auch von jeglicher zeitlich-räumlicher Individualität. Der Ekstatiker ist in seinem Sein, nicht jedoch als individuelle Person mit dem Göttlichen identisch geworden, er „besitzt" die Göttlichkeit darum nicht wie etwas Vorhandenes. Er „hat" sie ja nur in der Absenz alles Vorhandenen.

Zur Veranschaulichung von *QE* 2.29bb wird gerne *Mos* 2.288 herangezogen – ohne Rücksicht auf dessen nichtallegorischen Charakter.[479] Eine Auseinandersetzung mit diesem Text ist wichtig, um Gemeinsamkeiten und Unterschiede herauszuarbeiten. Der Text lautet:

„Einige Zeit später, als er (Mose) im Begriff war, die Reise von hier zum Himmel anzutreten und das sterbliche Leben verlassend unsterblich zu werden und vom Vater zu sich gerufen, der *ihn, der eine Zweiheit war, Leib und Seele*, in ein Einheitswesen auflösen (ὅς αὐτὸν δυάδα ὄντα, σῶμα καὶ ψυχήν, εἰς μονάδος ἀνεστοιχείου φύσιν) und ihn ganz und gar zur sonnenartigsten Vernunft umgestalten wollte (ὅλον δι' ὅλων μεθαρμοζόμενος εἰς νοῦν ἡλιοειδέστατον), da wurde er inspiriert."

Hier geht um ein Geschehen, das Seele *und* Leib, also die gesamte Existenz des Menschen Mose betrifft. Mose repräsentiert typologisch eine mögliche Erfahrung am Ende des Lebens, er steht aber nicht seelenallegorisch für einen besonderen Bewußtseinszustand. Dyadisch ist hier die Verbindung von Leib und Seele gefaßt. Ergebnis der Verwandlung ist nicht nur die Trennung vom Leib, sondern auch eine innerseelische Trennung, denn von der Seele bleibt nur der reine, strahlende Geist übrig, d.h. der oberste Seelenteil. Mose wird „ganz und gar" (oder „völlig"[480]) in reinen Geist umgewandelt. Mitgedacht ist also, daß die anderen untrennbar mit

---

[478] Ganz offen spricht CH XIII, 2 von der Vergottung des Mystikers: Ἄλλος ἔσται ὁ γεννώμενος, θεοῦ θεὸς παῖς. Vgl. auch CH XIII, 7, 10, 17.

[479] HEGERMANN, Vorstellung, 32, zieht auch *Mos* 2.69f. heran. Dieser Text ist aber wegen seiner positiven Verschränkung von Transzendenz und Immanenz ganz anders gelagert als *QE* 2.29 (siehe meine Analyse zu *Mos* 2.69f. oben in Kapitel 2.8.).

[480] Die Übersetzung „als ganzen durch das Ganze hindurch" im Sinne eines „weltbewegenden Prozesses" bei GEORGI, Gegner, 158, übersieht schlicht, daß ὅλον δι' ὅλων von Philo immer im Sinne von „völlig" benutzt wird (so z.B. *Opif* 73, *Leg* 3.134, *Abr* 119.198).

dem Körper verbundenen Seelenteile im Vorgang der Verwandlung mit dem Körper abgelöst werden.

In der Seelenallegorese wird diese Erfahrung *existentialisiert und zu einer präsentischen, innerseelischen Bewußtseinserfahrung*. Der Mystiker distanziert sich von Leib und Sinneseindrücken. Nicht im Blick von *Mos* 2.288 ist die seelenallegorische Einsicht der QS, daß auch der Geist selbst als Argumentationsinstrument des Menschen zur Ruhe kommen muß, um die mystische Himmelfahrt zu ermöglichen. Diese Nuance übersieht Holladay, wenn er zu 29b bemerkt:

„But in Qu. Ex. 2.29 the prophetic νοῦς is said to undergo a substantial change – it is transformed from being dyadic into monadic. This obviously could not be referring to νοῦς in the restricted sense mentioned above, since it is by definition substantially unchangeable; rather, νοῦς is being employed in the generic sense as a synonym for ψυχή, as in Gig. 15 where ψυχή ist equated with νοῦς, and both are set over against σῶμα. The ‚dyad-monad' language can only be another way of saying that the ψυχή (in the generic sense) of the prophet, which under normal circumstances is, let us say, 50% λογικός and 50% ἄλογος, becomes, in the prophetic experience, 100 % λογικός. It is in this quintessential rational state that the prophetic νοῦς ist said to be ‚immortal'. The family relationship to God, and the subsequent phrase, ‚he is changed into the divine', must therefore be understood to apply to the prophet's ψυχή = νοῦς rather than to the total man as σῶμα + ψυχή. The deification of the prophet is the incorporealization of the prophetic νοῦς, ‚divine' being used here in a fashion similar to what we find elsewhere as a synonym for ‚incorporeal'." [481]

Holladay sieht zwar richtig, daß es um einen innerseelischen Vorgang geht, aber er übersieht völlig seine mystische Dimension. Bei ihm gibt es nichts als eine Intellektualisierung der Seele. Nach seiner Interpretation wandelt sich der Nous gar nicht. Sicher, der geschöpfliche Nous ist nicht wandelbar, aber es geht hier nicht um eine Intellektualisierung der geschöpflichen Seele, sondern um mystische Teilhabe an der göttlichen Wirklichkeit und damit um eine neue Qualität des Bewußtseins. Die Vernunft, um die es hier geht, ist nicht einfach die geschöpfliche Vernunft als vergängliche, sondern die vom Geist vermittelte unvergängliche Vernunft Gottes. Im Vorgang der Trennung von den niederen Seelenteilen während der Inspiration verwandelt sich auch der Nous, das Bewußtsein selbst, und erhält einen transzendenten, göttlichen Charakter.

---

[481] HOLLADAY, Theios Aner in Hellenistic-Judaism, 159f.

4. Gottesbewußtsein im Allegorischen Kommentar am Beispiel von *Her* 63–74

In *Her* 63–74 legt Philo Gen 15,3–4 aus. Zu Beginn des Traktates hatte Philo die Frage gestellt: „Wer ist der Erbe der göttlichen Dinge?" (τίς ὁ τῶν θείων πραγμάτων κληρονόμος ἐστίν). Sie wird in *Her* 63 wieder aufgegriffen und dann in *Her* 64–74 beantwortet. Philo beabsichtigt mit der einführenden Fragestellung in *Her* 1 nicht, ihr eine systematische Abhandlung folgen zu lassen, sondern er benennt die für ihn zentrale Fragestellung des auszulegenden Textabschnittes Gen 15,2–18, um sie dann bei der Exegese von Gen 15,3f. zu beantworten. Die einführende Fragestellung beruht übrigens schon auf einer seelenallegorischen Deutung von Gen 15,1ff., denn daß es im Bibeltext um den Erben „göttlicher Dinge" geht, ist am Wortlaut nicht festzumachen.[482] Dies zeigt, daß Philo im AK nicht zur allegorischen Deutung protreptisch hinführt, sondern Vertrautheit mit ihr voraussetzt, sich die Leserinnen und Leser also schon im Zirkel der allegorischen Deutungen befinden müssen, um verstehen zu können.

Der Neueinsatz in 63 ist durch die Überleitungsformel klar markiert. Die Exegese in 63–68 baut auf der Interpretation von Gen 15,2 auf und ist ohne 40–62 nicht zu verstehen. Die enge Verbindung zwischen der Frage Abrahams in Gen 15,3 und der Antwort Gottes in Gen 15,4 berücksichtigt Philo, indem er sie zu *einem* Sinnzusammenhang in *Her* 63–74 verschmelzen läßt. *Her* 75 bildet einen fließenden Übergang zu den Auslegungen von Gen 15,5a in *Her* 76–85 und Gen 15,5b in *Her* 86–89. Der Beginn von 75 mit τὴν δὲ ἀνάθεσιν knüpft am ἀνάθες aus 74 an. Mit der Unterscheidung zweier Wirklichkeitsbereiche in 75, einem sinnlichen und einem geistigen, arbeitet er der Interpretation von Gen 15,5a vor. *Her* 75

---

[482] Wie ist Philo auf die Formulierung „Erbe göttlicher Dinge" gekommen, die nur hier und in *Her* 1 vorkommt? Der Literalsinn in Gen 15,2 spricht nur von einem Erben für Abraham – „seinem Erben" – und nicht von dem Erbe „göttlicher Dinge". Die Formulierung setzt also eine *seelenallegorische* Deutung von Gen 15 voraus, in der aus der Frage nach dem leiblichen Erbe die Frage danach wird, welche Bewußtseinsqualität an der göttlichen Wirklichkeit teilhaben kann.

bildet somit formal eine Überleitung zur nächsten Textauslegung, gehört inhaltlich aber schon zur Auslegung von Gen 15,5a.

Ich halte aufgrund dieser Beobachtungen *Her* 63–74 für einen deutlich erkennbaren Sinnzusammenhang,[483] der allerdings engstens mit dem Kontext verzahnt ist, sowohl formal wie inhaltlich.[484]

4.1. Her 63: Überleitung zu Gen 15,3 und Wiederaufnahme der Frage nach dem „Erben der göttlichen Dinge"

In 63a leitet Philo zur Exegese von Gen 15,3 über:

Her 63:	Her 63:
Ἃ μὲν οὖν ἦν ἀναγκαῖον προακοῦσαι, διεπτύξαμεν· καὶ γὰρ εἶχεν ἀσάφειαν ἡ πρότασις αἰνιγματώδη. τί δὲ ὁ φιλομαθὴς ζητεῖ, διερμηνευτέον ἀκριβέστερον· μήποτ' οὖν ἐστι τοιοῦτον, εἰ δύναταί τις ἐφιέμενος τῆς ἐναίμου ζωῆς καὶ μεταποιούμενος ἔτι τῶν κατ' αἴσθησιν γενέσθαι τῶν ἀσωμάτων καὶ θείων πραγμάτων κληρονόμος.	Was nun notwendig war vorher zu hören, haben wir ans Licht gebracht; denn der Satz enthielt eine rätselhafte Dunkelheit. Was aber der Liebhaber des Lernens erfragt, muß genauer ausgelegt werden. Vielleicht ist es dies: ob einer, der sich nach dem blutigen Leben sehnt und Anspruch erhebt auf sinnliche Dinge, Erbe der unkörperlichen und göttlichen Dinge werden kann.

Philo beendet zunächst die Exegese von 15,2 mit der Feststellung: *„Was nun notwendig war vorher zu hören, haben wir ans Licht gebracht; denn der Satz enthielt eine rätselhafte Dunkelheit."* Die Wendung ἃ μὲν οὖν ἦν ἀναγκαῖον προακοῦσαι ist ein Signal für die Leserinnen und Leser, das bisher Geschriebene als exegetische Vorbereitung für die Beantwortung der in *Her* 1 gestellten Frage zu verstehen. Welche *„rätselhafte Dunkelheit"* hat nun Philo *„ans Licht gebracht"*? Ganz sicher ist, daß er damit die

---

[483] So auch TERIAN, Inspiration and Originality, 75.
[484] Andere Gliederungen: PCH (COHN) gliedert in Her 31–65 (= Gen 15,2–3), 66–74 (15,4) und 75–89 (15,5). MÉASSON, Du char ailé de Zeus, 222–230, sieht die Frage von *Her* 68a endgültig erst mit 76a beantwortet. PAPM (HARL) gliedert in die Abschnitte *Her* 63–65, 66–67, 68–70, 71–73, 74–85. *Her* 74 wird von Harl schon zu Gen 15,5 gezogen und so ein inhaltlicher Zusammenhang von 74–85 gesetzt. *Her* 85 ähnelt tatsächlich der Aussage von 74. Das hängt aber damit zusammen, daß Gen 15,4 und Gen 15,5a ähnliche Stichwörter enthalten: ἐξελεύσεται ἐκ σοῦ (V.4) und ἐξήγαγεν αὐτὸν ἔξω (V.5). *Her* 74 ist jedoch bezogen auf das „herausgehen aus sich" und nimmt mit μετανάστηθι σεαυτῆς das ἔκστηθι σεαυτῆς von 69 auf. *Her* 85 hingegen ist bezogen auf das „er führte ihn hinaus" und greift somit auf *Her* 76, *Her* 81 und *Her* 84 zurück.

allegorische Entschlüsselung der Namen „Masek" und „Damaskos Elieser" meint (40–62). Ohne sie ist nämlich die allegorische Interpretation der Frage Abrahams nicht in der Form möglich, wie sie dann in 63b vorliegt.

Der Ausdruck „*rätselhafte Dunkelheit*" zeigt, wie Philo den wörtlichen Toratext mit seinen Hörerinnen und Hörern wahrnimmt: als eine Allegorie, also ein von Mose bewußt verschlüsseltes Rätsel, das entschlüsselt werden muß. Der Text bildet den symbolischen „Stoff", der auf eine verborgene, tiefere Wirklichkeit verweist. Diese ist nun nicht ohne weiteres zu erkennen. Der Zugang zur Entschlüsselung der Rätsel ist dem inspirierten Exegeten vorbehalten. Im AK betont Philo immer wieder, daß die Erhellung der Rätsel ein Geschenk des Geistes ist und nicht in der Hand des Verstandes liegt.[485] Jeder Durchblick wird darum zur „Einweihung" in ein vorher undurchdringliches Geheimnis.[486] Wer der Entschlüsselung der Schrifträtsel im Kreis der Eingeweihten beiwohnt, hat somit Teil an einem charismatischen Geschehen; er erlebt die bewußtseinsverwandelnde Gegenwart des Geistes Gottes, der Licht in die Dunkelheit des wörtlichen Textsinnes bringt.

Die Enträtselung der Schrift geht weiter: „*Was aber der Liebhaber des Lernens erfragt, muß genauer ausgelegt werden*". Mit ζητεῖ nimmt Philo das ζητεῖν aus *Her* 1 wieder auf: „Nun aber liegt an zu erfragen, wer der Erbe der göttlichen Dinge ist." Ἀκριβέστερον erinnert die Leserinnen und Leser daran, daß es um eine anspruchsvolle Auslegung geht, die Konzentration und Aufmerksamkeit verlangt. Allegorische Auslegung ist nämlich ein gründliches Verfahren, das sehr genau auf den Wortlaut des Textes achtet, um den Tiefensinn zu erschließen. Philo lenkt also die Konzentration und Wißbegierde der Hörerinnen und Hörer auf die Frage des „*Liebhabers des Lernens*". Diese weisheitliche Charakterisierung Abrahams gehört zu einer auf einer stoischen Unterscheidung beruhenden Einordnung der Erzväter in unterschiedliche Wege zur Weisheit. Abraham ist danach der „Lernende", der sich der Tugend durch Belehrung nähert. Jakob ist der „Asket" und „Kämpfer", der sich durch Tugendhaftigkeit im

---

[485] Philo beschreibt an mehreren Stellen, daß er die allegorische Deutung aufgrund pneumatischer Erleuchtung erhalten hat: *Cher* 27, *Migr* 34f., *Somn* 2.252.

[486] Vgl. *Gig* 57, wo Philo davon spricht, daß er auf die „Einweihung" in die allegorische Deutung der Mosegeschichte wartet: „Die genaue Erläuterung der 120 Jahre aber will ich auf die Erörterung des gesamten prophetischen Lebens verschieben, wenn ich geeignet bin, darin eingeweiht zu werden."

praktischen Leben[487] und durch Praktizierung geistiger Übungen[488] der Weisheit naht. Isaak schließlich ist der „Selbstgelehrte", der die Tugend von Geburt an ohne Anstrengung als Geschenk der Natur erhält. Diese Deutungen gehören zu einer älteren allegorischen Tradition, die noch nicht mit der Namensetymologie arbeitete, sondern elementare Vorgänge der philosophischen Bildung in den Erzvätergeschichten wiederfand. Philo setzt sie in allen seinen Schriften voraus. Im AK wird diese Tradition – wie wir bei Isaak noch sehen werden – auf eine für die Tendenz des AK typische Weise modifiziert.

Da der tiefere Sinn der Frage Abrahams durch die Klärung der Namen „Masek" und „Damaskos Eliezer" in *Her* 40–62 vorbereitet wurde, kann Philo die Frage Abrahams gleich in der allegorischen Deutung seinen Leserinnen und Lesern vortragen: „*Vielleicht ist es dies: ob einer, der sich nach dem blutigen Leben sehnt und Anspruch erhebt auf sinnliche Dinge, Erbe der unkörperlichen und göttlichen Wirklichkeiten werden kann.*" Philo umschreibt damit zunächst Gen 15,3; erst in 65 zitiert er den Toratext mit allegorischer Verdeutlichung, die der Umschreibung in 63 entspricht. Die Wendung μήποτ᾽ οὖν ἐστι τοιοῦτον meint also nicht, daß sich Philo seiner Deutung unsicher ist, sondern daß er eine erste Annäherung vorschlägt, der eine Präzisierung in 65 folgen wird. Sie zeigt aber auch in Hinblick auf die Hörerinnen und Hörer, daß sich Philo in einem Gespräch mit ihnen befindet, in dem er nicht einfach thetisch setzt, sondern sie zum Mitdenken einlädt und in den exegetischen Prozeß mit hineinzieht.

Die Grundfrage von *Her* 1 kann aufgrund der Vorarbeit in *Her* 40–62 somit deutlicher formuliert werden und nimmt nun Bezug auf die Frage Abrahams in Gen 15,2b–3, ob „Damaskos Eliezer, der Sohn der Masek", also „*einer, der sich nach dem blutigen Leben sehnt und Anspruch erhebt auf sinnliche Dinge*", „Erbe werden kann", also „*Erbe der unkörperlichen und göttlichen Wirklichkeiten werden kann*". Philo macht mit dieser allegorischen Deutung einen elementaren Unterschied zwischen sinnlicher und geistiger Wahrnehmung und Wirklichkeit auf. Aber es geht nicht nur um eine erkenntnistheoretische Frage platonischer Provenienz, sondern um ein soteriologisches Problem, das Philo und seine Leserinnen und Leser bewegt. Die Frage Abrahams – in die existentielle Gegenwart der In-

---

[487] Vgl. die Empfehlungen, die die Weisheit (Rebekka) dem Asketen Jakob in *Fug* 23–39 gibt: Er soll an allen Möglichkeiten des wirtschaftlichen und politischen Lebens teilnehmen, sich dabei aber nicht von den Lüsten und Leidenschaften hinreißen lassen.
[488] Vgl. die Aufzählung der Übungen in *Leg* 3.18 und *Her* 253.

itiierten hineingenommen – ist für sie natürlich nur negativ zu beantworten, wie die klaren Stellungnahmen in *Her* 64 und dann auch in *Her* 66 bezeugen. Sie enthält – allegorisch gedeutet – einen offensichtlichen Selbstwiderspruch: das Endliche kann das Unendliche nicht „erben".

Damaskos steht in *Her* 52–62 für die vom Körper und von der Sinneswahrnehmung abhängige Seele.[489] Das Konnotationsfeld Philos für diesen Seelentypus enthält in 52–62 (a) „Adam" als „irdischen Nous" (ὁ γήινος νοῦς 52), der von der Sinneswahrnehmung fasziniert ist, und (b) den „Menschen" von Gen 2,7, der mit dem Körper und den Lüsten des Fleisches lebt (56f.). Es geht in beiden Fällen um das Bewußtsein, das als Wirklichkeit nur die Sinneswirklichkeit wahrnimmt und anerkennt. Die Wendung μεταποιούμενος τῶν κατ' αἴσθησιν in *Her* 63 zielt aber nicht nur auf ein Verhalten, das am Sinnlichen orientiert ist, sondern auch auf eine ganz bestimmte Qualität dieses Verhaltens. Philo deutet mit dieser Wendung eine Geisteshaltung an, die der Überzeugung ist, daß der Mensch mit seinem Geist Autor der durch die Sinneswahrnehmung erzeugten Wirklichkeit ist. Ich werde bei der Exegese von *Her* 74 ausführlicher dieses Bewußtsein charakterisieren.

Auf der anderen Seite stehen die göttlichen und unkörperlichen „Dinge" als „Erbe". Was genau ist mit diesen πράγματα gemeint? Sie sind ja nicht sinnlich greifbar, sondern nur geistig wahrnehmbar. Die Übersetzung „Dinge" suggeriert immer noch etwas sinnlich Greifbares und ist darum mißverständlich. Für sinnvoller halte ich die Übersetzung mit „Wirklichkeiten", „Realitäten" oder „Tatsachen". In *Congr* 79 formuliert Philo unter Aufnahme eines stoischen Dogmas:

„Die Philosophie ist die Vorbereitung der Weisheit, die Weisheit aber die Erkenntnis der göttlichen und menschlichen (Tatsachen) und deren αἰτίων."[490]

Weisheit ist nach dieser Maxime die Ursachenerkenntnis der gesamten Wirklichkeit, zu der die menschliche und göttliche Wirklichkeit gehört. Die göttliche und damit eigentliche Wirklichkeit kann Philo mit einer Fülle einander ergänzenden Begriffe anzeigen: Vernunft Gottes (λόγος θεοῦ), Geist Gottes, Weisheit (σοφία), Kräfte Gottes, Ideen, allgemeine

---

[489] „Damaskos" wird in 54 etymologisch als „Blut des Sackleinenkleides" gedeutet. „Blut" steht für diejenige Seelenverfassung, die in Beziehung zum Körper steht, „Sackleinenkleid" meint den Körper.
[490] Vgl. Stoicorum Veterum Fragmenta Bd. 2, Nr. 36: τὴν φιλοσοφίαν φασὶν ἐπιτήδευσιν εἶναι σοφίας, τὴν δὲ σοφίαν ἐπιστήμην θείων τε καὶ ἀνθρωπίνων πραγμάτων.

Tugenden.[491] Sie alle stehen für die göttlichen πράγματα, die nichts anderes als die schöpfungszugewandte Seite Gottes sind.

„Erben" oder „Erbe sein" meint bei Philo im Kontext soteriologischer Interpretation des Toratextes die Nähe zum und die Teilhabe am göttlichen Sein.[492] Wenn Philo also nach dem „Erben" dieser göttlichen „Wirklichkeiten" fragt, dann geht es ihm um eine *soteriologische Teilhabe* an ihnen und damit am Sein Gottes. Welche Qualität diese *Teilhabe* und damit das teilhabende Bewußtsein hat, wird Philo noch ausführlich entfalten.

4.2. Her 64: Notwendige Kennzeichen des „Erben der göttlichen Dinge" – das reine Bewußtsein

In 64 knüpft Philo asyndetisch an 63 an und stellt sogleich in einem dichten Lehrsatz klar, wer allein per definitionem Erbe der göttlichen Dinge werden kann:

Her 64:
τούτων μόνος ἀξιοῦται ὁ καταπνευσθεὶς ἄνωθεν οὐρανίου τε καὶ θείας μοίρας ἐπιλαχών, ὁ καθαρώτατος νοῦς, ἀλογῶν οὐ μόνον σώματος ἀλλὰ καὶ τοῦ ἑτέρου ψυχῆς τμήματος, ὅπερ ἄλογον ὑπάρχον αἵματι πέφυρται, θυμοὺς ζέοντας καὶ πεπυρωμένας ἐπιθυμίας ἀναφλέγον.

Her 64:
Dieser (Wirklichkeiten) wird nur derjenige gewürdigt, der – von oben her inspiriert – ein himmlisches und göttliches Schicksal erlost hat, der allerreinste Geist, der nicht nur den Körper verachtet, sondern auch den anderen Teil der Seele, der ja vernunftlos und mit Blut vermischt ist, der die kochenden Leidenschaften und feurige Begierden entflammt.

Dieser Satz wirkt wie ein kollektives „Glaubensbekenntnis" der Gruppe um Philo, mit dem die Wahrheit nicht argumentativ ermittelt, sondern thetisch und dogmatisch als Wirklichkeit gesetzt wird. Es geht in *Her* 64 um die Wesensmerkmale des wahren Bewußtseins, dem sich die göttliche Wirklichkeit erschließt.

Philo spricht vom „*allerreinsten Nous*" (ὁ καθαρώτατος νοῦς), also dem Bewußtsein, das sich – wie ich zu *QE* 2.29 gezeigt habe – der mona-

---

[491] Die Tugenden sind bei Philo ontologisierte Hypostasen Gottes geworden, die dem Weisen charismatisch verliehen werden und Anteil an Gott geben.
[492] Vgl. *Plant* 48f.55.62–64, wo Philo mit der Vorstellung arbeitet, daß der Weise Gott „erbt", mit ihm „verwandt" wird und dabei völlig auf Gott ausgerichtet ist. Philo kann in *Plant* 49 sogar die Wendung „in diesem (nämlich in Gottes Weltordnung/Logos) eingepflanzt sein" (ἐν τούτῳ φυτευθῆναι) verwenden, die an das ἐν Χριστῷ bei Paulus erinnert.

dischen Wirklichkeit der göttlichen Sphäre anverwandelt hat und mit ihr identisch geworden ist.[493] Es ist „rein" durch die Distanzierung von jeglicher Sinneswahrnehmung.[494] Gegenüber dem Körper und den – nach Platon – niedrigeren Seelenteilen θυμός und ἐπιθυμία steht er in einer Haltung der *Verachtung*.[495]

Dieses reine Denken ist dem Menschen nicht aus sich selbst heraus verfügbar.[496] Das reine Bewußtsein ist auch nicht einfach das geschöpfliche Bewußtsein, dem Gott zu einer vertieften Erkenntnis verhilft, sondern es hat Realität *allein* aus göttlicher Inspiration. Er ist darum keine naturgegebene, sondern eine soteriologische Größe. Die Transzendenz ist damit im AK keine Möglichkeit des Menschen, sondern erschließt sich nur in einem sich plötzlich ereignenden, unberechenbaren charismatischen Geschehen.[497] Die göttliche Wirklichkeit kann darum vom „reinen Bewußtsein" nicht aktiv in Besitz genommen werden, sondern umgekehrt gewinnt das „reine Bewußtsein" Gestalt nur dann, wenn Gott vom Menschen Besitz ergreift und es erschafft.[498] Philo veranschaulicht diese Erfahrung gerne

---

[493] Im AK symbolisiert nicht nur *Mose* das reine Bewußtsein (*Mut* 208, *Congr* 132: „Der reinste Geist, der wahrhaft Schöne, der die Gesetzgebung und ebenso die prophetische Gabe durch eine begeisternde und gotterfüllende Weisheit erhielt."), sondern auch der *Hohepriester*, der im weißen Gewand ins Allerheiligste geht (*Her* 84), der *„gebildete"* Mensch von Gen 1,27 (*Leg* 1.88–89, *Fug* 71), ferner *Isaak, Samuel, Juda, Israel* (identisch mit dem Logos) und *Melchisedek*. Welche *positiven* Qualitäten hat dieser „reine" Geist? Er hat Anteil an allen Qualitäten, die die schöpfungszugewandte Wirklichkeit Gottes auszeichnen. Ich führe in einer unvollständigen Liste die wichtigsten im AK genannten Qualitäten auf: Unwandelbarkeit, Allgemeinheit, Schönheit, Frieden, Ruhe, Stille, Festigkeit, Leidenschaftslosigkeit, Freude, Unvergänglichkeit, Stillstand, Unbeweglichkeit und Beständigkeit.

[494] Zu dieser Reinheit gehört das übersprachliche Lob Gottes. Nach *Plant* 126 wird Gott gedankt „durch Loblieder und Hymnen, nicht solche, die die geschaffene Stimme singt, sondern solche, die der unsichtbare und reinste Nous entgegentönen und anstimmen wird" (PCH).

[495] Vgl. dagegen in der EL *Spec* 4.92–94, wo Philo den θυμός positiver als die ἐπιθυμία beurteilt.

[496] Philo zitiert vor allem in den MS Traditionen, die sich deutlich optimistischer äußern und den geschöpflichen Geist für das reinste Wesen der *einen* Welt halten; vgl. u.a. *Opif* 69-71 und *Decal* 134. Im AK wird aus einer von Gott geschenkten geschöpflichen Anlage ein „eschatologisches" göttliches Gnadengeschenk.

[497] Der χάρις-Begriff hat bei Philo seinen „Sitz im Leben" in der Erfahrung plötzlich geschenkter Erkenntnis, Freude oder Ekstase, die methodisch zwar vorbereitet, aber nicht erzwungen werden kann (vgl. *Ebr* 145f.); vgl. insgesamt zum philonischen χάρις-Begriff ZELLER, Charis bei Philon und Paulus.

[498] Vgl. *Fug* 71 zu Gen 1,27: „Der Eine, der alleinige Gott, ist der Schöpfer des wahren Menschen, der ja der reinste Nous ist, die Vielen aber sind die Schöpfer des sogenannten Menschen, der mit der Sinneswahrnehmung vermischt ist."

mit dem Phänomen der prophetischen Inspiration. Wenn Philo von der „*Erlosung eines himmlischen und göttlichen Schicksals*" spricht, greift er auf ein weiteres Motiv zurück, um das Wesen des reinen Bewußtseins im Sein des Göttlichen selbst zu verdeutlichen. Philo spielt mit dieser Formulierung auf die platonische Vorstellung einer himmlischen Präexistenz der Seelen an, interpretiert sie aber soteriologisch neu. Die Präexistenz ist nicht „natürlich" vorgeben, sondern wird erst im Akt der Inspiration verliehen, der sich göttlicher Erwählung verdankt. Das an die Sinneswahrnehmung gebundene Bewußtsein ist vergänglich, sterblich und eben darum unfähig, Anteil am Göttlichen zu bekommen. Seine Herkunft ist irdisch, Philo spricht darum vom „irdischen Nous".[499] Ereignet sich aber die „*Inspiration von oben*", dann erhält der Mensch ein neues Bewußtsein, zu dessen Wesen seine himmlische Herkunft gehört. Μοῖρα verweist darum nicht nur auf ein neues Ziel, sondern auch auf eine qualitativ neue Herkunft. Der inspirierte Geist begreift sich dann als einer, der vom Himmel her kommt, das irdische Dasein wie einen Aufenthalt in der Fremde erlebt und sich nach seiner göttlichen Heimat zurücksehnt.[500]

Philo und seine Leserinnen und Leser verstehen sich als „Fortschreitende", die noch von der Sinneswahrnehmung abhängig sind und weiterhin mit den Leidenschaften und Begierden kämpfen. Sie wissen, daß sie in der Gefahr stehen, sich mit den Sinnesorganen an der Sinneswirklichkeit zu orientieren und sich in ihr zu gründen. Eine hohe Wertigkeit erhalten dann die „*kochenden Leidenschaften*" und „*feurigen Begierden*", die sich an den attraktiven Sinnesgegenständen entzünden und zu einem Kontrollverlust führen können. So schaurig-faszinierend diese Bewußtseinsinhalte selbst noch in ihrer rhetorischen Benennung sind, die Eingeweihten haben sich vorgenommen, sich dieser für sie illusorischen Existenzweise zu verweigern.

4.3. Her 65: Präzisierung der Frage Abrahams nach dem „göttlichen Erben" (Gen 15,3)

Gerüstet mit der prinzipiellen Feststellung von 64 präzisiert Philo die Frage Abrahams:

---

[499] Vgl. *Her* 52: ὁ γήινος νοῦς, ὄνομα Ἀδάμ.
[500] Vgl. *Agr* 65, *Conf* 77, *Her* 274.

Her 65:
πυνθάνεται γοῦν τὸν τρόπον τοῦτον· ἐπειδὴ ἐμοὶ οὐκ ἔδωκας σπέρμα τὸ νοητὸν ἐκεῖνο, τὸ αὐτοδίδακτον, τὸ θεοειδές, ἆρά γε ὁ οἰκογενής μου κληρονομήσει με, ὁ τῆς ἐναίμου ζωῆς ἔγγονος;

Her 65:
Er fragt also auf diese Weise: „Da du mir keinen Nachkommen gegeben hast" – jenen Geistigen, den Selbstgelehrten, den Gottähnlichen –, also „wird mein Hausgeborener mich beerben", der Nachkomme aus blutigem Leben?

Philo zitiert den Bibeltext Gen 15,3[501] und ergänzt in zwei Parenthesen knapp die klärende allegorische Deutung der Frage. Er variiert dabei die Charakterisierung des wahren Bewußtseins mit drei weiteren Qualifizierungen. Die ersten beiden, τὸ νοητόν und τὸ θεοειδές, verweisen mit platonischer Terminologie auf den Seinsbereich, dem das vollkommene Bewußtsein zugehört.[502] θεοειδές hat auch eine ästhetische Konnotation: Die göttliche Wirklichkeit verspricht vollendete Schönheit und Verwandlung in diese Schönheit hinein.[503]

Als drittes ist das reine Bewußtsein als „*der Selbstgelehrte*" qualifiziert.[504] Der αὐτοδίδακτος gehört – wie schon erwähnt – einer älteren allegorischen Tradition an, die drei Wege zur Tugend kennt: Lernen, Askese und gute Naturanlage. In den MS müssen sich diese drei Wege einander har-

---

[501] Er greift damit die Zitation aus *Her* 2 nochmals auf.

[502] Nach *Opif* 16 schuf Gott den noetischen Kosmos, um durch ihn als „asomatisches und gottähnlichstes Paradigma" den somatischen Kosmos zu bilden. *Somn* 2.186 stellt die Frömmigkeit als gottähnlichsten Genus vor. *Ebr* 70 spricht von den „noetischen und gottähnlichen Naturen", die von dem an der Sinneswahrnehmung orientierten Bewußtsein nicht erkannt werden können. In der Missionstheologie hat der geschöpfliche Nous gottähnliche Qualität (*Opif* 69.137). In *Det* 79–90 hingegen müssen die schöpfungstheologischen Aussagen, die denen in *Opif* entsprechen, soteriologisch gelesen werden.

[503] Der Eintritt des Hohepriesters in das Allerheiligste einmal im Jahr wird in *Ebr* 134–137 seelenallegorisch so gedeutet: Das Heiligtum ist ein Symbol für die ideelle Welt der asomatischen Tugenden. An dieser Tugendwelt darf nur eine völlig reine, von allen Leidenschaften freie Natur teilhaben, „denn in ihr allein wohnt die geflügelte und himmlische Liebe nach den unkörperlichen und unvergänglichen Gütern. Wenn er nun von der Idee erschüttert ist, folgt er dem Siegel, das die Einzeltugenden bildet und betrachtet erschüttert seine gottgleiche Schönheit" (τὸ θεοειδέστατον κάλλος). *Her* 38 beschreibt Seelen, „die empfänglich für die wunderschönen und gottförmigen (παγκάλων καὶ θεοειδεστάτων) Eindrücke der Tugend sind".

[504] Philo verwendet abwechselnd die Synonyme αὐτομαθής und αὐτοδίδακτος. Diese Qualität repräsentiert an den meisten Stellen *Isaak*, in *Leg* 1.92 auch der „*wahre Mensch*" von Gen 1,27, in *Congr* 99 *Melchisedek*. In *Sacr* 78f. spricht er von der αὐτομαθὴς σοφία, um das vollkommene Bewußtsein zu charakterisieren. Traditionsgeschichtlich wichtig ist die Stelle in *Opif* 148, wo Philo den Menschen von Gen 2,7, also den *Sinnesmenschen*, als σοφὸς αὐτομαθὴς καὶ αὐτοδίδακτος vorstellt. Sie gehört zur missionstheologischen Tradition des göttlichen Menschen, die oben bei der Exegese von *Virt* 211–219 begegnet ist.

monisch ergänzen, um die Tugend zu erreichen.[505] Im AK jedoch wird das stoisch geprägte schöpfungstheologische Konzept der guten Naturanlage, in der die Tugendhaftigkeit von Natur aus gegeben ist, soteriologisch uminterpretiert. Sie wird hier zu einem charismatischen Schöpfungsakt und wird erst in der Inspiration als neue Identität verliehen. Die gute „Naturanlage" ist nicht schon durch die natürliche Geburt vorhanden, sondern wurzelt in der „Natur" der göttlichen Welt. „Natur" wird in diesem Zusammenhang soteriologisch zu einem Synonym für Gott selbst.[506] Diese Qualität zeichnet im AK den Bewußtseinstypus Isaak vor den Typen Abraham und Jakob aus.[507] Die Gleichordnung, die in der EL vorliegt, ist aufgehoben. „Isaak" wird zum Symbol des reinen Gottesbewußtseins, das sich göttlicher Inspiration verdankt.

Während sich die Hörerinnen und Hörer mit Abraham (Belehrung) und Jakob (Tugendausübung im praktischen Leben und geistige Übungen) als Fortschreitende identifizieren können, ist für sie das von Isaak repräsentierte Bewußtsein das große Ziel, das sie anstreben. Zwei Texte – *Migr* 28–33 und *Fug* 166–172 – beschreiben in eindrücklicher Weise die dualistische Neudeutung *Isaaks als des „Selbstgelehrten"*. Sie betonen die Leichtigkeit und Mühelosigkeit dieser „vollkommen reinen Gesinnung" (νόημα καθαρώτατον *Fug* 167):

„Denn dieser wird *nicht durch Überlegungen, Übungen und Mühen verbessert*, sondern findet, sobald er geboren ist, eine Weisheit bereit gehalten, die vom Himmel her herabträufelt, von deren ungemischtem Trank er, diesen einschlürfend, bewirtet wird und trunken bleibt mit der mit rechter Vernunft gepaarten, nüchternen Trunkenheit" (*Fug* 166).

Dieses Bewußtsein ist nicht mehr von fremden Belehrungen abhängig, sondern hat als Quelle der wahren Erkenntnis Gott selbst. Der Selbstgelehrte steht – ganz anders, als es der Wortsinn nahelegt – für das direkt von *Gott* belehrte und in der mystischen Erfahrung von Gott erschaffene Bewußtsein:

„Denn neuartig und der Vernunft überlegen [d.h. dem endlichen, menschlichen Verstand] und wahrhaft *göttlich* ist das selbstgelehrte Geschlecht, das nicht aus menschlichen Gedanken, sondern *aus einer gottbegeisterten Raserei entstanden ist*" (*Fug* 168).

---

[505] *Abr* 48–56; *Mos* 2.66f.
[506] Vgl. *Migr* 31 und besonders *Fug* 172: „Denn Fortschritte mag zwar auch der Lehrende zu bewirken, die höchste Vollkommenheit jedoch Gott allein, die edelste Natur" (ἡ ἀρίστη φύσις).
[507] Vgl. neben *Somn* 1.167–172, *Sacr* 5–7 und *Mut* 88 auch *Congr* 34–38.

Die Mühen des Fortschreitenden werden nach *Fug* 173 durch „ewigen Frieden" (ἀίδιον εἰρήνην) und nach *Fug* 174 durch das „Ausruhen in Gott" (ἡ ἐν θεῷ ἀνάπαυσις) ersetzt.[508] Das Bewußtsein existiert „in" Gott und erfährt in dieser Weise Gemeinschaft mit Gott. An die Stelle geistiger und moralischer Anstrengung tritt die „Freiheit von Mühsal", in der Gottes Gnade als Überfluß (ἀφθονίαι) seiner Güte erfahren wird. In der ekstatischen Erfahrung wird das im Endlichen notwendige Maßhalten zur Fülle der Güte Gottes hin überschritten:

„Sobald du sein Erbe übernommen hast, wirst du notwendigerweise die Mühe ablegen, denn der Überfluß bereiter, bei der Hand liegender Güter ist die Ursache der Freiheit von Mühsal; die Quelle aber, von der her diese Güter fließen, ist *Gemeinschaft mit dem freigiebigen Gott*... Dann ruhen alle Sorgen, Mühen und Übungen; ohne geistige Arbeit (τέχνη) quillt alles insgesamt empor durch die Güte der Natur, was allen frommt" (*Migr* 30–32 PCH).

Der Selbstgelehrte repräsentiert also das Bewußtsein, das aus der Fülle göttlicher Wirklichkeit heraus lebt und von jeder Selbsttätigkeit frei ist. Dieses Gottesbewußtsein stellt sich nach *Sacr* 78 unerwartet und überraschend ein:

„Doch wenn uns – unvorhergesehen und unverhofft – das plötzliche Licht *selbstgelehrter Weisheit* aufging, sie das geschlossene Auge der Seele öffnete und *uns aus Hörern zu Beschauern des Wissens*[509] machte, indem sie statt des schwerfälligen Gehörs den schnellsten der Sinne, das Sehen, in den Dienst der Denkkraft (διάνοια) stellte, ist es sinnlos, das Ohr noch durch Reden zu üben".

4.4. Her 66: Die sofortige Antwort Gottes (Gen 15,4a) – die unkörperliche Natur des „Erben"

Philo hat in zwei Anläufen Gen 15,3 erklärt. Indem er das Bibelzitat an das Ende der Exegese von Gen 15,3 stellt, kann er rhetorisch elegant zur Deutung des εὐθύς zu Beginn von Gen 15,4 weiterführen:

---

[508] Auch hier ist die Ähnlichkeit zum paulinschen ἐν Χριστῷ anzumerken. Ich gehe davon aus, daß die paulinische Soteriologie in kreativer und kritischer Auseinandersetzung mit jüdisch-mystischen Traditionen entstanden ist.

[509] Hören und Sehen werden hier zu Symbolen des Fortschreitenden und des Vollkommen. Die Bewußtseinsverwandlung vom „Hören" zum „Sehen" repräsentiert im AK vor allem der Namenswechsel von Jakob zu Israel, vgl. *Sacr* 119f., *Ebr* 82–83, *Conf* 72, *Migr* 38–40, *Somn* 1.129.171.

Her 66:
τότε καὶ ἐπισπεύσας ὁ θεὸς ἔφθασε τὸν λαλοῦντα, τῆς ῥήσεως προαποστείλας ὡς ἔπος εἰπεῖν διδασκαλίαν. εὐθὺς γάρ φησι φωνὴ θεοῦ ἐγένετο πρὸς αὐτὸν τῷ λέγειν· οὐ κληρονομήσει σε οὗτος, τῶν εἰς τὴν δι' αἰσθήσεως δεῖξιν ἐρχομένων οὐδὲ εἷς· ἀσώματοι γὰρ φύσεις νοητῶν πραγμάτων εἰσὶ κληρονόμοι.

Her 66:
In diesem Augenblick herbeieilend kam Gott dem Redenden zuvor, um vor dem Gesagten eine Lehre vorher abzuschicken – um das richtige Wort zu gebrauchen. „Sofort", sagt er nämlich, „kam die Stimme Gottes zu ihm mit den Worten: Nicht wird dieser dich beerben", nicht einer von denen, die unter den Aufweis durch die Sinne fallen. Denn unkörperliche Naturen sind die Erben geistiger Dinge.

Philo ersetzt in seiner Deutung, die auch hier wieder dem Bibeltext vorausgeht, das εὐθύς der LXX durch das synonyme τότε. Der Bibeltext macht für ihn deutlich, daß die Anfrage Abrahams sofort radikal verneint werden muß. Gott antwortete nach Philo sogar so, daß er die Frage Abrahams unausgesprochen, ja ungeschehen ließ.

Damaskos wird jetzt als das Bewußtsein gedeutet, das „*unter den Aufweis durch die Sinne fällt*". δεῖξις ist bei Philo ein Begriff, der im Zusammenhang mit dem sinnlichen Erkennen und Erfassen, vor allem durch das Sehorgan, stehen kann.[510] Dieses Bewußtsein glaubt also nur das, was es mit seinen Sinnesorganen sieht. Es ist in seinem rationalen Argumentieren und Verstehen von körperlichen Dingen abhängig.

Ein solches Bewußtsein kann natürlich nicht Erbe göttlicher Dinge sein. Die Antwort von *Her* 68 vorwegnehmend und die Lehre von *Her* 64 wiederholend, hängt Philo an den negativen Bescheid Gottes eine griffige Lehrformel: „*Denn unkörperliche Naturen sind die Erben geistiger Dinge*". Der Satz erscheint wieder – wie die Lehre in *Her* 64 – wie eine chorische Antwort der Gruppe um Philo auf das Schriftwort. Nur das entsinnlichte, entkörperlichte Bewußtsein, das reine „Denken", kann in Beziehung zur göttlichen Wirklichkeit treten und damit Heil erfahren.

4.5. Her 67: Gott als Lehrer Abrahams

Bevor jedoch Philo die positive Antwort Gottes (Gen 15,4b) interpretiert, richtet er die Aufmerksamkeit seiner Hörerinnen und Hörer zunächst auf die Wortwahl, mit der in der Tora in das Gotteswort eingeführt wird:

---

[510] Vgl. *Det* 31, *Conf* 138, *Migr* 5.35.

Her 67:
παρατετήρηται δὲ ἄκρως τὸ μὴ εἶπεν ἢ ἐλάλησεν φάναι, ἀλλὰ τὸ φωνὴ θεοῦ ἐγένετο πρὸς αὐτὸν ὥσπερ εὐτόνως ἐμβοήσαντος καὶ ἀρρήκτως ἐνηχήσαντος, ἵν' εἰς πᾶσαν τὴν ψυχὴν διαδοθεῖσα ἡ φωνὴ μηδὲν ἔρημον ἐάσῃ καὶ κενὸν ὑφηγήσεως ὀρθῆς μέρος, ἀλλὰ πάντα διὰ πάντων ὑγιαινούσης μαθήσεως ἀναπλησθῇ.

Her 67:
Es ist aber genau zu beachten, daß hier nicht „*er sprach*" oder „*er redete*" steht, sondern „*eine Stimme Gottes kam zu ihm*", als hätte er kräftig eingeschrieen und unaufhörlich hineinschallen lassen, damit die Stimme in der ganzen Seele verteilt sei und kein Teil leer gelassen sei und ohne rechte Unterweisung, sondern durch und durch mit gesunder Lehre erfüllt sei.

Philo bleibt bei einer auffälligen Wendung hängen, die nur einmal in der LXX auftaucht.[511] In Gen 15,1 ist er zwar schon auf eine ähnliche Wendung gestoßen, aber mit ῥῆμα statt φωνή. Der Traktat zu Gen 15,1, den Philo in *Her* 1 erwähnt, ist leider verlorengegangen. Ich vermute, daß Philo dort den Ausdruck ῥῆμα θεοῦ auf den göttlichen Logos gedeutet hat.[512] An unserer Stelle hingegen betont Philo die *Intensität* der Ansprache Gottes an Abraham. Gott wird zum vorbildlichen Lehrer, der dafür sorgt, daß die wahre Lehre das Bewußtsein des Schülers durch und durch erfüllt und keinen Platz mehr für falsche Wahrnehmungen läßt. Indirekt appelliert Philo an seine Hörerinnen und Hörer, sich ebenso von der „*rechten Unterweisung*" und der „*gesunden Lehre*"[513] erfüllen zu lassen. Philo versteht sich als Lehrer, der seinen Leserinnen und Lesern die Möglichkeit gibt, die Erfahrung Abrahams *selbst zu erleben*. Abraham repräsentiert ja die Situation der Hörerinnen und Hörer Philos, die seinen Vorlesungen zuhören, weil sie belehrt werden wollen, weil sie Freude daran haben, durch wahre Dogmen immer mehr mit dem wahren Gottesbewußtsein erfüllt zu werden.

Her 67 steht für eine Tendenz im AK, immer wieder in „Lehren" einzuüben, die wahre oder falsche Wirklichkeit, wahres oder falsches Bewußtsein setzen. Diese Lehren setzen eine Realität, die nicht einfach argumentativ plausibel gemacht werden kann, sondern die dem Bewußtsein durch ständige Setzung und Wiederholung eingeprägt werden muß.[514] Das

---

[511] Sie ist eine besondere Übersetzung der hebräischen Einleitung zu Prophetenworten: „Und das Wort des Herrn geschah zu ihm". Doch statt des üblichen ῥῆμα (So auch in Gen 15,1) verwendet die LXX nur hier φωνή.
[512] Vgl. dazu *Leg* 3.169.173, *Post* 102.
[513] Beide Formulierungen sind Hapaxlegomena bei Philo.
[514] Zur Methode der Wiederholung vgl. *Gig* 26: „Denn der fortwährende Verkehr mit anderen bringt eifrige Bemühung und Übung hervor und bewirkt vollständige Vollkommenheit."

Bewußtsein kann nämlich aus guten oder schlechten Dogmen konstituiert sein. Die Seele wird darum im AK zum Kampfplatz der wahren oder falschen Weltwahrnehmung. Philo verwendet für diesen Vorgang der Einübung von Lehren verschiedene Bilder: u.a. die in die Seele hineintönende Stimme wie in *Her* 67, das die Seele erfüllende Wasser,[515] das die Seele prägende Bild,[516] die Seele als Speicher der Lehren.[517] In *Her* 67 zeigt das Bild der Seele, die durch und durch mit der gesunden Lehre erfüllt ist, den vollkommenen Zustand des von der Weisheit Gottes belehrten Lernbegierigen an.[518] An anderen Stellen führt Philo aus, daß dem wahren Bewußtsein zugleich die Gabe der ständigen Wiederholung und Erinnerung verliehen wird.[519]

In *Her* 67 liegt ein Konzept des vollkommenen Bewußtsein vor, das in der ständigen Präsenz der wahren Lehren im Bewußtsein besteht. Es ist von der mystischen Ekstase zu unterscheiden, die wir in *QE* 2.29 kennengelernt haben. Das „Feststehen" des Weisen bei Gott bedeutet dann, daß die durch die wahren Dogmen vermittelte göttliche Wirklichkeit durch Irrlehren nicht mehr ins Wanken gebracht werden kann. Der Weise hat sich aller räsonierenden „Meinung" (vgl. *Fug* 168) entledigt. Er empfängt die wahre Lehre und Wirklichkeit von Gott und gibt sie an die Initiierten

---

[515] Vgl. *Post* 125: „Wie nun die irdischen Samen und Pflanzen, wenn sie gegossen werden, wachsen und keimen und fruchtbar werden zur Erzeugung von Früchten, so sproßt offensichtlich die Seele hervor und nimmt zu am Guten, wenn sie mit dem fließenden Strom der Weisheit getränkt wird."

[516] *Leg* 3.16: „Wenn du zum Beispiel (sinnliche) Schönheit betrachtest, dich von ihr einfangen läßt und Gefahr läufst, durch sie zu straucheln, dann fliehe heimlich von ihrem Bild und melde es nicht dem Geist, d.h. denke nicht wieder daran und beschäftige dich nicht damit; denn die beständige Erinnerung gräbt tiefe Eindrücke ein und verletzt die Seele und zerstört sie häufig gegen ihren Willen." – *Fug* 14: „Denn die Gemeinschaft mit den Unverständigen ist schädlich, und oft prägt sich die Seele gegen ihren Willen die Abbilder des Wahnsinns dieser Menschen ein." – *Cher* 29: „Nimm also unverfälscht, o Seele, das Bild der beiden Cherubim in dir auf, damit du, sowohl über die Herrschaft als auch die Güte des Urhebers deutlich belehrt, ein *glückseliges Erbe erhältst*."

[517] *Leg* 3.36: „Denn warum, o Seele, hütest und bewahrst du in dir auf die schlechten Lehrmeinungen, daß Gott, der Unbestimmbare, so beschaffen ist wie auch die gravierten Götterbilder, daß der Unvergängliche vergänglich ist wie die gegossenen Götterbilder?"

[518] Vgl. dazu *Mut* 270 (zu Gen 17,22): Gott „vollendete den Hörer selbst, der vorher leer von Weisheit war und erfüllte ihn mit unsterblichen Worten." Das gleiche Motiv finden wir auch in der ausführlichen Exegese Philos zu Gen 24,16–20 (*Post* 132–153), in der Rebekka als Weisheitslehrerin ihre Schülerinnen und Schüler aus dem Brunnen der Weisheit (151) mit Vollkommenheit tränkt (132) und für folgendes Verhalten gelobt wird: „Unter anderem aber bin ich auch über ihre Freigebigkeit erstaunt. Denn obwohl nur um einen kleinen Trank gebeten, gibt sie viel, bis sie die ganze Seele des Lernenden mit trinkbaren Lehren erfüllt hat" (147).

[519] Vgl. *Mut* 84.270, *Post* 148f.

weiter.[520] Die Lehren haben daher selbst transzendenten, hypostatischen Charakter. Sie sind Ausdruck des göttlichen Logos als auch der göttlichen Weisheit und repräsentieren so das Sein Gottes. Wie die „Tugenden" so werden auch die wahren „Dogmen" bei Philo zu Offenbarungs- und Heilsgrößen, die Transzendenz erschließen, und damit soteriologische Qualität haben. Sie sind weit mehr als ethische Grundsätze oder Verhaltensanweisungen.

4.6. Her 68: Der Erbe als das Bewußtsein, das sich selbst verläßt (Gen 15,4b)

Mit der erneuten Aufnahme der Frage nach dem Erben leitet Philo in 68 zur Exegese der positiven Antwort Gottes über. Die Frage erhöht die Spannung unter seinen Hörerinnen und Hörern. Endlich kommt Philo zum Kern des Problems. Zweimal hat Philo zwar bereits die Frage beantwortet, wer der Erbe der göttlichen Dinge wird. Beidemale schloß er aus, daß es das Bewußtsein ist, das sich von Körper und Sinneswahrnehmung bestimmen läßt, und beidemale wies er darauf hin, daß es nur das Bewußtsein sein kann, das dem göttlichen Wirklichkeitsbereich zuzuordnen ist. Beide Antworten waren im Kontext der Exegese von Gen 15,3-4a an der zu verneinenden Frage Abrahams orientiert. Die beiden positiven Antworten in 64 und 66 waren daher grundsätzlicher Art und bildeten den nötigen Kontrast zur negativen Antwort. Mit dieser Technik der Gegenüberstellung arbeitet Philo immer wieder, um den Dualismus der entgegengesetzten Bewußtseinsformen einzuschärfen. Aber erst in 68 ist die Antwort Resultat der Exegese von Gen 15,4b, Gottes positiver Antwort zur Frage Abrahams. Die Interpretation der Antwort Gottes setzt wieder Leserinnen und Leser voraus, die damit vertraut sind, die Tora seelenallegorisch zu lesen, die sich für die Bewußtseinszustände interessieren, die im Schrifttext verschlüsselt beschrieben sind. Die literale oder historische Ebene der Textauslegung ist gar nicht mehr im Blick der Eingeweihten. In dieser Atmosphäre kann Philo es sich leisten, ohne pädagogische Hinführung zunächst die allegorische Interpretation des Bibeltextes zu geben und erst dann den Bibeltext selbst zu zitieren. Diese Vorgehensweise löste

---

[520] Nach *Gig* 53-54 symbolisiert Mose das inspirierte Bewußtsein, das durch Gott in die Geheimnisse der heiligen Mysterien eingeweiht und dadurch zum Lehrer der göttlichen Dinge wird.

wohl auch bei den Eingeweihten einen gewissen Überraschungseffekt aus und führte so zu hoher Aufmerksamkeit:

Her 68:
τίς οὖν γενήσεται κληρονόμος; οὐχ ὁ μένων ἐν τῇ τοῦ σώματος εἱρκτῇ λογισμὸς καθ' ἑκούσιον γνώμην, ἀλλ' ὁ λυθεὶς τῶν δεσμῶν καὶ ἐλευθερωθεὶς καὶ ἔξω τειχῶν προεληλυθὼς καὶ καταλελοιπώς, εἰ οἷόν τε τοῦτο εἰπεῖν, αὐτὸς ἑαυτόν. ὃς γὰρ ἐξελεύσεται ἐκ σοῦ φησίν, οὗτος κληρονομήσει σε.

Her 68:
Wer wird nun der Erbe sein? Nicht das Denken, das im Kerker des Leibes bleibt aufgrund freiwilligen Wunsches, sondern dasjenige, das von den Fesseln gelöst wurde und befreit wurde und aus den Gefängnismauern hinausgegangen ist und – wenn man so sagen darf – sich selbst verlassen hat. Denn „der aus dir herauskommen wird", heißt es, „dieser wird dich beerben."

Der Erkenntnisgewinn von Gen 15,4b besteht darin, daß der Erbe, das vollkommene Bewußtsein, die Eigenschaft hat, *„sich selbst zu verlassen"*. Philo macht sie an der Textwendung *„der aus dir herauskommen wird"* fest. Bedeutungslos ist der Mann Abraham, bedeutungslos seine Frage nach einem leiblichen Erben, bedeutungslos auch das Versprechen, daß der Nachkomme sein leiblicher Sohn sein wird. Die Antwort Gottes wird direkt auf die Seele bezogen, die nach Gott strebt. Abraham und sein Erbe werden zu Vorgängen im Bewußtsein selbst. Der Erbe wird zu einer speziellen Qualität der Seele. Und diese Qualität liest Philo aus der Wendung *„der aus dir herauskommen wird"* heraus. Der Erbe ist jetzt ein qualitativ neuer Zustand der Seele, nämlich das die Endlichkeit überschreitende Denken. Die Seele erfährt eine Entgrenzung, die sie dazu berechtigt, Erbe der göttlichen Welt zu werden. Philo beschreibt auf der allegorischen Ebene also einen soteriologischen Vorgang in der Seele selbst, der aus ihr eine *andere* macht. Nun wird die Tora existentiell wichtig und zu einer Anleitung, wie man an Gott Anteil gewinnt.

Was aber bedeutet dieses so entscheidende *„Sich-selbst-Verlassen"*? Philo wird sich in 69–74 ausführlicher dieser Frage widmen und in drei Anläufen (69, 70 und 71–74) die Bedeutung dieser Wendung klären. Ich möchte aber zunächst genauer anschauen, wie Philo in 68 zu dieser Gen 15,4b erklärenden Wendung hinführt.

Auffällig ist, daß Philo *nochmals* das Denken beschreibt, das nicht Erbe werden kann. Das ist Absicht. Philo arbeitet im AK andauernd mit dem Dualismus zwischen falschem und wahrem Bewußtsein. Dieser Kontrast soll den Hörerinnen und Hörern auf Schritt und Tritt vor Augen stehen.[521]

---

[521] In den MS fehlt bezeichnenderweise der ständige Aufweis dieser Differenz, was wiederum ein Indiz für eine andere theologische Grundorientierung dieser Schriften ist.

Das falsche Bewußtsein „*bleibt aufgrund freiwilligen Wunsches im Kerker des Leibes*". Mit καθ' ἑκούσιον γνώμην greift Philo das Thema der freiwilligen und unfreiwilligen Sünde auf, das er im AK an einigen Stellen phänomenologisch beschreibt:[522]
- Der schlechte Mensch wählt überlegt und aus freien Stücken das Leben in der Sinnlichkeit mit den damit verbundenen Leidenschaften, Begierden und Lastern.[523] Der Leib ist für ihn kein „Kerker" – so die Perspektive der Fortschreitenden[524] –, sondern er macht aus ihm einen Gott.[525] Damit hat er sich völlig von Gott losgelöst und ist unfähig geworden, sich aus dieser Knechtschaft zu befreien und je wieder mit der Seele Gott zu schauen; Gott ist aus seinem Bewußtsein verschwunden und ausgelöscht. Sein Bewußtsein ist ein Bewußtsein ohne Gott geworden.[526] Das Gefangensein in der Leidenschaft und die Absenz Gottes im Bewußtsein selbst ist seine Strafe, ist also völlig verinnerlicht gedacht. In der EL wird die Strafe auch als äußeres, nicht nur inneres Widerfahrnis beschrieben (vgl. *Mos* 2.53f., *Praem* 127–161). Die völlige Verinnerlichung sowohl des guten als auch des schlechten Geschicks ist ein zentrales Merkmal der Seelenallegorese im AK.
- Anders als der Schlechte erleiden die Fortschreitenden die Gefangenschaft im Körper als unfreiwilliges Schicksal, das sie zwingt, immer wieder mit der nicht gewollten Sünde zu kämpfen.[527] Für sie ist der Leib eine ständige Bedrohung, ein Ort unberechenbarer „endloser Mißgeschicke".[528]

---

[522] Z.B. *Det* 97, *Post* 8–11, *Deus* 127–130 (zu Lev 13,11–13) *Agr* 176, *Ebr* 121–126, *Conf* 178. Dieses Konzept setzt voraus, daß der Mensch aufgrund der geschöpflichen Vernunft dasjenige Wesen ist, das die Kenntnis des Guten und Bösen und damit verbundenen Wahlfreiheit hat (vgl. *Deus* 45–50, *Conf* 178). Die seelischen Phänomene „freiwillig" und „unfreiwillig" spielen bei Philo sowohl in den MS als auch im AK eine große Rolle. Vgl. dazu drei Beispiele: „Vergessen" ist eine unfreiwillige Erfahrung (*Migr* 206); die unfreiwilligen Sünden werden von Gottes Kräften zur Bestrafung anderer Menschen eingesetzt (*Fug* 65–76); der vollkommene Schüler handelt freiwillig und ohne Anweisung aufgrund der fest im Gedächtnis eingeprägten Lehren des Lehrers (*Mut* 270).
[523] Vgl. *Cher* 96, *Sacr* 48, *Det* 122, *Post* 21, *Agr* 176, *Conf* 20–22.
[524] Vgl. *Somn* 1.138–139.
[525] *Ebr* 95–96 (zu Ex 32,17–19).
[526] *Post* 8–11, *Deus* 112–115. Nach *Post* 48 können auch freiwillig begangene unrechte Taten verziehen werden, wenn der Größenwahn abgelegt wird (Exegese von Lev 23,27).
[527] Vgl. Philos Exegese zu Num 6,9.12 in *Agr* 174–178, *Fug* 115, *Deus* 89–90, in der er die unfreiwillige Sünde des Fortschreitenden beschreibt, der ständig mit den Anfechtungen zu kämpfen hat und ihnen oftmals unterliegt. Diese Sünde geschieht unüberlegt oder plötzlich (*Agr* 176), dauert aber auch nicht lange Zeit an. Sie stellt sich ein, wenn das Bewußtsein nicht mehr mit der Gegenwart des prüfenden Gewissens (dem „Logos") erfüllt ist (*Fug* 117–118). Der Vollkommene ist vom Entscheidungszwang befreit, da er

Philo bleibt beim Bild des Kerkers, um mit seiner Hilfe den Heilsweg des rechten „Denkens" zu beschreiben: *Es „wurde von den Fesseln gelöst und befreit und ist aus den Gefängnismauern hinausgegangen und hat sich selbst verlassen."* Auffällig ist der Wechsel von Passiv- und Aktivformen. Ist das Absicht? Philo betont sowohl die Gnade Gottes als auch die Bemühung des Menschen. Die Passivformen betonen die Heilserfahrung als Widerfahrnis,[529] die Aktivformen als Tat des Menschen. Das ist auch bei *QE* 2.29 aufgefallen. Dieser Wechsel hat sicherlich Methode. Philos Gruppe stand ja vor dem Grundproblem, das vollkommene Bewußtsein anstreben zu wollen und gleichzeitig zu wissen, daß sich der souveräne Gott nicht vereinnahmen läßt und unverfügbar bleibt. Diese Dialektik von Aktivität und Passivität ist typisch für das Phänomen mystischer Frömmigkeit.[530]

Mit dem Motiv der Befreiung aus dem Gefängnis des Körpers kann der inspirierte Seelenflug in den Ätherhimmel[531] oder in die himmlische Heimat verbunden sein[532]. Hat die Vorstellung des Sich-selbst-Verlassens, die in 69 statt des Himmelfluges auftaucht, eine Verbindung mit dem Motiv des Seelenfluges? *Her* 70 wird diese Vermutung bestätigen.

Ich kehre aber zunächst zurück zur Hauptfrage, der sich Philo ab 69 ausführlich widmet, was denn mit dem Sich-selbst-Verlassen gemeint ist. Mit der Wendung εἰ οἷόν τε τοῦτο εἰπεῖν gesteht auch Philo ein, daß dieses gewagte Bild durchaus erklärungsbedürftig ist.

---

ganz vom göttlichen Geist und dessen Willen erfüllt ist (vgl. *Migr* 32). Gleichwohl wird der Vollkommene Gott freiwillig ehren (*Migr* 169 und *QE* 2.27 zu „Nadab" in Ex 24,1). Freiwillig ist der Schritt hin zu Gott in den Stand des Fortschreitenden (*Somn* 2.174, *Deus* 45–50, *Her* 123).

[528] Vgl. *Conf* 177. Συμφορά kann auch mit „böser Tat als Mißgeschick", also „unfreiwillige böse Tat" übersetzt werden. Auch dieses Wort zeigt, wie der Leib aus der Perspektive der Gottsuchenden als unberechenbare Gefahr wahrgenommen wird.

[529] In *Her* 273 ist Gott der Akteur, der den ihn um Hilfe anflehenden Menschen „Lösung der Fesseln und Ausgang aus dem ringsum bewachten Gefängnis gewährt." Die Gefangenen leiden in *Her* 271–274 an den Hauptaffekten Lust, Begierde, Schmerz und Furcht, die als der sterblichen Natur entsprechende, angeborene Übel bezeichnet werden. In *Somn* 1.181 löst Gott die Fesseln der im Körper eingeschlossenen Seelen und geleitet sie in Freiheit sicher bis zu ihrer Mutterstadt zurück.

[530] Vgl. dazu die Arbeit von ZELLER, Charis bei Philon und Paulus, 65–106. Er lehnt unter Rückgriff auf Texte aus dem AK eine synergistische Deutung dieser Texte zurecht ab. Ich meine jedoch, daß Philo in der EL und den MS durchaus eine synergistische Gnadenlehre vertritt. Hier lohnt sich wieder die Differenzierung zwischen dem AK und der EL.

[531] So *Somn* 1.138.

[532] So *Agr* 65, *Her* 274.

4.7. Her 69: Vier Distanzierungsaufforderungen

Er beginnt die Erläuterung mit einem auffälligen Wechsel von der 3. Person zum Imperativ der 2. Person:

Her 69:	Her 69:
πόθος οὖν εἴ τις εἰσέρχεταί σε, ψυχή, τῶν θείων ἀγαθῶν κληρονομῆσαι, μὴ μόνον γῆν, τὸ σῶμα, καὶ συγγένειαν, τὴν αἴσθησιν, καὶ οἶκον πατρός, τὸν λόγον, καταλίπης, ἀλλὰ καὶ σαυτὴν ἀπόδραθι καὶ ἔκστηθι σεαυτῆς, ὥσπερ οἱ κατεχόμενοι καὶ κορυβαντιῶντες βακχευθεῖσα καὶ θεοφορηθεῖσα κατά τινα προφητικὸν ἐπιθειασμόν·	Wenn dich nun eine Sehnsucht überkommt, Seele, die göttlichen Güter zu erben, verlasse nicht nur „Land", also den Leib, „Verwandtschaft", also die Sinnlichkeit, und „Vaterhaus", also die Sprache, sondern entlaufe auch dir selbst und trete aus dir selbst heraus, verzückt wie die Ergriffenen und nach Korybantenart Rasenden und gotterfüllt mit einer Art prophetischer Inspiration.

Diese Paränese wird durch den Ausruf „Seele" verstärkt.[533] Der Ausruf ist sowohl Selbstaufforderung als auch Aufforderung an seine Hörerinnen und Hörer,[534] sich auf das Sich-selbst-Verlassen einzulassen, um der göttlichen Realität teilhaftig zu werden. Die Exegese soll so zum existentiellen Nachvollziehen des Textes hinführen.

---

[533] *Falsch* ist die Behauptung von TERIAN, Inspiration and Originality, 57, der Vokativ „O Seele" sei unter den nach-sokratischen Autoren nur für Philo typisch. Sein Blick in den Thesaurus Linguae Graecae reicht nicht aus. In der *koptisch* überlieferten Schrift „Die Lehren des Silvanus" (NHC VII, 4) ist dieser Vokativ ebenfalls typisch (85,23; 94,19; 103,28; 105,26; 105,33; 109,22) und wechselt u.a. mit „O Sohn" und „O Mensch" ab. Marc Aurel benutzt diesen Vokativ immerhin zweimal (Selbstbetrachtungen 2.6; 10.1), worauf auch Terian verweist. Ich halte ihn für ein Stilmittel der bewußtseinseinübenden, mystisch geprägten Diatribe, für die Philo, aber auch Marc Aurel und die „Lehren des Silvanus" stehen. Zu NHC VII, 4 vgl. SCHOEDEL, Jewish Wisdom, 183–185.

[534] Der Ausruf „Seele" (oder „o Seele") kommt im AK sehr häufig vor. Er richtet sich sowohl an die eigene Seele wie auch an die Hörerinnen und Hörer; vgl. THYEN, Der Stil der Jüdisch-Hellenistischen Homilie, 91ff. Ihre introspektive Form zeigt, daß Philo als Mystagoge nicht über der Hörerschaft steht, sondern sich in die Aufforderung mit einschließt und den nichthierarchischen Charakter der Auslegungsgruppe betont. TERIAN, Inspiration and Originality, 56–84, deutet die Exklamation nur als Selbstansprache (75): „In response to Abraham's question, ‚Who then shall be the heir?' (Gen 15,4), Philo presents the divine response as inducing inspiration, with Abraham assuming the role of a prophet (63–67). Philo interprets the words ‚He who shall come out of thee' in terms of the soul leaving the body (i.e., the land), the senses (i.e., the kinsfolk) and speech (i.e., the parental home). He urges his soul (ὦ ψυχή) to experience the same by becoming a fugitive and possessed with divine madness." Dabei übersieht er den dialektischen oder komplementären Charakter mystischer Sprache, die sehr oft zwei Bedeutungen einschließt; vgl. u.a. auch den Ausdruck „himmlische Liebe" oder die Komplementarität von Aktivität und Passivität in der mystischen Begegnung mit Gott.

Wieder werden die Hörerinnen und Hörer mit einer dichten Zusammenstellung von Begriffen und Vorstellungen konfrontiert. In 70 wird Philo das „Sich-selbst-Verlassen" mit dem Phänomen ekstatischer Inspiration veranschaulichen, und in 71–73 ausführlicher die allegorische Exegese von Gen 12,1 entfalten, auf die er mit den Stichworten „Land", „Verwandtschaft" und „Vaterhaus" anspielt. Philo geht ganz selbstverständlich davon aus, daß seine Hörerinnen und Hörer mit dieser Auslegung vertraut sind. Typisch für den AK ist aber auch, daß er die allegorische Deutung dieser Begriffe hinzufügt. Auch die initiierten Hörerinnen und Hörer werden immer wieder an die bereits bekannten allegorischen Deutungen erinnert. Der AK ist darum auch als Erinnerungsarbeit für die Initiierten zu verstehen. Das Lesen der Tora mit der allegorischen „Brille" soll ihnen zur Selbstverständlichkeit werden; das Tor zur göttlichen Welt soll bei jedem Lesen des heiligen Textes offenstehen. Die ständige Präsenz der durch die Allegorese erschlossenen göttlichen Wirklichkeit im Bewußtsein ist ein zentrales Ziel der rhetorischen Arbeit im AK.

Die Paränese wird mit der Wendung „*wenn dich nun eine Sehnsucht überkommt*" eingeleitet. Sie betont, daß die Bewußtseinsarbeit von Gott angestoßen wird. Die Sehnsucht[535] können die Hörerinnen und Hörer nicht aus sich selbst heraus produzieren; sie muß in ihnen geweckt werden und an sie herantreten. Der Ausruf „Seele" ist selbst schon Ausdruck inspirierter Emotion und schafft rhetorisch eine Atmosphäre erhabener, inspirierter Stimmung.[536] Sie ist das rhetorische Pendant zur Erhabenheit der „göttlichen Güter", die zu ererben sind.

---

[535] „Sehnsucht" und „Eros" sind Synonyme bei Philo; vgl. *Cher* 20, *Post* 13–16.
[536] TERIAN, Inspiration and Originality, 58, deutet den Ausruf als eine Form von Gefühl, die Pseudo-Longinos für eine wichtige Quelle erhabenen Redestils hält, nämlich „starke, begeisterte Leidenschaft" (σφοδρὸν καὶ ἐνθουσιαστικὸν πάθος 8.1). Pseudo-Longinus charakterisiert den Pathos so: „Denn ich wage getrost zu behaupten, daß nichts so sehr wie echtes Pathos am rechten Ort einen erhabenen Eindruck macht, daß es wie aus Entzückung und Eingebung einen Hauch von Begeisterung verströmt und die Rede gleichsam mit prophetischer Macht erfüllt" (8.4). Vgl. dazu Terian, Inspiration and Originality, 61: „It must be said that Philo's addresses to his διάνοια or ψυχή are likely means of combining his mind or soul with the divine and cosmic Logos, and thus they are related to his prayerful utterances (ὦ δέσποτα, ὦ φιλόδωρε, ὦ θαυμασιώτατε, ὦ ἱεροφάντα) and are analogous to corybantic exclamations suggestive of mystical experience seen in the soul's quest for knowledge and experience of God." Ich halte es aber nicht für richtig, diese Ausrufe in erster Linie als Hinweise auf eine durch Inspiration erlangte Auslegung zu sehen („claim to inspiration" 61f.). Sie sind vielmehr ein rhetorisches Stilmittel, durch das der ergriffene Lehrer sich selbst und seine Zuhörerschaft auffordert, an der Gotteswirklichkeit teilzuhaben.

Das besondere Merkmal von Gen 15,4 ist für Philo die Charakterisierung des Erben als einen, *„der aus sich selbst heraustritt"*. Philo verknüpft diese Bestimmung mit der allegorischen Auslegung von Gen 12,1 in der Weise, daß sich eine Kette von vier Distanzierungsschritten oder -aufforderungen ergibt, von denen der entscheidende das *„Aus-sich-selbst-Heraustreten"* ist. Die ersten drei Distanzierungen von *Körper, Sinneswahrnehmung und Sprache* ermöglichen als vierten Schritt die Ekstase. Die Hörerinnen und Hörer Philos waren sicherlich mit den ersten drei Schritten als meditativen Techniken der beruhigenden Entsinnlichung des Bewußtseins vertraut.[537] Durch sie wird das Bewußtsein „nackt". Man entfernt sich innerlich von der sinnlichen Wirklichkeit. So wird in *Leg* 2.59 Abraham, der dem Befehl von Gen 12,1 gefolgt ist, zum Symbol der „nackten Seele", die die gesamte Sinneswirklichkeit verlassen hat.[538] Und nach *Gig* 53 kommt der vom göttlichen Geist ergriffene Mensch mit nacktem Bewußtsein (γυμνῇ τῇ διανοίᾳ) zu Gott, wobei er sich aller geschaffener Dinge und der „Meinungen" entkleidet hat.

Zum letzten Schritt, zum ekstatischen Sich-selbst-Verlassen, werden die Hörerinnen und Hörer in einer Weise aufgefordert, als ob sie von sich aus dazu befähigt seien, sich in diesen Zustand hineinzuverwandeln, selbst aus dem endlichen Bewußtsein herauszutreten und geisterfüllt zu werden. Hier betont Philo erneut die Initiative des Menschen. Er baut damit eine bewußte Spannung zur *Her* 69 einleitenden Wendung auf, die Gott zum Initiator dieser Schritte macht.[539] Wieder begegnet uns das Phänomen, daß in der Mystik aktive und passive Vorgänge ineinander verschränkt sind. Das ist symptomatisch für mystisches Denken, das grundsätzlich mit einem komplementär-dialektischen Wahrnehmungsstil arbeitet.

Nun gibt Philo auch Hinweise, wie dieser Vorgang zu verstehen ist: *„Entlaufe auch dir selbst und trete aus dir selbst heraus verzückt wie die Ergriffenen und nach Korybantenart Rasenden und gotterfüllt mit einer Art prophetischer Inspiration"*. Nicht weniger als fünf *termini technici* für das Phänomen der ekstatischen Inspiration konzentriert Philo hier auf engstem syntaktischem Raum: κατέχομαι, κορυβαντιάω, βακχεύω, θεοφο-

---

[537] In *Mut* 54–56 deutet Philo Gen 17,3 („Und Abraham fiel auf sein Angesicht") als Distanzierung von den Sinnen, von der Sprache und von der endlichen Vernunft.

[538] Das Gleiche wird in *Leg* 2.55–59 vom Hohepriester (55–56), von Nadab und Abihu (57–58) und von Isaak und Jakob (59) gesagt.

[539] Den Gnadencharakter der Verwandlung ins wahre Bewußtsein hinein betont Philo fast durchgängig. Vgl. z.B. *Ebr* 145: „Denn ohne göttliche Gnade ist es weder möglich, die sterblichen Dinge zu verlassen noch für immer bei den göttlichen Dingen zu bleiben." In *Fug* 90–92 werden die Schritte aufgrund einer gotterfüllten Ergriffenheit getan.

ῥέομαι und ἐπιθειασμός.⁵⁴⁰ Nun scheint klar, welche Bewußtseinsqualität mit dem Sich-selbst-Verlassen gemeint ist – die mystische Ekstase. In der Wendung ὥσπερ οἱ κατεχόμενοι καὶ κορυβαντιῶντες βακχευθεῖσα sind Anspielungen auf den Kybelekult und das Bacchosfest miteinander verbunden. Der Kybelekult wurde ursprünglich mit rasenden Tänzen, wilden Gebärden und lärmender Musik gefeiert. Im frühen Dionysoskult fanden nächtliche Orgien statt, in der sich die Feiernden durch den Weinrausch vom Gott besessen fühlten. Beide Begriffe sind zu *termini technici* der Inspiration, der Gotterfülltheit geworden.⁵⁴¹ Die Wendung θεοφορηθεῖσα κατά τινα προφητικὸν ἐπιθειασμόν setzt Assoziationen zum Vorgang der Orakelschau frei, bei der der Nous des Menschen im Moment der Geisterfülltheit ausgeschaltet ist.⁵⁴² Daß es aber darum nicht geht, zeigt die Einschränkung κατά τινα. Die soteriologische, mystische Ekstase ist etwas anderes als der prophetische Orakelempfang. Analogie ist nur das Phänomen der Selbstvergessenheit, eines Zustandes, in dem der Mensch seiner sinnlichen und körperlichen Identität nicht mehr bewußt ist. Die Identität des aus sich herausgetretenen Inspirierten wird die Gotterfülltheit.⁵⁴³

---

⁵⁴⁰ Es liegt erhabener Stil vor, der im Lesevollzug performativ das Bewußtsein der Hörer in einen inspirierten Zustand erheben will; vgl. Pseudo-Longinos 1.3, 7.2, 8.4.
⁵⁴¹ Zu βακχεύω vgl. bei Philo *Ebr* 146, *Contempl* 12.
⁵⁴² Vgl. zur Ausschaltung des Bewußtseins beim Orakelempfang in den MS *Spec* 1.65 und 4.49, im AK *Her* 263–265. Der Prophet ist dabei nicht mehr „bei sich selbst", vgl. Seneca, de tranquillitate animi 16: „Von etwas Großem und über die Masse Erhabenen sprechen kann nur ein erschütterter Geist. Wenn er voll Verachtung für das Gemeine und Gewöhnliche aus göttlichem Antrieb sich höher erhob, dann erst verkündete er etwas Größeres, als es der Mund eines Sterblichen kann. Nichts Hehres in steilen Höhen kann er erreichen, solange er bei sich selbst ist."
⁵⁴³ Als nächste Parallele zum Sich-selbst-Verlassen erscheint mir der gnostische Text CH XIII, 3, auf den auch schon JONAS, Gnosis II/1, 104 (Anm.1), verwiesen hat: „Ich (Hermes) sehe in mir eine Vision, die jenseits aller Körperlichkeit durch Gottes Barmherzigkeit entstanden ist, und ich bin aus mir selbst herausgetreten (ἐμαυτὸν διεξελήλυθα) in einen unsterblichen Körper und bin jetzt nicht mehr der, der ich war, sondern wurde im Geist geboren" (Übers. Holzhausen). In CH XIII, 4 wünscht der Mystagoge: „Wärst doch auch du, mein Sohn, (schon) aus dir selbst herausgetreten (σεαυτὸν διεξεληλύθεις) wie jene, die im Schlaf Träume haben, jedoch ohne Schlaf" (Über. Holzhausen). Wie bei Philo geht es um einen grundlegenden soteriologischen Identitätswechsel von einer sinnenhaften in eine rein geistliche Existenzweise.

4.8. Her 70: Das ekstatische Gottesbewußtsein

In *Her* 70 erläutert Philo – das Bild der gotterfüllten, aus sich selbst herausgetretenen Vernunft vertiefend –, warum die Ekstase das Erbe ist. Der Ton wird durch den Wechsel von der 2. zur 3. Person wieder indirekter. Die Aktivformen sind durch Passivformen ersetzt:

Her 70:	Her 70:
ἐνθουσιώσης γὰρ καὶ οὐκέτ᾽ οὔσης ἐν ἑαυτῇ διανοίας, ἀλλ᾽ ἔρωτι οὐρανίῳ σεσοβημένης κἀκμεμηνυίας καὶ ὑπὸ τοῦ ὄντως ὄντος ἠγμένης καὶ ἄνω πρὸς αὐτὸ εἱλκυσμένης, προϊούσης ἀληθείας καὶ τὰν ποσὶν ἀναστελλούσης, ἵνα κατὰ λεωφόρου βαίνοι τῆς ὁδοῦ, κλῆρος οὗτος.[544]	Denn der Vernunft, die gottbegeistert und nicht mehr in sich selbst ist, sondern von einer himmlischen Liebe erregt und entflammt worden ist und von dem wahrhaft Seienden angeführt und hoch zu ihm getragen wird, wobei die Wahrheit voranschreitet und das, was vor den Füßen liegt, beseitigt, damit sie (die Vernunft) auf einer guten Straße einherschreiten kann, gehört dieses Erbe.[545]

Philo entführt jetzt seine Hörer mit dem mythischen Bild des Himmelsfluges der Seele in himmlische Höhen[546] und reichert die Beschreibung der inspirierten Vernunft mit platonischen Motiven an.[547]

Drei transzendente hypostasierte Wesenheiten prägen nach *Her* 70 die vom Göttlichen ergriffene Vernunft, die nicht mehr in sich selbst ist: die „himmlische Liebe", „der wahrhaft Seiende" und die „Wahrheit". Anteil am Sein erhält das menschliche Bewußtsein eben nur dann, wenn es in Berührung mit den himmlischen Kräften kommt.[548]

---

[544] κλῆρος οὗτος ist die ursprüngliche Lesart, die aufgrund ihres ungewöhnlichen Charakters zwei Verbesserungsvarianten nach sich zog: κληρονόμος οὗτος (GHP) und τὸ γενέσθαι τῶν θείων κληρονόμον οὕτω (OAB).

[545] Die vorausgehende Genitivkonstruktion ist als *genitivus possesivus*, nicht als *genitivus absolutus* zu übersetzen. Die Nominalkonstruktion κλῆρος οὗτος hängt auffällig nach, verursacht durch die drei mit ἀλλά zwischengeschalteten Verdeutlichungen.

[546] Dieses Motiv spielt auch eine wichtige Rolle in den MS; vgl. *Opif* 69–71, *Spec* 3.1–2, *Contempl* 12f., *Mos* 2.67. In diesen Texten wird die Inspiration stark betont, es fehlt aber die radikale Vorstellung der „Vernunft, die nicht mehr in sich selbst ist".

[547] Vgl. dazu MÉASSON, Du char ailé de Zeus, 222–228, und THEILER, Philo von Alexandria und der Beginn des kaiserzeitlichen Platonismus, 484f., die beide davon ausgehen, daß Philo hier von einer Auslegungstradition des Phaidrosmythos abhängig ist.

[548] Zu den himmlischen Kräften gehört bei Philo alles, was die Einzelseele zu Gott bringt. Dabei werden abstrakte Begriffe oder psychagogische Vorgänge zu „personifizierten" transzendenten Wesenheiten, um auszudrücken, daß ihnen mehr Sein zukommt als den Einzeldingen, und daß sie Gabe Gottes sind; vgl. in *Agr* 158–167 die παιδεία als „reine Jungfrau", die umworben wird, oder *Agr* 166: „Die genannten Kräfte des Eifers,

Das vollkommene Bewußtsein ist *„von einer himmlischen Liebe erregt und entflammt"*. Das erinnert an die „Sehnsucht" nach den göttlichen Wirklichkeiten (vgl. 69 Anfang). *Ebr* 136 beschreibt diese Liebe als „geflügelte und himmlische Liebe zu den unkörperlichen und unsterblichen Gütern", die sich im Vollkommenen „ständig aufhält". Nach *Cher* 20 läßt Gott auf seine Kräfte die „geflügelte und himmlische Liebe herabwehen". Die Anklänge an den „Gott der geflügelten Liebe" sind offensichtlich.[549] Die Aufnahme dieser mythischen Größe zeigt, daß es Philo nicht nur um eine ethische Haltung, sondern auch um die Veranschaulichung des Heilszustandes geht.[550] Wer von dieser Liebe ergriffen ist, freut sich in Gott allein und ist voll des Gotteslobes (*Plant* 39), er ist erschüttert von göttlichster Schönheit, die ihm in der Ideenwelt entgegenstrahlt (*Ebr* 137).[551] Gerade auch die ästhetische Dimension des Erosmythos spricht gegen eine zu enge ethische Interpretation der Vorgänge, die Philo schildert. Im Reich der Schönheit spielen Freude, Leichtigkeit und Freiheit eine entscheidende Rolle, also Zustände, die ethisch nicht verrechenbar sind, aber gerade den „reinsten Nous" auszeichnen.

Ein weiteres Bild schließt sich an: die durch die Inspiration verwandelte Vernunft wird *„von dem wahrhaft Seienden angeführt und hoch zu ihm getragen"*.[552] Ziel dieses Weges zu Gott[553] ist die Gemeinschaft mit den göttlichen Naturen und die Schau der göttlichen Güter.[554] Die Seele kehrt – von Gott selbst geführt – zurück zu Gott als ihrem Ursprung.

---

der Besserung, der Vervollkommnung werden niemals aufhören, sondern in verschiedene Menschen einkehren und auf sie einwirken" (PCH).

[549] Vgl. die Aufnahme dieses Göttermythos aus den Homerischen Gedichten bei Platon, Phaidr. 252b.

[550] Vgl. ZELLER, Charis bei Philon und Paulus, 79: „(Der Eros) heißt nicht nur deshalb ‚himmlisch' oder ‚olympisch', weil er – im Gegensatz zum gemeinen Eros – auf Himmlisches ausgerichtet ist, sondern auch deshalb, weil er – mythologisch gesprochen – selbst Gott ist bzw. von Gott selbst ‚herabgehaucht' wird." Zwei Vorgänge werden also in dieser Wendung komplementär (d. h. einander entsprechend, gerade in ihrer Gegensätzlichkeit) zusammengeschaut.

[551] Vgl. dazu Plat. Phaidr. 250a–c.

[552] „Ziehen" (ἕλκειν, ὀλκή) nach Plat. Ion 536a. Ähnlicher Gebrauch liegt im Höhlengleichnis vor (Plat. rep. 515e).

[553] Vgl. dazu *Somn* 1.181.

[554] Vgl. *Deus* 151: „Dies sind die großen Wagnisse einer olympischen und himmlischen Seele, die den irdischen Bereich verlassen hat, hochgetragen wurde (ἀνειλκυσμένης) und unter göttlichen Naturen weilt. Denn erfüllt von der Schau der wahren und unvergänglichen Güter, hat sie sich selbstverständlich von den zeitlichen und unechten verabschiedet."

Das dritte Bild stellt die „*Wahrheit*" als Führerin vor, die der inspirierten Vernunft den Weg ebnet. Philo personifiziert die Wahrheit eher selten.[555] Sie ist hier eine transzendente, soteriologische Größe, die dem „wahrhaft Seienden" zu Seite gestellt wird. Sie steht für die eigentliche Realität, die von allem Schein und Trug zu unterscheiden ist.[556] Die Hörerinnen und Hörer werden auch ihren Lichtcharakter assoziieren, den sie mit der göttlichen Wirklichkeit gemeinsam hat.[557] Diese Wahrheitsvorstellung hat nichts mehr mit einem innerweltlichen Wahrheitsverständnis zu tun. Davon hat sich ja gerade die Vernunft, die nicht mehr in sich selbst ist, gelöst. Das vollkommene Bewußtsein ist die Vernunft, in der das an die Sinne gebundene Nachdenken zur Ruhe gekommen ist. Sie erkennt die eigentliche Realität nur dadurch, daß sie das endliche Denken im Akt der Selbstaufgabe während der Inspiration überschritten hat. Wahrheit erschließt sich darum auch nicht im philosophischen Streitgespräch, sondern in der Erfahrung des Göttlichen durch offenbarte Lehren.[558] Das Bild der geebneten, von Hindernissen befreiten Straße verweist darauf, daß keine falsche Meinung das vollkommene Bewußtsein zum Schwanken oder Straucheln bringt, sondern Standhaftigkeit und Festigkeit gewährleistet sind. So erhält die Vernunft die Qualitäten Gottes selbst. Das vollkommene Bewußtsein kann nicht mehr von Lehren verunsichert werden, die der Wahrheit widersprechen, daß nur die ideelle Welt wahre Realität beanspruchen darf.

Der Nominalsatz κλῆρος οὗτος zum Schluß kommt überraschend.[559] *Das* Erbe sind, so hat es sich bisher nahe gelegt, die himmlischen Güter.[560] *Der* Erbe ist das Bewußtsein, das sich selbst verlassen hat. Her 69–70 erklärt nun genau diesen ganzen Vorgang, das inspirierte Sich-selbst-Verlassen und die Gottesbegegnung, zum himmlischen Gut. Das himmlische Erbe der Seele ist also nicht etwas, das außerhalb von ihr liegt, sondern eine

---

[555] So in *Leg* 3.45 zu Num 20,25: „Und darum, wenn Aaron stirbt, d.h. wenn er vollkommen gemacht wird, steigt er zu Hor, d. h. zum Licht, herauf. Denn das Ziel des ‚Wortes' ist die Wahrheit, die heller als das Licht ist." Vgl. auch noch *Fug* 33, *Ebr* 34, *Her* 248 und in der EL *Virt* 219 (siehe oben 2.10.), *Mos* 2.177.

[556] Ἀλήθεια ist an vielen Stellen Gegenbegriff zu δόξα und τῦφος, also zur Scheinwirklichkeit, zur Welt des Körpers und der Sinneswahrnehmung, zur Welt der Leidenschaften und Laster und zur Welt der mythischen „Erfindungen" und sophistischen „Lügen".

[557] Vgl. *Leg* 3.45, *Migr* 75, *Fug* 139, *Somn* 1.218.

[558] Vgl. dazu BULTMANN, Art. ἀλήθεια, 239–242.

[559] Die Stellung zum Schluß könnte als Hyperbaton interpretiert werden; Ziel ist erhabender Redestil.

[560] Vgl. auch *Her* 76.79.99.

neue Qualität des Bewußtseins selbst. Inspiriert sein, sich selbst verlassen haben – das ist *das Erbe* und das ist *der Erbe* zugleich. *Der* Erbe und *das* Erbe verschmelzen zu *einer* Wirklichkeit, zur göttlichen Wirklichkeit des wahren Bewußtseins. Κλῆρος erhält in diesem Zusammenhang auch die Konnotation der Gabe, denn das Gottesbewußtsein ist Gabe und Geschenk Gottes.

4.9. Her 71–72: Die inspirierte Vernunft als Lehrerin – Distanzierung von Körper, Sinneswahrnehmung und Sprache

Nachdem Philo in leidenschaftlicher, mitreißend erhabener Diktion die Vernunft beschrieben hat, die nicht mehr in sich selber ist, überrascht er die Hörer mit einem erneuten Personenwechsel:

Her 71–72:
πῶς οὖν μετανίστασο τῶν προτέρων ἐκείνων, λέγε θαρροῦσα ἡμῖν, ὦ διάνοια, ἣ τοῖς ἀκούειν τὰ νοητὰ δεδιδαγμένοις ἐνηχεῖς, ἀεὶ φάσκουσα ὅτι μετῳκισάμην τοῦ σώματος, ἡνίκα τῆς σαρκὸς ἠλόγουν ἤδη, καὶ τῆς αἰσθήσεως, ὁπότε τὰ αἰσθητὰ πάντα ὡς μὴ πρὸς ἀλήθειαν ὄντα ἐφαντασιώθην καταγνοῦσα μὲν αὐτῆς τῶν κριτηρίων ὡς νενοθευμένων καὶ δεδεκασμένων καὶ ψευδοῦς ὑποπεπλησμένων δόξης, καταγνοῦσα δὲ καὶ τῶν κρινομένων, ὡς δελεάσαι καὶ ἀπατῆσαι καὶ ἐκ μέσης τῆς φύσεως ἁρπάσαι τὴν ἀλήθειαν εὐτρεπισμένων· μετανέστην καὶ τοῦ λόγου, ἡνίκα πολλὴν ἀλογίαν αὐτοῦ κατέγνων καίτοι μετεωρίζοντος καὶ φυσῶντος ἑαυτόν.
ἐτόλμα γὰρ τόλμημα οὐ μικρόν, διὰ σκιῶν μοι σώματα, διὰ ῥημάτων πράγματα, ἅπερ ἀμήχανον ἦν, δεικνύναι· καίτοι σφαλλόμενος περιελάλει καὶ περιέρρει κοινότητι τῶν ὀνομάτων τὰς ἰδιότητας τῶν ὑποκειμένων ἀδυνατῶν ἐμφάσει τρανῇ παραστῆσαι.

Her 71–72:
Wie du dich nun von jenen Früheren entfernt hast, sag es uns offen, o Vernunft, die hineinschallt in diejenigen, die gelehrt sind, das Geistige zu hören, indem du immer ständig sprichst: „Ich zog aus dem Leib aus, als ich bereits das Fleischliche verachtete, und aus der Sinneswahrnehmung, als mir alle Sinnesobjekte als nicht wahrhaftig existierend sichtbar wurden, weil ich zum einen die Prüfungsmittel als unecht, verfälscht und gefüllt mit lügnerischem Schein verurteilte, und zum anderen auch das Beurteilte als dazu eingerichtet verwarf, anzulocken und zu betrügen und die Wahrheit aus der Mitte der Natur zu rauben; ich verließ auch die Sprache, weil ich viel Unvernünftiges an ihr zu verurteilen fand, obgleich sie sich in die Höhe erhebt und sich aufbläht.

Mit großer Kühnheit wagt sie es, mir durch Schattenbilder Körper, durch Worte Gegenstände zu zeigen, was ja unmöglich ist. Und in der Tat, um zu täuschen, umschwätzt und umspült sie (mich), da sie unfähig ist, mit der Allgemeinheit von Worten die Eigenart der zugrundeliegenden Dinge mit klarem Ausdruck darzustellen.

Die verwandelte, vergöttlichte Vernunft wird nun zur fiktiven Gesprächspartnerin, ja zur Lehrerin der Eingeweihten. Das vollkommene Bewußtsein wird als eine Größe angesehen, die mit dem Normalbewußtsein, der sinnenhaften Vernunft, nicht identisch ist. Man kann also nicht mit Terian sagen:

„He then implores his mind or understanding (ᾧ διάνοια) to tell its experience of departure ‚from the first three' as did Abraham, and ‚the mind's confession' follows."[561]

Es ist eben nicht das eigene, endliche Bewußtsein, das hier spricht. Vielmehr personalisiert Philo eine mystische Bewußtseinserfahrung, deren Wesen es gerade ist, nie als eine eigene, sondern nur als eine von Gott her widerfahrene begriffen zu werden. Das vollkommene Bewußtsein ist eine himmlische Größe, die identisch ist mit der Weisheit und dem Logos Gottes. *Es geht um die Paradoxie, daß das eigene Bewußtsein in der Entäußerung der Inspiration eine Erfahrung macht, die als „nicht-eigene" erlebt wird, als Wechsel in eine ontologisch völlig andere Seinsweise, die mit der vorangegangenen inkompatibel ist.*

Die inspirierte Vernunft wird feierlich darum gebeten, über ihre Distanzierung von Leib, Sinneswahrnehmung und Sprache, „*von jenen Früheren*", zu berichten. Wenn sie „*offen redet*", dann ist das Ausdruck der Gewißheit bezüglich des eigenen Denkens und Tuns aufgrund eines vollkommenen Zustandes.[562] Das ἐνηχέω von 67 wird aufgenommen und stellt die verwandelte Vernunft auf eine Stufe mit der Stimme Gottes. Wieder geht es um den Empfang der rechten, geistigen Lehre, die Heil bringt. Die Wendung ἀεὶ φάσκουσα verweist auf die grundlegende psychagogische Technik der Wiederholung, die für eine *ständige Präsenz* der wahren Lehre im Bewußtsein sorgen soll.[563] Philo lädt mit dem Bild der wahren Vernunft als Lehrerin seine Hörerinnen und Hörer dazu ein, sich die folgenden Worte der Ich-Rede ständig innerlich vorsagen zu lassen.[564]

---

[561] TERIAN, Inspiration and Originality, 75.
[562] Vgl. *Ebr* 84, *Her* 19, *Congr* 133, *Fug* 82, *Mut* 265, *Somn* 2.78.100.
[563] Zur ständigen Wiederholung vgl. *Sacr* 85f., *Det* 12.65f., *Post* 129.148f., *Gig* 26. In den MS: *Mos* 1.48, *Spec* 1.30, *Spec* 4.106–110.136–142.161, *Contempl* 25–28. Grundsätzlich dazu I. MARTEN (HADOT), Seneca und die griechisch-römische Tradition der Seelenleitung. In der stoischen Psychagogie sind die unablässige Vergegenwärtigung wichtiger Lehrsätze, die ständige Beherzigung sittlicher Grundwahrheiten und das Memorieren kurzer Grundsätze wichtige Mittel, die Leidenschaftslosigkeit des Weisen zu erreichen.
[564] WINSTON, Logos and Mystical Theology, 54, deutet *Her* 71 ungenau: „Moreover, in abandoning body and sense perception, the mind is now absorbed in a form of intel-

Ziel ist der Zustand des „Erinnerns" (μνήμη), in dem keine der Lehren mehr aus dem Bewußtsein verschwindet, „vergessen" wird und „wiedererinnert" werden muß.[565] Ziel ist also ein *andauernder* Bewußtseinszustand, bei dem der Mystiker in der erfahrenen Präsenz der Wirklichkeit Gottes lebt und ständig auf Gott ausgerichtet ist. Philo scheint hier etwas Anderes im Blick zu haben als das kurz andauernde ekstatische, monadische Bewußtsein.

Im wiederholten Einprägen dieser Rede werden die Leserinnen und Leser auch die Schritte nachvollziehen, die hier beschrieben sind – das ist jedenfalls die Hoffnung Philos. Sie sind dabei nicht auf sich alleine gestellt, sondern werden von der inspirierten Vernunft als himmlischer Größe angeleitet.[566]

Die drei Schritte, zu denen Philo auffordert, gehören zur psychagogischen Technik der Analyse und Beurteilung (*Conf* 52–54, *Her* 253: Untersuchung und Prüfung). Nicht nur hier, sondern auch an anderen Stellen deutet er unterschiedliche Toratexte in dieser Weise: Gen 12,1 (*Migr* 1–13, *Migr* 195), Ex 32,27f. (*Ebr* 69–70 und *Fug* 90–92) und Ps 79,7 (*Conf*

---

lectual prayer that is wordless and unemcumbered by petition." Das intellektuelle Gebet ist hier geradezu angewiesen auf die *Worte* der inspirierten Vernunft.

[565] Philo unterscheidet mit der philosophischen Tradition zwischen μνήμη und ἀνάμνησις (vgl. *Deus* 43 und *Leg* 2.42f. mit Bezug auf Aristoteles). Im Schulbetrieb bedeutete diese Unterscheidung, daß der – meist jugendliche – Anfänger öfters die Lehren vergaß und an sie wiedererinnert werden mußte (in *Sobr* 29 und *Mut* 100 symbolisiert durch Manasse). Am Ziel ist derjenige, der die Weisheit über die Lehre erstrebt, wenn er die Lehren durch die Erinnerung festhält (in *Leg* 3.93 symbolisiert durch Ephraim). Philo benutzt diese aus dem Schulbetrieb stammende Unterscheidung an einigen Stellen, um zwischen den Fortschreitenden und Vollkommenen zu differenzieren (*Mut* 97–102, *Det* 65). Philo dualisiert „Erinnerung" und „Nichterinnerung", wenn er „Erinnerung als Bewachung und Bewahrung der heiligen Lehren" dem wahren Menschen von Gen 1,27 und das „Nichterinnern" dem Menschen von Gen 2,7 zuschreibt, der darum aus der göttlichen Welt hinausgestoßen wird (*Leg* 1.53–55). Das vollkommene Bewußtsein hat alles, auch sich selbst, vergessen und „erinnert" sich allein an Gott (*Somn* 2.232), ist also reines Gottesbewußtsein geworden (vgl. dazu BOCCACCINI, Middle Judaism, 191–205). – Zu diesem Motiv vgl. auch Diadochus von Photike, Hundert Kapitel: „Nur ganz wenige sind es, die ihre eigenen Niederlagen genau erkennen; es sind die, die ihren Geist nie von der Erinnerung an Gott loßreißen lassen" (Kap. 27, Übers. Frank). – „Dem Menschen, der die Tugend liebt, ist es doch gerade eigen, durch die ständige Erinnerung an Gott das Irdische in seinem Herzen aufzulösen" (Kap. 97, Übers. Frank).

[566] In *Migr* 2 setzt Gott selbst die Reinigung der Seele und ihre Erlösung in Gang: „Weil Gott die Seele des Menschen reinigen wollte, gibt er ihr als Mittel zur vollkommenen Erlösung den Auszug aus drei Orten: Leib, Sinneswahrnehmung und Redefertigkeit" (PCH).

52–54).⁵⁶⁷ Wie soll man sich diese Schritte nun genauer vorstellen? Schauen wir uns genauer die drei Schritte an:

a. Der Auszug der Seele aus dem Leib: *„Ich zog aus dem Leib aus, als ich bereits das Fleischliche verachtete."* Damit ist natürlich nicht der Tod gemeint, sondern der Auszug ist *„schon dann"* (ἤδη) vollzogen, wenn man *„das Fleischliche verachtet"*. Das sind die „Lüste" (*Migr* 9) und „unersättlichen Begierden" (*Fug* 91), die ferngehalten werden und keinen Schaden mehr anrichten können. Ist damit der Zustand der Leidenschaftslosigkeit (ἀπάθεια) anvisiert? Ja, denn das vollkommene Bewußtsein – hier durch die inspirierte Vernunft repräsentiert – hat für Philo im AK die ἀπάθεια erreicht, während sich der Fortschreitende mit der μετριοπάθεια, also der Zügelung der Leidenschaften auseinandersetzen muß.⁵⁶⁸ Im Zustand der ἀπάθεια sind die Leidenschaften völlig aus der Seele entfernt, dafür sind Friede und Mühelosigkeit eingekehrt (*Leg* 3.129f.,135).

b. Der Auszug der Seele aus der Sinneswahrnehmung: *„(Ich zog) aus der Sinneswahrnehmung (aus), als mir alle Sinnesobjekte als nicht wahrhaftig existierend*⁵⁶⁹ *sichtbar wurden, weil ich zum einen die Prüfungsmittel als unecht, verfälscht und gefüllt mit lügnerischem Schein verurteilte und zum anderen auch das Beurteilte als dazu eingerichtet verwarf, anzulocken und zu betrügen und die Wahrheit aus der Mitte der Natur zu rauben."* Dieser Auszug findet dann statt, wenn die Sinnesobjekte als Scheinrealität durchschaut und abgelehnt werden. Fast ironisch zu deuten ist die Verwendung von φαντασιόω, einem Begriff für dem Empfang von Sinneseindrücken,⁵⁷⁰ der im übertragenen Sinn auch zur Wahrnehmung geistiger Sachverhalte verwendet wird.⁵⁷¹ Praktiziert wird das geistige, wahre Erkennen, das – von der Wahrheit herkommend – Schein als Schein erkennt. Kritisiert wird nicht nur die Ausrichtung der Sinneswahrnehmung auf die Sinnesdinge (*Ebr* 70) und ihre Funktion als Auslöser der Leiden-

---

⁵⁶⁷ Die ersten beiden Schritte und den vierten Schritt des Sich-selbst-Verlassens erwähnen *QE* 1.4 und 13 (zur Allegorie des Passahs der Seele). Geist, Sinnlichkeit und Wort werden bei der Allegorese der in Ex 1,11 (LXX) genannten Städte Πιθωμ (bei Philo Πειθώ!), Ραμεσση und Ων in *Post* 55–58 zusammengestellt.

⁵⁶⁸ Siehe dazu die Allegorisierung Aarons als Fortschreitender, der die μετριοπάθεια übt, gegenüber Mose, der als Vollkommener die ἀπάθεια erreicht hat, in *Leg* 3.128–146. Die Enkomientradition der MS zieht hingegen die μετριοπάθεια der ἀπάθεια vor (so *Abr* 257)!

⁵⁶⁹ Zu ὡς μή vgl. 1 Kor 7,29.

⁵⁷⁰ Vgl. *Leg* 3.60, 3.108 (τὰ σώματα φαντασιούμεθα δι' αἰσθήσεως) und *Gig* 9; im Traumgeschehen u.a. *Somn* 1.144.150.159.

⁵⁷¹ So u.a. *Leg* 1.62 (φαντασιούμενοι τὰ ἀρετῆς), *Sacr* 4, *Det* 158 (φαντασιώσῃ τὸν ἀγένητον), *Her* 301, *Mut* 17, *Somn* 1.232.

schaften (*Fug* 91), sondern ihr irreführendes, betrügendes Wesen. Betrug wird sowohl den urteilenden Wahrnehmungsorganen[572] als auch den beurteilten körperlichen Gegenständen vorgeworfen. Die αἰσθητὰ πάντα werden zu einer negativen Gegenwelt zur Welt der Wahrheit. Die Sinnesorgane sind unecht, verfälscht und voll lügnerischem Schein (ψευδοῦς δόξης); die Sinnesgegenstände verlocken, betrügen und „*rauben aus der Mitte der Natur die Wahrheit*". Φύσις steht für die in Wahrheit existierende göttliche Welt, deren Existenz durch die Sinnesgegenstände verschleiert wird. Die Sinneswelt ist nicht nur geringer als die Ideenwelt wie bei Platon, sondern sie ist in ihrer Anlage moralisch verwerflich, weil sie die Lüge an die Stelle der Wahrheit setzt. Aber geht es Philo wirklich um einen kosmologischen Dualismus? Zurückgewiesen wird ja nur die *Vorstellung* des Gottlosen, die Sinneswahrnehmung sei ein „autarkes", also ein sicheres und fehlerfreies Mittel zur Beurteilung der Sinnesdinge, und sie gehöre der Seele selbst.[573] *Verurteilt wird also nicht derjenige Teil der Schöpfung Gottes, der sinnliche Qualität hat, sondern die Welt aus der Perspektive des Bewußtseins, das die Sinneswirklichkeit für die einzige Realität hält.* Nur wenn das geschieht, dann muß aus der Perspektive des wahren Bewußtseins die Sinneswelt als lügnerische Welt verurteilt werden. Das falsche Bewußtsein macht den Fehler, die Sinneswahrnehmung für sein Eigentum zu halten und es glaubt, daß es nur von ihm allein abhängt, mit den Sinnen wahrzunehmen.[574] In *Cher* 56–66 beschreibt Philo bei der Allegorese von Gen 3,20, wie dieses Bewußtsein entstanden ist: Das Bewußtsein (= Adam) begegnet der Sinneswahrnehmung (= Eva) und erzeugt in diesem Vorgang den Wahn, daß alle Wahrnehmungsakte sein Besitz seien, von ihm selbst erfunden und gestaltet (= Kain). Die Sinneswahrnehmung ist zwar von Gott als Hilfe für das geschöpfliche Bewußtsein erschaffen worden, aber sobald es durch die Sinneswahrnehmung von Gott befähigt wird, die Welt zu erkennen, hält es sofort die wahrgenommenen Gegenstände für seinen eigenen Besitz und vertraut auf eine von Gott unabhängig gehaltene Sinneswahrnehmung, was notwendigerweise „Betrug" und „Pseudowissen" erzeugt.[575]. Diesen Bewußtseinszustand

---

[572] Die αἴσθησις ist nach *Leg* 3.198 τῶν σωμάτων κριτήριον; vgl. auch *Ebr* 169, *Migr* 47.103.

[573] So *Leg* 3.198. Zur skeptischen Hinterfragung der Sicherheit der Sinneswahrnehmung vgl. *Ebr* 169f. (hier scheint Philo auf den Skeptiker Aenesidemus zurückzugreifen), *Conf* 126f. und *Somn* 1.118f. In den MS: *Praem* 28–30.

[574] *Her* 107, *Somn* 1.119.

[575] Hier liegt eine wichtige Version des Sündenfalls vor, die m.E. starke strukturelle Ähnlichkeiten zu Röm 7,7–13 hat, wenn man sieht, daß bei Paulus das Gesetz *die* Stelle

(τρόπος ἐν ἡμῖν) sieht Philo durch „Kain" symbolisiert. Davon distanziert sich das wahre Bewußtsein.

c. Der Auszug der Seele aus der Redegewandtheit: *„Ich verließ auch die Sprache, weil ich viel Unvernünftiges an ihr zu verurteilen fand, obgleich sie sich in die Höhe erhebt und sich aufbläht. Mit großer Kühnheit wagt sie es, mir durch Schattenbilder Körper, durch Worte Gegenstände zu zeigen, was ja unmöglich ist. Und in der Tat, um zu täuschen, umschwätzt und umspült sie, da sie unfähig ist, mit der Allgemeinheit von Worten die Eigenart der zugrundeliegenden Dinge mit klarem Ausdruck darzustellen."* Philo personifiziert die „Sprache".[576] Sie wird als eine selbstsichere, überhebliche Wesenheit vorgestellt, die sich ihrer Sache völlig sicher ist: Sie *„erhebt sich in die Höhe"*, *„bläht sich auf"*, ist *„voller Kühnheit"*. Tatsächlich geht es um die Sprachwelt und die Rhetorik des nicht an Gott gebundenen Bewußtseins. Was gibt es an ihr zu verurteilen? Das wahre Bewußtsein verurteilt die „Unvernunft" der Sprache des an die Sinne gebundenen Bewußtseins, die im Glauben besteht, durch Worte den Grund der Wirklichkeit darstellen zu können. Denn die Sprache gehört zur Welt des Scheins, der *„Schattenbilder"*[577] und *„Worte"*, nicht zur Welt des Seins, wo sich die eigentlichen *„Dinge"* befinden.[578] Damit ist platonisch die göttliche, begriffliche Ideenwelt gemeint. Der λόγος ὁ κατὰ προφοράν,[579] die durch Sprache sich äußernde Vernunft,[580] also das Sprach-

---

einnimmt, die die Sinneswahrnehmung im Philotext hat. Das Gesetz ist – wie die Sinneswahrnehmung bei Philo – grundsätzlich gut, wird aber in der Begegnung mit dem Menschen zum Anlaß der Sünde. Die Schicksalshaftigkeit der Sünde wird sowohl von Philo (in *Cher* 56–66), als auch von Paulus (in Röm 7) vorausgesetzt. Philo wie Paulus kennen in diesen Texten keinen eigentlichen „Urstand"; Schöpfung und Fall koinzidieren, ohne daß die Sünde ontologischen Charakter erhält.

[576] Zum Sprachumgang bei Philo vgl. OTTE, Das Sprachverständnis bei Philo von Alexandrien.

[577] Möglicherweise Anspielung auf das Höhlengleichnis bei Plat. rep. 514a–517a.

[578] Vgl. *Migr* 12: „Verlasse auch die Redegewandtheit, die hier ‚Haus des Vaters' genannt wird, damit du nicht durch die Schönheit der Nomina und Verba von der wahren Schönheit getrennt wirst, die in den dargestellten Dingen selbst liegt. Denn es ist unsinnig, daß der Schatten vor dem Körper oder die Nachbildung vor dem Urbild den Vorzug erhält. Dem Schatten nämlich und auch der Abbildung gleicht die Redegewandtheit (ἑρμηνεία), dem Körper aber und dem Urbild die Naturen der durch die Rede dargestellten Dinge; diese muß erfassen, wer eher das Sein als das Scheinen begehrt, von jenen aber muß er sich völlig trennen."

[579] So die Wendung bei Philo in *Migr* 2.12, *Ebr* 70, *Gig* 52, die dem stoischen λόγος προφορικός entspricht (so *Conf* 52, *Migr* 78, *Fug* 90.92.191, *Mut* 69).

[580] So die Übersetzung von Cohn (PCH, Bd. 5). Zur Unterscheidung der beiden Logoi vgl. die Anmerkungen von COHN zu *Her* 4 und *Her* 69 in PCH, Bd. 5, 223 (Anm.6) und 239 (Anm.1).

vermögen, das sich durch Redefertigkeit und Beredsamkeit auszeichnet, muß verlassen werden, denn nur der κατὰ διάνοιαν λόγος,[581] das Sprachvermögen, das von der Vernunft rein gedanklich gepflegt wird, hat Zugang zur göttlichen Welt. In *Gig* 52 betont Philo die ontologische und soteriologische Differenz zwischen diesen beiden Formen des λόγος:

> „Denn das in Worte (Gefaßte) ist nicht zuverlässig, weil eine Zweiheit, das Schauen des Seins aber ohne Stimme, allein durch die Seele, ist durchaus fest gegründet, weil es nach der unzerreißbaren Einheit geschieht" (PCH).

Ist die göttliche Wirklichkeit also der Sprache ganz unzugänglich? Ein weiteres Argument verstärkt diese These: Der Sprache wird eine „*Allgemeinheit*" (κοινότητι τῶν ὀνομάτων) vorgeworfen,[582] die die „*Besonderheit*" der besprochenen Gegenstände (τὰς ἰδιότητας τῶν ὑποκειμένων) nicht klar erfassen kann, d. h. die tatsächliche Realität.[583] Sie ist unfähig, den Dingen einen seinsgemäßen Ausdruck zu geben.[584] Damit aber erzeugt sie eine falsche Realität, die dem wahren Sein nicht entspricht. Doch bei diesem Vorwurf bleibt es nicht. Aus der Sicht des wahren Bewußtseins geht es um einen massiven, absichtlichen Täuschungsvorgang mit Hilfe einer verführerischen, einlullenden Rhetorik, die die eigene Unfähigkeit, Zugang zur Wirklichkeit zu schenken, verdecken soll. Die platonische Schein/Sein-Differenzierung, die in *Migr* 12 im Mittelpunkt steht,[585] wird dualisiert. Die durch die Sprache erzeugte *Scheinwelt* wird zu einer *Gegenwelt*, die daran hindern will, zum eigentlichen Grund der Wirklichkeit vorzustoßen.

Philo warnt seine Leserinnen und Leser im AK immer wieder vor der Sprachwelt des falschen Bewußtseins, die den Lebensstil der Lust und Leidenschaft rechtfertigt und mit ihrer Überredungskunst gegen die Ausrichtung auf Gott (*Conf* 129) und die Tugenden

---

[581] So der Ausdruck bei Philo in *Her* 4 und in *Fug* 92, der dem stoischen λόγος ἐνδιάθετος entspricht.
[582] Philo spielt hier möglicherweise auf die zunächst Konfusion erzeugenden homonymen und synonymen Sprechweisen an; vgl. DAWSON, Allegorical Readers, 94f.
[583] Das Besondere vom Allgemeinen zu unterscheiden ist in der philosophischen Tradition Aufgabe der Dialektik (vgl. *Agr* 13). *Fug* 121 (οὐ μυθοπλαστῶν, ἀλλὰ πράγματος ἰδιότητα μηνύων) zeigt, daß die „*Besonderheit der (zugrundeliegenden) Dinge*" Ausdruck für die tatsächliche Wirklichkeit ist (siehe auch *Prob* 47).
[584] Vgl. OTTE, Das Sprachverständnis bei Philo von Alexandrien, 63–73.
[585] In *Migr* 12 wird die Redegewandtheit nicht personalisiert. Sie gilt dort als minderwertig und unfähig, das darzustellen, was nur dem reinen Denken zugänglich ist, sie bildet aber keine eigenständige Gegenwelt.

streitet.[586] Sie ersinnt „Pseudowissen",[587] „verzaubert",[588] erfreut sich an „unsicherer Mythendichtung" (ἀβέβαιος μυθοποιία – *Sacr* 13) und will das auf Gott ausgerichtete Bewußtsein im Wortstreit mit „glaubwürdigen Sophismen" (*Det* 1) auf ihre Seite ziehen. Ein anschauliches Beispiel einer solchen dogmatischen Rede findet sich in *Det* 33f.:

> „Ist nicht der Leib das Haus der Seele? Warum sollen wir uns dann nicht um das Haus kümmern, damit es nicht baufällig wird? Sind nicht Augen und Ohren und die Schar der anderen Sinne gewissermaßen Leibwächter und Freunde der Seele? Muß man nun Verbündete und Freunde nicht wie sich selbst in Ehren halten? Hat die Natur Freuden und Genüsse und die Wonnen des ganzen Lebens für die Toten oder für überhaupt nicht Geborene geschaffen, oder nicht vielmehr für die Lebenden? Warum sollen wir uns denn nicht Reichtum und auch Ruhm, Ehrenämter, Machtpositionen (ἀρχάς) und anderes dergleichen verschaffen, woraus nicht nur das sichere, sondern auch das glückliche Leben resultiert? Zeuge dafür ist das Leben dieser Menschen. Denn einerseits werden die sogenannten Tugendfreunde fast alle keiner Ehre für würdig gehalten, sie sind geringfügig, ärmlich, entbehren das Nötigste, werden stärker verachtet als Hörige und Sklaven, sind schmutzig, bleich, zum Skelett abgemagert, Hunger blickt ihnen aufgrund ihres Fastens aus den Augen, sie sind schwerkrank und üben das Sterben. Andererseits sind diejenigen, die für sich selber sorgen (οἱ δ' αὐτῶν ἐπιμελούμενοι),[589] angesehen, reich, in führenden Stellungen, gepriesen, geehrt, gesund, füllig, stark, üppig lebend, schwelgerisch, kennen keine Mühsal, leben in Genüssen, die durch alle Sinne in ihre empfängliche Seele das Angenehme bringen" (PCH).

Wer nicht in der Redefertigkeit geschult ist, wird dieser scheinbar überzeugenden Darstellung des autonomen, auf die Sinne ausgerichteten, lebensförderlichen Lebensstils und des aus dieser Perspektive selbstzerstörerischen Handelns der sogenannten Tugendfreunde rhetorisch wenig entgegenhalten können.[590]

Der Stadtbau Kains (*Post* 51–53 zu Gen 4,17) und der Turmbau zu Babel (Gen 9,1–9) werden bei Philo zu Bildern dafür, wie das falsche Bewußtsein mit Hilfe der Sprache seine eigene, von Gott unabhängige Wirklichkeit aufbaut. Die Gebäude in der Stadt Kains symbolisieren in *Post* 52 die sophistische Sprachwirklichkeit:

---

[586] Sie wird allegorisch repräsentiert durch die „Sophisten", zu denen „Ismael" (*Post* 8–10), „Kain" (*Post* 35), die „Magier Ägyptens" (*Det* 38), die „Amoriter" (*Leg* 3.232, *Her* 302–304) und der „Pharao" (*Somn* 2.277) gehören.

[587] *Cher* 9 (ἡ μὲν γὰρ τὰ πιθανὰ ἐπὶ κατασκευῇ ψευδοῦς δόξης, ἥτις λυμαίνεται ψυχήν, ἐκπεπόνηκε), *Cher* 66.

[588] *Det* 38, *Migr* 82f. (rhetorische Zauberkünste der „Magier Ägyptens").

[589] Die Sorge um sich selbst, die Selbstbeschäftigung, ist zentrales Merkmal stoischer Psychagogie; vgl. dazu FOUCAULT, Die Sorge um sich, 60f.

[590] „Abel" ist der Fortschreitende, der in der Rhetorik ungeübt ist, und darum auf dem „Feld", im Rededuell, vom Sophisten „Kain" besiegt wird (*Det* 1, *Det* 32–44); vgl. auch *Conf* 39. Er kennt die Wahrheit zwar intuitiv, kann sie aber nicht argumentativ verteidigen. Die Beweiskraft der sophistischen Argumentation kann daher den Fortschreitenden verunsichern (*Her* 304). Nur der Weise, der in den Rede- und damit Argumentationsformen geübt ist, kann die „Sophisten" widerlegen (*Det* 39–44, *Conf* 33–36).

Die Gebäude sind für ihn die „erklärenden Worte, mit denen er wie von einer Stadtmauer herab gegen die Angriffe der Gegner kämpft, indem er glaubwürdige Erfindungen gegen die Wahrheit erdichtet".

Die Ziegel, mit denen die Stadt Babel gebaut wird, symbolisieren die Theoriearbeit der „Sophisten", die durch dialektische Analyse aus dem Chaos und der Formlosigkeit der Leidenschaften Form und Wirklichkeit schaffen (*Conf* 83–90). Die Verwandlung der Ziegel durch Feuer zu Stein symbolisiert die Stabilisierung der Laster durch Sprache, mächtige Worte und überzeugende Beweisführungen (*Conf* 101f.). Sprache dient also dazu, das Nichtige zum Seienden zu erklären, also Wahrheit zu verdrehen (*Post* 55). Die Sprachwelt des falschen Bewußtseins konstituiert sich aus Dogmen, die seine Wirklichkeitssicht legitimieren sollen,[591] aus der Sicht des Weisen allerdings nur irreale Erfindungen und Mythen sind.[592]

4.10. Her 73: Die Hingabe von Körper, Sinneswahrnehmung und Sprache an Gott als ihr Urheber

Philo läßt die inspirierte Vernunft berichten, wie es ihr angesichts der Überzeugungskraft der Sprache erging:

Her 73:
παθοῦσα δ' ὡς ἄφρων καὶ νήπιος παῖς ἔμαθον,[593] ὡς ἄμεινον ἦν ἄρα πάντων μὲν τούτων ὑπεξελθεῖν, ἑκάστου δὲ τὰς δυνάμεις ἀναθεῖναι θεῷ τῷ καὶ τὸ σῶμα σωματοῦντι καὶ πηγνύντι καὶ τὴν αἴσθησιν αἰσθάνεσθαι παρασκευάζοντι καὶ τῷ λόγῳ τὸ λέγειν ὀρέγοντι.

Her 73:
Leidend aber wie ein unverständiges und unmündiges Kind lernte ich, daß es also besser wäre, alle diese zu verlassen, jedoch die Fähigkeiten jedes einzelnen Gott zuzuschreiben, der sowohl den Leib gestaltet und aufbaut als auch die Sinneswahrnehmung befähigt wahrzunehmen und der Sprache das Reden verleiht.

Die erleuchtete Vernunft hält „Rückblick" auf die ungewollten, unfreiwilligen Täuschungen, denen sie unterworfen war. Dieser Rückblick in die fremdbestimmte „Kindheit" der Seele ist selbstverständlich von der neuen,

---

[591] Vgl. z.B. *Congr* 54, *Fug* 147f.
[592] Vgl. *Congr* 61f. Sehr treffend formuliert Diadochus von Photike die „Autopoiesis" dieser Sprachwelt und Wirklichkeitssicht: „Das Böse liegt nicht in der Natur, und niemand ist von Natur aus böse. Denn Gott hat nichts Böses geschaffen. Wenn man aber aus seinem begierlichen Herzen heraus *dem Gestalt verleiht, das gar nicht wirklich ist, dann beginnt es das zu sein, was der schafft, der es will*" (Hundert Kapitel 2, Übers. Frank).
[593] Ἔμαθον in den Papyri, ἔγνων in den übrigen Handschriften (siehe PCW zur Stelle). Die Lesart ἔγνων demonstriert, wenn sie sekundär ist, einen „gnostischen", d.h. einen auf Bewußtseinsschulung zielenden Umgang mit den Schriften Philos.

erleuchteten Perspektive geprägt, aus der heraus die von Sprache, Körper und Sinneswahrnehmung geprägte Wirklichkeitssicht als ein Zustand des „Leidens" erscheint.[594] Im Vorgang des Lernens, der ohne erleuchtete Perspektive gar nicht möglich wäre, wird die Existenz ohne Gott zu einer Leidensexistenz, eine Einsicht, die dem gottlosen Bewußtsein natürlich völlig abgeht.

Die Konsequenz, die aus dem Leiden gezogen wird, mündet in einer Aussage, die überrascht. Hier geht es nämlich offensichtlich um etwas anderes als um die Technik der entsinnlichenden Beruhigung der Seele, von der u.a. *Migr* 7 spricht:

„Das ,Verlasse sie' will nicht sagen: trenne dich von ihnen bezüglich ihrer Wesenheit, denn dieser Auftrag käme einem Befehl zu sterben gleich, sondern er bedeutet dasselbe wie: mache dich im Bewußtsein (γνώμη) fremd, lasse dich von keinem dieser Dinge zurückhalten, *stehe über ihnen*."

In *Her* 73 geht es nicht allein darum, „über ihnen zu stehen", sondern um mehr. Was geschieht hier genau? Es geht um eine *positive Neubewertung der Sinneswirklichkeit aus der Gottesperspektive heraus*: Körper, Sinneswahrnehmung und Sprache gehören nicht mir, sondern mit meiner ganzen Sinnlichkeit bin ich völlig von Gott abhängig. Gott ist der Schöpfer, ich das leibliche Geschöpf. Was ich bin – Körper, Sinneswahrnehmung und Sprache – das bin ich durch ihn. Es ist auf den ersten Blick erstaunlich, wie der sinnesfeindlichen, ekstatischen Stimmung von *Her* 63–70 nun eine solche positive Einschätzung der Sinneswirklichkeit folgt. *Her* 71–73 ist jedoch kein Einzelfall im AK. Die *Wertschätzung* von Körper, Sinneswahrnehmung und Sprache gehört an mehreren Stellen zur Qualität des inspirierten Bewußtseins.

a. *Der Leib*: Philo stellt fest, daß Gott den Leib gestaltet und aufbaut. Auch wenn der Leib sterblich ist, aus der Perspektive Gottes ist er ein Teil seiner guten Schöpfung. Der Weise dankt Gott für den „erdhaften" Körper: „Denn Leben und Lebensdauer, Wachstum und Gesundheit werden ihm durch göttliche Gnade verliehen" (*Congr* 96).[595] Der Weise empfängt

---

[594] Vgl. dazu die Ich-Rede in Röm 7,7–25, die die adamitische Existenz unter der Sünde ebenfalls aus der Perspektive und Wirklichkeitseinsicht des erleuchteten Bewußtseins – bei Paulus des Christusbewußtseins – schildert.

[595] Dieser Satz steht im Zusammenhang einer allegorischen Deutung von Lev 27, 30.32, wo es um das Zehntenzahlen geht. Der Zehnte ist allegorisch der Dank an Gott für Körper, Sinneswahrnehmung, Redegabe und die Denkbegabung.

seine leibliche Existenz aus der Hand Gottes.[596] In dieser Haltung sind Geist und Körper wieder miteinander verbunden und werden nicht mehr als dualistische Gegensätze erfahren.

b. *Die Sinneswahrnehmung*: Weil Gott die Sinneswahrnehmung ermöglicht,[597] sind für das wahre Bewußtsein alle Sinnestätigkeiten Geschenke Gottes, für die Gott gelobt wird: „Sehen, Hören, Riechen, Schmecken und auch das Tasten sind göttliche Geschenke, für die man zu danken hat" (*Congr* 96). Aus dieser Haltung heraus entsteht eine Sinneswahrnehmung, die nach dem Willen Gottes geübt wird (*Her* 108). Sie wird Gott geweiht, „damit sie den ganzen wahrnehmbaren Kosmos, den Himmel und die Erde und die dazwischen befindlichen Naturen, die Lebewesen und die Pflanzen, ihre Tätigkeiten und Fähigkeiten, und welche Bewegungen und Zustände auch immer, sich vorstellt und unverfälscht und rein der Seele übermittelt" (*Her* 110). Wer „für Gott lebt" (ζῆσαι θεῷ), dringt auch in das Wahrnehmbare ein, um das Wahre zu finden (*Her* 111). Der Weise wird somit zum Wissenschaftler, der mit Freude und Lust die Schöpfung Gottes entdeckt und in ihrer ontologischen Struktur begreift. Von daher sind die vielen Passagen im AK zu verstehen, in denen Philo ganz positiv die sinnliche Schöpfung beschreibt, analysiert und das kosmologische Wissen seiner Zeit aufführt. Ja, erst aus der Perspektive Gottes ist für ihn wahre Naturwissenschaft möglich. Die Logoskonzeption und die Kräftelehre Philos sind als Ausdruck einer Ontologie zu verstehen, in der von Gott her, d.h. von seinem Logos her, die ideellen und sinnlichen Strukturen der Schöpfungswirklichkeit beschrieben werden können.[598] Es handelt sich dabei immer um indirektes oder direktes Schöpfungslob. Bei Philo liegt also kein metaphysischer Dualismus vor, der die Schöpfung Gottes als böse und gottfeindlich interpretiert. Aus der Perspektive Gottes ist auch die sinnliche Schöpfung gut, segensreich und entdeckungswürdig. *Im Bewußtsein also entscheidet sich, welche Qualität die Sinneswirklichkeit hat.* Schlecht ist nur die Sinneswirklichkeit, die autonom und dem eigenmächtigen Zugriff verfügbar interpretiert wird, also die Sinneswirklichkeit des falschen Bewußtseins. Dieses hat die göttliche, eigentliche Welt verloren, während das wahre vergöttlichte Bewußtsein sie wiedergewonnen hat und sich im Schöpfungslob an ihr freut. In der Hingabe an

---

[596] Nach *Migr* 101 darf der Vollkommene Gott auch um äußeren und sichtbaren Reichtum bitten (nach Gen 27,28).
[597] Vgl. *Her* 108, *Conf* 127, *Fug* 135, *Mut* 56.
[598] Vgl. die ausführliche Analyse der geschöpflichen, kosmischen Strukturen in dem Referat über die ἰσότης (*Her* 130–236), in der Philo auch auf Heraklit Bezug nimmt (213f.).

Gott wirken reines Denken und gereinigte Sinneswahrnehmung zusammen (*Agr* 79–81, *Migr* 104–105). Auch viele kulturelle Schöpfungen des Menschen können dann von Philo in das Gotteslob integriert werden.[599]

c. *Die Redegewandtheit*: Gott ist ebenfalls der Urheber der gelungenen und vernünftigen Rede, die das Seiende benennen kann.[600] Philos Kritik an der Sprache ist also nicht so grundsätzlich, wie zunächst zu vermuten war, sondern ist nur auf diejenige des falschen Bewußtseins bezogen, das seine Existenzweise legitimieren will.[601] In der Hand des Weisen wird die Rhetorik zu einer Gabe. An erster Stelle soll sie „mit ungehemmtem Munde durch Loblieder, Hymnen und Segenssprüche den Vater des Weltalls ehren und nur zu diesem Werk allein all ihre Redefähigkeiten zusammenbringen und zeigen" (*Her* 110).[602] Die Welt und deren Schöpfer soll gepriesen werden (*Her* 111). Die echte Rede ist nicht verworren oder unecht, sondern besitzt die Tugenden der Klarheit und Wahrheit. Sie gibt die bezeichneten Dinge oder Vorgänge durch Haupt- und Zeitwörter mit einer klaren Aussprache deutlich wieder und sagt die Wahrheit (*Leg* 3.119–122). Philo gibt an einer Stelle sogar genauere Anweisungen:

„Man muß sie also in leitende Hauptpunkte (κεφάλαια), die sogenannten Merkworte, zerlegen, und jedem müssen die passenden Ausführungen (κατασκευαί) zugewiesen werden, indem man die der guten Bogenschützen nachahmt, die sich ein Ziel setzen und alle Pfeile darauf abzuschießen suchen. Dem Ziele gleicht der Hauptpunkt, den Pfeilen aber die Ausführung. So wird der schönste aller Teppiche, die Rede, harmonisch zusammengewebt. Zerschneidet doch auch der Gesetzgeber die Goldplatten zu Fäden, um das Zusammengehörige dauernd zu verweben. So wird die höher als Gold zu schätzende Rede, ein buntes Muster aus unzähligen Gedanken, löblich vervollkommnet, wenn sie bis in die

---

[599] Vgl. *Post* 103–111 zur Musik und Rhetorik (Jubal).

[600] Vgl. noch *Her* 108 und *Mut* 56: Die Rede sei „machtlos, etwas von dem Seienden zu vermitteln, wenn nicht der Werker und Füger des Sprachwerkzeuges den Mund öffnete, die Zunge löste und dann harmonisch die Töne erschallen ließe" (PCH). Der Tor hält sich selbst für den Autor seiner Redefähigkeit (*Her* 107). Vgl. zur Bedeutung der Rhetorik für den Weisen ALEXANDRE, Some Reflections on Philo's Concept and Use of Rhetoric, 281–290 (zu *Det* 38–40).

[601] So auch OTTE, Das Sprachverständnis bei Philo von Alexandrien, 65 (gegen CHRISTIANSEN, Technik der allegorischen Auslegungswissenschaft, 181f., die die menschliche Sprache grundsätzlich der Täuschung verhaftet sieht, weil der menschliche Logos dem Bereich der sinnlichen Wahrnehmung angehöre). Denn es gibt – so Otto – bei Philo „menschliche Sprache, die der Täuschung nicht unterliegt, sondern täuschungslos Wirklichkeit ansagen kann" (ebd., 65); Zu dieser Sprache ebd., 48–77, mit einer Exegese von *Leg* 2.14–23; *Plant* 149–165; *Somn* 1.102–114.

[602] Vgl. dazu auch *Plant* 130f. In komplementärer Spannung zum Lobpreis *mit* der *körperlichen* Stimme steht in *Plant* 126 die Forderung, Gott durch *rein geistige* Lieder und Gesänge zu preisen.

Her 73 – Die Hingabe von Körper, Sinneswahrnehmung und Sprache 195

kleinsten Punkte disponiert, wie ein Gewebe zum Einschlag harmonische Darstellungen erhielt" (*Sacr* 82f. PCH).[603]

Der Weise kann seine Gedanken meisterlich ausdrücken (*Migr* 73). Er ist dazu befähigt, Wahrheit argumentativ darzustellen und Irrtum durch Widerlegung zu entlarven. Er kennt die rhetorischen Tricks der „Sophisten", die er darum widerlegen kann.[604] Die Quelle der Begründungsfertigkeit des Weisen ist der göttliche Logos (*Somn* 2.240–259). Nicht zuletzt ist die Tora, in der Philo und seine Hörerinnen und Hörer lesen, für sie ein sprachliches und gedankliches Meisterwerk, das sich der Weisheit Gottes verdankt.[605] In der göttlichen Wirklichkeit wird die menschliche Sprache zu einer verwandelnden Kraft, die Anteil an dieser Wirklichkeit gibt.[606]

Das Verlassen von Körper, Sinneswahrnehmung und Sprache hat also zum Ziel, daß diese drei Bereiche, sofern sie Gott übergeben werden, wieder von ihm empfangen werden. Dies ist offensichtlich eine andere Form der Distanzierung als diejenige, die ich oben noch bei *Her* 69f. vorausgesetzt habe. Es geht nicht um die Vorbereitung auf die Erfahrung der entsinnlichten ekstatischen Mystik, sondern um eine Art von Mystik, die die Sinneswirklichkeit mit *einschließt*. Sie besteht in der Hingabe von Leib, Sinneswahrnehmung und Sprache an Gott als ihr eigentlicher Urheber. Dies wäre dann eine *nichtekstatische Form mystischen Bewußtseins*. Das vollkommene Bewußtsein gewinnt nach *Her* 71–73 zu Leib, Sinneswahrnehmung und Sprache *kein Nichtverhältnis*, sondern ein *verwandeltes positives Verhältnis*. Es betrachtet sie aus der Perspektive Gottes als von Gott gewollt und im Dienst für Gott stehend. Philo wendet den Lehrsatz, daß alles Gott gehört, gerade auch auf die Sinneswirklichkeit an.[607] *Die*

---

[603] Der Text gehört zur allegorischen Auslegung von Lev 2,14 („Frischgeschnittenes bereiten") in *Sacr* 76–87.

[604] So „Mose" mit „Aaron" im Kampf gegen die „Magier Ägyptens" in *Migr* 76–85. Zur Widerlegung der „Sophisten" vgl. *Conf* 34.131f.

[605] Erhabenen („hohen") Stil lobt Philo in *Det* 79. Immer wieder betont Philo, wie harmonisch oder schön ein Schriftwort und dessen Gedankenführung ist. Er weiß um die bewegende, begeisternde und damit inspirierende Kraft der Sprache des Gotteswortes (für ihn die LXX). Philos eigener Stil im AK orientiert sich oft am Ideal des „hohen Stils", dessen Attraktivität im 1. Jh. n. Chr. Pseudo-Longinos bezeugt. Zur Sprachtheorie Philos vgl. noch WINSTON, Aspects of Philo's Linguistic Theory, 109–125.

[606] OTTE, Das Sprachverständnis bei Philo von Alexandrien, 72: „Die Wirklichkeit spricht sich in der Sprache aus, die Sprache ist transformierte Wirklichkeit. Wo Sprache und Wirklichkeit in ihrem seinsgemässen Zusammenhang ungetrübt sein können, entsteht das verbürgte Wort und die tatsächliche Sprachbefähigung."

[607] Dieser grundlegende Lehrsatz (Num 28,2) wird im AK ausführlich in *Cher* 71–112 entfaltet.

profane, dingliche Welt verwandelt sich in der Perspektive Gottes in eine heilige Welt, in der jedes Ding auf Gott als Urheber zurückbezogen ist. Sie wird zu einer *physischen Manifestation des göttlichen Geistes.* Das vollkommene Bewußtsein erkennt, wie die gesamte geschöpfliche Wirklichkeit vom Licht Gottes durchstrahlt ist. Die Wahrnehmungsperspektive auf den Kosmos hat sich also völlig verwandelt. *Die Dinge werden in Gott erkannt, die äußeren Erscheinungsformen erhalten eine innere göttliche Seinsweise.* In der ekstatischen Mystik verlieren Körper, Sinneswirklichkeit und Sprache ihre Bedeutung, aber in der hier vorliegenden Form von Mystik stellt Philo sie in den Dienst der Erschließung der Wirklichkeit Gottes.

Oder geht es hier gar nicht mehr um Mystik? Wird hier – wie Jonas behauptete – Mystik in eine *ethische Haltung* verwandelt? Oder handelt es sich – wie Terian meint – um die *Vorbereitung* der mystischen Ekstase? Ich werde in Kapitel 4.11.2 und 3 auf diese Fragen ausführlich eingehen.

4.11. Her 74: Das Bewußtsein, das seine Fähigkeiten auf Gott zurückführt

Die Hörerinnen und Hörer rechnen nicht damit, daß jetzt die Rede der διάνοια aufhört. Sie erwarten, daß sie nun auch noch davon berichtet, wie sie sich selbst verlassen hat.[608] Aber Philo wechselt plötzlich die Person und spricht wieder seine Seele wie auch seine Leserinnen und Leser direkt an. Das zeigt, daß er eigentlich schon ab 71 indirekt paränetisch zu ihnen gesprochen hat. Er geht davon aus, daß die Hörerinnen und Hörer die ersten drei Schritte schon innerlich mitvollzogen haben:

Her 74:	*Her* 74:
τὸν αὐτὸν δὴ τρόπον ὅνπερ τῶν ἄλλων ὑπεξελήλυθας, ὑπέξελθε καὶ μετανάστηθι σεαυτῆς. τί δὲ τοῦτό ἐστιν; μὴ ταμιεύσῃ τὸ νοεῖν καὶ διανοεῖσθαι καὶ καταλαμβάνειν σεαυτῇ φέρουσα δὲ καὶ ταῦτα ἀνάθες τῷ τοῦ νοεῖν ἀκριβῶς καὶ καταλαμβάνειν ἀνεξαπατήτως αἰτίῳ.	*In derselben Weise, wie du dich von den anderen entfernt hast, entweiche und ziehe hinweg von dir selbst. Wie aber geschieht dies? Verwalte nicht für dich selbst das Denken, das Nachdenken und Begreifen, sondern bringe und weihe es dem, der die Ursache des genauen Denkens und des täuschungsfreien Begreifens ist.*

---

[608] Die gleiche Reihenfolge findet sich auch in *Leg* 3.41: „Vielmehr muß der Geist, der herausgeführt und in Freiheit gesetzt werden soll, sich von allem zurückziehen, von den körperlichen Bedürfnissen, von den sinnlichen Organen, von den sophistischen Reden, von Vermutungen, schließlich auch von sich selbst."

Der Erbe war nach 69f. der Nous, der sich selbst verläßt und dadurch in einen Zustand der Inspiration gerät. In 69 gab es die Aufforderung, sich durch das Sich-selbst-Verlassen in einen Zustand der Inspiration zu bringen.

In 74 geht es im Sich-selbst-Verlassen um den Akt der totalen Hingabe des eigenen Bewußtseins an Gott. Nach 74 ist die Vernunft, die sich selbst verläßt, ein Bewußtsein, das sein *„Denken, Nachdenken und Begreifen Gott weiht"* und ihn als *„Ursache des Denkens"* versteht. Die verwandelte Vernunft *„verwaltet ihr Denken nicht für sich selbst"*. Das Verb ταμιεύω – ein Begriff der Wirtschaft – bezeichnet die eigenständige Verwaltung von Geldmengen: „Schatzmeister sein", „verfügen über", „Kontrolle ausüben über Geldmengen". Ἀνατίθημι meint hier mehr als „zuschreiben" oder „anvertrauen". *Her* 75 zeigt klar, daß Philo mit diesem Verb ebenfalls auf eine wirtschaftliche Tätigkeit anspielt, nämlich die Aufstellung einer Weihegabe im Tempel, wobei der Tempel der geistige Kosmos ist. Von Philo im übertragenen Sinn verwendet, bezeichnet ἀνατίθημι ein Verhalten des Bewußtseins, das nicht über seine eigenen Fähigkeiten souverän verfügt, sondern *im Vollzug dieser Fähigkeiten* diese, d.h. sich selbst, Gott „darbringt" und ihm „weiht".

Das Denken wird also nicht ekstatisch überstiegen, sondern aus Gott, dem Urheber wahrer Vernünftigkeit, heraus vollzogen. Es geht um die völlige Hingabe aller geistigen Fähigkeiten an Gott und die dankbare Anerkennung, daß Gott der Urheber dieser Fähigkeiten ist.[609] Diese Hingabe muß nicht zeitlich begrenzt sein. Sie ist als Dankgebet vielmehr auf Dauer angelegt. Der Einzelne entspricht damit dem Verhalten der Weltseele, des gesamten Kosmos, von dem Philo in *Her* 200 sagt:

„Die angemessene Lebensaufgabe für den Kosmos besteht darin, dem Vater und Schöpfer *fortwährend und unaufhörlich Dank abzustatten* (συνεχῶς καὶ ἀδιαστάτως εὐχαριστεῖν),[610] indem er sich beinahe räuchert und in seine Elemente auflöst, um zu zeigen, daß er nichts für sich selbst aufspeichert (μηδὲν θησαυρίζεσθαι), sondern sich völlig Gott, der ihn geschaffen hat, zum Opfer darbringt (ἀνάθημα ἀνατιθέναι)."

---

[609] Ähnlich GOODENOUGH, By Light, Light, 246: „The ‚heir', the mind, must come out of the body, the senses, and speech, and indeed his very self in so far as he renounces his own thought processes....Everything is now concentrated in God, sense, speech, and mind, and *all should properly be used for God* [kursiv C.N.]. God is the beginning and the end."

[610] Vgl. dazu GEORGI, Remembering the Poor, 139f.: „In the context of Hellenistic and Jewish-Hellenistic Gnostic wisdom, εὐχαριστία constitutes the very climax of spiritual offering and spiritual worship. It is not surprising that in the framework of this kind of mystical thinking, the events referred to are described as being cosmic ocurrences."

Das vollkommene Bewußtsein partizipiert an der mystischen Hingabe der gesamten Schöpfungswirklichkeit, die nur in dieser Hingabe Realität und Identität gewinnt. Es wird von allen beseelten Geschöpfen alles gegeben, weil sie alles von Gott empfangen haben.[611]

„Der ganze Himmel und die ganze Welt sind ein Weihgeschenk an Gott (ἀνάθημα θεοῦ),[612] der das Geschenk geschaffen hat; und alle Seelen, die Weltbürgerinnen und gottgeliebt sind, weihen sich selbst, von nichts Sterblichem davon abgehalten, und nimmer werden sie müde, ihr unvergängliches Leben als Weihgeschenk und Opfer darzubringen (*Somn* 1.243)."

4.11.1. Der Bewußtseinsdualismus

Mit dem Gegensatz zwischen dem Bewußtsein, das sich unabhängig gebärdet und dem Bewußtsein, das sich Gott hingibt, macht Philo eine Alternative auf, die nicht nur hier, sondern durchgängig im AK eine wichtige Rolle spielt und einen dualistischen Charakter hat. *Es stehen sich zwei Möglichkeiten gegenüber, wie das Bewußtsein sich zu sich selbst verhält und über sich selbst reflektiert.* Ich beschreibe zunächst die für Philo positive Möglichkeit und dann die negative Möglichkeit, und zwar unter Berücksichtigung wichtiger Stellen im AK.

- *Das in Gott gegründete Bewußtsein* weiß, daß Gott die Gedanken schenkt (*Conf* 127, *Congr* 98). Es ist ein Denken, daß aus dem Wahn befreit ist, „nach eigenem selbstmächtigen (αὐτεξουσίῳ) und selbstherrlichen (αὐτοκράτορι) Willen zu denken und zu begreifen" (*Her* 85). Königliche, herrscherliche Attribute darf allein Gott beanspruchen. Darum denkt das Gottesbewußtsein nur über Gott und seine trefflichen Eigenschaften nach (*Her* 110) und überdenkt gründlich das Geistige und wirklich Seiende (*Her* 111). Es haßt den Glauben, „daß *ich* denke oder wahrnehme" (*Leg* 2.68). Stattdessen führt es alle Handlungen und Gedanken auf Gott zurück (*Leg* 3.44). Die Denkbegabung ist so ganz in den Dienst für Gott gestellt (*Congr* 99). Es ist ein Zustand im Blick, in dem das Be-

---

[611] Vgl. ZELLER, Charis bei Philon und Paulus, 72: „Erlösung besteht letztlich, könnte man sagen, in der dankbaren Anerkennung des alles bewirkenden Schöpfers."

[612] Die Wendung ist nicht als Gen. subj. (so PCH „die Welt ist ein Weihgeschenk Gottes"), sondern als Gen. obj. zu übersetzen. Nicht Gott gibt hin, sondern die Geschöpfe. Aber Gott ermöglicht die Hingabe durch sein Schöpfungshandeln. Darum bleibt nichts übrig, dessen sich die Schöpfung rühmen könnte. Dies ist wieder eine typische mystische, dialektisch-komplementäre Wahrnehmung: das, was man Gott weiht, ist von ihm selbst verursacht; man kann Gott nichts geben, was dieser nicht von vornherein gewährt hat.

wußtsein mit der Erkenntnis erfüllt ist, alles aus Gott heraus zu tun, *sich nicht selbst zu besitzen, sondern allein aus Gott heraus zu existieren*:

„Wenn du aber deinen Sinn änderst und zu Verstand kommst, wie es sich gehört, dann wirst du eingestehen, *daß alles Gottes Besitztum ist*, nicht das deinige, *die Gedanken, die Erkenntnisse, die Künste, die Grundsätze, die Einzelurteile, die Sinne, die durch sie und ohne sie ausgeübte Tätigkeit der Seele*" (Cher 71).

„Denn wer den eigenen Geist verläßt, bekennt damit, daß nichtig ist, was gemäß dem menschlichen Geist geschieht, *schreibt aber alles Gott zu*" (Leg 3.29).[613]

„Was ist nun das Ziel des rechten Verstehens? Zu erklären, daß man selbst und alles Geschaffene unverständig ist, denn das letzte Ziel der Erkenntnis ist zu wissen, daß wir nichts wissen und *daß allein der weise ist, der auch allein Gott ist*" (Migr 134).[614]

– *Das gottferne Bewußtsein* hat aus der Perspektive der Erleuchteten die Eigenschaft, „*das Denken für sich selbst zu verwalten*". Es hält sich für gottähnlich und spricht sich die Fähigkeit zu, schaffen zu können (*Leg* 1.49). Es agiert aus dem Selbstverständnis eines königlichen Selbstherrscher heraus (*Her* 85: αὐτοκράτωρ) und versteht sich als „königlicher Nous" (*Mut* 56). Es glaubt, daß alles aus ihm selbst heraus entsteht und es selbst die Ursache der Dinge ist (*Leg* 2.46). Es leugnet die Wirklichkeit des alles erfüllenden Gottes (*Leg* 3.4–10). Um Gott zu entfliehen, flieht es zu sich selbst und erklärt sich selbst für die Ursache von allem, was geschieht (*Leg* 3.30). Es glaubt, alles zu durchschauen und alles entscheiden zu können (*Leg* 3.35). Es sagt, alles für seinen Besitz haltend:

„*Mein ist der Herr, der Geist*, er ist sein eigener Herr und Gebieter, mein ist auch die Sinnlichkeit, ein ausreichendes Prüfmittel der Körper, mein sind auch deren Kinder, die des Geistes (sind) die rein geistigen Dinge, die der Sinnlichkeit (sind) die sinnlich wahrnehmbaren Dinge, denn in meiner Macht stehen das Denken und das Wahrnehmen" (*Leg* 3.198).

Letztlich geht es um die Setzung der eigenen Existenz als eigentliche Wirklichkeit:

---

[613] Philo kann für diesen Vorgang des „Verlassens" auch das Bild der „Nacktheit" benutzen. In *Leg* 2.59 deutet er den Auszugsbefehl aus Gen 12,1 als Aufforderung an Abraham, sich zu entblößen. In *Cher* 31 und *Gig* 53f. spricht Philo von der „nackten Vernunft", die frei von allen falschen Meinungen und allem Sterblichen zu Gott kommt.

[614] Vgl. die Aufnahme dieses mystischen Motivs durch JASPERS in seiner Existenzphilosophie: „Im Existentiellen ist der Mensch er selbst nur, wenn er im Selbstsein sich geschenkt wird. Freiheit ist ein Sichgegebenwerden aus der Transzendenz" (Was ist Philosophie, 240).

"Wir sind die Führer, wir die Herrscher; auf uns stützt sich alles; wer sind die Urheber des Guten und seines Gegenteils, wenn nicht wir? Wem, wenn nicht uns, kommt es absolut untrüglich zu, Gutes und Böses zu bewirken? Leeres Geschwätz treiben diejenigen, die da sagen, alles sei abhängig von einer unsichtbaren Kraft, von der sie glauben, daß sie über alle menschlichen und göttlichen Angelegenheiten in der Welt regiere" (*Somn* 2.291).

"Kain" als τὸ φίλαυτον δόγμα symbolisiert in Antithese zu „Abel" als τὸ φιλόθεον δόγμα die Meinung, die dem Geist alles als dem Leiter der Vorgänge im Denken und Empfinden, im Bewegen und Innehalten zuschreibt (*Sacr* 2).[615] Jonas charakterisiert dieses Bewußtsein so:

„Es ist wichtig zu verstehen, daß die φιλαυτία nicht eine besondere menschliche Abirrung bezeichnet, sondern einfach die Ichsetzung des Selbstbewußtseins überhaupt, also das Selbstsein schlechthin. Dieses, oder, wie man ebenfalls sagen kann, die Tatsache der Individuation ist als solche sündig, weil eine Absonderung vom göttlichen Sein."[616]

Jonas argumentiert hier zu sehr existentialistisch. Philo hat anderes im Blick. Nicht das Selbstsein, nicht die Individuation im endlichen Dasein an sich ist für Philo sündig, sondern die *bewußte, reflektierte Verabsolutierung der Erkenntnis, daß man ein Selbst ist.* Aus der Sicht des Mystikers heißt das: Das gottlose Bewußtsein macht sich *bewußt* zum Zentrum seiner selbst und seiner Welt.[617] Die Gottesebenbildhaftigkeit des Denkens wird damit mißbraucht. Sie ist aber auch Voraussetzung dafür, daß das Bewußtsein überhaupt statt Gott sich selbst zum Zentrum machen und sich eine eigene Wirklichkeit konstruieren kann.[618] Der Hochmut des Geistes

---

[615] Antithetisch werden beide Denkweisen auch in *Her* 106–108 gegenübergestellt. Zum „Pharao" als Symbol dieses Bewußtseins vgl. *Sacr* 69–71.

[616] JONAS, Gnosis II/1, 108.

[617] Vgl. dazu MARX, Kritik der Hegelschen Rechtsphilosophie, 18: „Die Kritik der Religion enttäuscht den Menschen, damit er denke, handle, seine Wirklichkeit gestalte wie ein enttäuschter, zu Verstand gekommener Mensch, damit er sich um sich selbst und damit um seine wirkliche Sonne bewege. Die Religion ist nur die illusorische Sonne, die sich um den Menschen bewegt, solange er sich nicht um sich selbst bewegt." Es ist auffällig, wie Marx in seiner Religionskritik mit einem thetischen, apodiktischen und imperativen Sprachstil arbeitet, der nicht abwägend argumentiert, sondern – ganz in der Tradition psychagogischer Philosophie – machtvoll versucht, eine neue, für die Leserinnen und Leser überraschende Wirklichkeit zu setzen.

[618] Vgl. HEGEL, Vorlesungen über die Philosophie der Religion I, 123 (Ausgabe Lasson), über die Selbstbehauptung des endlichen Ich: „Meine Affirmation spricht sich so aus: ‚Ich bin'. Das ist von meiner Endlichkeit ein Unterschiedenes und die Aufhebung meiner Endlichkeit" – „Es ist dies die höchste Spitze der Subjektivität, die an sich selber festhält, die Endlichkeit, die bleibt und in der Beziehung auf sich selber sich als unendlich setzt." So kann das endliche Ich den Satz aussprechen: „Ich bin das Sein des Absoluten." (ebd., 136f.) – „Ich, das Endliche, bin das Unendliche, das an und für sich Sei-

führt zur totalen Leugnung einer Wirklichkeit, von der er abhängig sein soll; er führt zum kämpferischen Atheismus, in dem er seine Endlichkeit leugnet und sich selbst als göttlich erfährt: frei und allmächtig. Nun kann er über alles verfügen, selbst Gut und Böse bestimmen und vor allem die Lüste und Begierden zu etwas Gutes erklären. Alles wird in das eigene Selbst und in die eigenen Partikularität hineingezogen.[619] Der Weg der Erkenntnis von unten nach oben gipfelt letztlich in der Absolutsetzung des Endlichen und der Verleugnung des Schöpfungscharakters der Wirklichkeit. Aus Gottesgewißheit wird Selbstgewißheit und Eigenmächtigkeit. Im Bewußtsein der Nichtigkeit alles Objektiven wird die eigene Willkür und Partikularität zum Prinzip des Handelns gemacht. Das Böse ist damit der Geist, der sich formal subjektiv setzen kann und daher frei ist, aber inhaltlich an die Natur, d. h. an die Triebe gebunden ist und an ihnen mit Verstandeskraft, aber gegen die höhere Vernunft, mit aller Kraft festhält.[620] Das Wesen des Bösen ist die Verselbständigung der Subjektivität.[621] Es ist die Freiheit des Bewußtseins, das sich autonom setzt, anstatt sich freiwillig an seinen eigentlichen Ursprung zurückzubinden.

Welche Menschen hat Philo bei dieser Beschreibung vor Augen? Welchen Sitz im Leben haben diese Aussagen? Repräsentieren sie das Denken eines Teils der jüdischen Bevölkerung in Alexandria?[622] Geht es um die Auseinandersetzung mit bestimmten Philosophenschulen? Läßt Philo die politische Elite seiner Zeit sprechen?[623] Oder geht es ihm allgemein um eine existentielle Grundsituation, in der alle Menschen stehen, solange sie nicht in Gott ruhen?

---

ende selber; denn dieses Unendliche, Jenseitige ist nur durch mich gesetzt." – „Das Endliche, das sich zum Unendlichen steigert, ist...leer in sich selbst, die höchste Form der Unwahrheit, die Lüge und das Böse" (ebd., 141).

[619] Vgl. TILLICH, Systematische Theologie II, 61. Tillichs Begrifflichkeit eignet sich gut zur Deutung Philos, weil er wie Philo die biblischen Erzählungen symbolisch-existentiell liest. Vgl. zum Thema auch WARNACH, Selbstliebe und Gottesliebe im Denken Philons von Alexandrien, 198–214.

[620] Vgl. zum Bösen HEGEL, Grundlinien der Philosophie des Rechts, § 139 (Jubiläumsausgabe, Bd. 7, 200–202).

[621] Vgl. HÖSLE, Die Krise der Gegenwart und die Verantwortung der Philosophie, 238.

[622] So FRIEDLÄNDER, Geschichte der jüdischen Apologetik, 441–446, der glaubte, Philo greife eine allegorisierende, radikal antinomistische jüdische Religionspartei an.

[623] Vgl. TILLICH, Systematische Theologie II, 61, zu Kierkegaards Nerodeutung: „Nero verkörpert die dämonischen Konsequenzen unbegrenzter Macht, er repräsentiert das partikulare Individuum, dem es gelungen ist, das Universum in sich hineinzuziehen und zwar auf solche Weise, daß es die Macht besitzt, sich alles zu eigen zu machen, was es will."

Die typisierende Allegorisierung geschieht wohl mit Bedacht und zeigt, daß keine festgelegte Gruppe im Blick ist. Nichts im Text ist wirklich konkretisierbar, und will auch nicht konkretisiert werden, obwohl es offen ist für verschiedene Konkretisierungen. Es gibt keine versteckten Hinweise auf eine aktuelle Situation, anhand derer man die „Gottlosen" festmachen könnte. Es handelt sich somit um fundamentale Sachverhalte. Es geht um grundsätzliche „mythische" oder „metaphysische" Dimensionen, die sich allerdings in immer neuen Konflikten „inkarnieren" können, *religiösen*, *philosophischen* wie auch *politischen*. Philo konzentriert sich hier ganz auf die *Innenseite* des Dualismus von Gut und Böse innerhalb des Bewußtseins, ohne ihn allerdings darauf zu reduzieren.

Philo beschreibt auch ein Grundproblem des „Intellektuellen", der sich auf sich selbst zu konzentrieren vermag. Die stärkste Anfechtung desjenigen, der zum abstrakten, innerlichen Denken fähig ist, besteht nämlich darin, genau diese Fähigkeit zum Ursprung aller Wirklichkeit zu machen. Im Selbstrückzug von der Sinneswahrnehmung und im Reflektieren des eigenen Denkens kann die Schlußfolgerung entstehen, das Denken selbst sei Urheber des Denkens. In Teilen der Popularphilosophie scheint es diesen Rückzug auf die Unabhängigkeit des Denkens, das Ruhen in sich selbst als Ausdruck der Absolutsetzung der eigenen Subjektivität gegeben zu haben.[624]

Es ist schließlich mit der Möglichkeit zu rechnen, daß Philo die Schattenseite und *tiefste Anfechtung* des kontemplativen Bewußtseins beschreiben will, nämlich das Phänomen, daß das *Gottesbewußtsein in absolutes Ichbewußtsein umschlagen kann*.[625] Die absolute Ichsetzung, die im AK beschrieben wird, wäre dann – wie das absolute Gottesbewußtsein – eine Erfahrung, die der mystischen Praxis selbst entsprungen ist.

Philo entwickelt im AK mit dem Bewußtseinsdualismus einen unvereinbaren und nicht vermittelbaren Gegensatz zwischen *egozentrischem Ichbewußtsein* und *theozentrischem Gottesbewußtsein*, die sich als Wahr-

---

[624] Zur „Kunst der autonomen Selbstsorge" bei Seneca, Marc Aurel, Musonius, Epiktet u.a. vgl. FOUCAULT, Die Sorge um sich, 53–94. – Nach GOULET, La philosophie de Moise, 41 und 519–24, vertrat eine Gruppe von Allegoristen, von denen Philo spricht, diese Position. Sie wären an jüdischer Ethik und Ritualen nicht interessiert gewesen und hätten versucht, bei Mose Lehren der stoischen Philosophie zu finden, die die menschliche Autonomie betonten.

[625] Vgl. die radikale Selbstermächtigung des romantischen Subjekts bei Fichte, die ihre Wurzeln in der – wiederum mystisch geprägten – Innerlichkeitstradition des Pietismus hat: „Ich werde mir selbst zur einigen Quelle alles meines Seyns und meiner Erscheinungen; und habe von nun an, unbedingt durch etwas außer mir, das Leben in mir selbst" (FICHTE, Die Bestimmung des Menschen, 285).

4.11.2. Das Bewußtsein der Gotteshingabe – Vorbereitung auf die mystische Ekstase?

Wie ist nun das Bewußtsein der Gotteshingabe in die Frömmigkeit Philos einzuordnen? Geht es hier um die Vorbereitung der mystischen Ekstase? So sieht es Terian:

> „Philo then begs his mind to depart from itself, which departure he explains as quitting its own thinking, purposing, and apprehending – another set of three (71–74). Philo is thus vacating his mind for divine inspiration."[626]

Dafür spräche *Leg* 3.47:

> „Denn wenn du Gott suchst, o Seele, gehe erst aus dir heraus und suche ihn dann auf... Ob du freilich suchend Gott finden wirst, ist ungewiss; denn gar vielen offenbart er sich nicht, das Streben gelangt nicht völlig zum Ziel; es genügt aber, um des Guten teilhaftig zu werden, auch das bloße Suchen allein; denn der Drang zum Schönen erfreut immer die von ihm Erfüllten im voraus, auch wenn sie das Ziel nicht erreichen" (PCH).

In anderen Texten fällt die Hingabe an Gott mit der Schau Gottes zusammen, so in *Somn* 1.60:

> „Wer sich selbst ganz erkannte [vor allem die Sinneswahrnehmung und den Geist], sieht ganz von sich selbst ab, nachdem er klar die Nichtigkeit in allem Irdischen im voraus eingesehen hat; wer aber von sich abgesehen hat, der erkennt den Ewigen."

Wiederum andere Texte sehen diese Seinshaltung als *Ausdruck und Folge* der Inspiration, so z.B. *Deus* 4 zu Gen 22, 2.9:

> „Lerne aber, wenn du magst, o Vernunft, das Nicht-sich-selbst-Zeugen kennen von dem vollkommenen Abraham, der den geliebten und einzigen echten Sprößling der Seele, das deutlichste Ebenbild der selbstgelehrten Weisheit, mit Namen Isaak, Gott darbringt und hingibt (ἀνάγει θεῷ καὶ ἀποδίδωσι)[627] mit voller Bereitwilligkeit als ein notwendiges und angemessenes Dankgeschenk."[628]

---

[626] TERIAN, Inspiration and Originality, 75.

[627] Ἀνάγειν bedeutet nicht nur „darbringen", sondern auch „auf etwas zurückführen". Das lernende Bewußtsein, das durch Abraham symbolisiert wird, führt die Erfahrung der *selbst*gelehrten Weisheit – symbolisiert durch Isaak – gerade nicht auf sich *selbst*, sondern auf *Gott* zurück.

[628] Für *Deus* 5 gilt das Gleiche: „Seine Schülerin und Nachfolgerin wird Anna, die Gabe der Weisheit Gottes. Übersetzt wird sie nämlich mit ‚ihr Gnadenschenk'. Denn als sie nach dem Empfang göttlichen Samens schwanger wurde, gebar sie den in die Ord-

Auch in *Her* 71–74 sind die vier Distanzierungsvorgänge keine Vorbereitung auf die Inspiration, sondern *Ausdruck* des inspirierten Bewußtseins, denn sie werden von der inspirierten Vernunft vorgetragen. Während es jedoch in *Deus* 4 allein um die Zurückführung der „Isaak-Erfahrung" auf Gott geht, so wird in *Her* 71–74 die gesamte geschöpfliche Existenz auf Gott zurückgeführt. Das ist aber keine Vorbereitung auf die Inspiration, sondern die *Existenzweise*, in der sich das vollkommene, inspirierte Bewußtsein zu Leib, Sinneswahrnehmung, Sprache und Denken verhält. Philo will sagen, daß sich der Vollkommene *andauernd* in dieser Weise verhält. *Migr* 56 beschreibt diese Existenz so:

„Aller ‚Größe' und aller ‚Menge' des Schönen Anfang und Ende ist jedoch das *unaufhörliche Denken an Gott* (ἡ ἀδιάστατος περὶ θεοῦ μνήμη) und das Anrufen seines Beistandes im ewigen, wirren Bürgerzwist des Lebens" (PCH).

Es ist davon auszugehen, daß in *Her* 71–74 das wahre Bewußtsein beschrieben wird, und zwar in einer eigenständigen Form von Mystik, die allerdings ganz eng mit der Erfahrung ekstatischer Mystik verbunden ist. Es geht – so meine These – um ein nichtekstatisches mystisches Bewußtsein, das der existentiellen Erfahrung der ekstatischen Mystik entspricht, aber anders als diese einen *andauernden* Charakter haben kann.

4.11.3. Nichtekstatische Mystik im Allegorischen Kommentar

Um meine Einschätzung der nichtekstatischen Form des Gottesbewußtseins im AK zu präzisieren, möchte ich eine Differenzierung veränderter Bewußtseinszustände vornehmen, die m.E. im AK beschrieben werden:

(a) *Die prophetische Mantik (possession-trance)*: Während des Orakelempfangs erleidet der Inspirierte einen völligen Bewußtseinsverlust. Diese Erfahrung ist nicht im engeren Sinne mystisch oder soteriologisch. Philo spielt u.a. in *Migr* 84 und *Her* 258–267 auf sie an.

(b) *Die zeitlich begrenzte mystische Ekstase (vision-trance)*: Ich habe diese Form der mystischen Ekstase bereits oben bei der Exegese von *QE* 2.29 beschrieben. Es geht um den Zustand des monadischen, ekstatischen Bewußtseins, um eine „abstrakte" Vereinigung mit Gott, genauer mit seinem Logos, die völlig entsinnlicht, und damit entzeitlicht und enträum-

---

nung Gottes eingegliederten Charakter, genannt Samuel – er heißt nämlich übersetzt ‚Gott Zugeordneter' –, und gab ihn, den sie empfangen hatte, dem Geber wieder, da sie nichts für ihr eigenes Gut hielt, es sei denn eine göttliche Gnadengabe" (PCH). Die von Gott inspirierte Seele gibt also an Gott alles zurück.

licht ist. Dieser Zustand hat *keinen* andauernden Charakter. Philo beschreibt diese Erfahrung ekstatischen Bewußtseins im AK u.a. in *Her* 84, *Her* 183f., *Somn* 2.232f., *Ebr* 145–147 und *Leg* 1.82–84. Sie ist mit tiefer Ruhe, Freude und stärksten Lichteindrücken verbunden. Es sind „noetische" Ekstasen, d. h. sie erschließen „übersprachlich" Erkenntnis und Einsicht in die Wahrheit, die jenseits der Erkenntnisfähigkeit des endlichen Verstandes liegen. Sie werden als Widerfahrnis erfahren, das der Geist Gottes auslöst.

(c) *Die Erleuchtung bei der exegetischen Arbeit*: Hier geht es um eine ergreifende Erfahrung der spontanen, inspiratorisch erlebten Einsicht in die allegorische Deutung der Tora, in der sich die transzendente, göttliche Tiefendimension der Worte erschließt. Etwas abfällig sprechen manche Philoexegetinnen und -exegeten von einem „Schreibtischmysterium".[629] Philo dokumentiert dieses Bewußtseinsphänomen in *Migr* 34–35, *Cher* 27, *Leg* 2.32, *Leg* 2.85 und *Somn* 2.252.[630]

(d) *Die zeitlich unbegrenzte nichtekstatische Mystik der Gotteshingabe*:[631] Damit soll ein *Zustand ständiger Ausrichtung* des Bewußtseins auf Gott und die göttliche Wirklichkeit gemeint sein, der *andauernden* Charakter hat. Zentral ist hierbei die kontinuierliche Meditation des Bewußtseinsdualismus und der mit ihm verbundenen „dogmatischen" Grundwahrheiten, die die Transzendenzerfahrung erschließen. Auch hier erscheint die Erfahrung von Ruhe, Frieden und Freude. Kieckhefer spricht von einem „habituellen Bewußtsein der Präsenz Gottes".[632] Dabei wird nicht rational „über" Gott nachgedacht, sondern transdiskursiv „in" Gott gedacht, wahrgenommen und aus ihm heraus existiert.[633] Körper, Sinneswahrnehmung und Sprache werden von Gott her eingesetzt und aus Gott

---

[629] So z.B. FRÜCHTEL, Die kosmologischen Vorstellungen, 112–115; SIEGERT, Philon von Alexandrien, 91–93 („Die Ekstase am Schreibtisch").

[630] WINSTON, Logos and mystical theology, 53, nennt die in diesen Texten ausgedrückte Erfahrung „at best only incipient forms of mystical experience."

[631] Vgl. dazu KIECKHEFER, Meister Eckhart's Conception of Union with God, 203–206.210–214; FORMAN, Meister Eckhart, 114–125.162–192 („The advanced mystical experience").

[632] KIECKHEFER, Meister Eckhart's Conception of Union with God, 211: „Habitual *consciousness* of God's presence."

[633] Diese Form der Mystik läßt auch bei anderen Mystikern beobachten, vgl. Orig. princ. 3.6.3. (zu 1 Kor 15,28): „Ut *quidquid rationabilis mens*, expurgata omni vitiorum faece atque omni penitus abstersa nube malitiae, *vel sentire vel intelligere vel cogitare potest*, ‚omnia' deus sit nec ultra iam aliquid aliud nisi *deum sentiat, deum cogitet, deum viderat, deum teneat omnis motus sui deus modus et mensura sit*; et ita erit ei ‚omnia' deus." – Ähnlich Diadochus von Photike, Hundert Kapitel, Vorwort: „Die achte Bestimmung, die der Reinheit: Mit allen Sinnen ständig Gott anhangen."

erfahren. In der nichtekstatischen Form von Mystik ist das Bewußtsein nicht ausgeschaltet wie in der prophetischen Mantik, es ist auch nicht völlig entsinnlicht wie in der ekstatischen Mystik, sondern es ist im Denken und Handeln mit Hilfe memorierter „Dogmen" ganz auf Gott konzentriert. So bedeutet das „Stehen" oder die „Ruhe" dann nicht die ekstatische Erfahrung des Stillstandes von Raum und Zeit und die Absenz jeglicher sinnlicher Erregung, sondern die absolute Festigkeit und das vollständige Gegründetsein in den Lehren, die das Bewußtsein auf Gott ausrichten. Dies ist aber mehr als nur ein „Wissen über", es hat existentiellen Charakter, weil es die Ganzheit und Einheit der Wirklichkeit erfaßt. Diese Mystik hat also genauso monadischen Charakter, bedeutet ebenfalls Identität mit dem Logos, jedoch in einer nichtekstatischen Weise. In diese Form der Mystik übt m. E. der AK hauptsächlich ein. Dieses Gottesbewußtsein schließt die kurzfristige ekstatische Gottesschau nicht aus, sondern ein, ist aber nicht völlig auf sie konzentriert. Das Ziel ist in gewisser Weise mit der völligen Ausrichtung auf Gott schon erreicht. Zur nichtekstatischen Mystik gehört auch die Gewissenserfahrung, die als Präsenz des Logos in der Seele gedeutet wird (so z.B. *Fug* 117f.). Dieser von mir konstruierte Idealtypus nichtekstatischer Mystik ist *anders nuanciert* als diejenige Form nichtekstatischer Mystik, die ich unter 3.9. zu den QS skizziert habe. Dort steht die *totale Kontrolle* des Gottesbewußtseins *über* die sinnlichen Regungen im Mittelpunkt, hier *schließt* die Erfahrung des Gottesbewußtseins die sinnlichen Regungen als von Gott geschenkt *mit ein*. Ich halte dies für eine vertiefende Weiterentwicklung, die mit dem radikalen Bewußtseinsdualismus – der in den QS nur angedeutet ist – engstens verbunden ist.[634]

Dieser nichtekstatischen mystischen Erfahrung fehlt das Außergewöhnliche, das die mystische Ekstase auszeichnet, weil hier das Wirken des Göttlichen *in den geschöpflichen Vorgängen selbst* gesehen wird (wie in *Her* 71–74, wenn Körper, Wahrnehmungen, Sprache und das Denken selbst Gott geweiht werden). Das eigene Denken, moralische Empfinden und Tun, gerade auch die exegetische Arbeit, wird als von Gott selbst gewirkt erlebt. Es ist aber eine Form von erweitertem Bewußtsein, das sich von der nichtmystischen Alltagswahrnehmung des unerleuchteten Men-

---

[634] Eine der wenigen Belege aus den QS, die diese Mystik andeuten, ist *QG* 2.52 zu Gen 8,20: „But as for the deeper meaning, the clean beasts and birds are the senses and the mind of the wise man, (for) in the mind the thoughts rove about. And it is proper to bring all these, when they have altogether become fruits, as a thankoffering to the Father, and to offer them as immaculate and unblemished offerings for sacrifices." Man könnte diesen Akt allerdings auch als Vorbereitung zur ekstatischen Mystik deuten.

schen fundamental unterscheidet. Die Welt wird nicht mehr als eine „profane", sondern als „heilige" Wirklichkeit wahrgenommen. Statt Vielheit wird Einheit gesehen. Die nichtekstatische Mystik kann im Gegensatz zu den nur kurzen Momenten ekstatischer Mystik einen bleibenden, permanenten Charakter haben. Sie kann deshalb im Alltag durchgehalten werden, nämlich im konstanten Bewußtsein der Wirksamkeit Gottes in allen Dingen und in der Meditation von „Lehren".[635]

Diese Form von Mystik hat Ähnlichkeiten mit der gnostischen „Wahrheit", in der der Gnostiker ruht. Auch die *Gnosis* kennt eine nichtekstatische fortdauernde Gotteserfahrung, eine Erlösung durch ein empfangenes Gottesbewußtsein, das jegliche andere Wirklichkeit als Illusion durchschaut.[636] Wie bei Philo hat das wahre Bewußtsein in der Gnosis Ewigkeitscharakter und ist monadisch gedacht.[637]

Die Differenzierung in ekstatische und nichtekstatische Mystik ist ebenfalls bei *Paulus* sinnvoll. Paulus kennt durchaus die ekstatische Gottes- bzw. Christusbegegnung,[638] betont aber stärker die nichtekstatische Hingabe und Orientierung an der Wirklichkeit des Christus, die für ihn – wie für Philo – einen transrationalen, aber keinen antirationalen Charakter hat. Im Christusbewußtsein erschließt sich für Paulus wahre Vernünftigkeit als Erkenntnis der Christuswirklichkeit. Alle Schöpfungsvorgänge sind für ihn „in Christus" geheiligt und werden von Christus her erfahren.

---

[635] Vgl. Deus 87 und 107. – Zur Erfahrung andauernder mystischer Gotteserfahrung bei Ruysbroek, Katharina von Genua und Marie de l'Incarnation vgl. MOMMAERS, Was ist Mystik, 86–95. – Siehe auch HOWALD, Meditation als Mittel zur Persönlichkeitsentwicklung, 47: „Integrierte Bewußtseinszustände sind u.a. dadurch gekennzeichnet, daß der während der Meditationspraxis induzierte Zustand mehr und mehr im Alltag aufrechterhalten wird. Allmählich koexistiert der Meditationszustand dann mit dem Wach-, Schlaf- und Traumzustand."

[636] Vgl. die Beschreibung der gnostischen Bewußtseinserfahrung bei LAFARGUE, Language and Gnosis, 209–216: „The Gnostic thought reflected here [d. h. in den Thomasakten, C.N.] aims...at a fundamental and more-or-less permanent personal (,initiatory') transformation of a person's consciousness...The ultimate aim is to lead one to a permanent higher state of consciousness and so to a pervasive heightening of meaning in life in general which results from this transformation" (210). Nach LaFargue besteht das Anliegen der Autoren der Thomasakten darin, in einen Bewußtseinszustand einzuüben, in dem die Gnostiker – ungewohnt für sie – die Welt als von Gott durchdrungen erfahren (212–213). Das ist eine augenfällige Entsprechung zur Schöpfungsperspektive, in die Philo einüben will.

[637] Vgl. „Der Brief des Rheginus (die Abhandlung) über die Auferstehung" (NHC I, 46, 22–24): „Es wird nicht vergehen das Denken derer, die gerettet sind; es wird nicht vergehen der Verstand (νοῦς) derer, die ihn erkannt haben" (Übers. nach SCHENKE, Gnosis, 370).

[638] Vgl. vor allem 2 Kor 12,2ff.

Die sogenannte „Christusmystik" des Paulus hat nichtekstatischen Charakter.[639] Paulus arbeitet wie Philo mit einem Bewußtseinsdualismus, wobei Paulus unter Aufnahme von Motiven der dualistischen Apokalyptik den kosmischen Machtcharakter der beiden Bewußtseinssphären stärker betont.[640]

Mit der oben getroffenen Unterscheidung zwischen ekstatischer und nichtekstatischer Mystik greife ich eine Unterscheidung der Mystikforschung auf, die z.B. Forman für Meister Eckhart fruchtbar gemacht hat. Forman kritisiert die Mystikdefinition von Smith,[641] weil sie permanente mystische Zustände nicht berücksichtigt.[642] Diese Kritik ist auch bei Winston anzumelden, der sich – von Smith abhängig[643] – bei Philo zu einseitig auf das Phänomen der kurzandauernden ekstatischen Mystik konzentriert.[644]

Ich halte diese Unterscheidung auch für fruchtbarer als die von Jonas und Völker aufgemachte Alternative zwischen „echter" mystischer Ekstase und „nur" ethischer Haltung.[645] Sie läßt das Phänomen des nichtekstati-

---

[639] Vgl. z.B. Röm 8,9–11; Gal 2,19–20; Gal 3,26–28; 2 Kor 3,1–4,6; Phil 3,2–4,1.
[640] Phil 3,4–11; Röm 1,18–3,31; Röm 6–8; 1 Kor 1,17–3,4.
[641] SMITH, Nature and Meaning of Mysticism, 19–25.
[642] FORMAN, Meister Eckhart, 18f.
[643] WINSTON, Philo's Mysticism, 74f.
[644] Ebd., 79 und 82. Vgl. aber seinen Hinweis auf BUSSANICH, Mystical Elements in the Thought of Plotinus, der für das Phänomen permanenter mystischer Zustände bei Plotin argumentiert.
[645] So unterscheidet Jonas zwischen einer eigentlichen mystischen Selbstausschaltung in der von Gott gewirkten Ekstase und einer ethischen Selbstausschaltung, die Philo als *Haltung* anstrebe. JONAS, Gnosis II/1, 104, faßt *Her* 69–74 zusammen: „So auch hier: während es sich am Anfang eindeutig um den gnostisch-ekstatischen Begriff handelt, lenkt der Schlußsatz in die ideelle Auslegung zurück. Denn mit seiner rühmenden Erwähnung des klaren Denkens als einer Gottesgabe scheint er nur eine im Denken einzunehmende *Haltung* zu fordern: die Reflexion auf seine Ursache und seinen rechtmäßigen Eigner, die Haltung des „nicht für mich" – also die ideelle Selbstausschaltung; nicht aber die ekstatische Aufhebung des Denkens und Begreifens selber. Damit sind wir plötzlich wieder im Kreise philonischer Ethik, nicht Mystik; jener Ethik, die die Tugend in die ideelle Reflexion des Nichtigkeitsbewußtseins verlegt." – Bei allen Stellen, die von anderen Forschern als Hinweise auf ekstatische Erlebnisse und Beschreibungen gedeutet werden, versucht VÖLKER, Fortschritt und Vollendung, 307–317, eine herrschende ethische Tendenz aufzuzeigen. Wie bei Jonas bilden bei ihm Ethik und Ekstase zwei entgegengesetzte Kategorien, nur daß bei Völker alle Stellen ethisch gedeutet werden. Die Probe aufs Exempel macht er zu *Leg* 1.82–84, *Leg* 3.43f., *Ebr* 146ff. und *Her* 68ff. In *Leg* 1.82–84 gehe es um die richtige Haltung, *Leg* 3.43f. bewege sich in rein ethischen Erwägungen, in *Ebr* 146ff. werde die ekstatische Sprache sofort in ethische Bahnen gelenkt, und in *Her* 68ff. gehe es um Philos Lieblingsgedanken, nichts als sein Eigentum zu betrachten, sondern Gott alles zuzuschreiben.

schen mystischen Bewußtseins außer acht, das zwischen diesen beiden Polen liegt. Völker deutet es immerhin an, wenn er von einem „Gefühl der erlebten Gottesnähe" spricht, von dem Philos „ganzes Sein...innerlich durchdrungen war".[646] Ich bin der Überzeugung, daß es Philo zu einem großen Teil um die existentielle Erfahrung eines stetigen Bewußtseinszustandes ging, in dem der Gläubige sich ganz auf Gottes Wirklichkeit ausgerichtet weiß, ohne dabei das Sinnesbewußtsein zu verlieren wie in der mystischen Ekstase.[647] Diese Erfahrung ist „mehr" als nur eine „Haltung des Willens"[648] oder eine „Haltung des Frommen, der ganz Gott leben will",[649] aber auch „weniger", weil etwas anderes als die mystische Ekstase.[650]

4.11.4. Die Verschränkung der nichtekstatischen Mystik mit den Phänomenen der Erleuchtung bei der exegetischen Arbeit, der prophetischen Mantik und der ekstatischen Mystik

Ich halte folgende Hypothese bei der Analyse des AK für sinnvoll: Philo benutzt die Phänomene (a) der *Erleuchtung bei der exegetischen Arbeit,* (b) der *prophetischen Mantik* und (c) der *ekstatischen Mystik,* um die nichtekstatische Mystik der Gotteshingabe zu *illustrieren.* Ich möchte dies jeweils an einem oder mehreren Beispielen zeigen:

(a) *Erleuchtung bei der exegetischen Arbeit und nichtekstatische Mystik:* In *Migr* 34f. zieht Philo die Erfahrung der Erleuchtung bei der exegetischen Arbeit heran, die er als Erfahrung mystischer Ekstase beschreibt, um schließlich das nichtekstatische mystische Bewußtsein zu veranschaulichen, nämlich die Erfahrung, daß nicht der Mensch, sondern Gott allein wirkt und beschenkt. In dieser Erfahrung gibt der Mensch dann seinen Eigendünkel auf:

---

[646] VÖLKER, Fortschritt und Vollendung, 317.

[647] Vgl. Hegels Vorstellung des spekulativen, absoluten, von Gott her denkenden Denkens, das von dem empirischen, subjektiven, reflektierenden Denken unterschieden wird.

[648] JONAS, Gnosis II/1, 119.

[649] VÖLKER, Fortschritt und Vollendung, 345.

[650] Vgl. dazu auch BULTMANN, Glauben und Verstehen I, 151: „So ist das Erkennen kein rationales; freilich auch kein mystisches, sondern ein existentielles." Ich denke, daß Bultmann mit dem existentiellen Erkennen in etwa das meint, was ich nichtekstatische Mystik nenne. Man könnte von einer „Existentialisierung" der ekstatischen mystischen Erfahrung sprechen, die Philo vornimmt.

„Mitunter, wenn ich *nach gewohnter Art eine Schrift über philosophische Lehren verfassen wollte* und mir schon wohl dessen bewußt war, was ihr (der Schrift) Inhalt werden mußte, fand ich meine Denkkraft unproduktiv und unfruchtbar und mußte unverrichteter Sache davon lassen; da schalt ich sie (die Denkkraft) *wegen des Eigendünkels*, bewunderte dagegen die Kraft des seienden Gottes, in dessen Hand es liegt, die Gebärmutter der Seele zu öffnen und zu schließen; mitunter dagegen ging ich leer (an Gedanken) heran (an die Abfassung solcher Schriften), doch *plötzlich war mein Geist voll*, da die Gedanken von oben unsichtbar herniederströmten und ausgesät wurden, *so daß ich in göttlicher Begeisterung ganz verzückt war und nichts mehr erkannte*: weder den Ort, noch die Anwesenden, noch mich selbst, noch was gesprochen, noch was geschrieben ist; denn es offenbart sich mir förmlich ein Erkenntnisstrom, ein Lichtgenuß, eine ganz scharfblickende Schau, eine außerordentlich durchsichtige Klarheit der Dinge, wie es mit den Augen in deutlichstem Zeigen nur geschehen könnte" (PCH).

Philo geht es im Kontext von *Migr* 34f. um die Wahrnehmungweise des nichtekstatischen mystischen Bewußtseins, in der man von den eigenen Wünschen loskommt und alles von Gott geschenkt erlebt (*Migr* 30–33). Um zu dieser Wahrnehmung einzuladen, erzählt Philo als Analogie dazu seine Erfahrung am Schreibtisch mit Hilfe der Terminologie ekstatischer Mystik. In der Schriftexegese macht Philo nämlich die Erfahrung, daß nicht er der Meister der Schrift ist, sondern diese sich allein durch Gott selbst erschließt. Dieser Kontext von *Migr* 34f. wird oft übersehen.[651] Der Text ist eingebettet in eine Kritik an geschöpflicher Unabhängigkeitssetzung, die (1) in *Migr* 19 feststellt, daß die „wahren und deutlichen Urteile über Vorgänge Deutungen von Gott seien", (2) in *Migr* 22 Joseph symbolisch als denjenigen deutet, der einsieht, „daß er seinen Ursprung nicht von etwas habe, was selbst erst entstehen muß", (3) in *Migr* 30–33 in Isaak eine Bewußtseinserfahrung repräsentiert sieht, in der der Nous durch den Empfang der Gnadengaben Gottes „von seinen Bestrebungen um eigene Wünsche entlassen wird", und (4) in *Migr* 40–42 mit der Überzeugung fortfährt, daß Gott allein wahre Erkenntnis besitzt.

(b) *Prophetische Mantik und nichtekstatische Mystik:* In *Her* 263–265 geht es – ausgelöst durch das Stichwort ἔκστασις in Gen 15,12 – um die spezielle Geistesgabe der Prophetie (als „possession trance"), zu der jeder vollkommene Weise fähig sein soll, also um die prophetische Zukunftsschau (260–263.267), bei der das natürliche Bewußtsein im Zustand der

---

[651] Auch von Völker wird er übersehen: die Stellen, an denen Philo von seiner Inspiration bei der schriftstellerischen Arbeit berichtet (vor allem *Leg* 2.85 und *Migr* 34f.), versteht Völker als Übertragung ekstatischer Terminologie auf die innere Sammlung, die für die fruchtbare Schriftstellerei notwendig sei. Das ist eine unzulässige Reduktion der beschriebenen Erfahrung.

Manie ausgelöscht ist (263–266). Winston[652] glaubt, daß Philo hier nichts anderes im Blick hat, der Text also nicht als Hinweis auf eine mystische Ekstase zu interpretieren ist.[653] Ich halte diese Position zunächst einmal für richtig.[654] M.E. hat Philo aber eine zweite Ebene eingebaut, die sich zumindest leicht mitlesen läßt, wenn man die Gesamttendenz des AK im Blick hat. In *Her* 263 ist dann der durch die Sonne symbolisierte ἐν ἡμῖν λογισμός nicht als geschöpflicher Verstand zu interpretieren, sondern als *das endliche Bewußtsein, das sich selbst autonom und gottunabhängig setzt*. Zwei Parallelstellen weisen nämlich genau in diese Richtung. In *Leg* 3.35 wird der durch die „Sonne" symbolisierte Nous negativ charakterisiert:

„,Wenn aber die Sonne aufsteigt' (Ex 12,2), d. h. *der glanzvoll leuchtende Geist in uns*,[655] und *der Auffassung ist, daß er alles durchschauen und alles entscheiden könne und daß ihm nichts entgehe*, dann ‚ist er schuldig'; dann muß er sterben zur Strafe für die Vernichtung der lebendigen Lehre, nach der Gott der einzige Urheber ist, denn er wird selbst wirklich untätig und tot befunden, nachdem er der Lehrer eines seelenlosen, sterblichen und sündhaften Lehrsatzes geworden."

Typisch für den Bewußtseinsdualismus ist hier der Gegensatz zwischen Lehren, die wahre, und Lehren, die täuschende Wirklichkeit setzen. Die gleiche negative Deutung erhält das Bewußtsein als Sonne in *Somn* 1.118–119, einer Auslegung zu Gen 28,11:

„Einige aber vermuten, Sonne heiße hier symbolisch *Wahrnehmung und Bewußtsein, die von uns unterstellten Kriterien* (richtiger Erkenntnis), Ort aber der göttliche Logos und deuten die Stelle so: Der Übende (Jakob) begegnete einem göttlichen Wort, als das sterbliche und menschliche Licht unterging. Solange nämlich das Bewußtsein die gedanklichen und die Wahrnehmung die sinnlichen Dinge meint, fest zu ergreifen und in der Höhe umherkreist,[656] steht der göttliche Logos weit weg. Sobald aber beide ihre ei-

---

[652] WINSTON, Hidden Thoughts in Philo's Thought, 14; vgl. auch DERS., Logos and mystical theology, 53.

[653] So im Anschluß an JONAS, Gnosis II/1, 99–102, u.a. auch GEORGI, Gegner, 79 (Anm. 1); BRANDENBURGER, Fleisch und Geist, 136; SELLIN, Die religionsgeschichtlichen Hintergründe, 16.

[654] Um prophetische Mantik geht es auch in *QG* 3.9. Dieser Text darf – ebenso wie *Her* 263–265 – nicht als Beleg für die „soteriologische Ekstase" verwendet werden, wie es SELLIN, Die religionsgeschichtlichen Hintergründe, 16, in Anschluß an BRANDENBURGER, Fleisch und Geist, 136, behauptet.

[655] Ἐὰν δὲ ἀνατείλῃ ὁ ἥλιος, τουτέστιν ὁ φαινόμενος λαμπρὸς νοῦς ἐν ἡμῖν. – Ἐν ἡμῖν wird von Heinemann (PCH) – die bewußtseinsdualistische Pointe verfehlend – falsch zugeordnet: „Wenn aber die Sonne, d.h. der glanzvoll leuchtende Geist, in uns aufsteigt".

[656] Ἄνω περιπολεῖ(ν) hier als eigenmächtiger, arroganter Himmelsflug des sich mächtig wähnenden Bewußtseins.

gene Schwachheit bekennen und – auf eine gewisse Weise untergehend – verschwunden sind, kommt alsbald grüßend entgegen der rechte Logos, der Beistand einer übenden Seele, die sich selbst aufgibt, aber den von außen unsichtbar Nahenden erwartet."

Das falsche Bewußtsein überschätzt sich, das wahre Bewußtsein hingegen erwartet von sich selbst nichts, vom göttlichen Logos aber alles und ist von ihm erfüllt. So läßt sich – bewußtseinsdualistisch gedeutet – auch *Her* 264 verstehen: „Wenn das Licht Gottes aufleuchtet, dann geht das menschliche Licht unter." Das sich selbst setzende Bewußtsein geht unter, sobald an seine Stelle das Gottesbewußtsein tritt. Auf der Ebene des für den AK so wichtigen Bewußtseinsdualismus geht es dabei nicht um eine Auslöschung des geschöpflichen Bewußtseins, sondern um die Ersetzung des gottlosen Bewußtseins durch das wahre Bewußtsein.[657] Philo denkt hier nicht an eine „Haltung", sondern an eine Heils*erfahrung*, die darin

---

[657] Auch BRANDENBURGER, Fleisch und Geist, 128–134, sieht in *Her* 259–266 zwei Ebenen verschränkt: „Man sieht also, wie die ekstatischen Motive der Inspirationsmantik unter dualistischem Interesse verarbeitet werden." Die Schwäche seiner Interpretation liegt allerdings darin, daß er den Dualismus auf einen Gegensatz von „Sterblich-Menschliche(m) überhaupt" (131) und „außerweltlichem Pneuma" (134) beschränkt und die Pointe des eigentlichen Bewußtseinsdualismus nicht in den Blick bekommt. Weil Brandenburger sich – trotz gegenteiliger Absicht – zu sehr auf die *Begriffe* Fleisch und Geist konzentriert, übersieht er diejenigen Texte, die vom *Phänomen* des sich selbst setzenden Bewußtseins sprechen. Das ist die Gefahr von Begriffs- oder Motivstudien, die nicht von Phänomenen ausgehen. Phänomene können nämlich eine ganze Anzahl von Begriffen und Motiven an sich ziehen, die aber übersehen werden, wenn man zu sehr einer auf einzelne Begriffe oder Motivgefüge verengten Konkordanzarbeit vertraut. Den Bewußtseinsdualismus übersieht ebenfalls WLOSOK, Laktanz und die philosophische Gnosis, 50–114, in ihrer Philodarstellung, weil sie sich nur auf Texte konzentriert, die von „Aufrichtung" und „Himmelsschau" berichten. – Auch FREY, Die paulinische Antithese von „Fleisch" und „Geist", 50–52, der sich in seiner Philodeutung auf Brandenburger stützt und sich ebenfalls nur an den beiden Begriffen orientiert, verfehlt den eigentlichen Dualismus des AK, der an der Antithese von „Fleisch" und „Geist" gar nicht festzumachen ist. So kommt Frey zu dem Fehlurteil, eine Dualisierung der Weisheitstradition im alexandrinischen Judentum lasse sich textlich nicht erhärten (52), sie sei vielmehr in der palästinisch-jüdischen Weisheitstradition zu finden. Frey hält die in Qumran fragmentarisch überlieferte Weisheitsschrift 4QSapiential Work A = MLM (1Q 26; 4Q415–418.423), die tatsächlich ein früher Zeuge für den sich in der jüdischen Weisheit entwickelnden Bewußtseinsdualismus ist, für eine nähere religionsgeschichtliche Parallele zur paulinischen Antithese. Aber der Sündenbegriff dieses Textes erreicht bei weitem nicht die Tiefe der komplexen paulinischen Sündenvorstellung, die u.a. in egozentrischer Selbstsetzung und im anmaßenden Selbstruhm gipfelt (vgl. u.a. 2 Kor 5,15; 1 Kor 1–2; Phil 3,2–11). Eine zwar nicht begrifflich, aber phänomenologisch nahe Parallele ist m.E. immer noch im Sündenverständnis zu finden, das im philonischen Bewußtseinsdualismus zum Ausdruck kommt. Zur Nähe der paulinischen und philonischen Deutung des Sündenfalls vgl. oben Anm. 575.

besteht, die Welt von Gott her zu erfahren im Bewußtsein, daß Gott allein aktiv ist und in der Existenz des Weisen wirkt.[658]

(c) *Die Verschränkung von ekstatischer und nichtekstatischer Mystik:* Ein klares Beispiel ist der oben exegetisierte Text *Her* 63–74. Zunächst scheint es um eine Übung zu gehen, die das Bewußtsein, das mit der Sinnlichkeit arbeitet, entleert, und zwar bis *Her* 70. Aber schon in *Her* 67 fiel eine Form vollkommenen Bewußtseins auf, die sich durch die Fülle wahrer Lehren konstituiert. Aufgefordert wird ab *Her* 71 zu einer permanenten Existenzform mystischen Bewußtseins. *Her* 71–74 ist keine Vorbereitungsübung auf den eigentlichen Moment der mystischen Ekstase, sondern beschreibt eine Bewußtseinsübung nichtekstatischer Mystik. Diese Mystik liegt nicht in besonderen Erfahrungen jenseits der Lektüre des AK, sondern auf der Ebene des Textes selbst: Der AK will in dieses nichtekstatische Bewußtsein einüben und es Wirklichkeit werden lassen, nämlich durch die andauernde Wiederholung der Lehren, die dieses mystische Bewußtsein konstituieren.

Auf beiden Ebenen lassen sich auch andere Texte lesen, die auf den ersten Blick eindeutig ekstatische Erfahrungen beschreiben. Als Beispiel führe ich *Leg* 1.82–84 an.

In *Leg* 1.82 symbolisiert Juda als „Exhomologet" den Bewußtseinszustand, in dem der Mensch außerhalb seiner selbst Gott bekennt (τὴν ἐκτὸς ἑαυτοῦ ὁμολογίαν) und völlig von Körper und Materie getrennt ist (τρόπος[659] ἄυλός ἐστι καὶ ἀσώματος). Der Bekenner glüht im Lob Gottes, er ist trunken in einer nüchternen Trunkenheit (*Leg* 1.84).[660] Die glühende Farbe des Rubins zeigt den ekstatischen Zustand im Gotteslob an. Diese Indizien verweisen auf die Erfahrung ekstatischer Mystik. Gleichzeitig repräsentiert Juda – wie Isaak – das Bewußtsein, das im *Gotteslob*

---

[658] Vgl. auch *Sacr* 8–10: Dort beschreibt Philo den *postmortalen Himmelsflug* des vollkommenen Bewußtseins (durch Mose repräsentiert) als eine Erfahrung, die der damit Beschenkte aufgrund seiner Gotterfülltheit nicht mitbekommt (10: οὐδὲ αὐτήν... εἰδέναι τὴν βελτίωσιν αὐτῆς, ἅτε κατ' ἐκεῖνον τὸν χρόνον ἐπιθειάζουσαν). Philo benutzt an dieser Stelle das *Motiv der mantischen Prophetie*, um erstens eine Wendung im Toratext seelenallegorisch auszuwerten (μηδὲ εἷς εἰδέναι aus Dtn 34, 6), und um zweitens an den theologischen Grundsatz nichtekstatischer Mystik zu erinnern, daß Gott souverän und unerwartet seine Gnade schenkt (τῷ γὰρ εὖ πάσχοντι συμβούλῳ ὁ θεὸς περὶ ὧν μέλλει χαρίζεσθαι οὐ χρῆται, μὴ προλαβόντι δὲ τὰς εὐεργεσίας ἀφθόνους εἴωθεν ὀρέγειν), d.h. allein aktiv ist.

[659] Τρόπος ist in der Seelenallegorese ein *terminus technicus* für die Seelenverfassung oder den Bewußtseinszustand.

[660] Statt mit „glühen" könnte auch mit „sich in einer Flamme auflösen" übersetzt werden. Die Identität des Menschen löst sich danach in ein göttliches Licht auf, hat damit nur in diesem Licht Wirklichkeit.

aus sich selbst heraustritt und sich in dieser Weise Gott darbringt (ὅταν γὰρ ἐκβῇ ὁ νοῦς ἑαυτοῦ καὶ ἑαυτὸν ἀνενέγκῃ θεῷ, ὥσπερ ὁ γέλως Ἰσαάκ, τηνικαῦτα ὁμολογίαν τὴν πρὸς τὸν ὄντα ποιεῖται). Ekstase meint jetzt die Aufgabe der Bewußtseinshaltung, die sich selbst für die Ursache von Lebensphänomenen hält. Sie bildet den Gegensatz zum Bewußtsein, das sich ganz Gott ausliefert:

„Solange aber der Nous sich selbst als Ursache von etwas sieht, ist er weit davon entfernt, Gott Raum zu geben und sich zu ihm zu bekennen (82)."

Das Gotteslob bedeutet die Aufgabe einer autonomen Position gegenüber Gott. Philo ergänzt, daß dieses Gotteslob, also die Hingabe an Gott, kein Werk der Seele, sondern der Gottheit selbst ist:

„Und genau dieses Bekennen ist nicht als Werk der Seele zu verstehen, sondern als Werk Gottes, der in ihr den Dank zum Erscheinen bringt (82)."

Im Vollzug dieses Gotteslobes verliert der Nous seine selbstsetzende Identität und gibt Gottes Realität völligen Raum. Es geht in *Leg* 1.82–84 also auch um die existentielle Erfahrung, in der sich das Selbst ganz aus Gott versteht. In diese besondere mystische Erfahrung will Philo seine Leserinnen und Leser einüben. Philo verschränkt also in *Leg* 1.82–84 die ekstatische Mystik mit seinem Zentralthema im AK, dem Bewußtseinsdualismus. Völker spielt die Elemente ekstatischer Mystik, die sich in diesem Abschnitt offensichtlich finden, zu sehr herunter, wenn er kommentiert:

„...Judas ist der Bekenner..., d. h. er gibt zu, daß Gott der αἴτιος von allem sei und nicht der Mensch. Daher hat man die Wendung ἐκβῇ ὁ νοῦς ἑαυτοῦ nicht im Sinne einer Ekstase zu deuten, sondern als Gegensatz zur falschen Haltung: ἑαυτὸν ὑποτίθεται ὡς αἴτιόν τινος." – „Der Passus will weiter nichts sein als eine durch den Bibelvers veranlaßte Ausführung eines philonischen Lieblingsgedankens, weshalb jener zur Charakteristik der Ekstase nicht verwendet werden darf..."[661]

Es ist m.E. gerade das besondere Merkmal philonischer Frömmigkeit, daß er aus dem Kontext eines Milieus heraus schreibt und lehrt, in dem Erfahrungen ekstatischer Mystik geläufig sind. Er wertet diese auch nicht ab, integriert sie aber in einen veränderten Kontext psychagogischer Diatribe, die vor allem die Einübung in eine nichtekstatische, mystische Grundhaltung der Hingabe an Gott zum Ziel hat. Diese Einübung kommt von der mystischen Ekstase her und kann wiederum zu ihr hinführen. Sie ist aber nicht nur Vorbereitung auf die mystische Ekstase oder deren Folge, son-

---

[661] VÖLKER, Fortschritt und Vollendung, 310–311.

dern auch selbst Ausdruck der vollkommenen Gottesbeziehung. Entscheidend ist für Philo, daß jede Gotteserfahrung das Bewußtsein von sich selbst distanziert, und so Gott den ganzen Raum seiner geschöpflichen Wirklichkeit einnehmen kann.

5. Vergleichende Auswertung mit weiterführenden Beobachtungen

Die bisher gewonnenen Beobachtungen zu den drei großen exegetischen Werken Philos – dargestellt anhand von drei exemplarischen Texten (*Virt* 211–219, *Her* 63–74 und *QE* 2.29) – werde ich nun miteinander vergleichen, um Unterschiede, aber auch Gemeinsamkeiten herauszustellen. Ausgehend von den untersuchten Texten werde ich versuchen, das „soteriologische Profil" jeder Schriftengruppe deutlich zu machen, und zwar in Abgrenzung gegenüber den jeweils beiden anderen Schriftengruppen. Den Problemhorizont bilden dabei weiterhin die Fragen, die ich zu Beginn der Arbeit gestellt habe, also die Anfragen an die Philodeutung, die Jonas vorgelegt hat, und die Fragen nach dem „Sitz im Leben" der angestrebten mystischen Erfahrungen.

Es handelt sich bei der nun folgenden Darstellung der „soteriologischen Profile" um eine *Systematisierung und Vertiefung der erarbeiteten Befunde*. Ich bin mir durchaus bewußt, daß damit die Gefahr besteht, Philo wieder stärker zu systematisieren, als dies aufgrund meiner erkenntnisleitenden Beobachtungen eigentlich möglich ist. Die Textanalysen haben m.E. jedoch zu drei deutlich voneinander zu unterscheidenden Gesamtbildern geführt, die eine recht hohe Plausibilität beanspruchen können, und die ich darum zur Diskussion stellen will. Ich glaube, daß Philo den von ihm aufgenommenen Traditionen und seinen eigenen Überlegungen in den drei Schriftenreihen jeweils einen speziellen „Touch" oder „Dreh" gegeben hat – ihrem „Sitz im Leben" entsprechend.

5.1. Das soteriologische Profil der Expositio Legis – die Vernünftigkeit des Gottesbewußtseins

Philo stellt in der EL religiöse Erfahrungen und Verhaltensweisen immer schon mit einer ganz bestimmten Tendenz dar, nämlich in der Absicht, sie als *vernünftig und einleuchtend* erscheinen zu lassen. Die Missionstheologie der EL befindet sich auf dem Boden einer *Hochschätzung der ge-*

schöpflichen Vernunft. Dreh- und Angelpunkt in der EL – auch in den Beschreibungen der Gottesschau – ist die Vernunft und ihr rechter Gebrauch, also Rationalität in Beziehung zu Gott. Die Vernunft der Leserinnen und Leser wird immer wieder angesprochen und aktiviert. Die Erfahrungen ekstatischer und nichtekstatischer Mystik tauchen darum nicht „rein" auf, sondern werden mit einer gezielt missionarischen Tendenz vorgestellt und beschrieben. Die soteriologische Funktion der MS ist die Werbung und Überzeugungsarbeit für eine Lebenspraxis, die dem monotheistischen Bewußtsein entspringt. Sie laden dazu ein, in den Raum monotheistischer Wirklichkeitswahrnehmung einzutreten. Das vernünftige Verstehen der Wirklichkeit ist dabei mit einer Begeisterung für die Schönheit der von Gott geschaffenen Wirklichkeit gekoppelt, so daß in der EL die vernünftige Argumentation immer von ästhetischen Urteilen begleitet ist. Sie laden die Leserinnen und Leser dazu ein, in das vernünftige Lob Gottes mit einzustimmen.

Die EL kennt und beschreibt aufgrund dieser *rationalen Tendenz* keine ekstatische Inspiration, die der Beschreibung von *Jonas* entsprechen würde. In *Virt* 211–219 stellt Philo Abrahams Inspiration keineswegs als ein Ereignis dar, bei dem das menschliche Ich untergeht. Auch besteht keine absolute Diskontinuität zwischen menschlichem Ich und göttlichem Geist. Vielmehr erscheinen die Fähigkeiten der geschöpflichen Urteilskraft durch Inspiration und Gottesschau verstärkt. Es liegt also eine *synergistische, rationalistische Inspirations- und Ekstasedarstellung* vor.[662] Insgesamt herrscht in der EL eine Tendenz vor, die in der anfänglichen Neuorientierung (μετάνοια) und in der vollendenden ekstatischen Gottesschau Erfahrungen sieht, die der geschöpflichen Vernunft als Potential zu eigen sind. Die geschöpfliche Identität des Nous geht im Geschehen von Neuorientierung und Gottesschau nicht verloren. Die für den AK so typische Forderung, sich selbst zu verlassen, fehlt bezeichnenderweise in den MS.

Die Inspiration wird in den MS so dargestellt, daß sie keine entweltlichende Wirkung hat, sondern zu einer Verschönerung auch der körperlichen Erscheinung des Ekstatikers führt. Das ist ein markanter Unterschied zur Ekstasekonstruktion in den QS und im AK. Philo läßt in den MS eine Tradition ausführlich zur Sprache kommen, der die radikale Entgegensetzung von Immanenz und Transzendenz fremd ist, vielmehr die Ekstase zwischen Immanenz und Transzendenz vermittelt. Der Mensch

---

[662] Vgl. dazu auch Philos kosmologisch gerahmte Darstellung seines persönlichen intellektuellen Seelenfluges in *Spec* 3.1–2, ein schönes Beispiel rationaler Kosmosmystik.

wird eines höheren, mächtigeren Lebens teilhaftig. Die Ekstase ist immer gleichzeitig mit Erfüllung verbunden, einer Erfüllung mit Gott, die den Enthusiasten mit neuer Einsicht, neuer Kraft und neuem Leben erfüllt. Religionsphänomenologisch geht es um den Typ der innerweltlich wahrnehmbaren Seinssteigerung.[663] Das Problem zwischen Schein und Wirklichkeit, zwischen der Scheinrealität der Toren und der wahren Realität Gottes, wird nicht so stark gefaßt wie im AK. Der Charismatiker ist sichtbar anwesend. Seine Schönheit hat missionarischen Charakter. Sie ist nicht zweideutig (wie bei „Hannah" in *Ebr* 147) oder verborgen (wie „Henoch" in *Mut* 37–38). Das Problem der Verborgenheit der Wahrheit unter ihrem Gegenteil besteht nicht. Offensichtliche Unterschiede zwischen Weisen und Toren werden reklamiert, und es wird vorausgesetzt, daß sie in der Öffentlichkeit anerkannt werden. Die Wahrheitsfrage wird somit in der Übernahme allgemeiner, jedermann einsichtiger Kriterien diskutiert.

Die Soteriologie der EL erschöpft sich nicht in der rationalen Darstellung ekstatischer Inspiration. Zentrale Bedeutung für die Soteriologie der EL hat der *durch seinen Glauben*, d. h. *durch sein Gottesbewußtsein vernünftige Mensch*, der die Leidenschaften durch die erleuchtete Vernunft unter Kontrolle hat. Ihn repräsentieren die Erzväter und -mütter. Philo stellt sie als „königliche Menschen" dar, die die Vernunft Gottes verkörpern. Ich habe das Königsbild, das Philo von *Abraham* zeichnet, dem Idealtypus des „göttlichen Menschen" zugeordnet.[664]

Der θεῖος ἀνήρ wird von Philo so konstruiert, daß in seinem Bewußtsein und in seiner ganzen Erscheinung Immanenz und Transzendenz miteinander kooperieren und konvergieren. In der Begegnung mit der schöpfungszugewandten Seite Gottes verschwindet das Geschöpfliche nicht, sondern es wird *erhöht*. Der philonische θεῖος ἀνήρ ist allerdings kein Gott oder Halbgott. Er bleibt ein Mensch. Die Wesensverschiedenheit zwischen Gott und Mensch wird nicht einfach aufgehoben. Die göttlichen Eigenschaften werden unter Inspiration geschenkt, sie sind darum kein Habitus, über den der θεῖος ἀνήρ eigenmächtig verfügen könnte. Er ist

---

[663] Vgl. GEORGI, Gegner, 144: „Man wußte durchaus um die Hintergründigkeit der Welt und sah auch die Möglichkeit einer Veränderung des Menschen, doch wurde diese als Verklärung des Niederen durch das Höhere verstanden, nicht als die Aufhebung des Einen durch das Andere." Ähnlich auch BRANDENBURGER, Fleisch und Geist, 132, zur nichtdualistischen Weisheit: Sie weiß „vom Unvermögen des Nous und der Nichtigkeit des Menschlich-Sarkischen an sich. Doch ruht ihr Pathos gerade darauf, daß das unsterbliche Weisheitspneuma im Sterblichen *selber* wohnt und dieses so durch Anteilhabe am unsterblichen Allvermögen ausbildet, überhöht und verklärt."

[664] Das Königsideal und das Bild vom göttlichen Menschen fallen in hellenistischer Zeit mehr oder weniger zusammen, vgl. GEORGI, Gegner, 149 (Anm. 6).

sicherlich Repräsentant Gottes und hat Anteil an Gottes Verfügungsgewalt über die gesamte Schöpfungswirklichkeit. Aber von einer „Vergöttlichung" in einem habituellen Sinne sollte bei Philos Konzeption des θεῖος ἀνήρ nicht gesprochen werden.[665] Der θεῖος ἀνήρ soll ja nicht an die Stelle Gottes treten, sondern den schöpfungstranszendenten Gott bezeugen und heilsam vermitteln, um damit *Gott* die Ehre zu geben. Der jüdische Monotheismus bewirkt in Philos Schriften also eine deutliche *Korrektur* am hellenistischen θεῖος ἀνήρ-Phänomen.[666] Das zentrale Merkmal des jüdischen θεῖος ἀνήρ ist sein radikaler Glaube an Gott, das Sich-fest-Machen an Gott und nicht an sich selbst. Er ist nicht selbst Gott und darf darum auch nicht vergötzt werden. Philo hat nur Spott übrig für Caligula, der sich selbst zu einem Gott hochstilisiert (*Legat* 93–118).[667] Der Weise als König ist gerade *nicht* αὐτεξούσιος (selbstmächtig), ein Attribut, das üblicherweise den Herrscher charakterisiert. Dieses Attribut kommt bei Philo nur Gott zu. Es *fehlt* in der EL bei der Beschreibung Adams, dem sonst viele königliche Eigenschaften zugesprochen werden.

Als vorbildliches Beispiel soll der wahre θεῖος ἀνήρ vor allem nachgeahmt werden. In gleicher Weise wie er sollen die ihn Verehrenden den Weg zur eigentlichen Wirklichkeit des tugendhaften, göttlichen Lebens beschreiten. Der jüdische θεῖος ἀνήρ ist vor allem auch *Lehrer*, der in ekstatischer Rede das sittsame Leben und den transzendenten Gott erschließt. Wenn Philo Abraham als wahren König und θεῖος ἀνήρ beschreibt, dann betreibt er keineswegs nur Ahnenverehrung. In Abraham wird vielmehr ein Identitätskonzept hineinprojiziert, das von Philo und anderen engagierten Juden in Auseinandersetzung mit dem hellenistischen θεῖος ἀνήρ-Modell konstruiert und an ihren Monotheismus angepaßt wurde. *Virt* 211–219 ist darum ein wichtiges Beispiel für dieses auf Nachahmung angelegte soteriologische Identitätskonzept der alexandrinischen Missionstheologie.[668]

---

[665] Gegen GEORGI, Gegner, zu *Mos* 1.155.
[666] Vgl. aber auch Sen. epist. 41,2: „Der Weise ist ohne Gott nichts."
[667] Vgl. Caligula als αὐτεξούσιος δεσπότης in *Legat* 183. Im AK wird das Sich-αὐτεξούσιος-Halten geradezu zum Merkmal des antigöttlichen Bewußtseins (so Her 85).
[668] Vgl. GEORGI, Gegner, 181f.: „So muß man also damit rechnen, daß die apologetischen Geschichtsdarstellungen verschlüsselte Selbstdarstellungen sind. Dafür spricht auch der stark typisierte Charakter der apologetischen Texte. Es handelt sich hier um Modelltexte. Dies wird verstärkt durch die legendarischen und novellistischen Züge, die – wie die formgeschichtlichen Parallelen zeigen – zur Nachahmung aufrufen, nachdem sie ihrerseits der Gegenwart adaptiert worden sind."

Der ganzheitliche, monistische Charakter der erzählenden, enkomienartigen Partien in der EL zeigt sich in der harmonisierenden Verschränkung von Vernunft und Offenbarung, Immanenz und Transzendenz, Körper und Geist, praktischem und kontemplativem Leben, Glauben und mystischer Ekstase, Literalsinn und Allegorese, wie im Synergismus von Mensch und Gott im Heilsgeschehen.[669] Wenn Philo in die EL bewußtseinsdualistisch geprägte Seelenallegoresen integriert, *entschärft* er auch ihren Dualismus im Vorgang der Integration. *Praem* 28–30 stammt sehr wahrscheinlich aus dem Umfeld bewußtseinsdualistischen Denkens, wird aber entschärft, wenn schließlich die Selbstrelativierung des Logismos als ein *vernünftiges* Vorgehen geschildert wird. Die Seelenallegoresen in den QS und mehr noch im AK sind dualistischer, gerade auch im direkten Vergleich mit der EL. Ganz auffällig ist, daß der eigentliche Bewußtseinsdualismus in den MS fehlt. Die Arroganz und Selbstüberschätzung des Menschen wird nicht als eine sich selbst verabsolutierende Selbstreflexion gefaßt. In *Spec* 1.11–12 kritisiert Philo zwar Männer, die sich ihrer Fähigkeit, Kinder zu zeugen, rühmen und sich so für Gott halten. *Praem* 12 kommt dem AK noch näher, wenn die „Selbstliebe" von Menschen darin besteht, sich selbst als Ursache gelungener Unternehmungen anzusehen (τὰς αἰτίας τῶν κατορθωμάτων ἀνέθηκαν ἑαυτοῖς) und seine Hoffnung nicht auf Gott zu setzen.[670] Es fehlt aber der für den AK so wichtige Gedanke, daß der Nous sich für Gott hält, indem er sich *erkenntnistheoretisch* als Ursprung der Wirklichkeit setzt. In der EL besteht der Dualismus meist zwischen dem souveränen Nous und den niederen Leidenschaften. Der törichte Nous läßt sich von den Leidenschaften versklaven, die Seele wird damit vernunftlos. Die psychologisch-ethischen Allegoresen fordern darum zu einer Disziplinierung der Leidenschaften durch die Vernunft auf.[671] Die etymologisch geprägte Seelenallegorese, die die Sinnlichkeit und den Körper abwertet, ist weniger dualistisch als im AK, d.h. sie wird von Philo immer wieder in ein positives Verhältnis zur geschöpflichen Vernunft gebracht. Sicher, die Vernunft ist nur wahre Vernunft, wenn sie in einem positiven Verhältnis zu Gott steht. Aber am Paradigma

---

[669] Die monistische Theologie der EL ist zu unterscheiden von der ebenfalls monistischen, aber rein psychologisch-erkenntnistheoretischen Allegorese im AK, die Stein „profane" Quelle nennt und keinen soteriologischen Charakter hat.

[670] Vgl. auch *Praem* 47 und die Allegorisierung von Moab in *Spec* 1.333–336.344.

[671] Vgl. u.a. *Abr* 99–106 (Sarah und der ägyptische König), *Abr* 147–166 (Fünf Städte), *Abr* 136–144 (Kampf der Könige), *Spec* 1.8–12 (Beschneidung), *Spec* 1.145–150 (Opfertier), *Spec* 2.147 (Passah), *Spec* 4.114–115 (Heuschrecken).

der Fähigkeit des geschöpflichen Bewußtseins, sich auf diese Weise verhalten zu können, wird festgehalten.

In den MS fehlt auch die radikale Enthistorisierung der Soteriologie, wie sie für die QS und den AK typisch ist. Dies zeigt besonders der Schluß der EL, in dem die eschatologischen Aussagen von Lev 26 und Dtn 28–30 innergeschichtlich interpretiert werden.[672] Die Wirklichkeit wird geschichtlich strukturiert, und geschichtliche Zukunft hat heilsgeschichtliche Relevanz. Diese *innerweltliche Eschatologie* ist ein wichtiges Merkmal des letztlich monistischen Denkens, das sich in den nichtallegorischen Partien der EL ausdrückt. Erlösung ist zwar auch verinnerlicht, aber die mystische Begegnung mit Gott löst Geschichte nicht auf, sondern befähigt zur tieferen Weltbewältigung, gerade auch in gesellschaftlicher Hinsicht. Missionstheologie hat den Anspruch, „staatstragend" sein zu können. Die EL ist nicht zuletzt auch als Angebot des alexandrinischen Judentums an den römischen Staat zu verstehen, die reichserhaltende Bedeutung des Monotheismus wahrzunehmen. Gerade so erklärt sich die mit hellenistischer Popularphilosophie gesättigte Terminologie der EL. Sie ist also durchaus für die politische Öffentlichkeit bestimmt. Die Bedeutung des Monotheismus für die politische Welt wird ausdrücklich reflektiert (vgl. besonders *Mos* 1 und 2, *Jos*). Der Weise als νόμος ἔμψυχος steht für die gesellschaftsrelevante, ja gesellschaftserhaltende Dimension jüdischen Gottesglaubens. Philos Missionstheologie ist damit als eine explizit politische Theologie zu verstehen, die mit deutlich akzentuierten Zukunftsperspektiven versehen ist. Die Soteriologie in den MS, die sich aus mystischen Traditionen und Erfahrungen speist, ist damit in den größeren Rahmen politisch motivierter Missionstheologie integriert.

5.2. Das soteriologische Profil der Quaestiones et Solutiones – das ekstatische Gottesbewußtsein

Philo entfaltet in *QE* 2.29 eine Hochform kontemplativen Bewußtseins, die ich „monadisches Bewußtsein" genannt habe. Das Erstreben eines ent-

---

[672] *Praem* pass. Der hier entwickelten Eschatologie fehlt jede apokalyptische Tendenz, sie ist vielmehr innerweltlich-optimistisch ausformuliert. Vgl. BORGEN, There Shall Come Forth a Man, 341–361. Sehr klar ist die Charakterisierung von *Praem* bei SIEGERT, Early Jewish Interpretation in a Hellenistic Style, 181: „Of all Philo's treatises this one contains the most explicit expression of an eschatological hope *within* [kursiv C.N.] this world."

sinnlichten, ekstatischen Bewußtseinszustandes ist zwar nicht direktes praktisches Ziel der QS, allerdings *ein* wichtiges und zentrales soteriologisches *Thema*. Das Motiv der prophetischen Ekstase spielt dabei eine wichtige Rolle, aber nicht als mantische Zukunftsschau, sondern als quietistische, kontemplative Erfahrung der Gotteswirklichkeit durch völlige Gotteshingabe. Diese mystische Ekstase wird nicht wie in den MS mit dem Phänomen des „göttlichen Menschen" vermittelt, der zur Öffentlichkeit hin das Göttliche darstellt. Der „göttliche Mensch", der typologisch vorbildliche Weise, taucht in diesem streng exegetischen Werk nicht auf. Auch auf der literalen Ebene spielt eine solche Darstellungsweise der Erzväter und -mütter keine betonte Rolle. Die Darstellung mystischer Erfahrung erscheint so in den QS näher am eigentlichen Phänomen mystischer Ekstase. Die Erfahrung des Gotteslichtes und der Gotterfülltheit bleibt verborgen und unanschaulich, sie hat keinen öffentlichen Charakter. Die ekstatische Erfahrung wirkt zwar auch in den QS in den gesellschaftlichen Bereich hinein, wenn sie den Weisen mit guten Worten und Taten erfüllt und ihm die Kontrolle über die leiblichen Bedürfnisse und Leidenschaften ermöglicht. Es fehlt in diesen Beschreibungen des Lebensstils des Weisen allerdings die missionarische, auf die Öffentlichkeit hin ausgerichtete Tendenz der MS.

Den QS geht also völlig jener Öffentlichkeitscharakter ab, der die MS auszeichnet. An die Stelle gewandter Rhetorik tritt eine spröde Textexegese, die fast völlig auf rhetorische Gefälligkeit verzichtet. Natürlich haben auch die QS einen rhetorischen Effekt, nämlich das Verzögern, Abbremsen und Verhaltensein des Gedankengangs. Die Leserinnen und Leser müssen sich konzentrieren und erfahren dabei, daß sie an exegetischer „Arbeit" beteiligt sind. Sie treten ein in die Welt jüdischer Gelehrsamkeit in Alexandria. Der „Sitz im Leben" der QS ist nicht die Katechese, sondern die wissenschaftliche Einführung in die anspruchsvolle Exegese, verbunden mit dem Anspruch, den Leserinnen und Lesern Anteil zu geben an den Erfahrungen, die sich in den Exegesen widerspiegeln. Die QS setzen Leserinnen und Leser voraus, die mit kontemplativen Techniken vertraut sind, die zum „monadischen Bewußtsein" führen. Das Ringen um das Verständnis des Textes wird in diesem sozialen Kontext zum Ringen nach Tugend, Wahrheit, Gotteserkenntnis und Gottesschau. Trotz sachlichen Tons entsteht ein kontemplativer Raum, in dem Gott zum zentralen Inhalt wird: Gott in seiner Beziehung zu Welt und Mensch und der Mensch in seiner Beziehung zu Gott. Die Hörerinnen und Hörer werden zwar kaum vereinnahmt – es fehlt über weite Strecken der für den AK so typische Diatribenstil –, aber sicher und stetig mit den zentralen Anliegen der exegetischen Einsichten der Allegoristen vertraut gemacht. Wer in den öffentlichen Vorträgen oder Schriften die Allegorese kennengelernt hat, auch in ihrer seelenallegorischen Form, weiß schon einiges anzufangen mit den völlig unvermittelt vorgetragenen Allegoresen. Aber sie bilden jetzt eine neue Welt, weil sie anders codiert sind. Das Vertraute ist zugleich fremd geworden. Der Horizont des öffentlichen Wettbewerbs, in dem sich jüdischer Monotheismus zu behaupten hat, ist verschwunden, und an dessen Stelle tritt der Horizont einer völlig transzendenten, anderen Wirklichkeit Gottes als Ziel der Seele. Zwar stehen die Hörerinnen und Hörer mit dem „Literalsinn" in der Welt konkreter Menschen, mit der „noetischen" Allegorese jedoch gleichzeitig inmitten der Welt „abstrakter" soteriologischer Zusammenhänge, die allein die Seele betreffen. Die Soteriologie der Seele ist dabei eingebettet in umfassende kosmologische und psychologische Beobachtungen. Sie ist somit „wissenschaftlich" vermittelt, also unter Reflexion darauf, wie Kosmos und Seele „funktionieren". Daher tragen die soteriologischen Passagen in den QS viel informatives Material mit sich. Innerhalb dieses Rahmens entfaltet sich dann, sofern der Toratext es nahelegt, die Hinführung der Seele zu Gott selbst.

Mit den Eckpfeilern Seele – Kosmos – Gott ist das Koordinatensystem der Mystik abgesteckt, die Philo in den QS entfaltet. Alle drei Größen stehen in Wechselwirkung zueinander: Wie Gott durch seine Kräfte und den Logos die gesamte Schöpfungswirklichkeit durchzieht, so will er auch die ganze Seele erfüllen. Die Seele gelangt zu Gott, wenn sie ihren Blick nach oben wendet und sich an den Kräften Gottes und am Logos orientiert. Die erleuchtete Seele entdeckt den Kosmos als Offenbarungsraum Gottes. Der Kosmos bietet der Seele zwei Lebensentwürfe: die Orientierung am Vergänglichen, am Körper und an den sinnlichen Leidenschaften in der Gottesferne, oder die Orientierung am Himmel, am geistigen Kosmos und an der Gottesnähe.

Die Soteriologie der QS übt in eine Perspektive ein, die die üblichen Wertungen der Menschen kritisiert und die Fülle des Lebens nicht im intensiven körperlichen Engagement sieht, sondern in einer Entkörperlichung und Entsinnlichung des Bewußtseins, in einer Orientierung an rein geistigen Sachverhalten, in einer kontemplativen Existenzweise, die sich ganz von den Leidenschaften distanziert und ihr Ziel in der Schau Gottes hat. Entscheidend ist aus dieser Perspektive der Gegensatz zwischen den vergänglichen, sterblichen Dingen und den unvergänglichen, ewigen Wesenheiten. Aus dieser Perspektive wird der „Durchschnittsmensch" zum gottfernen Toren, der sich und seine Seele vom Vergänglichen versklaven läßt, während der „Gottliebende" zum Philosophen und schließlich zum

Weisen wird, der sich und seine Seele vom Unvergänglichen prägen läßt. Entscheidend ist die Abwendung vom Vergänglichen und Endlichen und die Hinwendung zur Wirklichkeit, die Gott nahe ist. In diese Abkehr wird durchgängig eingeübt.

In *QE* 2.29 hat sich diese Perspektive folgendermaßen dargestellt: In 29a unterscheidet Philo drei Menschengruppen. Die höchste Bewußtseinsstufe, die Mose repräsentiert, nennt Philo „prophetisches Bewußtsein". Das prophetische Bewußtsein erreicht die größtmögliche Gottesnähe. Die zweite Menschengruppe ist auf dem Weg zum Himmel. Sie repräsentiert das Bewußtsein, das sich an der Transzendenz orientiert, aber diese Transzendenz noch nicht ganz erreicht hat. Die dritte Menschengruppe repräsentiert das chaotische Bewußtsein, das – von den Leidenschaften geprägt – keinerlei Transzendenzbezug hat.

In 29b charakterisiert Philo die Qualität der höchsten Bewußtseinsstufe. Das prophetische Bewußtsein ist Ergebnis einer Transformation von der dualen materiellen Wirklichkeit hin zur monadischen Wirklichkeit Gottes. 29ba betont, daß diese Transformation von Gott her durch Inspiration ausgelöst wird, 29bb hebt die aktive Beteiligung des Menschen an diesem Geschehen hervor, indem er alle sinnenhafte, vergängliche Wirklichkeit abtut und zurückläßt. Ergebnis ist, daß dieses reine Bewußtsein identisch mit der Wesensqualität der göttlichen Wirklichkeit geworden ist. Die Zugehörigkeit zum Göttlichen vergleicht Philo in 29bb mit einer Verwandtschaft mit dem Göttlichen. Menschen mit diesem Bewußtsein sind „göttlich" geworden. Es geht hier aber keinesfalls um das Phänomen des „göttlichen Menschen" im Sinne der MS. Entscheidend ist der absolute Grad dieser Transformation oder Annäherung. Ziel des Weges zum Himmel ist demnach die völlige Entsinnlichung des Bewußtseins bei gleichzeitiger Gotterfülltheit. Es ist gerechtfertigt, diesen Zustand als *unio mystica* zu bezeichnen.[673]

Im Zustand des reinen Bewußtseins verwandelt sich der menschliche Nous in göttliche Qualität. Geschöpfliche Wirklichkeits- und Selbstwahrnehmung hören auf. Kreatürliche Identität, mit der Abgrenzung, Geschichte und Objekterkenntnis einhergehen, löst sich auf. Dieser Zustand läßt sich nur noch negativ beschreiben. Die Wirklichkeit der göttlichen Welt ist ohne Beziehung zu Zeit oder Raum. Ihre Sinnenlosigkeit macht sie unvorstellbar, unanschaulich. Sie ist nicht objektivierbar oder meßbar, sie entzieht sich geradezu aller sinnlichen oder geistigen Greifbarkeit und

---

[673] Gegen MACH, Philo von Alexandrien, 527: „...wiewohl Philo keine *unio mystica* kennt." Vgl. auch die gegenteilige Beobachtung von SIEGERT, oben Anm. 447.

erweist sich gerade damit dem Menschen überlegen. Sie ist nicht mehr objektiv, d. h. von einem unabhängigen Bewußtsein her erkennbar und so als Objekt verifizierbar oder festzumachen. Nicht Gott, sondern das Geschöpf ist Erkenntnisobjekt. Nur in der Gegenwart Gottes erhält der Mensch Anteil am Erkennen Gottes. Die Erkenntnis der Welt durch Gottes Gnade ist aber nicht unabhängig. Sie hängt ganz an Gott. Darum wird der Mystiker nicht zum Besitzer überirdischer Einsicht, der diese in der Welt nutzt, sondern zum Gottesanbeter, der immer in der Position des Empfangenden bleibt. Diese monadische Bewußtseinserfahrung der Einheit mit Gott dauert nicht an, das Bewußtsein kehrt zur Vielheit zurück.[674]

Trifft die Charakterisierung von Jonas auf die in *QE* 2.29 beschriebene Ekstase zu? Kann man mit ihm feststellen: „Es ist ein fremdes, das in den Höhepunkten an die Stelle des eigenen tritt, aber ihm nachher wieder Platz macht; also nur ein Intermittieren des im übrigen gleichbleibenden Menschenwesens"?[675] Findet eine „ekstatische Aufhebung des Denkens und Begreifens selber" statt?[676] Nach obiger Analyse läßt sich das nicht sagen. Jonas übersieht den noetischen Charakter dieser Mystik. Angemessener ist folgende Beschreibung des monadischen, ekstatischen Gottesbewußtseins bei Tillich:

„Ekstase (außerhalb seiner selbst stehen) weist auf einen Bewußtseinszustand hin, der außergewöhnlich ist in dem Sinne, daß das Bewußtsein seinen gewohnten Zustand transzendiert. Ekstase ist keine Negation der Vernunft. Sie ist der Bewußtseinszustand, in dem die Vernunft jenseits ihrer selbst ist, d.h. jenseits ihrer Subjekt-Objekt-Struktur. Wenn die Vernunft jenseits ihrer selbst ist, so bedeutet das nicht, daß sie sich verneint. Ekstatische Vernunft bleibt Vernunft; sie empfängt nichts Irrationales oder Antirationales – was nicht ohne Selbstzerstörung möglich wäre –, aber sie transzendiert die Grundbedingung der endlichen Rationalität, die Subjekt-Objekt-Struktur."[677] – „Während dämonische Besessenheit die rationale Struktur des Bewußtseins zerstört, bewahrt und erhebt göttliche Ekstase das Bewußtsein, obwohl sie es transzendiert."[678]

In eine ähnliche Richtung geht Winston, wenn er von einer Mystik mit „fundamentally intellectual character" spricht.[679] In der Inspiration werde der *intuitive Nous* aktiviert, damit er die fundamentalen Prinzipien des

---

[674] Vgl. dazu ALBERT, Einführung in die philosophische Mystik, 22–28.
[675] JONAS, Gnosis II/1, 108.
[676] Ebd., 104.
[677] TILLICH, Systematische Theologie I, 135.
[678] Ebd., 138. Ähnlich JAMES, Vielfalt der religiösen Erfahrung, 359, zu mystischen Erfahrungen: „Sie sind Zustände von Einsicht in Tiefen der Wahrheit, die vom diskursiven Intellekt nicht ausgelotet werden."
[679] WINSTON, Philo's Mysticism, 75.

Seins als einheitliches Ganzes schaut.⁶⁸⁰ Unter Inspiration verwandelt sich der endliche Verstand in göttliche, monadische Vernunft. Das ekstatische Bewußtsein hat jedoch keinen permanenten Charakter. Der Inspirierte kehrt zur Sinneswahrnehmung zurück. Der Vollkommene fällt dann aber nicht aus der Gotteshingabe heraus, sondern bleibt – die Sinne kontrollierend – auf Gott konzentriert. Philo kennt somit in den QS nichtekstatische Zustände vollkommenen Bewußtseins, in denen der Weise die Sinneswahrnehmung gebraucht, sie aber kontrolliert und sich zu keiner Leidenschaft hinreißen läßt.

Die nächsten sprachlichen und inhaltlichen Parallelen zu dieser kontemplativen Mystik lassen sich im Corpus Hermeticum finden. Die Nähe einiger Exegesen der QS zum CH läßt auf ein philosophisches Milieu in Alexandria schließen, in dem sich die traditionellen Schulgrenzen gelockert hatten und sich ein schul- und traditionsübergreifender Diskurs über die praktische Frage nach der Begegnung mit dem Göttlichen entfaltete.⁶⁸¹ In diesem Milieu ist auch die alexandrinische Gnosis entstanden, die wichtige Einsichten jüdischer Philosophie verdankt.⁶⁸²

5.3. Das soteriologische Profil des Allegorischen Kommentars – der Bewußtseinsdualismus

Her 63–74 zeigt eine Form von Mystik, die die Aussagen Philos zum kontemplativen Bewußtsein in den QS nochmals überschreitet. Sie besteht zentral in der Aufforderung an den menschlichen Geist, sich selbst zu verlassen und alle Dinge allein Gott zuzuschreiben. Das zentrale Thema des AK ist die Demonstration einer Wirklichkeitssicht und Identität, die sich ganz aus Gott versteht und jeden Autonomieanspruch des menschlichen Bewußtseins verwirft. In der Seele wird nicht nur monistisch zwischen höheren und niedrigeren Regungen (νοῦς – ἡδονή) unterschieden,

---

⁶⁸⁰ WINSTON, Logos and Mystical Theology, 52–54. Früher schon LEISEGANG, Der Heilige Geist, 144, der von einer „mystisch-intuitiven Erkenntnis" oder einer „höheren, intuitiv erfaßten Erkenntnis" (182) spricht.

⁶⁸¹ M.E. reichen die Traditionen des Corpus Hermeticum bis ins 1. Jh. n. Chr. zurück. LÖHR, Verherrlichung Gottes durch Philosophie, 286–288, vermutet, daß die Hermetiker entweder als „Bruderschaft mit Kult" oder wie eine philosophische Schule organisiert waren.

⁶⁸² Vgl. neben dem CH u.a. auch den „Brief des Eugnostos" (NHC III,3 und V,1), dessen Autor nach BROEK, Jewish and Platonic Speculations, 191, ein jüdischer Gnostiker gewesen sein soll.

sondern auch dualistisch zwischen wahrem und falschem Bewußtsein. Zum Kampf der Seele gegen die Leidenschaften und den Körper tritt der Kampf zweier entgegengesetzter Wirklichkeitswahrnehmungen.[683] Der AK zeichnet sich dadurch aus, daß er den Dualismus zwischen Leib und Geist an vielen Stellen „dualisiert", also in das Bewußtsein selbst verlagert. Im AK läßt sich somit ein echter *Bewußtseinsdualismus* beobachten. Neben den Höher-Niedriger-Gegensatz tritt ein ausführlich entfalteter Dualismus zwischen egozentrischer Selbstsetzung und Gotteshingabe.[684] Die dafür von Brandenburger gewählte Etikettierung „Psychologisierung"[685] ist zu schwach und entwertet die ontologische Bedeutung des Bewußtseinsdualismus. Für Philo spitzt sich der Gegensatz von Körper und Geist im Gegensatz zweier diametral entgegengesetzer Bewußtseinsformen zu. Es geht im Bewußtseinsdualismus also nicht mehr nur um einen Dualismus zwischen Himmel und Erde, Seele und Körper, tugendhaftem und schlechtem Menschen, sondern um die von diesen Größen repräsentierten gegensätzlichen Bewußtseinszustände, in denen die Wirklichkeit radikal unterschiedlich bewertet wird.[686] Göttliches und antigöttliches Bewußtsein stehen sich unversöhnlich gegenüber, sind aber beide potentielle Möglichkeiten in der einen Seele. Erst im AK entfaltet sich der *Kampf zweier bewußtseinsabhängiger Wirklichkeitswahrnehmungen*. Im AK ist die tiefste Sünde und Gottesferne das sich selbst setzende Bewußtsein. Das Böse schlechthin wird also nicht mehr nur im Sinnlichen gesucht, sondern in der Vernunft selbst, die eigentlich zur Gotteserkenntnis fähig ist.

Im Bewußtseinsdualismus spielen die Sprachspiele des Weisen und des Toren eine wichtige Rolle. Immer wieder wird die „Sprache" thematisiert, denn die zwei Bewußtseinswirklichkeiten vermitteln sich durch zwei unterschiedliche Sprachwirklichkeiten. Jetzt gewinnen die „Sophisten" eine

---

[683] Vgl. HAY, Psychology of Faith, 899: „One important way in which Philo goes beyond the psychological teaching of other hellenized Jewish writers consists in his conceiving the inner struggle not merely as one between rational mind and irrational desires, passions, and senses, but as a struggle between conflicting thoughts or patterns of thought."

[684] Das ist festzuhalten gegenüber der Behauptung von FREY, Die paulinische Antithese von „Fleisch" und „Geist", 52, für Philo bestehe „der entscheidende Gegensatz stets zwischen der sinnlich-materiellen und der geistig-immateriellen Welt."

[685] BRANDENBURGER, Fleisch und Geist, 149f.

[686] Vgl. SELLIN, Der Streit um die Auferstehung, 102: „Die Materie ist jenseits von Gut und Böse – erst der Nous, der sich dem Gewordenen und Vergänglichen anheimgibt, ja der das Gewordene oder gar sich selbst als Gott verehrt (Hybris), ist der negative, gottlose, sterbliche, ja schon (geistig) gestorbene Mensch. Der Nous aber, der sich dem Himmel, den Ideen, dem Sein (= Gott) zuwendet und die Erde flieht (!), ist der himmlische Nous, der himmlische Mensch, der Idee-Mensch."

wichtige Rolle als Sprachverdreher. Und nur im AK werden „Ägypten", der „Pharao", die „Moabiter/Ammoniter" und „Kain" zu Symbolen des sich selbst setzenden Bewußtseins. Philo führt im AK einen Angriff auf eine verkehrte Intellektualität. Er will das Denken an den Punkt führen, wo der Mensch aus sich heraus nichts mehr ist, sondern sich allein in Gott findet. Mit dem vertieften Verständnis des bösen, gottfernen Bewußtseins als sich autonom setzende Subjektivität geht auch ein vertieftes Verständnis des gottnahen Bewußtseins einher: es ist das geschöpfliche Bewußtsein, das sich von sich selbst distanziert hat und bekennt, daß allein Gott wirkt. Ansätze dazu gibt es in der EL nur in *Praem* 28–30 und in den QS nur in *QE* 1.4 und *QE* 2.3.

Ich habe oben (4.11.1–4.11.4) bei der Einführung in das Phänomen dieses Bewußtseinsdualismus dahingehend argumentiert, daß dieser Dualismus *Ausdruck einer zeitlich andauernden nichtekstatischen Mystik der Gotteshingabe* ist, die von der ekstatischen Mystik zu unterscheiden ist. Gegenüber *Jonas*, der in diesem Dualismus nur eine „ethische Haltung" erkennt, habe ich betont, daß ein Bewußtsein, das in allen Dingen Gott erkennt, Ausdruck einer echten – allerdings nichtekstatischen – mystischen Existenzweise ist. Körper, Sinneswahrnehmung, Sprache und diskursives Denken werden nicht – wie in der ekstatischen Mystik – ausgeschaltet, sondern in die mystische Wahrnehmungsweise *positiv integriert*.

Der radikale Bewußtseinsdualismus provoziert die *Frage nach der Identität* des menschlichen Ich. Es gibt anscheinend keine Kontinuität zwischen dem irdischen, geschöpflichen und dem himmlischen, inspirierten Ich. Aber dieser von *Jonas* postulierte Gegensatz ist mißverständlich formuliert. Der Kontrast im Bewußtseinsdualismus besteht nämlich – genau gesehen – nicht im zunächst so erscheinenden Gegensatz zwischen *irdischem* und *himmlischem* Ich, sondern im Gegensatz zwischen einem *sich selbst setzenden Bewußtsein* und einem *von Gott gesetzten Bewußtsein*. Im Bewußtseinsdualismus drücken sich zwei entgegengesetzte Identitätserfahrungen aus:

Zum einen geht es um eine Identität, die sich durch die inspiratorische Teilhabe an Gottes Identität konstituiert und dabei nichts unabhängig von Gott erfährt. Es geht um die Paradoxie, daß das eigene Bewußtsein in der Entäußerung der Inspiration eine Erfahrung macht, die als „nicht-eigene" erlebt wird, als Wechsel in eine ontologisch völlig andere Wirklichkeit. Identität, also bleibendes Sein, gibt es für Philo nur in der Existenzweise des Gotteslobes, in der Zurückgabe und Hingabe der eigenen Geschöpflichkeit an Gott, so wie es auch die Kräfte Gottes tun. Aus der Perspektive dieser Wirklichkeit ist der ganze Kosmos von den göttlichen Kräften, insbesondere vom göttlichen Logos durchzogen.[687] Der Inspirierte erfährt sich als kosmos- und logosförmig. Im Gottesbewußtsein verwandelt sich alles Geschöpfliche in Göttliches, ja ist mit ihm identisch, ohne seine geschöpfliche Abhängigkeit und auch seine Identität als Geschöpfliches zu verlieren.[688] Wirklichkeit wird dabei nicht mehr zeitlich-geschichtlich strukturiert, sondern „räumlich" als Bewegung von Gott her zu Gott zurück. Der ganze Kosmos erscheint göttlich, weil Gott ihn mit seinen Kräften ganz ausfüllt, ohne daß er in irgendeiner Weise im Kosmos aufgeht.[689] Der Kosmos wird wahrgenommen als einer, der sich wie ein Weihopfer immer wieder zurück in Gott auflöst. Die gesamte Geschöpflichkeit steht somit im Dienst des Gotteslobes, ist nur wirklich als exzentrische Existenz zu Gott hin. Echtes Sein haben die Geschöpfe nur, indem sie sich mit Körper, Sinnen, Sprache und Denken Gott ganz hingeben und im Gotteslob existieren.[690] Die Immanenz ist *wirklich* nur als Aufschein der Transzendenz Gottes. Der Schöpfung als Werk des freigiebigen Gottes entspricht das Gotteslob der Schöpfung. So korreliert die Antwort der Geschöpfe dem ontologischen Entstehungsgrund der Schöpfung. Der AK als *sprachliches* Werk will selbst durchgängig Gotteslob sein, ist also der performative Vollzug dieser Existenzweise.

Die andere Identitätserfahrung hingegen, in der sich das Selbst auf scheinbar gottunabhängige Vorgänge stützt, also auf die Überzeugungen „Ich denke, also bin ich" oder „Ich nehme mit den Sinnen wahr, also bin ich" oder „Ich besitze, also bin ich", ist für Philo illusionär, weil diese Vorgänge zum einen raum-zeitlich, sterblich und vergänglich, vielmehr aber noch Ausdruck einer gottlosen Überheblichkeit sind. In ihnen versucht sich der Mensch, aus sich selbst heraus zu verstehen. Der Selbstbesitz, der zur absoluten Freiheit führen soll, wird zur Besessenheit, die unfrei macht. Der Mensch, der im Gottesbewußtsein existiert, empfängt

---

[687] Vgl. das Fragment *Deo*, *Post* 14 u.a.

[688] Vgl. HEGEL, Vorlesungen über die Philosophie der Religion, 145f. (Lasson), zum Vorgang der „Andacht": „Wie bin ich nun in dieser Rücksicht bestimmt, Ich, das in seiner Aufhebung wiedererscheint? Ich bin als endlich, aber auch wahrhafte Weise als endlich bestimmt, d. h. als sich aufhebende Endlichkeit..." – „So weiß ich also von mir als Besonderem, schaue mich als Moment des allgemeinen Lebens an und erhalte das Bewußtsein, mein besonderes Sein und Bestehen nur in dieser Substanz zu haben."

[689] Vgl. *Leg* 1.44, *Post* 6. Auch in der Gotteslehre Philos fallen für die Mystik charakteristische „paradoxe", besser gesagt, dialektisch-komplementäre Formulierungen auf, z.B. *Post* 19f.: Gott ist schneller als alle himmlischen Geschöpfe und dennoch bewegungslos. Er ist im gleichen Moment den Menschen ganz nah (durch die Kräfte) und ganz fern (in seiner essentiellen Natur).

[690] Vgl. dazu auch LAPORTE, Eucharistia in Philo, 179–185.

hingegen an Stelle einer nun illusionär gewerteten Identität die Erfahrung wahrer Identität, d. h. er nimmt sich als einen wahr, der überhaupt erst Identität gewinnt, nämlich in der Erkenntnis des göttlichen Seins. Es ist allerdings eine Identität, die Raum und Zeit entnommen ist und darum das Gegenteil von Individualität ist.[691] Denn Individualität, die sich in Raum und Zeit entwickelt hat, kann nur Schein sein und keine Sicherheit bieten.[692]

Im AK geht es somit *soteriologisch* um einen *radikalen Bewußtseinswechsel*, der an die Stelle der Autonomie der Immanenz die Autonomie der Transzendenz setzt und letztere zur eigentlichen Wirklichkeit erklärt.[693] Das wahre Selbst konstituiert sich im charismatischen Geschehen der Hingabe an das göttliche Sein, also im Gottesbewußtsein. Im dualistischen Kontrast dazu verschmilzt das Bewußtsein des Toren mit den Sinnen, mit der Lust und definiert von da aus seine sinnliche Wirklichkeit zur eigentlichen Realität. Es hält die metaphysische Perspektive für illusionär. Aus der Perspektive des auf Gott ausgerichteten Bewußtseins wiederum ist die vom autonomen Ich gesetzte Realität illusionär.[694] Das wahre Bewußt-

---

[691] Vgl. HABERMAS, Nachmetaphysisches Denken, 192: „Der Ausdruck Individualität hat nicht in erster Linie die Bedeutung des Atomaren oder Unteilbaren, sondern die der Singularität oder Besonderheit eines numerisch Einzelnen. In diesem Sinne nennen wir ‚individuell' jeden Gegenstand, der aus der Menge aller möglichen Gegenstände als dieser eine und besondere ausgewählt und wiedererkannt, d.h. identifiziert werden kann."

[692] Vgl. GEORGI, Hymnus, 280: „So ist also das eigentliche und wirkliche Selbst nicht das Individuum, sondern das, was jenseits der Geschichte und der geschichtlichen Bewegung steht, das also, was un- und antigeschichtlich ist."

[693] Interessant ist die Parallele zu JASPERS, Was ist Philosophie, 399 (aus dem Aufsatz „Über meine Philosophie" von 1941): „Allein die Transzendenz ist das wirkliche Sein. Daß die Gottheit ist, ist genug. Dessen gewiß zu sein, ist das Einzige, worauf es ankommt. Alles andere folgt daraus. Der Mensch ist der Beachtung nicht wert. In der Gottheit allein ist Wirklichkeit, ist Wahrheit, ist die Unerschütterlichkeit des Seins selbst, dort ist Ruhe, dort ist der Ort der Herkunft und des Ziels für den Menschen, der selbst nichts ist und das, was er ist, nur ist in bezug auf diesen Grund."

[694] Vgl. DEWIT, Kontemplative Psychologie, 175f.: „Wie reagiert die profane Perspektive auf Taten, die aus der spirituellen Perspektive entstehen, und umgekehrt? Beide reagieren entsprechend ihrer Natur. Die profane Sichtweise reagiert mit Aggressivität, Habgier oder Gleichgültigkeit auf das, was die spirituelle Perspektive in Wort und Tat darstellt. Da die profane Sichtweise sich für vollständig realistisch hält, betrachtet sie die spirituelle Wirklichkeitserfahrung als illusorisch, als eine Art von Blindheit, die der harten und wahren Lebenswirklichkeit zu entfliehen sucht...Die spirituelle Sichtweise ihrerseits reagiert nicht mit Haß, sondern mit Barmherzigkeit auf die Wirklichkeit, die durch Wort und Tat aus profaner Sicht heraus geschaffen wird. Da die spirituelle Sichtweise sich für *absolut* realistisch hält, betrachtet sie die Wirklichkeitserfahrung des profanen Menschen als illusorisch. Die spirituelle Perspektive erkennt Feigheit in Aggressivität, Schwäche in Habgier und Apathie in Gleichgültigkeit...Das Handeln aus spirituel-

sein weiß, daß nur die Gottesperspektive zu richtigen Urteilen über den menschlichen Verstand, über die Sinneswelt und über die göttliche Welt führt. Alle Lebensäußerungen des Menschen werden aus dieser Wahrnehmung von Gott her gesehen. So entsteht eine Hingabe des Körpers, der Sinne, der Sprache und auch des rationalen Verstandes an Gott.

Im *philosophischen Diskurs seiner Zeit* – an dem Philo rege teilnimmt – steht dieser Bewußtseinsdualismus mit seiner existentiellen Ausrichtung auf Gott *provokativ* da. Mit ihm bringt Philo eine *extreme Kritik am Autonomieanspruch der endlichen menschlichen Vernunft* vor. Diese kritische Perspektive auf den menschlichen Nous unterscheidet Philo von allen Mittelplatonikern und Stoikern. Aufgrund dieser radikalen Soteriologie darf der Philo des AK – strenggenommen – nicht Platoniker (oder Stoiker) genannt werden.[695] Stärker als Runia, der vor allem auf die *exegetische* Tendenz bei Philo abhebt, betone ich die *psychagogischen, soteriologischen* und *vernunftkritischen* Tendenzen im AK, die dieses Werk m. E. zu einem ganz eigenständigen philosophischen Beitrag machen. Dem Bedürfnis nach Autonomie der endlichen Vernunft wird in keiner Weise nachgegeben. Darum betreibt Philo Wahrheitssuche – also Philosophie – als Auslegung der Tora, *des* autoritativen Offenbarungstextes. Indem sich Philo *exegetisch* mit der zeitgenössischen Philosophie auseinandersetzt, wird diese an der Offenbarung *geprüft* und *korrigiert*. Diese – in gewisser Weise heteronome – Grundhaltung der religiösen Frömmigkeit bricht die Vernunftautonomie. Nicht die Ratio wird dabei infrage gestellt – sie hat auch für Philo einen besonderen Rang als Gabe Gottes –, sondern die Autonomie der endlichen Ratio. Philo betreibt damit keineswegs einen Irrationalismus. Seine exegetische Philosophie will nämlich vernünftige Wahrheit erschließen, die aber eben nur dann wirklich vernünftig ist, wenn sie nicht von der subjektiven Vernunft ausgeht, sondern von der absoluten Vernunft des Weltschöpfers. Gott *allein* ist die autonome Vernunft, und der menschliche Nous denkt nur dann vernünftig, wenn er – sich selbst als endliche Vernunft verneinend und überschreitend – mit der wahrhaft autonomen Vernunft Gottes verbunden wird. Nur im Verlassen des Denkens, d. h. in der Distanzierung vom Denkvermögen, ja vom Nous selbst, erschließt sich Gott als letzte Instanz. Auch dies ist „Denken". Es ist vernünftiges Denken, das sich nur gewinnt, indem es sich selbst verliert und

---

ler Perspektive läßt die profane Welt verschwinden, während das Handeln aus profaner Perspektive die profane Welt stärkt und erhält."

[695] Aufgrund dieser Beobachtungen zum Bewußtseinsdualismus folge ich in der Debatte, ob Philo ein Mittelplatoniker war, der Tendenz von RUNIA und TOBIN gegen STERLING und WINSTON (siehe SPhA 5, 1993, 96–155).

Gott allein die Ehre gibt. Es geht um den qualitativen Umschwung vom endlichen Bewußtsein zum unendlichen, absoluten Bewußtsein Gottes mit Hilfe der Tora. Denken und tiefste Frömmigkeit sind in dieser theonomen Bewußtseinserfahrung in eine innerste Beziehung gebracht.

Die apriorische Entscheidung, Philosophie als Exegese der Offenbarungsquelle Tora zu betreiben, bewirkte eine völlige Neustrukturierung der philosophischen Parameter. Philosophie wird zur *Theo-logie* im strengen Sinne des Wortes. *Gottes Logos* und nicht der endliche Nous (der Logismos/Verstand) wird zum Axiom aller Wirklichkeitserkenntnis. Und damit kommt es zu einer radikalen „Erniedrigung" der menschlichen Intellektualität vor Gott, nicht als Entwertung der Vernunft, sondern als Reaktion auf ihre Absolutsetzung. Es ist gerade das Höchste im Menschen, das seine Niedrigkeit eingestehen muß, um realistisch zu bleiben. Philo hat damit den objektiven Idealismus Platons entscheidend vertieft. Er konnte dies, weil er der exegetisierende Philosoph und gleichzeitig der philosophierende Exeget einer von ihm als vorgegeben akzeptierten Offenbarungsquelle war, die gerade als vorgegebene den Autonomieanspruch der menschlichen Vernunft von vornherein in Frage stellte. Philosophiegeschichtliches Novum ist somit Philos Konzept von Philosophie (im Sinne rationaler Theologie) *als* Exegese einer letztgültigen, autoritativen Offenbarungsquelle.[696]

Auffällig ist, daß der AK – stärker noch als die EL und die QS – mit philosophischen Fragestellungen, Themen und Begriffen gesättigt ist. Es scheint so, als ob Philo alles Wissen, das er erworben hat, in seine Exegese integrieren will. Gleichzeitig aber zerfällt im AK die rationalistische, Unstimmigkeiten des Toratextes glättende Struktur der Missionstheologie. Die rationale Oberfläche wird brüchig, der „rote Faden" geht dem Leser immer wieder verloren, jedenfalls auf der Ebene rationalistischer Einsicht. Das Setzen von Offenbarungswirklichkeit ersetzt das Argument. Gott muß sprechen, damit der Mensch versteht.

Der Vorrang der göttlichen Vernunft vor dem menschlichen endlichen Verstand zeigt sich am Vorrang des Textes vor dem Gestaltungswillen des Autors. Der Toratext gibt die Struktur des Denkens vor. Als verschlüsselter Text, also als Allegorie, ist er rätselhaft und darum zunächst frustrie-

---

[696] Ähnlich formuliert RUNIA, Philo of Alexandria and the Timaeus, 536, das Verhältnis von Philosophie und Exegese bei Philo: „Philosophy *is* exegesis of the sacred text, both as activity and as embodied in the resultant thought and doctrine." Auch der Mittelplatonismus läßt sich als eine exegetische Bewegung verstehen, die den platonischen Timaios zur Grundlage hat (so TOBIN, Creation of Man, 133), aber Platon hat für die Mittelplatoniker nicht den Stellenwert wie Moses Tora für Philo.

rend. Weil es aber keinen von Gott unabhängigen, verobjektivierbaren Besitz gibt, so gibt es auch keinen rational absteckbaren exegetischen Besitz. Exegese setzt darum als charismatisches Gnadengeschehen (*Cher* 27f.), als Widerfahrnis der Gnade Gottes, immer erneut ein, läßt sich überraschen, kann gar nicht mit den Texten fertigwerden, sondern wird ein Spiel, das immer neue Einsichten zeigt. Es ist bemerkenswert, daß die Kräftelehre in den MS als öffentlich einsichtiges Wissen (*Legat* 6), im AK hingegen als von Gott geschenkte Erkenntnis für Insider dargestellt wird (*Cher* 27). Objektivierbarkeit in der Exegese würde gerade die Theozentrik des Grundansatzes zerstören, weil sie ein Bewußtsein setzen würde, das das Göttliche in geschöpfliche und damit unbrauchbare Formen gießen würde. Sie würde der unanschaulichen, für die Sinne und den geschöpflichen Nous unfaßbaren, göttlichen Wirklichkeit nicht entsprechen. Sie kann kein dogmatischer Besitz werden abgesehen von der Grundsetzung, daß Gott die alleinige Wirklichkeit ist. Insofern ist sie gegenüber positiven Setzungen sehr frei; sie kann unterschiedlichstes Denkmaterial verwenden und auch sehr kreativ mit der biblischen Tradition umgehen. So spiegelt sich im Verfahren der Exegese die für den AK typische Wirklichkeitssicht wider, Medium und Botschaft, Form und Inhalt entsprechen sich.

Welche Wirkung will Philo mit diesen Texten bei den Leserinnen und Lesern erreichen? Was soll mit ihrem Bewußtsein geschehen, wenn seine Traktate gelesen werden?

Philo geht es offensichtlich um die Einübung in diejenige Wirklichkeitssicht, die alle Dinge aus Gott versteht. Philo schreibt den AK als Mittel, den Einbruch des falschen Bewußtseins in die Seele zu verhindern und das wahre Gottesbewußtsein zu stabilisieren und zu stärken. Das Ziel der exegetischen Arbeit ist dann erreicht, wenn die Hörerinnen und Hörer mit Hilfe des Textes eine Wirklichkeitskonstruktion ohne Gott als Illusion durchschauen und an die eigentliche Realität, an das göttliche Sein, erinnert werden. Dazu reicht ein kleiner Textabschnitt, ein Name oder ein Begriff im Toratext. Der AK zielt also darauf, an die Sinneswelt gebundene Alltagsrationalität, die dazu neigt, sich selbst zu verabsolutieren, als Schein und negative Autosuggestion zu durchschauen und zu transzendieren. Er richtet sich an Leserinnen und Leser, die auf dem Weg zur vollkommenen Tugend sind und immer stärkere Festigkeit in der Wahrheit erstreben. Philo will ihrer Wahrnehmung eine neue Perspektive geben. Er will den Lernenden die Hineinnahme in den göttlichen Raum des allgemeinen Seins ermöglichen. Dazu benutzt er die Sprache unterschiedlicher philosophischer Traditionen und religiöser Erfahrungen, auch mystischekstatischer Erfahrungen. Der AK wirkt wie eine großangelegte Collage, die in ihrer schillernden Vielfalt und gleichzeitiger Dichte dazu einlädt und provoziert, vom falschen zum wahren Bewußtsein durchzudringen. Philo dokumentiert im AK ohne Zweifel die Erfahrung mystischer Ekstase, ja, er setzt sie voraus, aber sie hervorzurufen, scheint nicht in erster Linie das Ziel seiner exegetischen Arbeit zu sein. Sein direktes Ziel ist vielmehr die Einübung in ein nichtekstatisches Gottesbewußtsein.

Der Bewußtseinsdualismus wird durch einige zentrale „*dogmatische*" *Grundwahrheiten* verdeutlicht, die einem im AK auf Tritt und Schritt begegnen und unter dem Leitthema „die göttliche Transzendenz als wahre Wirklichkeit" stehen. Zu diesen Wahrheiten gehören u.a. die folgenden – von mir sinngemäß formulierten – polaren Aussagepaare:
- Nichts ist mein Besitz – Alles ist Gottes Besitz
- Das Kreatürliche leidet – Gott handelt allein
- Nicht ich habe mich in der Hand – Ich bin in Gottes Hand
- Das Besondere ist vergänglich – Das Allgemeine ist unvergänglich
- Tugend ist immanent unzugänglich – Tugend ist jenseitig bei Gott
- Ich kann nicht zu Gott kommen – Gott muß zu mir kommen
- Nicht ich wirke – Gott wirkt
- Das Geschöpf ist passiv – Gott ist aktiv

Die direkte Wirkung des AK besteht also zunächst einmal darin, durch Einübung dieser und weiterer „Lehren" die Leserinnen und Leser in die Wirklichkeitssicht des Gottesbewußtseins hineinzunehmen. In der Meditation dieser allegorisch erschlossenen Lehren kann „Kontemplation", also Schau der göttlichen Dinge erfahren werden.

Diese Erfahrung liegt nicht nur auf der Ebene der Lektüre selbst. Denn der AK ist völlig an die Tora angebunden und ist sozusagen ein Spiegel der Wahrheit, die die Tora repräsentiert und erschließt. Als Exeget versteht Philo sich als jemand, der in das *soteriologische Lesen der Tora selbst* einübt. Verwandelnde Kraft hat für ihn die allegorische Lektüre der Tora. Die zentrale Übung, auf die der AK verweist, ist darum die Lektüre der Tora selbst. Er will dazu anleiten, im Bewußtsein ständig mit der allegorischen Auslegung der Tora, d.h. aber mit der in der Tora verborgenen Gotteswirklichkeit verbunden zu sein. Der AK will zur geisterfüllten Toralektüre hinführen, die Erfahrungen ekstatischer wie nichtekstatischer Mystik vorbereiten oder gar auslösen kann.[697] Für Philo ist die Tora das

---

[697] Die bewußtseinsverändernde Wirkung kann während, aber auch nach dem Hören oder der Lektüre eines kontemplativen Textes einsetzen. JAMES, Vielfalt der religiösen Erfahrung, 186f., dokumentiert die Erfahrung eines Mr. Bradley, der Stunden nach ei-

eigentliche Mysterium, die Offenbarungsschrift, durch deren rechte Lektüre die Vollkommenheit und das wahre Bewußtsein erreicht werden kann. Der AK steht im Dienst dieser rechten Lektüre. In diesem Abhängigkeitsverhältnis strahlt auf ihn der Mysteriencharakter der Tora ab. Er hat daher Anteil an der inspiratorischen Kraft der göttlichen Wirklichkeit. Ja, in gewisser Weise ist der AK selbst ein unverzichtbarer Schlüssel zur wahren Lektüre der Tora, weil er in den Tiefensinn des Offenbarungstextes einweist.

Philo hat in seinen Traktaten alle entscheidenden Elemente des mündlichen Lehrvortrages, der bewegenden Diatribe, beibehalten.[698] Von der stoischen Diatribe unterscheidet sich der AK jedoch dadurch, daß er *Schriftauslegung* ist und sich als *inspirierte* Schriftauslegung versteht. Die Diatribe ist ein Rede- und Schreibstil, der zur Kunst der Seelenleitung gehört. Sie will also nicht wissenschaftlich überzeugen, sondern das Bewußtsein der bereits initiierten Studierenden dogmatisch festigen.[699] Der Diatribenstil im AK hat keine protreptische, sondern eine dogmatische Absicht, d. h. die Einübung in das rechte Denken und Verhalten, in die wahre Lehre, aber nicht im Sinne eines Enchiridion, sondern als bewegender Text, der die Seele schult. Auch ist der AK weniger konkrete Paränese als vielmehr Einübung in die rechte Dogmatik. Es fällt der Mangel an konkreten Einzelanweisungen (Vorschriften, Raterteilen in bestimmten Lebenssituationen, Tröstung und Aufmunterung und genaue Beschreibung der Tugenden und Laster) auf, die für Musonius oder Epiktet typisch sind. Deren „Sorge um sich" verlangt diese konkrete Beratung, weil es in ihr um eine souveräne, autonome Haltung gegenüber den Anforderungen des Lebens geht. Philo hingegen übt nicht in eine zur Autonomie führende „Sorge um sich" ein, sondern in die „Hingabe an Gott". So ist der Verzicht auf konkrete ethische Einweisung verständlich. Trotz dieser Besonderheit, die das Wesen des AK widerspiegelt, gehört Philo – worauf P. Hadot nachdrücklich hingewiesen hat –, zu denjenigen Autoren der Kaiserzeit, die philosophische Traditionen mit dem Ziel zusammenstellten, der Seele zur Ruhe zu verhelfen.[700] Es ist zu vermuten, daß Philo damit einen allgemeinen Trend der philosophischen Praxis in Alexandria repräsentiert, der auch von einer Anknüpfung an religiöse und mysterienhafte Traditionen

---

nem Missionsvortrag in der Nacht eine intensive bewußtseinsverändernde Gotteserfahrung durchlebt.

[698] Vgl. dazu die formalen Beobachtungen bei THYEN, Der Stil der Jüdisch-Hellenistischen Homilie, 40–63.85–109.

[699] Vgl. I. HADOT, Seneca, 37f.

[700] Vgl. P. HADOT, Philosophie als Lebensform.

begleitet war (Ammonius, Corpus Hermeticum). Die Philosophie dieser Autoren ist in erster Linie Seelenführung, ihre Rhetorik ist weniger argumentativ als suggestiv angelegt. Denn Information und Argumentation stehen im Dienst der „Formation" zum richtigen Bewußtsein hin. Die traditionellen Schulgrenzen verloren in dieser philosophischen Praxis an Bedeutung. So ist es für Philo typisch, daß die Frage, ob er mehr stoisch oder platonisch beeinflußt war, letztlich nicht zu entscheiden ist. Sie ist darum nicht zu entscheiden, weil es ihm nicht auf die richtige Schulmeinung, sondern auf die richtige Ausrichtung des Bewußtseins ankam. Logische Kongruenz und Stimmigkeit, die zwischen verschiedenen Auslegungen oder Traditionen ausgleicht, ist für Philo im AK überhaupt nicht wichtig. Kongruent ist nur das kontemplative Anliegen, den Schülerinnen und Schülern einen Weg zur Gotteswirklichkeit zu ebnen. Philo geht es durchaus auch um Information und Argumentation, aber diese sollen nicht in erster Linie Wissen vermehren, sondern Bewußtsein verwandeln. Philo versteht sich nicht als sophistischer Informant, sondern als von Gott beauftragter Seelenführer, der an seiner Wahrnehmung wie an derjenigen seiner Leserinnen und Leser arbeitet.

Inkongruenz bei Philo festzustellen, und diese Inkongruenz als Mangel zu bewerten, verkennt die Funktion dieser Schriften, die gerade die fast uferlose sprachliche Vielfalt nutzen, um feste Vorstellungen zu verunsichern, zu verflüssigen und auf eine übersprachliche Wirklichkeit zu verweisen, ja in sie einzuweisen. Man kann eine Textauslegung von einer anderen isolieren und hält doch, wenn man will, das Ganze, das Philo sagen will, in der Hand. Zur Eigenart des AK gehört darum gerade die für unser Gefühl störende ständige Wiederholung der Grundwahrheiten. Cohn kritisiert an Philo:

„Störend sind bei ihm nur (und das sind zum Teil allgemeine Fehler der Zeit) die endlosen Wiederholungen, die vielen Pleonasmen und die bisweilen zu sehr ausgedehnten Satzperioden".[701]

Doch dieser Stil ist beabsichtigt. Er fordert zum langsamen Lesen heraus und dient der Einstimmung des Bewußtseins in die wahre Lehre. Die Wiederholung ist eines der entscheidenden Mittel, das wahre Bewußtsein zu erzeugen. Der AK arbeitet darum *ständig* mit dem Kontrast zwischen falscher und wahrer Denk- und Existenzweise, und wenn dieser Kontrast im

---

[701] PCH, Bd. 1, Einleitung, 11.

Toratext fehlt, wird er durch *„secondary texts"* oft ergänzt.[702] Diese „secondary texts" haben vor allem die Funktion, daß der Weisheitsweg zur Gottesschau und der Dualismus zwischen wahrer und falscher Wirklichkeitssicht regelmäßig zur Sprache gebracht werden können. Sie haben damit eine wichtige psychagogische Aufgabe. Auch Steins hartes Urteil über Philo geht darum an dieser Wesensbestimmung des AK völlig vorbei:

> „Philo war kein Bibelexeget im eigentlichen Sinne, er wußte nicht einmal seine Vorlagen nach den verschiedenen Richtungen zu sondern, wodurch er in grobe Widersprüche verfiel. Sein Verdienst besteht lediglich in der Erhaltung der Überlieferung. Was er von sich zu der allegoristischen Überlieferung hinzuzufügen hatte, was äußerst gering. Wie beim Philosophen Cicero bleibt auch beim Exegeten Philo das Eigene doch nur: die copia verborum."[703]

Gerade das wortreiche Spiel mit den Traditionen und ihre Verarbeitung in der bewegenden Diatribe ist das Ziel Philos. Er ist nicht der trockene Erhalter der Überlieferung, sondern der leidenschaftliche Beweger des Bewußtseins seiner Hörerinnen und Hörer unter Verwendung der ihnen vertrauten Traditionen und Vorstellungen, die immer wieder verfremdet, ja auf den Kopf gestellt werden. Philo will weitergeben, spirituelle Erkenntnis bewahren. Er rechnet mit der Umwandlungskraft der vor ihm und von ihm geformten Überlieferung.

Die Diatribe, gerade in der Form, wie sie immer wieder im AK eingesetzt wird, nimmt sich zu Herzen, was Cicero und Seneca an der Rhetorik der Stoa kritisierten und stärker einforderten: der Erhabenheit des Gegenstandes müsse auch die Sprache entsprechen. Philo löst diese Forderung ein. Er ist davon überzeugt, daß die Tora in erhabener Sprache verfaßt ist und äußert darum immer wieder sein Staunen über die Schönheit und Größe der Textformulierungen.[704] Dieser Erhabenheit der Tora entspricht Philos eigener Stil, der viele Elemente erhabener Diktion enthält, u.a auch die hymnischen, zum Gotteslob einladenden Elemente im AK. Für Pseudo-Longinos hat der erhabene Stil die Kraft, die Zuhörerschaft mitzureißen und geradezu in „Ekstase" zu versetzen. Philo setzt diesen Stil ein, um die evokative Kraft seiner Aussagen zu verstärken. Nach DeWit gilt:

> „Die evokative Sprache [ist] ein vorrangiges Instrument der Bewußtseinsstrategie. Im Zusammenhang dieser Strategie wird die evokative Sprache zur Erweckung eines Zu-

---

[702] Der Begriff „secondary texts" wurde von RUNIA, The Structure of Philo's Allegorical Treatises, geprägt.
[703] STEIN, Allegorische Exegese, 61.
[704] Vgl. *Det* 79 zu Gen 4,10: „Die Erhabenheit (ὑψηγορία) der Formulierung ist allen, die mit Literatur vertraut sind, deutlich."

standes verwendet, in dem man sich des Zustands, in dem man bisher war, und des neues Zustandes bewußt wird."[705]

Evokative Sprache hat eine performative Wirkung, indem sie neues Bewußtsein schafft.[706] Man darf nicht vergessen, daß in der Antike die Schriften laut für sich oder mit anderen vorgelesen wurden, um die dramatische Qualität eines Vortrages zu erzielen.

Was den AK betrifft, so glaube ich, daß es eines intensiven Trainings der allegorischen Schriftbetrachtung und des speziellen begrifflichen Studiums bedurfte, um den evokativen Charakter seiner Aussagen und vor allem der Tora selbst zu erfahren. Unsere Schwierigkeit, den AK heute zu verstehen, ist damit verbunden, daß er Leserinnen und Leser voraussetzt, die bereits kontemplative Erfahrungen haben. Letztlich lassen sich Philos Texte und die allegorische Lektüre der Tora nur dann verstehen, wenn man sich bedingungslos, existentiell auf sie einläßt. Das haben die Schülerinnen und Schüler Philos sicherlich getan. Die Hörerinnen und Hörer verstanden sich als „Eingeweihte", die aber, Philo eingeschlossen, nicht beanspruchten, die Vollkommenheit erreicht zu haben, ja sich sogar auf die Seite der „Unverständigen" stellen konnten.

So ist auch für Philo selbst die Abfassung des AK eine geistige Übung, die ihn in den Zustand des nichtekstatischen vollkommenen Bewußtseins verwandeln soll.[707] Terian hat darauf aufmerksam gemacht, daß die Exklamationen im AK als Ausdruck eines inspirierten Zustandes zu interpretieren sind und die innere Bewegtheit des Autoren Philo dokumentieren.[708]

---

[705] DeWit, Kontemplative Psychologie, 136.

[706] Ebd., 122f. Vgl. zum evokativen Charakter der Diatribe bei Seneca Maurach, Seneca, 177: „Aber nur der, welcher seine Worte so hört, daß er bereit ist, sich ein anderes Urteil, ein anderes Meinen und Glauben, ja ein anderes Denken insgesamt anweisen zu lassen, der sich ganz und gar öffnet und gleichsam ‚existentiell' liest, wird von solchen Appellen berührt. Und darum denkt Seneca in ep. 94 und 95 darüber nach, welche Worte denn so öffnend wirken können – die lange, beweisende Rede? Das kurze Wort der Sentenz und des Dichterverses?"

[707] Jonas, Gnosis II/1, 109, wertet zu sehr ab, wenn er sagt: „Im Widerstreit der Tendenzen bleibt Philo mehrdeutig. Die ekstatische, vielleicht seine eigentliche Sehnsucht, schränkt er in vielen (nicht allen) Fällen auf den erlaubten Bereich zurück, den das streng kreatürliche Abstandsgefühl und überhaupt der unmystisch-sittliche Charakter der jüdischen Religiosität anweist, – und läßt dann die Verwendung des ekstatischen Sprachgutes, die ja überaus reichlich ist, nur metaphorisch. Das Schwelgen im ekstatischen Stil ist dann die Form der Befriedigung, die einem innerlich mächtigen Triebe zugestanden wird, und jedesmal ist es die an die radikale Formel angeschlossene moralistische Auslegung, die auf die Erde zurückführt."

[708] Terian, Inspiration and Originality, 56–84.

Man könnte sich den AK in eine kontemplative Praxis eingebettet vorstellen, in der der gesamte Tagesablauf so gestaltet war, daß er geistliches, kontemplatives Wachstum ermöglichte. Dazu gehörte die Einübung in die allegorische Lektüre der Tora durch Vorlesungen, die von – erwünschten – Einwürfen der Zuhörerschaft und Gesprächen begleitet waren, dann – noch zentraler – die allegorisch-geistliche Betrachtung der Tora selbst und schließlich weitere Übungen, die die Erfahrungen des Gottesbewußtseins ermöglichen konnten. Es ist nicht auszuschließen, daß in diesem Kreis religiöse Rituale wichtig waren wie Schriftlesung, Schriftauslegung, Gebete, Hymnen, Stilleübungen, Tanz und Mahlgemeinschaft.[709] Philo und seine Gruppe haben möglicherweise in Kontakt mit den Therapeutriden und Therapeuten gestanden. Seine Gruppe praktizierte kontemplatives Leben jedoch nicht in einer Einsiedelei, sondern inmitten des städtischen Trubels. Das würde die innere Stärke dieser kontemplativen Praxis demonstrieren, die die *vita activa* nicht verachtet.

Ihre psychagogischen Rituale bildeten wohl keine Konkurrenz, sondern eine vertiefende Ergänzung zum offiziellen Gottesdienst, wobei Mitglieder der esoterischen Gruppe dazu neigen konnten, den offiziellen Kultus für überflüssig zu erklären, ein Phänomen, das auch heute noch im kirchlichen Bereich anzutreffen ist. Der AK will u. a. hier auch korrigierend eingreifen und bestimmte Tendenzen abwehren. Philo gehörte sicher zu jenen in der Gruppe, die den offiziellen Kultus hochschätzten und ihre mystische Frömmigkeitspraxis wohl auch während der üblichen jüdischen Rituale ausübten (u.a. bei Schriftlesung, Jahresfesten, Gottesdiensten). Es ist heute nur noch selten deutlich auszumachen, an welchen Stellen Philo korrigiert, verneint, Akzente anders setzen will. Klar erkennbar sind die Spannungen bezüglich der Einschätzung des Literalsinnes und des Umgangs mit den

---

[709] Möglicherweise hat ein Teil der urchristlichen Gemeinden ihre Wurzeln in der Frömmigkeitspraxis dieser esoterischen, dualistisch geprägten jüdischen Gruppen, die sich auch außerhalb des offiziellen Synagogengottesdienstes zu religiösen Übungen trafen. Diese Überlegung geht in die Richtung der soziokulturellen These von SCHMITHALS, Theologiegeschichte des Urchristentums, 70–72.86.90–94, es habe ein „damaszenisches" Christentum gegeben, das von einer außerhalb der Synagoge bestehenden jüdischen Gnosis geprägt gewesen sei. Die Existenz einer jüdischen Gnosis mit einem „Christus"-Erlösermythos halte ich zwar für absolut unwahrscheinlich, für wahrscheinlich aber die Existenz einer dualistischen Weisheitsfrömmigkeit nicht nur in Alexandria (vgl. z.B. die Weisheitsschrift 4QSapiental Work A=MLM [1Q26; 4Q415–418.423] und 1Q/4QMyst), die in besonderen und nicht nur klösterlichen Gruppen praktiziert wurde. Zu Jesus bekehrte ehemalige Mitglieder dieser Gruppen könnten schon sehr früh die Ausbildung der Soteriologie und Christologie geprägt haben, nicht zuletzt auch durch literarische und poetische Fähigkeiten.

jüdischen Ritualen. Philo wendet sich explizit gegen zentrifugale Tendenzen bei den radikalen Allegoristen, die den Literalsinn ablehnen und darum in der Gefahr stehen, ihre Wurzeln im jüdischen Ritualleben zu lockern (*Migr* 89–94). Gegenüber den QS fällt ein starker entwicklungspsychologischer Einschlag auf, der lebensgeschichtlich orientiert ist und die innere Entwicklung der Menschen berücksichtigt. So wird gegen die Verachtung des bürgerlichen Lebens betont, daß das praktische, sinnliche Leben dem kontemplativen vorausgehen sollte. Außerdem zeichnet sich der wahre Weise dadurch aus, daß er neben dem kontemplativen Leben auch das praktische pflegt (*Ebr* 80–93) und öffentliche Reputation als Gabe Gottes erfahren darf (*Mut* 43–46; *Migr* 86–88). Philo wendet sich also gegen extreme weltfeindliche Einstellungen und Einseitigkeiten (vgl. die Relativierung des rein asketisch-kontemplativen Lebensstils in *Ebr* 35 und *Ebr* 65–77). Hier schimmert ein politischer Konservatismus durch, der bestehende natürliche und gesellschaftliche Strukturen für notwendig hält und diese auch durch radikale gesellschaftskritische Tendenzen der Mystik nicht in Frage gestellt haben will.

Welche Anregungen Philo und sein Kreis aufgenommen haben und welche Wirkung der von ihnen (weiter)entwickelte Bewußtseinsdualismus hatte, ist nicht leicht zu beantworten. Die Diskussion darüber, was illusionäre und was tatsächliche Wirklichkeit ist, hat eine längere Vorgeschichte sowohl in der griechischen[710] wie auch in der jüdischen[711] Geistesge-

---

[710] Der Beginn der kritischen Durchdringung und Infragestellung der Konventionen, des Common Sense, und das Auftreten von Individuen, die sich ihre Werte in Abgrenzung von herkömmlichen Werten schafften, ging mit der Entstehung der griechischen Polis einher, ist also ein *städtisches Phänomen*. Die Notwendigkeit, zwischen Schein und Sein zu unterscheiden, wurde systematisch zum erstenmal von Heraklit, Parmenides und Zenon durchreflektiert. Nach Heraklit ist der Weise derjenige, der sich am Logos orientiert und sich nicht wie die Masse täuschen läßt. Für ihn ist der Urgrund der Welt verhüllt und kann nur erkannt werden, wenn die trügerische Körperlichkeit der äußeren Welt durchschaut und der inneren Welt des Denkens der Vorrang gegeben wird. Diese mystische wie metaphysische Tendenz der vorsokratischen Naturphilosophen wurde von Platon und dem Platonismus, aber auch von den anderen Philosophenschulen fortgesetzt. Sie mußten mit dem Phänomen umgehen, daß sie selbst ihre transzendentale Sichtweise für wahr hielten, aber diese Wahrheit nicht einfach vermittelt werden konnte (vgl. das Höhlengleichnis Platons). Weil die philosophische Transzendenzerkenntnis von der Mehrheit der Menschen geleugnet wurde, blieb den Philosophen nichts anderes übrig, als *dogmatische und psychagogische* Philosophie zu betreiben, die Wahrheit thetisch setzt, als bewegende Lehre verkündigt und die Schülerinnen und Schüler bittet, der Wahrheit *zu glauben*.

[711] In der jüdischen Geistesgeschichte waren die Propheten die ersten Kritiker des unhinterfragten kultisch-religiösen Bewußtseins. Sie versuchten es in seinen Fehlformen als Lüge und Sünde zu entlarven. Bald brach der Konflikt zwischen wahrer und falscher

schichte. Im Bewußtseinsdualismus radikalisiert sich diese Diskussion. Zwei Stellen bei Philo deuten an, daß der Bewußtseinsdualismus aus der Exegese der radikalen Allegoristen entwachsen ist (vgl. *Migr* 91–92 und *Somn* 1.118–119). Die nächsten Parallelen finden sich in der zeitlich früheren Weisheit Salomos,[712] bei Philos jüdischem Zeitgenossen Paulus,[713]

Prophetie aus, zwischen institutioneller Kultprophetie und unabhängiger Prophetie. Der Vorwurf der Lüge wurde von beiden Seiten erhoben und jede legitimierte ihre Wirklichkeitsdeutung mit Gottesoffenbarungen. Dies ist die Wurzel dogmatischer, d.h. wirklichkeitssetzender Theologie im alten Israel. Im Exil fand verstärkt eine intellektuelle Auseinandersetzung mit den großen Kosmologien der Weltmächte statt. Die Täuschung durch den Götterglauben wurde ironisch kritisiert. Es galt, gegen den Anschein und die sinnlich greifbare Realität der Weltmachtgötter an die Größe des eigenen Gottes zu glauben. Weisheitliches Denken differenzierte sich nachexilisch immer weiter aus und war für die Überlieferung vieler alttestamentlicher Schriften maßgeblich verantwortlich. Es ist auch damit zu rechnen, daß weisheitliche Kreise an der Bildung und Endredaktion des alttestamentlichen Kanons beteiligt waren. Schriftgelehrsamkeit gehörte notwendig zu einer solchen Arbeit. In der Kanonbildung wurden geschichtliche Texte zu aktuellen psychagogischen Werken, die gelesen, meditiert und auswendig gelernt werden und in die richtige Gottesverehrung einüben sollten. Die Rahmung des Psalmbuches mit Psalm 1 und Psalm 150 repräsentiert die beiden Grundmotive weisheitlichen Gottesglaubens, das Studium der Schriften und das Gotteslob. Die großen Strömungen der frühjüdischen Weisheit – theologische Weisheit, Skepsis, Apokalyptik, charismatische und dualistische Weisheit – ringen alle mit dem Problem von Schein und Sein. Die theologische Weisheit betont, daß wahre Welterkenntnis sich nur aus dem Glauben an Jahwe ergeben kann. Die Skepsis bestreitet, daß der Fromme Gott aus der Welt erkennen kann, das Sein also gar nicht mehr greifbar ist außer im Akt der Gottesfurcht (Hiob 28) oder im Genuß des „zufällig" Geschenkten (Predigerbuch). In der Weisheit Salomos geht es wie bei Philo um „Dogmatik", nämlich um den Streit um die wahre Wirklichkeit (1–5), um den Zugang zur wahren Wirklichkeit (6–10) und um die Aufdeckung des Vielgötterglaubens als Schein (11–19). Konkrete Einweisung in ethisches Handeln fehlt auch hier völlig. Vielmehr geht es um eine Bewußtmachung der wahren Wirklichkeit.

[712] Vgl. die unterschiedlichen Wirklichkeiten, die von den Weisen und den Gottlosen in Kap 2–5 gesetzt werden, und den gegenseitigen Vorwurf, ein illusionäres Wirklichkeitsverständnis zu haben. Siehe zur Weisheit Salomos auch die genaue Analyse dieses Dualismus bei GEORGI, Wesen der Weisheit; DERS., Weisheit Salomos; DERS., Frau Weisheit.

[713] So können z.B. folgende Antithesen bewußtseinsdualistisch gedeutet werden: τὸ φρόνημα τῆς σαρκὸς - τὸ φρόνημα τοῦ πνεύματος (Röm 8,6), πνεῦμα τοῦ κόσμου - πνεῦμα τὸ ἐκ τοῦ θεοῦ (1. Kor 2,12), ψυχικὸς ἄνθρωπος - πνευματικῶς ἄνθρωπος (1. Kor 2,14–16). Das gottlose Bewußtsein sucht bei Paulus seine „eigene Gerechtigkeit" statt der „Gerechtigkeit aus Gott" (Phil 3,8–9), es „lebt für sich selbst" (2. Kor 5,15) statt „für Gott in Jesus Christus" (Röm 6,11). Die Briefe des Paulus sind aus dieser Perspektive als *psychagogische Diatriben* zu verstehen, die ein durch die wirklichkeitssetzenden „Dogmen" der Gegner verursachtes falsches Bewußtsein aufdecken wollen und „dogmatisch" an die Christuswirklichkeit erinnern, ja sie präsent werden lassen und so performativ in das Christusbewußtsein einüben oder zurückrufen – z.B. durch den Zuspruch „Ihr seid...", oder durch die Aufmunterung „Steht fest im Herrn" (Phil 4,1). Der

im Johannesevangelium,[714] und in der Gnosis des 2. Jh. n. Chr. (u.a. in den Fragmenten des Basilides, im „Brief an Rheginus über die Auferstehung", in den „Lehren des Silvanus" und im „Evangelium Veritatis").[715] Alle die-

---

„Glaube" (πίστις) ist bei Paulus keineswegs nur eine subjektive Haltung des Menschen, sondern die von Gott durch das Wort des Evangeliums geschenkte Teilhabe an der Christuswirklichkeit, er ist das inspiratorisch verliehene nichtekstatische Christusbewußtsein (vgl. Gal 3,23-29), d. h. er ist Teilhabe an der göttlichen Heilswirklichkeit. Dieser Bewußtseinsdualismus ist bei Paulus – und das unterscheidet ihn grundlegend von Philo – mit apokalyptischen und missionstheologischen Vorstellungen so verschränkt, daß sich das *neue* Christusereignis – also Menschwerdung, Tod und Auferweckung des Sohnes Gottes – als neue Wirklichkeit erschließt (vgl. 2. Kor 5,11–21).

[714] Wichtig ist im Johannesevangelium der Gegensatz zwischen einer Existenzweise, die sich selbst setzt (repräsentiert u.a. durch die „Juden") und einer Existenzweise, die sich aus Gott versteht (repräsentiert durch „Jesus"); vgl. Joh 7,18: „Wer aus sich selbst redet, sucht seine eigene Ehre." – „Ich tue nichts von mir selber" (8,28). – „Denn ich bin nicht von mir selbst gekommen" (8,42). – „Wenn ich von mir selbst zeuge, ist mein Zeugnis nicht wahr" (5,31). – „Wenn er die Lüge redet, so redet er aus seinem Eigenen, denn er ist ein Lügner und der Vater derselben" (8,44). – „Wenn ich mich selber ehre, so ist meine Ehre nichts" (8,54). Jesus steht für ein Leben in der Hingabe an Gott; mit ihm verbunden sein bedeutet darum Heil. Vgl. zum Bewußtseinsdualismus im Johannesevangelium BULTMANN, Theologie des Neuen Testaments, 370: „Die Finsternis bedeutet dann, daß der Mensch diese Möglichkeit nicht ergreift, daß er sich dem in der Schöpfung offenbaren Gott verschließt, daß er, statt sich als Geschöpf zu verstehen, sich eine Selbstherrlichkeit anmaßt, wie sie nur dem Schöpfer eigen ist." – „Denn diese Illusion über sich selbst, nicht ein unmoralisches Verhalten, ist die Lüge – aber wiederum nicht als die Illusion eines bloßen Irrtums, sondern die Illusion eines falschen Selbstverständnisses, aus dem alles etwaige unmoralische Verhalten erst erwächst" (370). – „In ihrer Empörung gegen Gott bleibt die Welt Gottes Schöpfung, d. h. der Mensch kann nur eine Scheinwirklichkeit, die in Wahrheit Lüge, ein Nichts ist, produzieren. Denn er lebt als Geschöpf nicht wie Gott aus sich selbst, sondern immer nur aus einem unverfügbaren Ursprung, der Macht über ihn hat" (372). – „Der aus dem Selbst-sein-wollen erwachsene Wahn verkehrt die Wahrheit zur Lüge, verkehrt die Schöpfung zur Welt" (379).

[715] Völlig falsch ist das Urteil von PEARSON, Philo and Gnosticism: „I can hardly think of any aspect of Philo's thought that is less ,Gnostic' than Philo's doctrine of ‚ἀπογιγνώσκειν ἑαυτόν'" (339, Anm. 189). Die Gnostiker erzählen nämlich in mythologischer Sprache von der illusionären Identität allen Seins, das sich unabhängig von Gott gebärdet, und stellen sich selbst als solche dar, die ganz aus Gott leben, also ihre Identität allein aus Gott gewinnen. Im Evangelium Veritatis (NHC I,3) erschaffen sich die „Unwissenheit" und der „Irrtum" ihre eigene illusionäre, nicht-seiende Welt: „Ignorance of the Father brought about anguish and terror; and the anguish grew solid like a fog, so that no one was able to see. For this reason error became powerful; *it worked on its own matter*, foolishly, not having known the truth. *It set about with a creation, preparing with power and beauty the substitute for the truth*" (17,10–20). – „Error is empty, having nothing inside" (25,26–27). Der Grundirrtum besteht in der Überzeugung, aus sich selbst heraus entstanden zu sein: „They thought of themselves that *they are beings existing by themselves and are without a source* ...Therefore they (lived) in disobedience (and) acts of rebellion, *without having humbled themselves before the one* because of whom they came into being" (Tractatus Tripartitus NHC I,5: 79,12–19). – „For he who

se Parallelen verweisen auf Berührungen mit einem Milieu, das in einem *weiteren* Sinn „gnostisch" genannt werden könnte, vor allem dann, wenn man *inhaltlich* das *Phänomen des Bewußtseinsdualismus* und *methodisch* das *psychagogisch motivierte Gespräch mit religiösen und philosophischen Traditionen* zur gemeinsamen Klammer unterschiedlicher „gnostischer" Richtungen erklärt.

5.4. Unterschiedliche soteriologische Entwürfe – ein Denker

Die Auslegungen zu den drei paradigmatischen Texten und die vergleichende Auswertung bestätigen, daß es nötig ist, zwischen diesen Schriftgruppen nicht nur formal, sondern auch inhaltlich zu differenzieren. Es hat sich gezeigt, daß die drei Schriftengruppen deutlich voneinander zu unterscheidende soteriologische Profile haben. Die offensichtlichen inhaltlichen Differenzen zwischen den drei großen Schriftengruppen könnten durch weitere Vergleiche weiter verdeutlicht werden. Erhellend wären u.a. Motivvergleiche zu den Namen „Joseph", „Abraham", „Isaak", zu den Begriffen „nüchterne Trunkenheit", „Sabbat" („Sieben") und Textvergleiche zu Gen 2,6–7.19–20; 3,1; 4,26 („Enosch") und 5,24 („Henoch").

Entwickelt man erst einmal einen Blick für die formalen und sachlichen Differenzen zwischen diesen drei Schriftengruppen, fallen pauschalisierende Urteile zum Denken Philos ins Auge, die diese Differenzen nicht

---

has no root has no fruit either, but *though he thinks to himself, ‚I have come into being', yet he will perish by himself.* For this reason, he who did not exist at all will never come into existence. What, then, did he wish him to think of himself? This: ‚I have come into being like the shadows and phantoms of the night.' *When the light shines on the terror which that person had experienced, he knows that it is nothing*" (Evangelium Veritatis 28,16–31). Was sich selbst setzt, unabhängig von Gott, hat in der Gnosis keine Realität, und erkennt erst dann seine Nichtigkeit, wenn das Licht Gottes aufscheint. Auch der Brief des Eugnostos (NHC III,3 und V,1) stellt fest: „For whatever is from itself, is an empty life, it is self-made" (71,1–5). Ganz philonisch heißt es im Evangelium Veritatis von Gott: „For who contains, if not the Father alone?" (27,9–10). Das endliche, sich selbst setzende Bewußtsein wird in der Gnosis des 2. Jh. n. Chr. remythisiert. Yaldabaoth spielt sich in der „Dreigestaltigen Protennoia" (NHC XIII,1) zum Schöpfergott auf: „And the great Demon began to produce aeons in the likeness of the real Aeons, except that he produced them *out of his own power*" (40,4–8). – „Where is your boasting in which (you boast)? Did we not (hear you say): ‚I am God (and I am) your Father and *it is I who (begot) you* and there is no (other) beside me'?" (43,34–44,1). Die gnostische Erlösung ist die Entdeckung der Identität in Gott allein, die die Selbstaufgabe des illusorischen Selbstbewußtseins implizit mit einschließt: „The knowledge of the Father they value as the dawn" (Ev. Veritatis 30,4–6).

beachten und darum – unreflektiert – entweder einseitig von Aussagen der EL, der QS oder des AK's her getroffen werden.[716]

Wenn meine Analyse zutrifft, dann sehen wir vor uns einen Weisheitslehrer, der versucht, an *verschiedenen sozialen Orten* um die Wahrheit zu ringen. Er ist der für die Interessen der Juden in Alexandria engagierte Jurist, Politiker und Historiker (*Legat, Flacc, Hypoth*), der missionarische Vortragsredner und Schriftsteller (EL, *Contempl, Prob, Aet*), der Vorlesungen haltende Exeget (QS), der Mystagoge, der sich und eine Gruppe von Geübten ins Gottesbewußtsein einzuüben versucht (AK), und auch der philosophische Lehrer u.a. des jungen Alexander (*Prov* 1–2, *Anim*). Philo findet sich offensichtlich an verschiedenen sozialen Orten ein, um über Wahrheit nachzudenken und sich für sie einzusetzen. Diese unterschiedlichen Sitze im Leben sind hauptsächlich verantwortlich für die unterschiedlichen Denk- und Existenzstile, die von seinen Schriften bezeugt werden.

Man könnte sich von daher durchaus vorstellen, daß Philo seine Schriften zeitlich nicht nacheinander, sondern *zeitgleich nebeneinander* geschrieben hat.[717] Ihre Eigenart erklärt sich unter dieser Voraussetzung aus

---

[716] So z.B. SIEGERT, Drei hellenistisch-jüdische Predigten, 293–295.298, dessen Urteil, Philo habe einen elitären Vortragsstil, ganz richtig für den AK gilt, aber eben nicht für die missionarische EL, die gerade in ihren rationalistischen erzählenden Partien in gewisser Nähe zu den von Siegert herausgegebenen Predigten steht.

[717] Aufgrund der Zuordnung der Schriftenreihen zu unterschiedlichen „Sitzen im Leben", halte ich eine chronologische Nacheinanderordnung der Schriften für nicht zwingend, wie sie Terian nach dem Schema „vom Exegeten (QS) zum Philosophen (Dialoge als Spätschriften)" vornimmt. Zur Frühdatierung der QS und Spätdatierung der Dialoge vgl. TERIAN, The Priority of the Quaestiones, 29–46; DERS., Introduction to Philo's Dialogues, 294; DERS., PAPM Bd. 34 (Quaestiones et Solutiones in Exodum I et II), Einleitung, Teil 2; STERLING, Philo's Quaestiones: Prolegomena or Afterthought, 99–123; WONG, Philo's Use of Chaldaioi, 1–14. Zur Spätdatierung des AK vgl. KRAFT, Philo and the Sabbath Crisis, 131–141. Er rechnet mit der Möglichkeit, daß die „Sabbatkrise", von der Philo in *Somn* 2.123–130 berichtet, von Philos Neffen Tiberius Alexander im Jahr 66 n.Chr. ausgelöst wurde. Philo wäre dann fast 80 Jahre alt gewesen, als er *Somn* 1–2 schrieb. Eine frühere Datierung der Sabbatkrise, jedoch ebenfalls nach 38 n.Chr., schlägt SCHWARTZ, Philonic Anonyms, 63–73, vor. WONG, Philo's Use of Chaldaioi, 1–14, weist auf das Phänomen hin, daß Philo zwar in der EL und den QS, aber nicht im AK „Chaldäer" als Bezeichnung für das jüdischen Volk benutzt. Er führt dies auf eine höhere Sensibilität Philos gegenüber der von Claudius protektionierten Astrologie zurück. Wong liest diesen Befund als Indiz für eine Datierung der EL und der QS *vor* und des AK *nach* Philos politischem Aufenthalt in Rom. – Möglich ist immerhin die Vermutung, daß Philo seine schriftstellerische Laufbahn mit exegetischen, zahlensymbolisch geprägten Vorlesungen (QS) begonnen hat, missionstheologische Traktate seine ganze schriftstellerische Laufbahn hindurch geschrieben hat (manche vor, manche nach 38

unterschiedlichen Referenzsystemen theologischer und philosophischer Reflexion.[718] Das Nebeneinander wäre dann folgendermaßen vorzustellen:
- Die MS (mit EL) zeigen Philo als Repräsentanten einer offensiven, selbstbewußten und souverän agierenden Missionstheologie. Sie legen den Schwerpunkt auf eine öffentlichkeitswirksame Reflexion, die der Verständigung zwischen Gläubigen und Nichtgläubigen dient und darum weltbezogen ist. Sie entfalten reflektierend das Glaubenswissen der Welt gegenüber. Sie zeigen, welche lebenspraktischen Konsequenzen der Glauben für die Gesamtgesellschaft hat. Sie artikulieren den Wahrheitsanspruch jüdischen Gottesglaubens im Kontext des Wahrheitsbewußtseins ihrer Zeit so, daß Vereinbarkeit und Unvereinbarkeit mit anderen Wahrheitsansprüchen deutlich werden. Die Öffentlichkeit, an die sich diese popularwissenschaftlichen Schriften wenden, bildet nicht nur die nichtjüdische Umgebung, sondern auch das Judentum, denn bei weit über 100 000 Jüdinnen und Juden in Alexandria ist ein Teil des Judentums selbst hellenistische Öffentlichkeit geworden, die es missionarisch zu gewinnen gilt. Die MS nehmen dabei manche der esoterischen, allegorischen Auslegungen der QS und (weniger) des AK auf, aber integrieren sie in ein rationalistisches, missionstheologisches Konzept, das einen exoterischen und protreptischen Charakter hat. Mir scheint, daß Philo bei der Erarbeitung der EL immer wieder auf exegetische Erkenntnisse zurückgreift, die auch in den QS formuliert sind. Das für die QS typische Schema, erst den Literalsinn und dann den allegorischen Tiefensinn abzuhandeln, prägt stark einige Traktate der EL.[719] Philo macht in der EL sowohl den Literalsinn als auch die Allegorese kompatibel für die öffentliche missionarische Verkündigung. Der Literalsinn wird durch das Motiv des göttlichen Menschen angereichert. Seine rationalistische Tendenz gewinnt dadurch an soteriologischer und missionarischer Qualität. Die Allegoresen werden didaktisch zugänglich gemacht und in einen gesellschaftsrelevanten Horizont hineingestellt. Die QS waren aber nur eine Quelle der EL. Philo greift ebenso auf rechtliches Material und vor allem auf missionstheologische Traditionen zurück, also auf exegetische Inhalte, die sich bereits in der öffentlichen Missionsverkündigung geformt hatten.

---

n.Chr., die Dialoge auch im hohen Alter) und der AK als schriftliches Werk z.T. erst im höheren Alter Gestalt annahm.

[718] Vgl. dazu DALFERTH, Kombinatorische Theologie, 49–55.

[719] STERLING, Philo's Quaestiones: Prolegomena or Afterthought, 107: „First, it is clear that the bifid exegesis of the *Quaestiones* is a common pattern in Philo. Second, this pattern is much more prevalent in the Exposition of the laws than in the *Allegoriae.*"

- Die *QS* dokumentieren eine Begegnung unterschiedlicher Konzepte der Schriftauslegung, die von einem Vertreter der mystischen Seelenallegorese vorgetragen wird. Sie sind ein Insiderprodukt, das einen esoterischen Hintergrund hat, aber aus der esoterischen Gruppe heraus Einfluß auf den größeren Kreis jüdischer Schriftauslegung ausüben will. Sie zeigen Philos starke Eingebundenheit in die exegetischen Schulen Alexandrias und sein Engagement für die allegorische Methode. Diese Allegorese hat die stoisch-säkularisierte Form der Allegorese hinter sich gelassen und die wissenschaftliche Arbeit am Toratext soteriologisiert. Die enge Verbundenheit dieser kontemplativen Allegorese mit anderen Schultraditionen will Philo damit zeigen, daß er die literale Auslegungstradition ebenfalls voll zum Zuge kommen läßt. Der rationalistische Grundzug der literalen Auslegungen zeigt im Übrigen ihre strukturelle Nähe zu den Allegoristen. Der Anspruch, vernünftig mit Gottes Offenbarungsurkunde umgehen zu wollen, verbindet sie. In den QS zeigt sich Philo als Exeget auf der Suche. Auffällig ist die unkommentierte Zitierung exegetischer Kolleginnen und Kollegen.

- Der *AK* dokumentiert die elaborierte Reflexion über und die Auseinandersetzung mit mystischer Erfahrung innerhalb der esoterischen Gruppe. Die Texte gelten dem Kreis der Eingeweihten, die das wahre Gottesbewußtsein anstreben und in dieses Bewußtsein eingeübt werden wollen. Philo will diesem Kreis sein Verständnis mystischer exegetischer Theologie weitervermitteln. Dabei greift er dem Kreis vertraute exegetische und philosophische Traditionen auf, integriert neue und ergänzt sie um aktuell gewonnene Einsichten. Während die QS die Distanzierung von den Leidenschaften, von der Welt und die Kontemplation hervorheben, betont der AK stärker ein kontemplatives Bewußtsein, das die innerweltliche Perspektive positiv integriert und im Kreis der Geübten Gefahren (das sich absolut setzende Bewußtsein), aber auch erweiterte Möglichkeiten mystischer Existenzweise (Gott in den Dingen erleben) reflektiert. Er stellt hier seine literarischen Fähigkeiten in den Dienst eines theologischen Ringens, das sich am kleinen Kreis von Eingeweihten orientiert, die bereit sind, sich auf hochkomplexes theologisches Reflektieren einzulassen. Er nimmt keine Rücksicht auf die Öffentlichkeit oder innerjüdische Gesprächspartner, denen man entgegenkommen will, indem man verschiedene Optionen offen hält. Im AK spricht Philo definitiv und seines Anliegens sicher.[720] Der dem esoterischen Kreis entsprungene und in ihm studierte AK

---

[720] Vgl. STERLING, Philo's Quaestiones: Prolegomena or Afterthought, 123: „It therefore is best to ascribe the difference in emphasis to the fact that in the Quaestiones Philo

stellt sich nicht der Öffentlichkeit und dem kulturellen Konkurrenzkampf. Während Missionstheologie potentiell immer kulturelle Hegemonie beansprucht, verschwindet der bewußtseinsdualistische AK aus dem öffentlichen Blickfeld und bildet Dissidenz, jedoch ohne den direkten Anspruch auf Machtausübung.[721] Im Bewußtseinsdualismus verschärft sich die Kritik an den bestehenden Verhältnissen. Alles Reden und Tun der Menschen, das nicht aus einer mystischen Verbindung zu Gott entspringt, wird zur Illusion erklärt. Die tyrannisch ausgreifende politische Klasse wird zum Symbol des sich selbst absolut setzenden Bewußtseins, das keine Grenzen kennt; der Staatsmann Joseph, der im missionstheologischen *Jos* vorbildlichen Charakter hat, symbolisiert hier das korrupte, in der Sinnlichkeit verstrickte Bewußtsein. Philo führt somit die politische und gesellschaftliche Deformation nach Augustus im AK auf eine Ichsetzung zurück, die gesetzlos und gottlos ist.

Die drei Schriftengruppen bezeugen die offene, auf Vielfalt angelegte theologische und philosophische Existenzweise Philos. Gleichwohl werden die unterschiedlichen Tendenzen bei Philo von einigen zentralen Elementen zusammengehalten:

- Die *Tora ist Zentrum* seiner vielfältigen Bemühungen. Sie verkündet die Wahrheit des einen Gottes, der der Grund der Wirklichkeit ist. Sie ist geisterfüllt und hat verwandelnde, erlösende Kraft.
- Er betreibt als Exeget *Erfahrungstheologie*, in der er Wege zur verwandelnden Erfahrung göttlicher Gegenwart sucht.
- Glaube als nichtekstatisches *unerschütterliches Gottesbewußtsein* zieht sich als zentrales Motiv durch alle seine Schriften.[722]
- Seine *mystische* Theologie ist – auch in den missionstheologischen Schriften – *universalistisch* und *integrierend* angelegt.[723] Sie *vermittelt* zwischen unterschiedlichen kulturellen und spirituellen Welten. Sie ist dazu fähig, „weil in mystischen Erfahrungen der Zwang zur Ich-Stabilisierung durch Identitätsstreben aufhört, da die Identitäts*gewißheit* als ankommende Gabe oder Gnade erfahren wird."[724]

---

wanted to present all the options, whereas in the Allegorical Commentary he wrote from a definite perspective."

[721] Mystik ist nicht einfach Weltflucht, sondern politisch reflektierte kritische Distanz zur Welt, die durchaus in revolutionäres Handeln umschlagen kann.

[722] Vgl. HENGEL, Hellenisierung des antiken Judentums, 311.

[723] BRÜCK/LAI, Buddhismus und Christentum, 644: „Alle echten mystischen Erfahrungen weisen über jede abgegrenzte Wirklichkeitserfahrung hinaus. Sie sind demzufolge inklusiv – sie ‚umarmen' den anderen, insofern er oder sie anders ist, ohne daß die jeweils eigene Identität bedroht wäre."

[724] Ebd., 644.

– Philo will aus dieser mystischen Gotteserfahrung heraus *mehrheitsfähig* sein und *integrativ* wirken. Er hat den Anspruch, nicht nur in einer Richtung, sondern in mehrere Richtungen etwas zu sagen und zwar möglichst umfassend. Philo repräsentiert sich damit als „Meisterdenker", der viele Facetten der Wirklichkeit bedenken und reflektieren will.

Nach 70 n.Chr. war diese Art von Theologie für ein Judentum zu wenig attraktiv, dessen Mainstream nun stärker zu einer ethnischen Konzeption jüdischen Glaubens neigte. Aber die weisheitlichen Milieus, in denen Philos Schriften entstanden waren und bewahrt wurden, scheinen sich so schnell nicht aufgelöst zu haben. Sie wurden von heute uns unbekannten alexandrinischen Juden (bis mindestens 115–117 n.Chr),[725] Judenchristen[726] und christlichen Gnostikern (u.a. Basilides, Valentinus) fortgeführt.[727] Philo wird immer eifriger von jenen Christen gelesen, die ein analoges Anliegen entwickeln, nämlich den *mystischen Heilsanspruch* und den *universalen Weltanspruch monotheistischen Denkens* zu behaupten (u.a. vom Autor der Schrift „Die Lehren des Silvanus", von Clemens und Origenes). Sein entgrenzender Theologieansatz bewirkte, daß er zu einem christlichen Kirchenvater werden konnte.[728]

Diese Rezeptions- und Wirkungsgeschichte weist auf den Charakter seines Werkes zurück. Sein Denken war vom universalistischen Motiv der Durchdringung der Wirklichkeit aus der Perspektive des *einen* Gottes geprägt. Sein Gottesverständnis war universal, wie auch seine Ethik und sein Heilsverständnis, ohne daß er illoyal gegenüber seiner partikularen Herkunft geworden wäre.[729] Die Tora des Mose ermöglichte und vermittelte ihm das, worum es ihm bei aller exegetischen und philosophischen Arbeit ging: um die Einübung ins Gottesbewußtsein.

---

[725] Zur Veränderung des alexandrinischen Judentums zwischen 38 und 117 n. Chr. vgl. Tcherikover, The Decline of the Jewish Diaspora, 24–32. Um 150 n.Chr. existierte das Milieu Philos im Judentum Alexandrias nach heutigem Quellenstand nicht mehr.

[726] In dieses jüdisch-christliche weisheitliche Milieu gehört u.a. das Hebräerevangelium.

[727] Vgl. PEARSON, Christians and Jews in First-Century Alexandria, 212–216; BROEK, Juden und Christen in Alexandrien, 181–196.

[728] Zur Überlieferung der Schriften Philos vgl. HOEK, The „Catechetical" School of Early Christian Alexandria, 59–87 und STERLING, The Social Setting of Philo's Treatises, 160–163.

[729] Ab dem 19. Jh. wurde Philo wieder positiv von Juden rezipiert, die sich dem interkulturell aufgeschlossenen Flügel des alexandrinischen Judentums verwandt fühlten und in Philo eine wichtige Identifikationsfigur fanden. Es ist tragisch und erschütternd, daß die deutsch-jüdische Forschungstradition zu Philo, die u.a. mit den Namen von Cohn, Heinemann und Neumark (Amir) verbunden ist, durch den Nationalsozialismus fast vollständig zerstört wurde. An sie sei hier ausdrücklich erinnert.

5.5. Impulse für angrenzende Forschungsgebiete

Die Untersuchung hat gezeigt, wie wichtig es für die *Religionswissenschaft* ist, schriftliche Quellen gattungsanalytisch zu bestimmen und soziokulturell zu verorten, und dabei diese selbst als Ausdruck von Religiosität zu interpretieren. Der gattungsanalytische Zugang zeigt, mit welcher Sorgfalt Quellen ausgewertet werden müssen, um ihnen tatsächlich gerecht zu werden.

In der *Mystikforschung* sollte kritisch reflektiert werden, ob die Konzentration auf die *unio mystica* und auf den sie vorbereitenden Weg nicht zu einseitig ist. Intensiver in den Blick genommen werden sollten „nichtekstatische" Formen der Mystik. Ansätze dazu gibt es bereits u. a. in der Forschung zu Meister Eckhart.[730]

Philo muß in der *Geschichte des antiken Judentums und in der Judaistik* als Exponent einer hochinnovativen exegetischen Kultur in Alexandria noch stärker ernst genommen werden. Philo selbst repräsentiert eine nicht zu übersehende Vielfalt an exegetischen Methoden und theologischen Fragestellungen. Er ist nicht nur Zeuge für eine politisch motivierte Missionstheologie, sondern auch für eine macht- und verstandeskritische bewußtseinsdualistische Mystik. Die Frage nach den unterschiedlichen sozialen Orten exegetischer und kontemplativer Praxis (Synagogen, Privatbibliotheken, Privathäuser als Lernorte) sollte noch intensiver in Angriff genommen werden. Eine Sozialgeschichte der jüdisch-hellenistischen Weisheitstheologien und -milieus, zu denen auch das Phänomen des Urchristentums gehört, steht noch ganz in den Anfängen.[731]

Philo sollte in der *Geschichte der antiken Philosophie* in eine philosophische Strömung eingeordnet werden, die Philosophie als psychagogische Praxis – als Seelenführung – betreibt und dabei Information in den Dienst der Formation des Bewußtseins stellt.[732] Philo repräsentiert u.a. ein philosophisches Milieu, das enge Beziehungen auch zur religiösen Mystik und

---

[730] Siehe dazu die zitierten Arbeiten von FORMAN und KIECKHEFER.

[731] Es gibt zwar eine Vielzahl von Einzelstudien und Beobachtungen, eine Gesamtdarstellung fehlt aber meines Wissens nach. Eine Sozialgeschichte der jüdisch-hellenistischen Weisheit, die Palästina und die Diaspora gemeinsam im Blick hat, steht u.a. vor folgenden Aufgaben: genaue Bestimmung der sozialen Orte der Erziehung und religiösen Bildung bei Nichtjuden und Juden, eine hochdifferenzierte Bestimmung der unterschiedlichen (religiösen) Bildungsmilieus, Möglichkeiten der Erziehungs- und Bildungspraxis, Bibliothekswesen, genaue Gattungsanalysen der vorliegenden Weisheitstexte, Einbettung der weisheitlichen Praxis und theologischer Entwicklungen in die kulturelle, wirtschaftliche, rechtliche und politische Gesamtentwicklung.

[732] Siehe dazu u.a. die zitierten Arbeiten von P. HADOT und FOUCAULT.

Gnosis pflegte und m. E. in Alexandria auch den Boden für die Gnosis des 2. Jh. n. Chr. bereitete.

Schließlich möchte ich einige knappgehaltene Impulse für die *neutestamentliche Forschung* geben:

Die johanneischen Schriften und die paulinischen Briefe arbeiten ähnlich wie Philo mit einem deutlichen Bewußtseinsdualismus, der durch eine radikale „prädestinatinanisch" eingefärbte Gnadenvorstellung abgesichert wird. Wenn – aus der Sicht des Glaubens – die Erkenntnis falscher oder wahrer Wirklichkeit das Resultat von Verblendung oder geistlicher Erleuchtung ist, dann erhalten wirklichkeitssetzende „Lehren" eine zentrale Bedeutung. Der „dogmatische" Charakter der johanneischen und paulinischen Texte ist von dem bei Philo bezeugten Bewußtseinsdualismus her religionsgeschichtlich verständlich zu machen. Diese Dokumente können als Ausdruck der sozialen Praxis weisheitlicher Milieus gelesen werden, in denen u. a. diatribische und psychagogische Redeformen, die Auslegung eminenter Texte und die Einübung in die rechte Lehre wichtig sind.

Das Thema „Paulus und die Mystik" sollte unter einer veränderten Definition dessen, was jüdische Mystik in hellenistischer Zeit sein konnte, neu aufgenommen werden.[733] Die sogenannte „Christusmystik" des Paulus könnte nun als eine Variante nichtekstatischer Mystik gedeutet werden. Paulus ginge es dann darum, daß die gesamte Wirklichkeit „in Christus" erkannt und erfahren wird. Die paulinische Theologie wäre dann auch als eine reflektierte Auseinandersetzung mit unterschiedlichen mystischen Strömungen seiner Zeit zu verstehen, und seine „Christusmystik" könnte als eine innermystische Mystikkritik gedeutet werden, die die Leiblichkeit, Geschichtlichkeit und Intersubjektivität der neuen Gotteserfahrung kommunizierbar machen wollte.

Die paulinische Theologie könnte in einem Spannungsfeld zwischen pharisäisch geprägter Apokalyptik, jüdisch-hellenistischer Missionstheologie und bewußtseinsdualistischer esoterischer Mystik verortet werden. Menschwerdung, Kreuz und Auferstehung Christi bildeten die neue Mitte seiner religiösen Existenz und er deutete sie mit Hilfe des Instrumentariums, das ihm diese weisheitlichen Richtungen zur Verfügung stellten. Im Vorgang des Verstehens der Christusgeschichte emergierten dann theologische Konzepte, die neu waren und darum nicht mehr ableitbar sind.

---

[733] Vgl. dazu SELLINS Aufsatz „Die religionsgeschichtlichen Hintergründe der paulinischen „Christusmystik", in dem vor allem die Mystik Philos zum Vergleich herangezogen wird. Der von mir beobachtete „Bewußtseinsdualismus" und die These einer nichtekstatischen Mystik bei Philo könnten die von Sellin erarbeiteten Vergleiche präzisieren und erweitern.

Literaturverzeichnis

1. Hilfsmittel und Nachschlagewerke

BAUER, W.: Griechisch-deutsches Wörterbuch zu den Schriften des Neuen Testaments und der frühchristlichen Literatur, 5. Aufl., Berlin 1971.

BENSELERS Griechisch-Deutsches Wörterbuch, bearbeitet von A. Kaegi, Nachdruck der 15., von A. Clausing, F. Eckstein, H. Haas, H. Schroff und L. Wohlleb neubearbeiteten Auflage [1931], Leipzig 1985.

GOODHART, H. L./GOODENOUGH, E. R.: A General Bibliography of Philo Judaeus, in: E. R. Goodenough, The Politics of Philo Judaeus: Practice and Theory, New Haven 1938 (ND Hildesheim 1967), 125–321.

LEISEGANG, J.: Indices ad Philonis Alexandrini Opera, 2 Bde. (Philonis Alexandrini opera quae supersunt, Vol. VII), Berlin 1926–1930.

LIDDELL, H. G./SCOTT, R./JONES, H. S.: A Greek-English Lexicon, 9. Aufl., Oxford 1940.

MAYER, G.: Index Philoneus, Berlin 1974.

RADICE, R./RUNIA, D. T.: Philo of Alexandria. An Annotated Bibliography 1937–1986 (Supplements of Vigiliae Christianae Vol. VIII), Leiden/New York/Kobenhavn/Köln 1988.

STEPHANUS, H.: Thesaurus Graecae Linguae, 8 Bde., Paris 1829.

2. Quellenschriften

2.1. Sammelwerke

ARNIM, J. ab: Stoicorum Veterum Fragmenta, 4 Bde., Stuttgart/Leipzig 1978–1979 (Nachdruck).

BERGER, K./COLPE C.: Religionsgeschichtliches Textbuch zum Neuen Testament (TNT 1), Göttingen 1987.

COLPE, C./HOLZHAUSEN, J.: Das Corpus Hermeticum Deutsch. Übersetzung, Darstellung und Kommentierung in drei Teilen, Teil 1: Die griechischen Traktate und der lateinische ‚Asclepius', übers. u. eingeleitet v. J. Holzhausen, Stuttgart 1997.

JACOBY, F. (Hrsg.): Die Fragmente der Griechischen Historiker (FrGrHist), Drei Teile in 15 Bänden, Leiden 1923ff.

LEIPOLDT, J./GRUNDMANN, W.: Umwelt des Urchristentums II. Texte zum neutestamentlichen Zeitalter, 6. Aufl., Berlin 1982.

MAIER, J.: Die Qumran-Essener. Die Texte vom Toten Meer, 3 Bde., München/Basel 1995–1996.
MALHERBE, A. J.: The Cynic Epistles. A Study Edition, Missoula/Montana 1977.
NESTLE, E./ ALAND, K. u.a.: Novum Testamentum Graece, 26. Aufl., Stuttgart 1979.
RABE, H. (ed.): Prolegomenon Sylloge (Rhetores Graeci. Volumen XIV), Stuttgart/Leipzig 1995 (Nachdruck Leipzig 1931).
RADEMACHER, L.: Artium scriptores (Reste der voraristotelischen Rhetorik), SitzBer. Österr. Akad. d. Wiss, phil-hist. Kl. 227,3, Wien 1951.
RAHLFS, A.: Septuaginta id est Vetus Testamentum Graece iuxta LXX interpretes, I–II, Stuttgart 1962.
RIESSLER, P.: Altjüdisches Schrifttum außerhalb der Bibel, 5. Aufl., Freiburg/Heidelberg 1984.
ROBINSON, J. M. (Ed.): The Nag Hammadi Library in English: Translated and Introduced by Members of the Coptic Gnostic Library Project of the Institute for Antiquity and Christianity, Claremont, California, 3. Completely Revised Edition, San Francisco 1988.
NOCK, A. D./FESTUGIÈRE A.-J.: Corpus Hermeticum (Bd. 1–4 griech. Text mit franz. Übersetzung), 6. Aufl., Paris 1983.
TCHERIKOVER, V. A. /FUKS A. (Ed.): Corpus Papyrorum Judaicarum, Vol. 1–3, Jerusalem/Cambridge (Mass.) 1957–1964.

2.2. Einzelne Autoren und Schriften

Ägypterevangelium
BÖHLIG, A./ WISSE F.: The Gospel of the Egyptians, Nag Hammadi Codices III,2 and IV,2 with Translation and Commentary (NHS IV), Leiden 1975.

Anonymer Kommentar zu Platons Theaetet
DIELS, H./SCHUBART, W.: Anonymer Kommentar zu Platons Theaetet (Papyrus 9782), Berlin 1905.

Apokalypse Abrahams
PHILONENKO-SAYAR, B./ PHILONENKO, M.: Apokalypse des Abraham, JSHRZ V/5 (Apokalypsen), Gütersloh 1982, 413–460.

Apuleius
Apuleius: Der goldene Esel. Metamorphosen. Lateinisch-Deutsch, hrsg. und übers. v. E. Brandt und W. Ehler, Darmstadt 1989.

Aristeasbrief
MEISNER, N: Aristeasbrief, in: JSHRZ II/1: Unterweisung in erzählender Form, Gütersloh 1973, 35–87.

Aristobul
WALTER, N: Fragmente jüdisch-hellenistischer Exegeten. Aristobulos, Demetrios, Aristeas, in: JSHRZ III/2 (Unterweisung in lehrhafter Form), Gütersloh 1975, 261–279.

Aristoteles
Aristoteles: Homerische Untersuchungen (Ἀπορήματα Ὁμηρικά) in: Aristoteles. Die Lehrschriften (III, 2: Poetik), hrsg., übertragen und in ihrer Entstehung erläutert v. P. Gohlke, Paderborn 1959, 36–55.

Artapanos
WALTER, N.: Fragmente jüdisch-hellenistischer Historiker, in: JSHRZ I/2: Historische und legendarische Erzählungen, Gütersloh 1980, 121–136.

Augustinus
Augustinus: Principia rhetorices, in: Sancti Aurelii Augustini. Opera Omnia, ed. J. P. Migne, Paris 1877 (Migne Patrologia Latina 32 = Aurelius Augustinus I), 1439–1448.

Brief an Rheginus (oder: Abhandlung) über die Auferstehung
The Treatise on the Resurrection, in: H. W. ATTRIDGE (Ed.), Nag Hammadi Codex I (The Jung Codex). Introductions, Texts, Translations, Indices (NHS XXII), Leiden 1985, 123–157 (Übersetzung M.L. Peel).

Chairemon
HORST, P. W. v. d.: Chaeremon. Egyptian Priest and Stoic Philosopher. The Fragments Collected and Translated with Explanatory Notes (EPRO 101), Leiden 1984.

M. Tullius Cicero
Cicero, M. Tullius: Gespräche in Tusculum. Eingeleitet und neu übersetzt von Karl Büchner, Zürich/Stuttgart 1966.
Cicero, M. Tullius: Vom Wesen der Götter (De Natura Deorum Libri III). Lateinisch-Deutsch, hg. von W. Gerlach und K. Bayer, München 1978.

Clemens von Alexandria
Clemens von Alexandrien: Stromata I–VIII, hg. von O. Stählin (Die christlichen Schriftsteller der ersten drei Jahrhunderte. Clemens Alexandrinus I–III), Leipzig 1906–1909.

Cornutus
Cornutus: Theologiae Graecae compendium, ed. C. Lang, Leipzig 1881.

Demetrios
WALTER, N: Fragmente jüdisch-hellenistischer Exegeten. Aristobulos Demetrios, Aristeas, in: JSHRZ III/2 (Unterweisung in lehrhafter Form), Gütersloh 1975, 280–292.

Diadochus von Photike
PLACES, E. des (Ed.): Diadoque de Photicé, Oeuvres spirituelles, Paris 1966.
Diadochus von Photike: Gespür für Gott. Hundert Kapitel über die christliche Vollkommenheit, eingeleitet u. übersetzt v. K.S. Frank, Einsiedeln 1982.

Dion Chrysostomos
Dio Chrysostom: Dissertations, with an English Translation by J. W. Cohoon (LCL), 5 Bände, Cambridge (Mass.)/ London 1949–1951.
Dion Chrysostomus: Sämtliche Reden, übers. von W. Elliger (Bibliothek der Alten Welt), Stuttgart 1967.

Dreigestaltige Protennoia
Trimorphic Protennoia, in: Ch. W. HEDRICK (Ed.), Nag Hammadi Codices XI, XII, XIII (NHS XXVIII), Leiden/New York/Kopenhagen/Köln 1990, 371–454.

Epiktet
Epictetus: Dissertationes ab arriani digestae, rec. H. Schenkl (editio major), Stuttgart 1965.

Epictetus: The Discourses as Reported by Arrian, the Manual, and Fragments, 2 Vol., with an English Translation by W. A. Oldfather, Cambridge (Mass.)/London 1925.

Epikur
Epicurus: Epicurus epistulae tres et ratae sententiae a Laertio Diogene servatae, ed. P. Von der Muehll, Stuttgart 1975 (Nachdruck der Ausgabe von 1922).
Epicurea: ed. H. Usener, Leipzig 1887 (ND Stuttgart 1966).
Epikur: Von der Überwindung der Furcht: Katechismus, Lehrbriefe, Spruchsammlung, Fragmente, übers. und mit einer Einführung und Erläuterungen versehen von O. Gigon, München 1991.

(Der Brief des) Eugnostos
PARROTT, D. M. (Ed.): Nag Hammadi Codices III, 3–4 and V,1: Eugnostos the Blessed and The Sophia of Jesus Christ (NHS XXVII), Leiden/New York/Kopenhagen/Köln 1991.

Euripides
Euripides: Die Mänaden (Die Backchen), in: Euripides. Sämtliche Tragödien und Fragmente, Griechisch-Deutsch, Band V, übers. v. E. Buschor, Darmstadt 1977.

Eusebios
Eusebius von Caesarea: Die Praeparatio Evangelica, hg. von K. Mras (Die griechischen christlichen Schriftsteller der ersten Jahrhunderte, Eusebius VIII), Berlin 1954–1956.

Evangelium Veritatis
The Gospel of Truth, in: H. W. ATTRIDGE (Ed.), Nag Hammadi Codex I (The Jung Codex). Introductions, Texts, Translations, Indices (NHS XXII), Leiden 1985, 55–122 (Übersetzung H.W. Attridge u. G. W. Mac Rae S. J.).

Hebräerevangelium
SCHNEEMELCHER, W.: Neutestamentliche Apokryphen in deutscher Übersetzung, I. Band: Evangelien, 5. Aufl., Tübingen 1987, 142–147 (übers. von P. Vielhauer u. G. Strecker).

Hekhalot Rabbati
SCHÄFER, P. (Hrsg.): Übersetzung der Hekhalot-Literatur II § 81–334 in Zusammenarbeit mit H.J. Becker u.a., Tübingen 1987.

Heraclitus Stoicus
Heraclitus: Allégories d'Homère (Quaestiones Homericae), ed. F. Buffière, Paris 1962.

Johannesakten
SCHNEEMELCHER, W.: Neutestamentliche Apokryphen in deutscher Übersetzng, II. Band: Apostolisches, Apokalypsen und Verwandtes, 5. Auflage, Tübingen 1989, 138–190 (Übers. K. Schäferdiek u. R. ó h Uiginn).

Joseph und Aseneth
BURCHARD, Ch.: Joseph und Aseneth, in: JSHRZ II/4: Unterweisung in erzählender Form, Gütersloh 1983, 577–735.

Josephus
Josephus: Jewish Antiquities, Book I–IV, in: Josephus in Nine Volumes (LCL), with an English Translation by. H. St. J. Thackeray, Vol. IV, Cambridge (Mass.)/London 1930 (reprinted 1957).
Josephus: Against Apion (Contra Apionem), in: ebd., Vol. I, 161–411.

Lehren des Silvanus
The Teachings of Silvanus, in: PEARSON, B. A. (Ed.): Nag Hammadi Codex VII (NHMS XXX), Leiden/New York/Köln 1996, 249–370.

Libanios
Libanios: The Julianic Orations, in: Libanios, Selected Works in Three Volumes (LCL), Vol.1, translation by A. F. Norman, Cambridge (Mass.)/London 1969.

Lukanus
Lucanus: Bellum civile (Der Bürgerkrieg), hrsg. u. übers. v. W. Ehlers, München 1973.

Lukian
Lucian: Alexander, in: Lucian with an English Translation by A. M. Harmon u.a., 8 Vol. (LCL), Vol IV, Cambridge (Mass.)/London, 173–253.
Lucian: Herakles, in: ebd., Vol I, 61–71.
Lucian: Nigrinus, in: ebd., Vol I, 97–139.

Marc Aurel
Kaiser Marc Aurel: Wege zu sich selbst. Griechisch und Deutsch, hrsg. u. übertragen v. W. Theiler, 3. Aufl., Darmstadt 1984.

Musonius Rufus
C. Musonii Rufi Reliquiae, hrsg. v. O. Hense, Leipzig 1905.
Epiktet/Teles/Musonius: Wege zum Glück (Bibliothek der Antike), Auf der Grundlage der Übertragung von W. Capelle neu übersetzt und mit Einführungen und Erläuterungen versehen von R. Nickel, München 1991.

Oracula Sibyllina
Die Oracula Sibyllina, ed. J. Geffcken (GCS 8) Leipzig 1902.

Origenes
Origenes: De Principiis (περὶ ἀρχῶν), in: Origenes Werke (GCS), Fünfter Band, hrsg. v. P. Koetschau, Leipzig 1913.

Philostratos
Philostratos: Das Leben des Apollonios von Tyana. Griechisch-Deutsch, hrsg., übers. und erläutert v. V. Mumprecht, München/Zürich 1983.

Platon
Platon: Ion, in: Platon, Werke in acht Bänden. Griechisch und Deutsch, hrsg. v. G. Eigler (griechischer Text nach der franz. Ausgabe „Les Belles Lettres", dt. Übersetzung v. F. Schleiermacher), Darmstadt 1970–1983, Bd. 1.
Platon: Menon, in: ebd., Bd. 2.
Platon: Politeia, in: ebd., Bd. 4.
Platon: Phaidros, in: ebd., Bd.5.
Platon: Timaios, in. ebd., Bd. 7.
Platon, Sämtliche Werke, hrsg. von W. F. Otto, E. Grassi, G. Plamböck, 6 Bände (Übersetzung F. Schleiermacher), Hamburg 1957–1959.

Plutarch
Plutarch: De E apud Delphos, in: Plutarch's Moralia, 16 Bde., with an english translation by F. C. Babbitt, Cambridge (Mass.)/London, 1927–1969, Bd. V, 193–253.
Plutarch: De tranquilitate animi, in: ebd, Bd. VI, 163–241 (Translation by W. E. Helmbold).
Plutarch: Ad principem ineruditum, in. ebd., Bd. X, 51–71 (Translation by H.N. Fowler).

Plutarch: An recte dictum sit latenter esse vivendum, in: ebd., Bd. XIV, 317–341 (Translation by P. H. de Lacy/ U. B. Einarson).

Polybios
Polybios: Historiae (ΙΣΤΟΡΙΑΙ), 5 Bände, ed. Th. Buettner-Wobst, Leipzig 1888–1904 (Nachdrucke).

Porphyrios
Porphyrios: Über Plotins Leben und über die Ordnung seiner Schriften, in: Plotins Schriften, übers. von R. Harder, Neubearbeitung mit griechischem Lesetext und Anmerkungen, Bd. Vc: Anhang, Hamburg 1957.
Porphyrios: Vita Pythagorae, in: Porphyrius Philosophi Platonici Opuscula Selecta, ed. A. Nauck, Leipzig 1884, 17–52.

Pseudo-Cebes
FITZGERALD, J. T./WHITE, L.M. (Ed.): The Tabula of Cebes, Chico/California 1983.
Cebetis tabula (Πίναξ), ed. C. Praechter, Leipzig 1893.

Pseudo-Eupolemos (Samaritanischer Anonymus)
WALTER, N.: Fragmente jüdisch-hellenistischer Historiker, in: JSHRZ I/2: Historische und legendarische Erzählungen, Gütersloh 1980, 137–143.

Pseudo-Heraklit
MALHERBE, A. J.: The Cynic Epistles. A Study Edition, Missoula/Montana 1977, 186–215.

Pseudo-Longinos
Dionysios oder Longinus: Vom Erhabenen (περὶ ὕψους), Griechisch-Deutsch, übers. und hrsg. v. O. Schönberger, Stuttgart 1988.

Pseudo-Plutarch
[Plutarchus]: De Homero, ed. J. F. Kindstrand, Leipzig 1990.

Pseudo-Sophokles
WALTER, N: Pseudepigraphische jüdisch-hellenistische Dichtung, in: JSHRZ IV/3: Poetische Schriften, Gütersloh 1983, 244–265.

Seneca
Seneca: Ad Lucilium epistulae morales, in: Seneca, Philosophische Schriften. Lateinisch und Deutsch, 5 Bände hrsg., übers., eingeleitet und mit Anmerkungen versehen von M. Rosenbach, Darmstadt 1968–1987, Band 3 (Briefe 1–69) und Band 4 (Briefe 70–124).
Seneca: De tranquilitate, in: ebd., Band 2.
Seneca: De clementia, in: ebd., Band 5.

Stobaios (Johannes Stobaeus)
Ioannis Stobaei anthologii libri duo posteriores, rec. O. Hense, Vol. II und III (= 4. Buch der Anthologie), 1909 und 1912 (ND 1974).

Strabon
Strabo: Geography, Vol. I–VIII (LCL), übers. v. H. L. Jones, Cambridge (Mass.)/London 1917–1932.

Tractatus Tripartitus
Tripartite Tractate, in: H. W. Attridge (Ed.), Nag Hammadi Codex I (The Jung Codex). Introductions, Texts, Translations, Indices (NHS XXII), Leiden 1985, 159–337 (Übers. H. W. Attridge/ E. H. Pagels).

Weisheit Salomos
GEORGI, D.: Weisheit Salomos, in: JSHRZ III, 4 (Unterweisung in lehrhafter Form), Gütersloh 1980, 389–478.

Xenophon
Xenophon: Kyrupädie. Die Erziehung des Kyros. Griechisch-Deutsch, hrsg. u. übers. v. R. Nickel, München 1992.
Xenophon's Gastmahl (Symposion), übers. v. A. Zeisig (Langenscheidtsche Bibliothek sämt. griech. u. röm. Klassiker in neueren deutschen Musterübersetzungen, 61. Band), Stuttgart 1865.

3. Sekundärliteratur

ALBERT, K.: Einführung in die philosophische Mystik, Darmstadt 1996.
ALEXANDRE JR., M.: Some Reflections on Philo's Concept and Use of Rhetoric, in: Euphrosyne 19 (1991), 281–290.
ALEXANDRE JR., M: A Rhetorical Analysis of Philo's De virtutibus, in: Euphrosyne 21 (1993), 9–28.
AMIR, Y. (vor 1945: Hermann Neumark): Die Verwendung griechischer und jüdischer Motive in den Gedanken Philons über die Stellung Gottes zu seinen Freunden, Diss., Würzburg 1937.
AMIR, Y.: Die hellenistische Gestalt des Judentums bei Philon von Alexandrien (FJCD 5), Neukirchen 1983.
ANZ, W.: Art. Bewußtsein, in: RGG, 3. Aufl., Bd. 1, Tübingen 1957, 1112–1115.
BAER, R. A.: Philo's Use of the categories Male and Female (ALGHJ 3), Leiden 1970.
BAILEY, J. N.: Metanoia in the Writings of Philo Judaeus, in: SBL.SP 30 (1991), 135–141.
BARCLAY, J. M. G.: Jews in the Mediterranean Diaspora. From Alexander to Trajan (323 BCE – 117 CE), Edinburgh 1996.
BARDY, G.: Menschen werden Christen. Das Drama der Bekehrung in den ersten Jahrhunderten, Freiburg 1988 (orig. Paris 1949).
BARRACLOUGH, R.: Philo's Politics. Roman Rule and Hellenistic Judaism, in: ANRW II 21.1 (1984), 417–553.
BEHM, J.: Art. μετανοέω, μετάνοια, in: ThWNT IV (1942), 972–976.985–1004.
BEHM, J.: Art. προνοέω, πρόνοια, in: ThWNT IV (1942), 1004–1011.
BERGER, K.: Jüdisch-hellenistische Missionsliteratur, in: Kairos 17 (1975), 232–248.
BERGER, K.: Art. Abraham, in: TRE 1 (1977), 372–382.
BERGER, K.: Historische Psychologie des Neuen Testaments, Stuttgart 1991.
BETZ, H. D.: Art. Gottmensch II, in: RAC 12 (1983), 234–312.
BEYER, H. W.: Art. κανών, in: ThWNT III, 600–606.
BIELER, L.: ΘΕΙΟΣ ΑΝΗΡ. Das Bild des „göttlichen Menschen" in Spätantike und Frühchristentum, 2 Bde., Wien 1935/36 (Reprint Darmstadt 1967).

BIRNBAUM, E.: The Place of Judaism in Philo's Thought. Israel, Jews, and Proselytes, in: SBL.SP 32 (1993), 54–69.
BIRNBAUM, E.: What Does Philo Mean by „Seeing God"? Some Methodological Considerations, in: SBL.SP 34 (1995), 535–552.
BIRNBAUM, E.: The Place of Judaism in Philo's Thought. Israel, Jews, and Proselytes (Studia Philonica Monographs 2), Atlanta (Georgia) 1996.
BOCCACCINI, G.: Middle Judaism, Jewish Thought, 300 B.C.E. to 200 C.E., Minneapolis 1991.
BORGEN, P.: Philo of Alexandria. A Critical and Synthetical Survey of Research since World War II, in: ANRW II 21.1 (1984), 98–154.
BORGEN, P. : „There Shall Come Forth a Man": Reflections on Messianic Ideas in Philo, in: J. H. Charlesworth (Ed.), The Messiah, Minneapolis 1992, 341–361.
BOUSSET, W.: Jüdisch-christlicher Schulbetrieb in Alexandria und Rom. Literarische Untersuchungen zu Philo und Clemens von Alexandria, Justin und Irenäus, Göttingen 1914.
BOUSSET, W./GRESSMANN H.: Die Religion des Judentums im späthellenistischen Zeitalter, Tübingen 1925 (4. Aufl. 1966).
BRANDENBURGER, E.: Fleisch und Geist. Paulus und die dualistische Weisheit (WMANT 29), Neukirchen-Vluyn 1968.
BRÉHIER, É.: Les Idées philosophiques et religieuses de Philon d' Alexandrie, 3. Aufl., Paris 1950.
BROEK, van den R.: Jewish and Platonic Speculations in Early Alexandrian Theology: Eugnostos, Philo, Valentinus and Origen, in: B. A. Pearson/ J. E. Goehring (Ed.), The Roots of Egyptian Christianity, Philadelphia 1986, 190–203.
BROEK, van den R.: Juden und Christen in Alexandrien im 2. und 3. Jahrhundert, in: ders.: Studies in Gnosticism and Alexandrian Christianity, Leiden 1996, 181–196.
BRÜCK, M. von/LAI, W.: Buddhismus und Christentum. Geschichte, Konfrontation, Dialog, München 1997.
BRUNS, G. L.: The Problem of Figuration in Antiquity, in: G. Shapiro/ A. Sica (Ed.), Hermeneutics: Questions and Prospects, Amherst 1984, 147–164.
BULTMANN, R.: Der Stil der paulinischen Predigt und die kynisch-stoische Diatribe, Göttingen 1910.
BULTMANN, R. Art. ἀλήθεια, in: ThWNT I (1933), 239–242.
BULTMANN, R.: Art. πιστεύω κτλ, in: ThWNT VI (1959), 174–182.197–230.
BULTMANN, R.: Glauben und Verstehen. Gesammelte Aufsätze I, Tübingen 1980 (8. unveränderte Aufl. der 1. Aufl. 1933).
BURKHARDT, H.: Die Inspiration heiliger Schriften bei Philo von Alexandrien, Gießen 1988.
BURKHARDT, H.: Inspiration der Schrift durch weisheitliche Personalinspiration: zur Inspirationslehre Philos von Alexandrien, in: ThZ 47 (1991), 214–225.
BUSSANICH, J.: Mystical Elements in the Thought of Plotinus, in: ANRW II 36.7 (1994), 5300–5330.
CANCIK, H.: Untersuchungen zu Senecas epistulae morales (Spudasmata 18), Hildesheim 1967.
CAZEAUX, J.: Ta trame et la chaîne: structures littéraires et exégèse dans cinq traités de Philon d'Alexandrie, Leiden 1983.
CAZEAUX, J.: Philon d'Alexandrie, exegete, in: ANRW II 21.1 (1984), 156–226.
CHESNUT, G. F.: The Ruler and the Logos in Neopythagorean, Middle Platonic, and Late Stoic Political Philosophy, in: ANRW II 16.2 (1978), 1310–1332.

CHRISTIANSEN, I.: Die Technik der allegorischen Auslegungswissenschaft bei Philon von Alexandrien, Tübingen 1969.
COHEN, N. G.: Philo Judaeus. His Universe of Discourse, Frankfurt/Berlin/Bern/New York/Paris/Wien 1995.
COLLINS, J. J.: Jewish Wisdom in the Hellenistic Age, Louisville (Kentucky) 1997.
CONLEY, Th. M.: Philo's Rhetoric: Argumentation and Style, in: ANRW II 21.1 (1984), 343–371.
CULPEPPER, R. A.: The Johannine School, Missoula (Montana) 1979.
DALFERT, I. U.: Kombinatorische Theologie. Probleme theologischer Rationalität (QD 130), Freiburg im Breisgau/Basel/Wien 1991.
DANIÉLOU, J.: Philon d'Alexandrie, Paris 1958.
DAWSON, D.: Allegorical Readers and Cultural Revision in Ancient Alexandria, Berkeley 1992.
DEWEY, A. J.: The Hymn in the Acts of John. Dance as Hermeneutic, in: Semeia 38 (1986), 67–80.
DEWIT, H. F.: Kontemplative Psychologie: neue Einsichten und Erfahrungen aus religiösen Quellen – für den Alltag erschlossen, Gütersloh 1993.
DIEMER, A.: Art. Bewußtsein, in: SM I (1967), 888–896.
DILLON, J.: The Middle Platonists. A Study of Platonism 80 B.C. to A.D. 220, London/Ithaca/New York 1977.
DILLON, J.: A Response to Runia and Sterling, in: SPhA 5 (1993), 151–155.
DILLON, J.: The Formal Structure of Philo's Allegorical Exegesis, in: D. Winston/ J. Dillon, Two Treatises of Philo of Alexandria, 77–87.
DUTOIT, D. S.: Theios anthropos: zur Verwendung von θεῖος ἄνθρωπος und sinnverwandten Ausdrücken in der Literatur der Kaiserzeit (WUNT 2.91), Tübingen 1997.
ENGBERG-PEDERSEN, T.: Philo's De Vita Contemplativa as a Philosopher's Dream, in: JSJ 30 (1999), 40–64.
FELDMAN, L. H.: Jew and Gentile in the Ancient World: Attitudes and interactions from Alexander to Justinian, Princeton 1993.
FICHTE, J. G.: Die Bestimmung des Menschen, in: ders., Gesamtausgabe der Bayrischen Akademie der Wissenschaften, hrsg. v. R. Lauth, Bd. I, 6 (Werke 1799–1800), Stuttgart/Bad Cannstadt 1981, 187–309.
FORMAN, R. K. C. (Hrsg.): The Problem of Pure Consciousness. Mysticism and Philosophy, New York/Oxford 1990.
FORMAN, R. K. C.: Meister Eckhart. The Mystic as Theologian. An Experiment in Methodology, Rockport-Shaftesbury 1991.
FOUCAULT, M.: Die Sorge um sich (Sexualität und Wahrheit, Bd. 3), Frankfurt/M. 1989.
FREDE, M.: Chaeremon der Stoiker, in: ANRW II 36.3 (1989), 2067–2103.
FREY, J.: Die paulinische Antithese von „Fleisch" und „Geist" und die palästinisch–jüdische Weisheitstradition, in: ZNW 90 (1999), 45–77.
FRIEDLÄNDER, M.: Der vorchristliche jüdische Gnosticismus, Göttingen 1898.
FRIEDLÄNDER, M.: Geschichte der jüdischen Apologetik als Vorgeschichte des Christentums, Zürich 1903.
FRÜCHTEL, U.: Die kosmologischen Vorstellungen bei Philo von Alexandrien. Ein Beitrag zur Geschichte der Genesisexegese (ALGHJ 2), Leiden 1968.
GAISER, K.: Platons ungeschriebene Lehre. Studien zur systematischen und geschichtlichen Begründung der Wissenschaften in der Platonischen Schule, Stuttgart 1963.
GEORGI, D.: Die Gegner des Paulus im 2. Korintherbrief. Studien zur religiösen Propaganda in der Spätantike (WMANT 11), Neukirchen-Vluyn 1964.

GEORGI, D.: Der vorpaulinische Hymnus Phil 2,6–11, in: E. Dinkler (Hrsg.), Zeit und Geschichte. Dankesgabe an Rudolf Bultmann zum 80. Geburtstag, Tübingen 1964, 263–293.
GEORGI, D.: Weisheit Salomos, in: JSHRZ III, 4 (Unterweisung in lehrhafter Form), Gütersloh 1980, 389–478.
GEORGI, D.: Das Wesen der Weisheit nach der Weisheit Salomos, in: J. Taubes (Hrsg.), Gnosis und Politik. Religionstheorie und Politische Theologie 2, Paderborn 1984, 66–81.
GEORGI, D.: The Opponents of Paul in Second Corinthians (2. um einen Nachtrag erweiterte Aufl.), Philadelphia (Pennsylv.) 1986.
GEORGI, D.: Gott auf den Kopf stellen: Überlegungen zu Tendenz und Kontext des Theokratiegedankens in paulinischer Praxis und Theologie, in: J. Taubes (Hrsg.), Theokratie. Religionstheorie und Politische Theologie 3, Paderborn 1987, 148–205.
GEORGI, D.: Frau Weisheit oder das Recht auf Freiheit als schöpferische Kraft, in: L. Siegele-Wenschkewitz (Hrsg.), Verdrängte Vergangenheit, die uns bedrängt. Feministische Theologie in der Verantwortung für die Geschichte, München 1988, 243–276.
GEORGI, D.: Remembering the Poor. The History of Paul's Collection for Jerusalem, Nashville (TN) 1992.
GEORGI, D.: Die Aristoteles- und Theophrastausgabe des Andronikus von Rhodus: Ein Beitrag zur Kanonsproblematik, in: R. Bartelmus/ Th. Krüger/ H. Utzschneider (Hrsg.), Konsequente Traditionsgeschichte. Festschrift für Klaus Baltzer zum 65. Geburtstag, Freiburg/Schweiz 1993 (OBO 126), 45–78.
GEYER, C.-F.: Art. Bewußtsein, in: WdC (1988), 142–143.
GOODENOUGH, E. R.: The Political Philosophy of Hellenistic Kingship, YCS 1 (1928), 55–102.
GOODENOUGH, E. R.: The Jurisprudence of the Jewish Courts in Egypt. Legal Administration by the Jews under the Early Roman Empire as Described by Philo Judaeus, New Haven 1929 (Neudruck Amsterdam 1968).
GOODENOUGH, E. R.: A New-pythagorean Source in Philo Judaeus, in: YCS 3 (1932), 115–164.
GOODENOUGH, E.R.: Philo's Exposition of the Law and His De Vita Mosis, in: HThR 26 (1933), 109–125.
GOODENOUGH, E. R.: By Light, Light. The Mystic Gospel of Hellenistic Judaism, New Haven 1935.
GOODENOUGH, E. R.: Literal Mystery in Hellenistic Judaism (Erstveröffentlichung 1937), in: E.S. Frerichs/ J. Neusner (Ed.), Goodenough on the History of Religion and on Judaism, Atlanta/Georgia 1986, 49–61.
GOODENOUGH, E. R.: The Politics of Philo Judaeus. Practice and Theory, New Haven 1938 (Neudruck Hildesheim 1967).
GOODENOUGH, E. R.: An Introduction to Philo Judaeus, New Haven 1940.
GOODENOUGH, E. R.: Philo on Immortality, in: HThR 39 (1946), 85–108.
GOODENOUGH, E. R.: Jewish Symbols in the Greco-Roman Period, 13 Bde., New York 1953–1968.
GOODENOUGH, E. R.: Goodenough on the Beginnings of Christianity (hrsg. von A.T. Kraabel), Atlanta 1990.
GOULET, R.: La philosophie de Moise: essai de reconstitution d'un commentaire philosophique préphilonien du Pentateuque, Paris 1987.
GRABBE, L. L.: Etymology in Early Jewish Interpretation. The Hebrew Names in Philo (BJSt 115), Atlanta (Georgia) 1988.

HAACKER, K.: Die Geschichtstheologie von Röm 9–11 im Lichte philonischer Schriftauslegung, in: NTS 43 (1997), 209–222.
HABERMAS, J.: Nachmetaphysisches Denken, Frankfurt/M. 1988.
HACHLILI, R.: The Origin of the Synagogue. A Re-Assessment, in: JSJ 28 (1997), 34–47.
HADOT, I.: Seneca und die griechisch-römische Tradition der Seelenleitung, Berlin 1969.
HADOT, P.: Art. Fürstenspiegel, in: RAC 8 (1972), 555–632.
HADOT, P.: Philosophie als Lebensform. Geistige Übungen in der Antike, Berlin 1991, 13–47.
HAMERTON-KELLY, R.G.: Sources and Traditions in Philo Judaeus. Prolegomena to an Analysis of His Writings, in: StPhilon 1 (1972), 3–26.
HANSEN, G.: Herrscherkult und Friedensidee, in: J. Leipoldt/W. Grundmann (Hrsg.), Umwelt des Urchristentums I. Darstellung des neutestamentlichen Zeitalters, Berlin 1966, 127–142.
HAY, D. M.: Philo's References to Other Allegorists, in: StPhilon 6 (1979–80), 41–75.
HAY, D. M.: Politics and Exegesis in Philo's Treatise on Dreams, SBL.SP 26 (1987), 429–438.
HAY, D. M.: The Psychology of Faith in Hellenistic Judaism, in: ANRW II 20.2 (1987), 881–925.
HAY, D. M. (Ed.): Both Literal and Allegorical. Studies in Philo of Alexandria's Questions and Answers on Genesis and Exodus (BJSt 232), Atlanta 1991.
HAY, D. M.: References to Other Exegetes, in: ders. (Ed.), Both Literal and Allegorical, 81–97.
HAY, D. M.: Defining Allegory in Philo's Exegetical World, in: SBL.SP 33 (1994), 55–68.
HEGEL, G. W. F.: Grundlinien der Philosophie des Rechts, in: Sämtliche Werke, Jubiläumsausgabe in zwanzig Bänden, Bd. 7, hrsg. v. H. Glockner, 4. Aufl., Stuttgart 1964.
HEGEL, G. W. F.: Vorlesungen über die Philosophie der Geschichte, in: Sämtliche Werke, Jubiläumsausgabe in zwanzig Bänden, Bd. 11, hrsg. v. H. Glockner, 4. Aufl., Stuttgart 1964.
HEGEL, G. W. F.: Vorlesungen über die Geschichte der Philosophie 1–3, in: Sämtliche Werke, Jubiläumsausgabe in zwanzig Bänden, Bde. 17–19, hrsg. v. H. Glockner, 4. Aufl., Stuttgart 1964.
HEGEL, G. W. F.: Vorlesungen über die Philosophie der Religion, Erster Teil: Begriff der Religion, in: Sämtliche Werke (Philosophische Bibliothek), Bd. 12, hrsg. v. G. Lasson, Leipzig 1930.
HEGERMANN, H.: Die Vorstellung vom Schöpfungsmittler im hellenistischen Judentum und Urchristentum (TU 82), Berlin 1961.
HEINEMANN, I.: Art. Therapeutai, in: PW II 10 (1934), 2321–2346.
HENGEL, M: Proseuche und Synagoge, in: ders., Kleine Schriften, Band I: Judaica und Hellenistica, Tübingen 1996, 171–195.
HENGEL, M: Qumran und der Hellenismus, in: ders., Kleine Schriften, Band I: Judaica und Hellenistica, Tübingen 1996, 258–294.
HENGEL, M: Hellenisierung des antiken Judentums (als Praeparatio Evangelica), in: ders., Kleine Schriften, Band I: Judaica und Hellenistica, Tübingen 1996, 295–313.
HILGERT, E.: A Review of Previous Research on Philo's De Virtutibus, SBL.SP 30 (1991) 103–115.
HOEK, van den A.: The „Catechetical" School of Early Christian Alexandria and Its Philonic Heritage, in: HThR 90 (1997), 59–87.
HÖISTAD, R.: Cynic Hero and Cynic King. Studies in the Cynic Conception of Man, Lund 1948.

HOLLADAY, C. R.: Theios Aner in Hellenistic-Judaism. A Critique of the Use of This Category in New Testament Christology (SBL.DS 40), Missoula 1977.
HÖSLE, V.: Die Krise der Gegenwart und die Verantwortung der Philosophie. Transzendentalpragmatik, Letztbegründung, Ethik, München 1990.
HOWALD, W.: Meditation als Mittel zur Persönlichkeitsentwicklung, in: K. E. Bühler/ E. Wolz-Gottwald (Hrsg.), Therapie und Spiritualität, Gladenbach 1989.
JACOBS, W. G.: Art. Bewusstsein, in: HPhG 1 (1973), 232–246.
JAMES, W.: Die Vielfalt religiöser Erfahrung. Eine Studie über die menschliche Natur, Freiburg 1978 (dt. Übersetzung der Gifford Lectures Edinburgh 1901/02).
JASPERS, K.: Was ist Philosophie? Ein Lesebuch, München 1980.
JONAS, H.: Gnosis und spätantiker Geist, Teil II/1: Von der Mythologie zur mystischen Philosophie (FRLANT 63), Göttingen 1954.
JONAS, H.: Myth und Mysticism: A Study of Objectification and Interiorization in Religious Thought, in: JR 49 (1969), 315–329.
KASHER, A.: The Jews in Hellenistic and Roman Egypt. The Struggle for Equal Rights, Tübingen 1985.
KIECKHEFER, R.: Meister Eckhart's Conception of Union with God, in: HThR 71 (1978), 203–225.
KLAUCK, H.-J.: Die religiöse Umwelt des Urchristentums I. Stadt- und Hausreligion, Mysterienkulte, Volksglaube, Stuttgart 1995.
KLEINKNECHT, H. M.: Art. βασιλεύς, in: ThWNT I (1933), 562–563.
KOESTLER, A. u.a.: Ein Gott, der keiner war. A. Koestler u.a. schildern ihren Weg zum Kommunismus und ihre Abkehr, Köln 1952.
KRAFT, R. A.: Philo and the Sabbath Crisis. Alexandrian Jewish Politics and the Dating of Philo's Works, in: B. A. Pearson u.a. (Ed.), The Future of Early Christianity. Essays in Honor of Helmut Köster, Minneapolis 1991, 131–141.
KRÄMER, H. J.: Der Ursprung der Geistmetaphysik. Untersuchungen zur Geschichte des Platonismus zwischen Platon und Plotin, Amsterdam 1964.
KRAUSS, S.: Synagogale Altertümer, Berlin 1922 (ND Hildesheim 1966).
LAFARGUE, M.: Language and Gnosis. The Opening Scenes of the Acts of Thomas (HDR 18), Philadelphia 1985.
LAPORTE, J.: Philo in the Tradition of Biblical Wisdom Literatur, in: R. L. Wilken (Ed.), Aspects of Wisdom in Judaism and Early Christianity, Notre Dame/London 1975, 103–141.
LAPORTE, J.: Eucharistia in Philo, New York/Toronto 1983.
LEISEGANG, H.: Der Heilige Geist. Das Wesen und Werden der mystisch-intuitiven Erkenntnis in der Philosophie und Religion der Griechen, Leipzig 1919.
LEISEGANG, H.: Der Apostel Paulus als Denker, Leipzig 1926.
LEWY, H.: Sobria Ebrietas. Untersuchungen zur Geschichte der antiken Mystik (ZNW Beiheft 9), Gießen 1929.
LÖHR, G.: Verherrlichung Gottes durch Philosophie. Der hermetische Traktat II im Rahmen der antiken Philosophie und Religionsgeschichte (WUNT 97), Tübingen 1997.
MACH, M.: Philo von Alexandrien, in: TRE 27 (1997), 523–531.
MACK, B. L.: Logos und Sophia. Untersuchungen zur Weisheitstheologie im hellenistischen Judentum, Göttingen 1973.
MACK, B. L.: Exegetical Traditions in Alexandrian Judaism. A Program for the Analysis of the Philonic Corpus, in: StPhilo 3 (1974–1975), 71–112.
MACK, B. L.: Weisheit und Allegorie bei Philo von Alexandrien. Untersuchungen zum Traktat De Congressu eruditionis, in: StPhilo 5 (1978), 57–105.

MACK, B. L.: Decoding the Scripture. Philo and the Rules of Rhetoric, in: F. E. Greenspan/E. Hilgert/B. L. Mack (Ed.): Nourished with Peace. Studies in Hellenistic Judaism in Memory of Samuel Sandmel, Chico California 1984, 81–115.
MACK, B. L: Philo Judaeus and Exegetical Traditions in Alexandria, in: ANRW II 21.1 (1984), 227–271.
MACK, B. L.: Wisdom and Apokalyptic, in: SPhA 3 (1991), 21–39.
MACK, B. L.: Moses on the Mountain Top: a Philonic View, in: J. P. Kenney (Ed.), The School of Moses. Studies in Philo and Hellenistic Religion: in Memory of Horst R. Moehring, Atlanta 1995.
MALHERBE, A. J.: Moral Exhortation. A Greco-Roman Sourcebook, Philadelphia (Pennsylv.) 1986.
MALHERBE, A. J.: Paul and the Thessalonichans. The Philosophical Tradition of Pastoral Care, Philadelphia (Pennsylv.) 1987.
MALHERBE, A. J.: Paul and the Popular Philosophers, Minneapolis 1989.
MARCUS, R.: Review of Goodenough, By Light, Light, in: AJP 57 (1936), 203–205.
MARROU, H.-I.: Geschichte der Erziehung im klassischen Altertum, Freiburg/München 1957 (Übersetzung der 3. franz. Aufl. 1955).
MARX, K.: Zur Kritik der Hegelschen Rechtsphilosophie. Einleitung, in: Marx, K./Engels, F., Studienausgabe in 4 Bänden (hrsg. von I. Fetcher), Frankfurt 1966, 17–30.
MAURACH, G.: Seneca, Leben und Werk, Darmstadt 1991.
MAYER, G.: Aspekte des Abrahambildes in der hellenistisch-jüdischen Literatur, in: EvTh 32 (1972), 118–127.
MÉASSON, A.: Du char ailé de Zeus à l'Arche d'Alliance: Images et mythes platonisiens chez Philon d'Alexandrie, Paris 1986.
MENDELSON, A.: Secular Education in Philo of Alexandria, Cincinnati 1982.
MEYER, R.: Art. προφήτης κτλ. in: ThWNT VI (1959), 813–828.
MEYER, U. I/ BENNENT-VAHLE, H.: Philosophinnen-Lexikon, Leipzig 1997.
MOEHRING, H. R.: Arithmology as an Exegetical Tool in the Writings of Philo of Alexandria, in: SBL.SPS 13 (1978), 1: 191–227.
MOMMAERS, P.: Was ist Mystik?, Frankfurt 1979.
MORRAY-JONES, C. R. A.: Transformational Mysticism in the Apocalyptic-Merkabah Tradition, in: JJS 43 (1992), 1–31.
MORTLEY, R.: Womanhood. The Feminine in Ancient Hellenism, Gnosticism, Christianity and Islam, Sydner 1981.
NEYMEYR, U.: Die christliche Lehrer im zweiten Jahrhundert (VigChrSuppl 4), Leiden/New York 1989.
NIKIPROWETZKY, V.: L'exégèse de Philon d'Alexandrie, in: RHPhR 53 (1973), 309–329.
NIKIPROWETZKY, V.: Le commentaire de l'Écriture chez Philon d'Alexandrie. Son caractère et sa portée; observations philologiques, Leiden 1977.
NIKIPROWETZKY, V.: Brève note sur le Commentaire Allegorique et l'Exposition de la Loi chez Philon d' Alexandrie, in: A. Caquot/ S. Légasse/ M. Tardieu (Ed.), Mélanges bibliques et orientaux en l'honneur de M. Mathias Delcor, Neukirchen-Vluyn 1985, 321–329.
NOCK, A. D.: Conversion. The Old and the New in Religion from Alexander the Great to Augustine of Hippo, Oxford 1933 (Reprint 1952).
NOCK, A. D.: The Question of Jewish Mysteries, in: Gnomon 13 (1937), 156–165.
NOCK, A. D.: Art. Bekehrung, in: RAC 2 (1954), 107–108.
NOCK, A. D.: Conversion and Adolescence, in: ders., Essays on Religion and the Ancient World, Bd. 1–2, Cambridge (Mass.) 1972, 469–480.

OTTE, K.: Das Sprachverständnis bei Philo von Alexandrien (BGBE 7), Tübingen 1968.
PASCHER, J.: ἡ βασιλικὴ ὁδός. Der Königsweg zu Wiedergeburt und Vergottung bei Philon von Alexandria, Paderborn 1931.
PEARSON, B. A.: Philo and Gnosticism, in: ANRW II 21.1 (1984), 295–342.
PEARSON, B. A.: Christians and Jews in First-century Alexandria, in: HThR 79 (1986), 206–216.
PIAGET, J.: Autobiographie, in: Jean Piaget – Werk und Wirkung. Mit autobiographischen Aufzeichnungen von Jean Piaget, München 1976, 15–59 (Erstveröffentlichug 1952).
POHLENZ, M.: Philon von Alexandreia, in: Kleine Schriften Band 1 (hrsg. von H. Dörrie), Hildesheim 1965, 305–383.
PRIESSNIG, A.: Die literarische Form der Patriarchenbiographien des Philo von Alexandrien, MGWJ 37 (1929), 143–155.
RABBOW, P.: Seelenführung. Methodik der Exerzitien in der Antike, München 1954.
REITZENSTEIN, R: Vorgeschichte der christlichen Taufe, Leipzig/Berlin 1929.
REITZENSTEIN, R.: Die hellenistischen Mysterienreligionen nach ihren Grundgedanken und Wirkungen, Darmstadt 1956 (Nachdruck der 3. Aufl. von 1927).
REYDAMS-SCHILS, G.: Stoicized Readings of Plato's Timaeus in Philo of Alexandria, in: SPhA 7 (1995), 85–102.
RIEDWEG, C.: Mysterienterminologie bei Platon, Philon und Klemens von Alexandrien, Berlin/New York 1987.
RIST, J. M.: The Use of Stoic Terminology in Philo's Quod Deus immutabilis sit 33–50, in: Protocol Series of the Colloquies of the Center for Hermeneutical Studies in Hellenistic and Modern Culture 23, Berkeley 1976, 1–12 (reprinted in: ders., Platonism and Its Christian Heritage, London 1985).
ROYSE, J. R.: The Original Structure of Philo's Quaestiones, in: StPhilo 4 (1976–77), 109–139.
RUDOLPH, K.: Gnosis und spätantike Religionsgeschichte. Gesammelte Aufsätze, Leiden/New York/Köln 1996.
RUNIA, D. T.: The Structure of Philo's Allegorical treatises: a Review of Two Recent Studies and Some Additional Comments, in: VigChr 38 (1984), 209–256 (auch in Runia, Exegesis and Philosophy).
RUNIA, D. T.: Philo of Alexandria and the Timaeus of Plato (PhAnt 44), Leiden 1986.
RUNIA, D. T.: How to Read Philo, in: NTT 40 (1986), 185–198 (auch in Runia, Exegesis and Philosophy).
RUNIA, D. T.: Further Observations on the Structure of Philo's Allegorical Treatises, in: VigChr 41 (1987), 105–138 (auch in Runia, Exegesis and Philosophy).
RUNIA, D. T.: Review of: G. Goulet, La philosophie des Moise, in: JThS 40 (1989), 590–602 (auch in Runia, Exegesis and Philosophie).
RUNIA, D. T.: Exegesis and Philosophy. Studies on Philo of Alexandria (CStS 332), Aldershot 1990.
RUNIA, D. T.: Underneath Cohn and Colson: The Text of Philo's *De virtutibus*, in: SBL.SP 30 (1991), 116–134.
RUNIA, D. T.: Secondary Texts in Philo's *Quastiones*, in: D. M. Hay, Both Literal and Allegorical, 47–79.
RUNIA, D. T.: Philo and Middle Platonism Revisited, in: SPhA 5 (1993), 112–140.
RUNIA, D. T.: Philo in Early Christian Literature. A Survey (CRI 3.3), Assen 1993.
SANDMEL, S.: Abrahams's Knowledge of the Existence of God, in: HThR 44 (1951), 137–139.

SANDMEL, S.: Philo's Place in Judaism. A Study of Conceptions of Abraham in Jewish Literature, Erw. Aufl., New York 1971.
SANDMEL, S.: Philo of Alexandria. An Introduction, New York/Oxford 1979.
SCHENKE, H.-M.: Die Gnosis, in: J. Leipoldt/ W. Grundmann, Umwelt des Urchristentums II. Texte zum neutestamentlichen Zeitalter, 6. Aufl., Berlin 1982, 350–418.
SCHLATTER, A.: Geschichte Israels von Alexander dem Großen bis Hadrian, 3. Aufl., Stuttgart 1925 (ND Darmstadt 1977).
SCHLEIERMACHER, F..: Der christliche Glaube nach den Grundsätzen der evangelischen Kirche im Zusammenhang dargestellt, 2 Bde., 7. Aufl., Berlin 1960.
SCHMITHALS, W.: Theologiegeschichte des Urchristentums. Eine problemgeschichtliche Darstellung, Stuttgart/Berlin/Köln 1994.
SCHOEDEL, W. R.: Jewish Wisdom and the Formation of the Christian Ascetic, in: R. L. Wilken (Ed.), Aspects of Wisdom in Judaism and Early Christianity, Notre Dame/London 1975, 169–199.
SCHOLTEN, C.: Die alexandrinische Katechetenschule, in: JAC 38 (1995), 16–37.
SCHÖNFELD, H.-G.: Metanoia. Ein Beitrag zum Corpus Hellenisticum Novi Testamenti (unveröffentlichte Inaugural-Dissertation), Heidelberg 1970.
SCHRAGE, W.: Art. συναγωγή κτλ., in: ThWNT VII (1964), 798–850.
SCHÜSSLER-FIORENZA, E.: Zu ihrem Gedächtnis. Eine feministisch-theologische Rekonstruktion der christlichen Ursprünge, 2. Aufl., Gütersloh 1993.
SCHWARTZ, D. R.: Philonic Anonyms of the Roman and Nazi Periods: Two Suggestions, in: SPhA 1 (1989), 63–73.
SEGAL, A. F.: Paul the Convert. The Apostolate and Apostasy of Saul the Pharisee, New York 1990.
SELLIN, G.: Der Streit um die Auferstehung der Toten. Eine religionsgeschichtliche und exegetische Untersuchung von 1. Korinther 15 (FRLANT 138), Göttingen 1986.
SELLIN, G.: Gotteserkenntnis und Gotteserfahrung bei Philo von Alexandrien, in: H.-J. Klauck (Hrsg.), Monotheismus und Christologie. Zur Gottesfrage im hellenistischen Judentum und im Urchristentum (QD 138), Freiburg i. Br. 1992, 17–40.
SELLIN, G.: Die religionsgeschichtlichen Hintergründe der paulinischen „Christusmystik", in: ThQ 176 (1996), 7–27.
SHULER, P. L.: Philo's Moses and Matthew's Jesus: A Comparative Study in Ancient Literature, in: SPhA 2 (1990), 86–103.
SIEGERT, F.: Philon von Alexandrien. Über die Gottesbezeichnung „wohltätig verzehrendes Feuer" (De Deo). Rückübersetzung des Fragments aus dem Armenischen, deutsche Übersetzung und Kommentar (WUNT 46), Tübingen 1988.
SIEGERT, F.: Drei hellenistisch-jüdische Predigten: Ps.-Philon, „Über Jona", „Über Jona (Fragment) und „Über Simson, 2. Band: Kommentar nebst Beobachtungen zur hellenistischen Vorgeschichte der Bibelhermeneutik (WUNT 61), Tübingen 1992.
SIEGERT, F.: Rezension W. C. Van Unnik: „Das Selbstverständnis der jüdischen Diaspora in der hellenistisch-römischen Zeit" (Leiden 1993), in: SPhA 6 (1994), 192–199.
SIEGERT, F.: Early Jewish Interpretation in a Hellenistic Style, in: M. Saebo (Ed.): Hebrew Bible/Old Testament. The History of Its Interpretation, Vol. I: From the Beginnings to the Middle Ages (Until 1300), Göttingen 1996, 130–198.
SLY, D.: Philo's Practical Application of δικαιοσύνη, in: SBL.SP 30 (1991), 298–308.
SLY, D.: The Plight of Woman: Philo's Blind Spot? in: W. Helleman (Hrsg.), Hellenization Revisited. Shaping a Christian Response within the Greco-Roman World, Lanham 1994, 173–188.
SLY, D.: Philo's Alexandria, London/New York 1996.

SMITH, M.: The Nature and Meaning of Mysticism, in: R. Woods (Hrsg.), Understanding Mysticism, Londen 1981, 19–25.
SÖDING, Th.: Wege der Schriftauslegung. Methodenbuch zum Neuen Testament (unter Mitarbeit von Chr. Münch), Freiburg/Basel/Wien 1998.
STAEHLE, K.: Die Zahlenmystik bei Philon von Alexandreia, Leipzig/Berlin 1931.
STANDHARTINGER, A.: Das Frauenbild im Judentum der hellenistischen Zeit. Ein Beitrag anhand von ‚Joseph und Asenethʻ (AGJU 26), Leiden/New York/Köln 1995.
STANDHARTINGER, A.: Studien zur Entstehungsgeschichte und zur Intention des Kolosserbriefs, Leiden/Boston/Köln 1999.
STEIN, E.: Die allegorische Exegese des Philo aus Alexandria (BZAW 51), Gießen 1929.
STERLING, G. E.: Philo and the Logic of Apologetics. An Analysis of the Hypothetica, in: SBL.SP 29 (1990), 412–430.
STERLING, G. E.: Philo's Quaestiones: Prolegomena or Afterthought? in: D. M. Hay (Hrsg.), Both Literal and Allegorical, 99–123.
STERLING, G. E.: Platonizing Moses. Philo and Middle Platonism, in: SPhA 5 (1993), 96–111.
STERLING, G. E.: ‚Thus Are Israelʻ: Jewish Self-Definition in Alexandria, in: SPhA 7 (1995), 1–18.
STERLING, G. E.: Recluse or Representative? Philo and Greek-speaking Judaism beyond Alexandria, in: SBL.SP 34 (1995), 595–616.
STERLING, G. E.: ‚The School of Sacred Lawsʻ.The Social Setting of Philo's Treatises, in: VigChr 53 (1999), 148–164.
STOWERS, S. K.: The Diatribe and Paul's Letter to the Romans, Chico 1981, 175–184.
STRATHMANN, H.: Art. Chairemon, in: RAC 2 (1954), 990–993.
TAEGER, F.: Charisma. Studien zur Geschichte des antiken Herrscherkultes, 2 Bde., Stuttgart 1957 und 1960.
TAYLOR, J.E./DAVIES, P.R.: The So-called Therapeutae of De Vita Contemplativa. Identity and Character, in: HThR 91 (1998), 3–24.
TCHERIKOVER, V. A.: The Decline of the Jewish Diaspora in Egypt in the Roman Period, JJS 14 (1963), 1–32.
TERIAN, A.: A Critical Introduction to Philo's Dialogues, in: ANRW II 21.1 (1984), 272–294.
TERIAN, A.: The Priority of the Quaestiones among Philo's Exegetical Commentaries, in D. M. Hay (Hrsg.), Both Literal and Allegorical, 29–46.
TERIAN, A.: Had the Works of Philo Been Newly Discovered, in: BA 57 (1994), 86–97.
TERIAN, A.: Inspiration and Originality. Philo's Distinctive Exclamations, in: SPhA 7 (1995), 56–84.
THEILER, W.: Philo von Alexandria und der Beginn des kaiserzeitlichen Platonismus, in: ders., Untersuchungen zur antiken Literatur, Berlin 1970, 484–501.
THEILER, W.: Sachweiser zu Philo, in: PCH, Bd. 7, 386–411.
THYEN, H.: Der Stil der Jüdisch-Hellenistischen Homilie (FRLANT 65), Göttingen 1955.
TILLICH, P.: Systematische Theologie, Bde. I–III, Stuttgart 1956–1966.
TOBIN, T. H.: The Creation of Man. Philo and the History of Interpretation, Washington D.C. 1983.
TOBIN, T.H.: Was Philo a Middle Platonist? Some Suggestions, in: SPhA 5 (1993), 147–150.
VAN DER HORST, P. W.: Chaeremon. Egyptian Priest and Stoic Philosopher (EPRO 101), Leiden 1984.

VÖLKER, W.: Fortschritt und Vollendung bei Philo von Alexandrien. Eine Studie zur Geschichte der Frömmigkeit (TU 49,1), Leipzig 1938.
WAN, S.-K.: Philo's Quaestiones et Solutiones in Genesim: A Synoptic Approach, SBL.SP 32 (1993), 22–53.
WAN, S.-K.: Abraham and the Promise of the Spirit. Galatians and the Hellenistic-Jewish Mysticism of Philo, in: SBL.SP 34 (1995), 6–19.
WARNACH, W.: Selbstliebe und Gottesliebe im Denken Philons von Alexandrien, in: H. Feld/ J. Nolte (Hrsg.), Wort Gottes in der Zeit. Festschrift K. H. Schelkle, Düsseldorf 1973, 198–214.
WEGNER, J. R.: Philo's Portrayal of Women – Hebraic or Hellenic? in: A.-J. Levine (Hrsg.), „Women Like This". New Perspectives on Jewish Women in the Greco-Roman World, Atlanta 1991, 41–66.
WELKER, M.: Schöpfung und Wirklichkeit, Neukirchen-Vluyn 1995.
WENDLAND, P.: Philo und die kynisch-stoische Diatribe, in: P. Wendland/ O. Kern: Beiträge zur Geschichte der griechischen Philosophie und Religion, Berlin 1895, 1–75.
WENDLAND, P.: Die hellenistisch-römische Kultur in ihren Bindungen zu Judentum und Christentum. Die urchristlichen Literaturformen, 3. Aufl., Tübingen 1912.
WIEFEL, W.: Das dritte Buch über „Moses". Anmerkungen zum Quaestionenwerk des Philo von Alexandrien, in: ThLZ 111 (1986), 865–882.
WINSTON, D.: Philo of Alexandria. The Contemplative Life, The Giants, and Selections, Translation and Introduction by D. Winston, New York/London 1981.
WINSTON, D.: Logos and Mystical Theology in Philo of Alexandria, Cincinatti 1985.
WINSTON, D.: Two Types of Mosaic Prophecy according to Philo, in: JSPE 2 (1989), 49–67.
WINSTON, D.: Judaism and Hellenism: Hidden Tensions in Philo's Thought, in: SPhA 2 (1990), 12–17.
WINSTON, D.: Aspects of Philo's Linguistic Theory, in: SPhA 3 (1991), 109–125.
WINSTON, D.: Response to Runia and Sterling, in SPhA 5 (1993), 141–146.
WINSTON, D.: Philo's Mysticism, in: SPhA 8 (1996), 74–82.
WINSTON, D./DILLON, J.: Two Treatises of Philo of Alexandria. A Commentary on De Gigantibus and Quod Deus Sit Immutabilis, Chico 1983.
WLOSOK, A.: Laktanz und die philosophische Gnosis. Untersuchungen zu Geschichte und Terminologie der gnostischen Erlösungsvorstellung, Heidelberg 1960.
WOLFSON, H. A.: Philo. Foundations of Religious Philosophy in Judaism, Christianity, and Islam, Bd. 1 und 2, Cambridge (Mass.) 1947 (4. Aufl. 1968).
WONG, C.-K.: Philo's Use of Chaldaioi, in: SPhA 4 (1992), 1–14.
ZELLER, D.: Charis bei Philon und Paulus (SBS 142), Stuttgart 1990.
ZELLER, D.: Art. Mensch, göttlicher, in: NBL II (1995), Sp. 764f.

Stellenregister

1. Kanonische Literatur

Genesis

1	90
1,25	15
1,26f.	15
1,27	90, 164, 166, 185
1-3	40
2	90
2,6-7	243
2,7	90, 162, 166, 185
2-3	23
3,20	187
3,24-4,1	23
4,1	23
4,2-4	23
4,8-15	23
4,16-26	23f.
4,17	190, 237
6,1-4	24
6,4-12	24
7,1	143
7,2f.	115
8,6	121
8,20	206
9,1-9	190
9,20-21	24
9,22	124
11,1-9	24
12,1	177, 178, 185, 199
12,1f.	102
12,1ff.	36
12,1-4	48
12,1-6	24
12,1-9	56
12,4	124
12,7	57
13,14-18	56
14	72
15,1ff.	158
15,1	170
15,2	158f.
15,2-3	159, 161
15,2-18	24, 158
15,3	158f., 161, 165f., 168
15,3-4	158ff., 172
15,4	38, 158f., 168f., 172f., 176, 178
15,5	158f.
15,6	67
15,12	78, 210
15,16	21
16,1-6	16, 24
16,1-12	124
16,6-12	24
16,7	122
17,1-5	24
17,3	178
17,15-22	24
17,22	171
18,1-2	117, 126
18,3	126
18,14	138
18,22f.	137, 147
18,33	142
19,1	126
19,1–30	124
22,2	203
22,9	203
23,1-6	71
23,2	94
23,6	71f., 94, 96
24,16-20	171
24,17-23	124
24,63	139
26,8-15	124

27,28	124, 193	34,6	213
28,11	211		
28,11-15	24	*Psalmen*	
29,24	42	1	241
29,29	42	79,7	185
31	24	150	241
37,5ff.	24		
40,5ff.	24	*Hiob*	
41,1ff.	24	28	241
46	122		

Exodus

Weisheit Salomos

1,11	186	1-5	241
12,2	211	3,10-14,31	100
12,3-6	124	6-10	241
12,8	151	7,22-8,1	153
22,22	147	11-19	241
23,26	124	16-19	61
23,20f.	123	19,18	61
24,1	175		
24,1-2	119	*Jesaja*	
24,2	105-107, 119, 137	44,9-20	100
24,11-12	119		
24,12	137	*Jeremia*	
25,21	113	2,26f.	100
25,8	152	10,3	100
32,17-19	174	10,14f.	100
32,27f.	185		
33,18-23	65	*Lukas*	
34,29-35	88	2	82
34,30	88		

Leviticus

Johannes

2,14	195	5,31	242
13,11-13	174	7,18	242
26	221	8,28	242
27,30	192	8,42	242
27,32	192	8,44	242
		8,54	242

Numeri

Apostelgeschichte

6,9	174	1,7-8	80
6,12	174	2,14-36	80
20,25	182	4,31	80
28,2	195	6,8-7,60	87
		6,10	80
		18,24-26	31

Deuteronomium

17,18-19	59
28-30	221
30,4	100

Römer

1,18-25	47
1,18-3,31	208
6-8	208
6,11	241
7,7-13	187
7,7-25	192
8,9-11	208
8,6	241

1. Korinther

1-2	212
1,17-3,4	208
2,4	83
2,12	241
2,14-16	241
7,29	186
14	82
15,28	205

2. Korinther

3,1-4,6	208
5,11-21	242
5,15	212, 241
10,10	85
12,1-9	152
12,2ff.	207

Galater

2,19-20	208
3,23-29	242
3,26-28	208

Philipper

3,2-11	212
3,2-4,1	208
3,8-9	241
4,1	241

2. Antike Literatur (außer Philo)

Kursiv gesetzte Textstellenangaben verweisen auf direkte Textzitate in der Arbeit

Abhandlung über die Auferstehung (Brief des Rheginus) NHC I,4

46, 22-24	*207*

Ägypterevangelium (NHC III,2)

66-67	153

Apokalypse Abrahams

1-6	100

Apuleius

Metamorphosen

2.11.8-17	121
2.12.2	44
2.13.1	44
2.14.1	44
2.14.5	44

Aristeasbrief

134-138	44
132	63
172-294	79
195	63
208	63
266	79

Aristobul

Eus. praep. ev.

13.12.4	68

Artapanos

FrGrHist

726,1	*44*
726,3	*77, 84*

Augustinus

Principia rhetorices

2	*80*

Corpus Hermeticum

CH I
28	55
30	151

CH XIII
1	141, *152*
2	*151, 156*
3	*179*
4	*179*
7	136, 141, *149*, 156
7-9	152
8	136, *140, 151*
8-9	151
9	151
10	*141*, 156
13	*137*, 141
17	156
17-20	153

Chairemon

FrGrHist
618,4	45
618,6	45
618,7	46

Cicero

De natura deorum
1.2	44
2.87-89.91	44

Tusculanae disputationes
3.2	48
3.2f.	*49f.*

Clemens von Alexandria

Stromateis
1.72.4	10
2.100.3	10

Corpus papyrorum Judaicarum

153	45
150	6

Demetrios

Eus. praep. ev.
9.21.14	20

Diadochus von Photike

Hundert Kapitel
Vorwort	205
2	*191*
27	*185*
97	*185*

Die Lehren des Silvanus (NHC VII, 4)

85,23	176
94,19	176
103,28	176
105,26	176
105,33	176
109,22	176

Dion Chrysostomos

Orationes
1.57	81
1.59-60	79
1-4	71
32.11f.	83

Dreigestaltige Protennoia (NHC XIII,1)

40,4-8	*243*
43-44	*243*

Epiktet

Dissertationes
3.22	72
3.26	94
3.31f.	94

Epikur

Epistulae
135	58

Eugnostos (NHC III, 3)

71,1-5	*243*

Evangelium Veritatis (NHC I,3)

17,10-20	*242*
25,26f.	*242*
28,16-31	*243*
30,4-6	*243*

Heraklitus Stoicus

53.2	14

Antike Literatur

Johannesakten
94-96 61

Joseph und Aseneth
12,5 100
13,11 100
22,7f. 88

Josephus
Antiquitates
1.99 49
1.154-155 *49*
1.154-157 80
1.161 *80*
1.167 80
1.256 49
1.346 49

Contra Apionem
186 80
223 80

Libanios
Orationes
18.13 27

Lukanus
De bello civili
5.167ff. 82

Lukian
Alexander
4 84
Herakles
4–6 79
Nigrinos
1-7 *55, 62*
26 99

Marc Aurel
Selbstbetrachtungen
2.6 176
10.1 176

Musonius
Stobaios
4.7.67 71, 73, 74, 79

Oracula Sibyllina
3.29-35 44
3.11-16 63

Origenes
De principiis
3.6.3 *205*

Philostratos
Das Leben des Apollonius von Tyana
7.32 77, 84

Platon
Ion
533d-534b *82*
536a 181
Menon
99c 82
99d *79*
Phaidros
244ff. 96
244d 82
248a *127*
248a-b 118
248b *128f.*
249d 132
250a-c 181
250c 117
252b 181
256d 123
Politeia
514-522 129
515e 181
518c *52*
571-580 129
587b 71
Timaios
71d-e 82
71e-72b *82*

Plutarch
Moralia
387d 79
464f 22
1101-1107 118
1130 c-d 118

Polybios
4.3 79

Porphyrios
Vita Plotini
68 86

Vita Pythagorae
18 85

De abstinentia
4.5 45

Pseudo-Diotogenes
Stobaios
4.7.61 73, 74, 77, 97
4.7.62 73, 74

Pseudo-Ekphantos
Stobaios
4.7.64-66 75, 76, 78f., 84

Pseudo-Eupolemos
FrGrHist
724, 1-2 44

Pseudo-Longinos
De sublimitate
1.3 179
1.4 *83*
7.2 83, 179
8.1 177
8.4 177, 179
15.9 83
16.2 83
30.1 83
33.5 83
35.2 76
36.1 *76, 83*

Pseudo-Sophokles
Clem. Alex. strom.
5.113.1-2 44

Pseudo-Stenidas
Stobaios
4.7.63 74

Qumrantexte
4Q415-418 211, 239

Rabbinische Schriften
Hekhalot Rabbati
3.4 153

Seneca
Epistulae ad Lucilium
11.8-10 99
41.2 219
94.31 48
100.12 99

De tranquillitate animi
9 27
16 *179*

Stoicorum Veterum Fragmenta
2.36 *162*
3.594 *79*
3.612 *79*

Strabon
Geographica
17.1.10 28

Tractatus Tripartitus (NHC I, 5)
79,12-19 *242*

Xenophon
Kyriopaideia
1.3.18 79

Symposion
1.8-11 *84*

3. Philo von Alexandria

Kursiv gesetzte Textstellenangaben verweisen auf direkte Textzitate in der Arbeit

Abr

passim	18, 40
1-6	18, 41
2	63
4f.	*73*
7	44, 96
17-18	*55*
17-24	48
17-26	55
43	145
48-56	167
58	*67*
60	71
62-67	49, 94
66	*101*
68	37, 101
68-87	52
68-88	37
69	*44*
70	52
70ff.	52
78-79	*52*
81	53, 58
84	*53*
85	101
88	*53*
93	88
99	11
99-106	220
107	118
119	156
119-130	66
121-123	126
125	135
136-144	220
147-166	220
198	156
209-211	94
220	96
224	96
257	186
261	*71-73, 96f.*
262-269	69
269	*69*
275	58

Aet

passim	20, 244
94	145
97	131

Agr

passim	24
13	189
45	128
65	165, 175
79-81	194
158-167	180
166	180
176	174

Anim

passim	20, 28, 244
7	7

Cher

passim	23
9	*190*
18-19	147
20	177, *181*
27	160, 205, 233
27f.	233
29	*171*
31	199
49	14, *150*
56-66	187f.
66	190
71	*199*
71-112	195
84	*116*
96	174

Conf

passim	24
20-22	174
34	195
33-36	190
39	190
52	188
52-54	185f.

72	168	73f.	61
77	165	*76*	*61*
83-90	191	*78*	*63*, 64
95	150	80	61
101f.	191	83-87	61
126f.	187	84	61
127	193, 198	85	61
129	189	87	61
131f.	195	88	61
138	169	89	*61f.*
177	175	90	64
178	174		

Decal

passim	18, 41
1	41
35	*81*
41	95
52	71
96-100	29
98-101	63, 92
134	95, 164

Congr

passim	16, 24
27	128
34-38	167
51-53	118, 119
54	191
61	191
79	*162*
96	*192f.*
98	198
99	166, 198
132	*164*
133	184

Deo

passim	104, 229
5	*136*

Det

passim	23
1	190
12	184
29	*75*
29-31	139
31	169
32-44	190
33f.	*190*
38	190
38-40	194
39-44	190
65	184f.
79	*195, 237*
79-90	166
97	174
114	122
122	174
146	124
158	*186*

Contempl

passim	20, 64, 244
2	64
11-12	*60*
12	63f., 179
12f.	180
13-20	49
13-23	60
22	101
25	60
25-28	184
26	61, 64, 67
27	60
28	60
29	60
30	61
30f.	29, 61
31	36
34f.	61
35	61
64	64
64-90	61
66	61

Deus

passim	24

4	*203*, 204	191	68
5	*203f.*		
43	185	*Fug*	
45-50	174f.	passim	24
87	207	*14*	*171*
89-90	174	23-39	161
107	207	33	182
112-115	174	36	101
127-130	174	39	182
133-139	124	65-76	174
151	*181*	*71*	*164*
180	*122*	82	131, 184
		90	188
Ebr		90-92	178, 185
passim	24	91	186f.
34	182	92	188f.
35	240	115	174
40	131	116-118	124
65-77	240	117f.	2, 174, 206
69f.	185	*121*	*189*
70	166, 186, 188	135	193
80-93	240	147f.	191
82-83	168	*166*	*167*
84	184	166f.	2
95-96	174	166-172	167
108	131	167	167
121-126	174	*168*	*167*, 171
134-137	*166*	*172*	*167*
136	*181*	*173*	*168*
137	181	*174*	*168*
145	*178*	191	188
145f.	164	202-213	124
145-147	205		
146	179	*Gig*	
146ff.	208	passim	24
147	218	9	186
162-166	124	15	157
169	187	*26*	*170*, 184
169f.	187	35	128
		52	*139*, 188, *189*
Flacc		53	178
passim	20, 68, 244	53f.	172, 199
41-96	6	54	14
64	74	*57*	*160*
102	68	60-61	119
104	68		
125	68		
136-139	28	*Her*	
146	68	passim	24
170	68		

1	158, 160f., 170	*200*	146, *197*
2	166	213f.	193
4	188f.	*234*	*140*
19	184	*253*	*59*, 161, 185
29	146	248	182
31-65	159	258-267	204
40-62	158, 160f.	259-266	212
52-62	162	260-263	210
52	162, *165*	263	210
54	*162*	263-265	179, 210
56	203	263-266	2, 211
63	*158-163*	*264*	*212*
63-74	32, *33f.*, 35f., 38f., *158-215*, 213, 216, 226	264f.	2
		265	38, 81
64	162, *163-165*, 169, 172	267	210
65	161, *165-168*	271-274	175
66	*168f.*, 172	273	175
67	*169-172*, 184	274	175
68	169, *172-175*	300-306	21
68ff.	208	301	186
69	38, 173, *176-179*, 181, 188, 197	302-304	190
		304	190
69f.	182, 195, 197		
69-74	173, 208	*Hypoth*	
70	173, 175, 177, *180-183*, 213	passim	20, 244
		Eus. praep. ev.	
71	101, 184, 196, 213	8.7.12f.	19
71f.	*183-191*	8.7.13	29f., 36
71-73	177, 192, 195		
71-74	173, 203f., 206, 213	*Jos*	
73	*191-196*	passim	18, 40, 72, 221, 247
74	38, 158f., 162, *196-198*	4	74
75	158f., 197	86f.	79
76	159, 182	*95*	*82*
79	182	125-150	69
81	159	151	11
84	159, 164, 205	268	79, 88
85	38, *198*, 199, 219	*269*	*83*
86-89	158		
99	182	*Leg 1*	
106-108	200	passim	23
107	187, 194	44	229
108	193f.	49	199
110	193, *194*, 198	53-55	185
111	193f.,198	62	186
123	175	*82-84*	205, 208, *213f.*
127	*140*	84	62
130-236	193	88-89	164
133-206	135	91	63
183	146	92	166
183f.	205		

Leg 2

passim	23
14-23	194
32	205
42f.	185
46	199
49	*146*
55-59	178
57	*145, 148*
59	178, 199
68	*198*
77	*128*
85	205, 210

Leg 3

passim	23
4-10	199
16	*171*
18	*59,* 161
29	199
30	199
35	*199, 211*
36	*171*
41	38. *196*
43	139
43f.	208
44	198
45	*182*
47	203
60	186
80	*79*
93	185
108	*186*
119-122	194
129f.	186
134	156
135	186
169	170
173	170
198	*187, 199*
232	190

Legat

passim	6, 20, 68, 244
1-7	68
4f.	63
6	233
26	96
43-51	72
54	96

81	79
90-92	79
93-113	50
93-118	219
114-118	50
120-139	6
132	27
134	*27*
135	27
178-194	7
183	219
190	96

Migr

passim	24
1-13	185
2	*185*
5	169
7	*192*
9	186
12	*188,* 188f.
13	167
19	210
22	210
28-33	167
30-32	*168*
30-33	210
32	175
34f.	160, 205, *209f.*
35	169
38-40	168
40-42	210
47	187
56	*204*
60	128
73	195
75	182
76-85	195
78	188
82f.	190
84	204
86-88	240
89-94	240
91f.	241
101	193
103	187
104f.	194
132	*146*
134	*199*
148f.	124

169	175	*165*	*82*
175	124	177	182
190	*139*	183-186	87
191	152	187-191	81
195	185	*215*	19, *29*
206	174	215f.	59
		216	27, 29
Mos 1		246	101
passim	18, 41, 71, 221	283	82
4	36	*288*	101, 114, 145, *156f.*
15	88		
23f.	44	*Mut*	
26-40	44	passim	24
48	*58*, 184	7-15	63
84	*80f.*	17	186
96	98	37f.	218
113-125	98	43-46	240
148	73	54-56	178
148-162	71, 98	*56*	193, *194*, 199
149	*74*	69	188
155	219	84	171
155f.	*97f.*	88	167
156	98	100	185
157	98, *103*	*144*	*128*
158	*64*, 98f.	151	96
158-161	98	152	94
162	48	208	164
163	101	265	184
201-209	98	*270*	*171*, 174
212f.	98		
266	74	*Opif*	
283	82	passim	18, 40, 90, 92, 166
319-333	79	1-6	41
		9	68
Mos 2		*16*	*166*
passim	41, 71, 221	17	96
3	48	69	166
7	71	69-71	52, 62-64, 123, 164, 180
37-40	*82*	69-75	15
40	*112*	71	63
45-48	40	73	156
53f.	174	*77*	95, *147*
66f.	167	134	90
67	180	134-150	90f.
66-68	76	*135*	*90*
68	87	*136*	*90*
69f.	*86*, 87f., 92, 154, 156	137	91, 166
70	88	*138*	*91*
74	87	140-141	91
163	63	142	91

144	*91*	*Praem*	
145-147	52	passim	9, 18, 41, 221
146	*147*	1-2	18
148	91, *166*	1-3	40
150	*91*	1-6	41
170f.	51	12	220
171	68	15-21	48, 55
		17-21	49, 94
Plant		23	44
passim	24	24-60	92
14	131	28-29	69
39	181	28-30	187, 220, 228
48f.	163	*30*	*69*
49	*163*	31-35	68
55	163	40	65
62-64	163	40-46	65
116	131	42	68
126	*164*, 194	*43-44*	*65*
130f.	194	44	63
149-165	194	*46*	*65*, 66
		47	220
Post		53	18, 71
passim	23	53-56	36
6	229	54	96
8-10	190	55	82
8-11	174	*58*	*57f.*
13-16	177	58-60	36
13-21	63	*64*	*89*
14	229	*66*	29, *89*
19f.	*229*	80	101
21	174	*104*	*89*
27	147	*114f.*	*99f.*
31	118, *122*	*119f.*	*89*
35	190	127-161	174
48	174	163	95
51-53	190		
52	*190f.*	*Prob*	
55	191	passim	20, 244
55-58	186	13f.	55, 62
87	*131*	42	97
102	170	47	189
103-111	194	*62*	*97*
125	*171*	62-64	49, 97
129	184	81f.	29
132-153	171	119	74
148f.	171, 184	159	97
168	63		
175-177	124	*Prov 1*	
		passim	20, 28, 68, 244

Prov 2		44	109f., 114
passim	20, 28, 68, 244	45	106, 109, 111
		46	109, 111f., 133, *141*
QE 1		47	109, *110*
2	114	48	109, 111
3-11	124	49	109, 111, 114
4	114, *149*, 150, 186, 228	*51*	135, *152*
5	111, 125	*66*	*116,*
7	*115*, 127	*67*	106, *113*
8	*115*	*68*	134, *135*
11	*115*, 124	103	111
13	*115*, *151*, 186	118	135
15	*115*		
16	*115*	*QG* 1	
19	*122*	*1*	*131*
22	*139*, 148	15	133
23	21	29	105
		52f.	143
QE 2		57	21
3	*130, 144, 146, 147, 150,*	78	*129, 139*
	228	*91*	*142f.*
7	*115, 137*		
13	*123, 124*	*QG* 2	
15	*151*	1	114
20	111, *116*, 124, *125*	1-49	143
27-46	37	5	114
27-49	105, 108, 112	*11*	*143*
27	105, 109f., *113*, 114, 117,	*12*	*115*, 133
	175	15	*116*, 145
28	108f., 111, *113*, 117, 119,	27	*143f.*
	146	28	*130*
29	22, 32, *33*, 35-38, *104-*	29	119
	157, *107, 116, 118, 131,*	34	*118, 121f.*, 123
	145, 154, 163, 171, 175,	42	133
	204, 216, 221, 224f.	45	133
30	109, 111	*49*	*143*
31	109f., 112	*52*	*206*
32	109, 111	56	133
33	109, 111, *127*, 133	*62*	*147*
34	109f., *111*	71	124
35	109, 111	79	119
36	109, 111		
37	106, 109, 111, *134*, 135	*QG* 3	
38	109f.	*3*	12, 114, *140*
39	106, 108f., 111f., 119	*9*	2, 81, *132*, 211
40	105f., 108f., 111, 117,	10	129
	119, *137*	11	21
41	109, 111	13	21
42	109, 111	48	110
43	105, 109, 111		

21	111	88	114f., 129
18	124	92	129
18-33	124	97ff.	111
19	*122, 125*	101-111	124
19-20	125	104	129
20	125	*108*	*123*
21	125, *144*	109	114
23	*123*, 135	*110*	133, *134*
27	*123*, 124	115	114
28	*123*, 125, 129	*118*	*130*, 133
31	*125f.*	*119*	*138*
32	125	121	144
33	129	*125*	*142*
34	123	*130*	*153*
43	133	*132*	*149*
48	*130*	*137*	*114*
53	140	138	22, 117
		140	*139*, 153
		144	133
QG 4		*158*	*142*
		171	*129*
1	*117*	182f.	144
1-2	126	188-191	124
1-8	135	196	116, 150
4	119, *126*, 133, *138*	215	124
8	114, 117, 119, *119f.*, 126, *152*	243	124
12	129	*QS*/unidentifizierte Fragmente (Harris)	
18	*138*		
23	129	72f.	135, 150, 155
25	*137, 142*	75	152
25f.	147	104	72
27	129		
28	*152*	*Sacr*	
29	117, *142*, 149	passim	23
30	*114f., 126*, 133, *136*	2	200
30-55	124	4	186
31	*125*	5-10	119, 167
34	125	*8-10*	*213*
38	125	13	190
46	21, *122f.*	48	174
47	*118*	69-71	200
51	21	76-87	195
52	*126*	78f.	166
53	129, *138*	*78*	*168*
54	*125*	*82f.*	*194f.*
55	*126*	85f.	184
56-58	124	119f.	168
62	*124*		
76	96, *143*	*Sobr*	
80	144	passim	24
82	114, 144		

29	185	41-50	65
		42	65
Somn 1		43f.	63
passim	24, 244	51	43
34-37	64	*51f.*	*102*
35f.	12	52	71
44	118, *127*	59	96
60	*203*	65	82, 179
71	124	*116*	*76*
102-114	194	133	67
118f.	2, 187, *211*, 241	145-150	220
119	187	*230*	*116*
129	168	*298*	*128*
138	175	311	88
138f.	174	316	96
167-172	167	319-323	28, 85
171	168	*321*	*85*
181	181	333-336	151, 220
218	182	344	220
232	186		
243	*198*	*Spec* 2	
		passim	18, 41
Somn 2		45	96
passim	24, 244	*62*	27, 29, *59*
78	184	63f.	92
100	184	146	101
123-130	244	147	149, 220
127	29	155	151
174	175	158	101
183-189	2	208f.	63
186	166		
228	*147*	*Spec* 3	
228-236	2	pass	18, 41
232	185	1-2	180, 217
232f.	205	1-6	64, 123
240-259	195	*6*	*59*
252	160, 205	51	88
277	190	178	11, 145
291	*200*		
		Spec 4	
Spec 1		passim	18, 41
passim	18, 41	14	95
1	41	*49*	2, *81*, 82
8-12	220	68	49
11-12	220	92-94	164
21-31	50	106-110	184
30	184	114f.	220
36	*57*	132-150	7
32-40	63	136-142	184
37	63		

136-238	41	187-197	41
147	71	187-227	41f.
159	95	198-205	41
160-167	59	198-210	90
161	184	*203*	*90*
188	*74*	203-205	52
191f.	*82*	206-210	42
		211-219	*32f.*, 35, 36, *40-103*, 166, 216f., 219
Virt		212-219	42, 102
passim	18, 41	*211*	*40-42*
1-50	41	211-215	37
51-81	41	*212*	*43-46*, 101
65	102	212-214	36
70f.	72	212-217	92
77	101	*213*	*46f.*
79	95	*214*	*47-51*, 101
82-160	41	*215*	36, *56-58, 63-67*, 101
102	*100*, 101	215f.	91
161-174	41	*216*	36, *67-75*
174	41	216f.	154
175	41	*217*	36, *75-89*, 97, 99
175-186	41f., 48, 55	217f.	97
176	55	*218*	*92-99*
178	49, 83	*219*	*99-103*, 182
178f.	88	220-222	42, *54*
181	*70*, 71	223-225	42
182	88, 90	226f.	41
187	41		

Autorenregister

Albert, K. 225
Alexandre Jr., M. 41
Amir, Y. 81
Anz , W. 3

Baer, R. A. 8
Bailey, J. N. 48
Barclay, J. M. G. 5, 103
Bardy, G. 26
Barraclough, R. 6
Behm, J. 48, 51, 68
Bennent-Vahle, H. 31
Berger, K. 86
Betz, H. D. 56, 79
Beyer, H. W. 99
Bieler, L. 56
Birnbaum, E. 17, 23, 57, 102
Boccaccini, G. 185
Borgen, P. 5f., 24, 92, 221
Bousset, W. 1, 7, 9, 16, 22
Brandenburger, E. 211f., 218, 227
Bréhier, É 71
Broek, van den R. 30, 226
Brück, M. von 247
Bultmann, R. 26, 69, 182, 209, 242
Burkhardt, H. 81
Bussanich, J. 208

Cancik, H. 58
Cazeaux, J. 24
Chesnut, G. F. 71f.
Christiansen, I. 10
Cohen, N. G. 7, 13
Collins, J. J. 8
Conley, Th. M. 17
Culpepper, R. A. 29

Dalferth, I. U. 245

Davies, P. R. 60
Dawson, D. 8, 189
Dewey, A. J. 61
DeWit, H. F. 3, 58, 61, 230, 237f.
Diemer, A. 3
Dillon, J. 5, 10, 16, 25, 35
DuToit, D. S. 56, 118

Engberg-Pedersen, T. 60

Feldman, L. H. 5
Fichte, J. G. 202
Forman, R. K. C. 132, 205, 208
Foucault, M. 62, 190, 202, 249
Frede, M. 45
Frey, J. 212, 227
Friedländer, M. 36, 201
Früchtel, U. 14, 205

Gaiser, K. 134
Georgi, D. 6-8, 17, 19f., 23, 27f., 31, 36, 48f., 52, 56, 59-61, 68, 72, 76, 78, 81, 86, 92, 101f., 153f., 156, 197, 211, 218f., 230, 241
Geyer, C.-F. 3
Goodenough, E. R. 4, 6, 10, 14, 17, 28, 71, 77, 84, 139, 197
Goulet, R. 7, 11f., 202
Grabbe, L. L. 9f., 12

Haacker, K. 7
Habermas, J. 230
Hachlili, R. 27
Hadot, I. 31, 58, 184, 235
Hadot, P. 58, 62, 71, 73, 235, 249
Hamerton-Kelly, R. G. 7
Hansen, G. 72
Hay, D. M. 7, 11f., 21f., 23, 227

Hegel, G. W. F 12, 54, 200f., 229
Hegermann, H. 108, 112, 128, 156
Heinemann, I. 26, 211, 248
Hengel, M. 20f., 27, 247
Hilgert, E. 41
Hoek, van den A. 248
Höistad, R. 72, 79, 94
Holladay, C. R. 71, 98, 155, 157
Hösle, V. 201
Howald, W. 207

Jacobs, W. G. 3
James, W. 119, 225, 234
Jaspers, K. 199, 230
Jonas, H. 1f., 4, 12, 14, 36, 38f., 63, 65f., 150, 155, 179, 196, 200, 208f., 211, 216f., 225, 228, 238

Kasher, A. 5
Kieckhefer, R. 205, 249
Klauck, H.-J. 44
Kleinknecht, H. M. 79
Koestler, A. 54
Kraft, R. A. 244
Krämer, H. J. 10
Krauss, S. 28

LaFargue, 207
Lai, W. 247
Laporte, J. 8, 229
Leisegang, H. 9, 51, 81, 141, 226
Lewy, H. 62
Löhr, G. 226

Mach, M. 224
Mack, B. L. 7f., 10-12, 16, 37
Malherbe, A. J. 26, 55, 58, 97
Marcus, R. 28, 104, 113, 120, 122, 128, 136, 139, 141, 145, 146, 149f.
Marrou, H.-I. 5, 31
Marx, K. 200
Maurach, G. 238
Mayer, G. 36
Méasson, A. 10, 159, 180
Mendelson, A. 5
Meyer, R. 81
Meyer, U. I. 31
Moehring, H. R. 10
Mommaers, P. 207
Morray-Jones, C. R. A. 153
Mortley, R. 31

Neymeyr, U. 29f.
Nikiprowetzky, V. 8, 15, 18
Nock, A. D. 14, 55
Otte, K. 18, 188f., 194f.

Pascher, J. 14, 112, 120f.
Pearson, B. A. 242, 248
Piaget, J. 54
Pohlenz, M. 10
Priessnig, A. 19

Rabbow, P. 58
Reitzenstein, R. 1, 120f.
Reydams-Schils, G. 10
Riedweg, C. 13
Rist, J. M. 10, 34
Royse, J. R. 28
Rudolph, K. 5
Runia, D. T. 4f., 8-11, 15f., 22, 24-26, 29, 41, 231f., 237

Sandmel, S. 18, 37
Schenke, H.-M. 207
Schlatter, A. 48
Schleiermacher, F. 3
Schmithals, W. 239
Schoedel, W. R. 176
Scholten, C. 30
Schönfeld, H.-G. 55
Schrage, W. 27f.
Schüssler-Fiorenza, E. 30
Schwartz, D. R. 244
Segal, A. F. 113
Sellin, G. 2, 4, 37, 90-92, 108, 135, 211, 227, 250
Shuler, P. L. 19
Siegert, F. 2, 9, 11, 18, 20, 26f., 29, 62, 81, 103-105, 107, 112, 117f., 122, 128, 136, 145f., 205, 221, 224, 244
Sly, D. 6, 31
Smith, M. 208
Söding, Th. 17
Staehle, K. 10
Standhartinger, A. 23, 31
Stein, E. 7, 10-12, 54, 92, 191, 220, 237
Sterling, G. E. 5-7, 9f., 19, 21f., 29, 45, 150, 231, 244-246, 248
Stowers, S. K. 26
Strathmann, H. 45

Taeger, F. 71
Taylor, J. E. 60
Tcherikover, V. A. 5-7, 248
Terian, A. 28, 38, 104, 113, 116, 122, 128, 150, 159, 176f., 184, 196, 203, 238, 244
Theiler, W. 38, 180
Thyen, H. 26, 176, 235
Tillich, P. 201, 225
Tobin, T. H. 7, 10, 12, 16, 27, 37, 231f.

Van der Horst, P. W. 45
Völker, W. 15, 38f., 208-210, 214

Wan, S.-K. 20-22, 36, 38, 78, 105
Warnach, W. 201
Wegner, J. R. 31
Welker, M. 100
Wendland, P. 9, 26
Wiefel, W. 17, 19f., 23, 26
Winston, D. 5, 8-10, 13, 35, 64, 81, 184, 195, 205, 208, 211, 225f., 231
Wlosok, A. 14, 21, 212
Wolfson, H. A. 15, 139
Wong, C.-K. 44, 244

Zeller, D. 56, 164, 175, 181, 198

Sachregister

Aaron 109f., 113, 121, 182, 195
Abel 139, 190, 200
Abhängigkeit von Gott 68
Abraham 16, 18f., 36-38, 42-44, 47-52, 54-58, 60, 63, 66f., 70-73, 75-81, 83-88, 91-97, 99, 101f., 115, 117, 126, 135, 137f., 142, 146, 150, 154, 158, 160f., 165, 167, 169f., 172f., 176, 178, 184, 199, 203, 217f., 219, 243
Adam 41f., 52, 91, 219
- ideeller Adam (Gen 1,27) 90
- irdischer Adam (Gen 2,7) 90, 162, 187
Adel 31, 33, 40, 42f., 47, 54, 90, 93f., 96, 99, 102
Ägypten 6, 44, 58, 61, 80, 228
Alexander Tiberius (Philos Neffe) 28, 84, 244
Alexandria 5-8, 10, 16, 20, 23, 27-30, 35, 45, 55, 60, 136, 150, 180, 201, 222, 226, 232, 235, 239, 244f., 248-250
Alexandriner 6, 31, 45
alexandrinisches Bürgerrecht 5f.
Allegorese 10-12, 14, 19, 21, 36f., 63, 68, 108, 110-116, 140, 145, 177, 186, 187, 220, 223, 245, 246 siehe auch Seelenallegorese
- ethische 11, 108
- kosmologische 11, 114
- noetische 110-112, 114-116, 223
  siehe auch Seelenallegorese
- τὸ πρὸς διάνοιαν 37, 108, 109, 110, 115
Allegorie 10-12, 16, 37, 160, 186, 232
allegorische Auslegung/Interpretation 13, 21, 25f., 30, 106, 131, 160, 172, 195, 234

Allegorischer Kommentar (AK) 8, 15, 17, 19, 21-24, 26f., 29, 31f., 35, 37, 39, 62f., 68, 90, 92, 96, 119, 124, 130, 136, 139, 146f., 151f., 158, 160f., 164, 167f., 170, 173-177, 179, 186, 189, 192f., 195, 198, 202, 204-206, 209, 211-214, 217, 219-222, 226, 228-239, 244-246
Allegoristen 11, 13, 31, 60, 202, 223, 240, 241, 246
Alltagsrationalität 14, 233
Ammonius 9, 12, 236
Androzentrismus 30, 155
Anfänger 185
Anthropologie
- ganzheitliche 90
- monistische 89, 92, 220f.
Apokalyptik/apokalyptisch 8, 92, 153, 208, 221, 241, 250
Apokalyptische Weisheit 8
Apollonius 77, 84
Apologetik 36, 44, 68, 201
Apuleius 121, 252
Aristobul 8, 11f., 68
Aristoteles 27, 109, 185
Arroganz/arrogant 130, 152, 220
Askese 166
Ästhetik, ästhetisch 75, 116, 134, 138, 140, 166, 181, 217
Astralfrömmigkeit 45, 51
Astrologie 44, 46, 50, 244
- astrologischer Schicksalsglaube 64
Atheismus 51, 201
Aufklärung 53f.
Aufmerksamkeit 36, 59, 61, 160, 169, 173
Augustus 6, 247
- augusteische Reform 6
Auslegungstraditionen 16, 21, 26
Autarkie/autark 11, 187

Autonomie/autonom 190, 193, 201, 202, 211, 214, 228, 230f., 235
Autonomieanspruch 226, 231f.
Autosuggestion 50, 233

Basilides 153, 242, 248
Begierden 33, 87, 163, 165, 174, 186, 201
Bekehrung 36, 48, 52, 55 *siehe auch* Metanoia/ μετάνοια
Belehrung 58, 78-80, 160, 167
Besitz 41, 97f., 164, 187, 199, 233f.
Betrug 187
Bewußtsein 1-3, 12f., 36, 47f., 51f., 58, 60-62, 66-68, 73f., 78, 81-83, 87, 91, 94, 96f., 100-103, 110-113, 119-121, 124f., 130, 136, 140, 143, 144f., 150f., 155-157, 162, 167-171, 173, 175, 177, 179-182, 184, 186, 195-199, 201-203, 205f., 210f., 214, 217-220, 222, 225, 228-230, 232, 234, 237, 240, 243, 249 *siehe auch* Nous/νοῦς
- andauerndes mystisches 2, 204-207, 213, 226
- antigöttliches 227
- chaotisches 127, 129, 224
- dyadisches 138
- entkörperlichtes 169
- Entsinnlichung des 53, 146, 178, 223, 224
- falsches 50, 174, 187, 189, 190f., 193f., 212, 233
- fortschreitendes 125-127
- geschöpfliches 76, 164, 187
- gottloses 200, 212, 241
- inspiriertes 117, 172, 192, 204
- kontemplatives 226, 246
- monadisches 137, 138, 141f., 153, 154, 185, 204, 221
- monotheistisches 51, 217
- mystisches 153, 204, 209
- nacktes 178
- neues 165
- nichtekstatisches mystisches 195, 204
- nichtekstatisches vollkommenes 95, 148, 226, 238
- prophetisches 33, 107, 116f., 131, 146 224
- reines 126, 132, 141, 164f., 224
- reinstes 132

- sich selbst setzendes 212, 227, 247
- vergöttlichtes 193
- vollkommenes 95, 126, 148, 166, 182, 184, 196, 213, 226, 238
- wahres 49, 100, 163, 166, 178, 183, 187-189, 193, 204, 207, 212, 231, 235f. *siehe auch* Gottesbewußtsein
Bewußtseinsänderung 50
Bewußtseinsarbeit 177
Bewußtseinsbegriff 3, 48, 70
Bewußtseinsdualismus 198, 202, 205f., 208, 211f., 220, 214, 226, 227f., 231, 234, 240, 242f., 247, 250
Bewußtseinserfahrung 11, 54, 131f., 146, 157, 184, 207, 210, 225, 232
Bewußtseinsformen 114, 172, 227
Bewußtseinsgeschehen 101, 123, 138, 156
Bewußtseinsinhalte 47, 50, 165
Bewußtseinsprägung 50
Bewußtseinsqualität 69, 95, 158, 179
Bewußtseinsschulung 67, 191
Bewußtseinsstrategien 58f.
Bewußtseinstyp 120
Bewußtseinsveränderung 42, 149
Bewußtseinsverfassung 152
Bewußtseinsverwandlung 37, 100, 168
Bewußtseinsvorgang 42, 50
Bewußtseinswirklichkeiten 227
Bewußtseinszustand 61f., 67, 112, 119, 128, 132, 156, 185, 187, 207, 213, 225
Bewußtseinszustände 111, 114, 127, 172, 204, 207, 227
Bibelexegese 7, 30
Bibliothek 5, 27
- Bibliothekswesen 27, 249
- Privatbibliothek 27, 29, 249
Bildung 5f., 111, 161, 241, 249
- jüdisch-hellenistische 6
Bildungseinrichtungen 5
Bildungsereignis 58
Bildungskarriere 5, 44
Bildungskultur, hellenistische 5, 9, 19
Bildungsprozess 95
Bildungswissen 31
- philosophisches 9
Böse, das 44, 100, 191, 201f., 227
Brief des Claudius 6
Büchermarkt 27
Bürger 5, 103

Sachregister

Bürgerrecht
- römisches 5, 103
- alexandrinisches 5

Caligula 6f., 219
Chairemon 9, 45, 46, 47
Chaos/chaotisch 33, 107, 118, 127-130, 134, 191, 224
Christusbewußtsein 207, 241
- nichtekstatisches 242
Christusgemeinschaft 155
Christusmystik 208, 250
Christuswirklichkeit 207, 241
Cicero 237
Claudius 6, 45, 244
Clemens von Alexandria 10, 27, 30, 41, 248
Cornutus 9, 12
Corpus Hermeticum 136, 226, 236

Demetrios 20
Demutsmeditation 152
Denken (διάνοια) 3, 5f., 8, 16, 31f., 34f., 38f., 46, 50, 53, 55, 62, 70, 82, 86, 110, 112, 127, 141, 144, 147, 150, 164, 168f., 173, 177f., 182-184, 189, 194, 196-202, 204, 206f., 209, 229-231, 235, 238, 241, 243, 248
- diskursives 3, 139, 149f., 228
- monistisches 154, 221
Dialog 5, 27, 139
Diatribe/diatribisch 25-27, 176, 214, 235, 237f.
Diatribenstil 222, 235
Diskurs, philosophischer 231
Diskussionen 26
Dissidenz 247
Distanzierung 53, 164, 178, 183, 184, 195, 231, 246
Disziplinierung der Leidenschaften 220
Dogmen/dogmatisch 53, 129, 163, 170f., 191, 206, 235, 241 *siehe auch Lehren*
- Grundwahrheiten, philosophische 26
Dualismus/dualistisch 119, 135, 154, 172f., 187, 193, 198, 202, 208, 212, 220, 227f., 230, 237, 239, 241
Dyade (ἀόριστος δυάς), dyadisch 126, 131-136, 141, 145f., 156

Egozentrik 130
- egozentrisches Ichbewußtsein 202
- egozentrische Selbstsetzung 212, 227
Eigendünkel 209
Eigenmächtigkeit 201
Eigentum 39, 187, 208
Eingeweihte 121, 160, 165, 172, 184, 238, 246
Einsamkeit 94, 140, 153
Einsichtsfähigkeit 48
Einübung 23, 26, 58, 171, 214, 233, 234f., 239, 248, 250
Einweihung 152, 160
Ekstase 1f., 4, 38f., 54, 62, 83, 96, 132, 137, 151-153, 164, 178-180, 203-206, 208f., 211, 214, 217, 220, 222, 225, 234, 237
Ekstatiker 1, 39, 156
ekstatische(s)
- Aufhebung des Denkens 1, 225
- Bewußtlosigkeit 2
- Bewußtsein 117, 150, 185, 204f. 226
- Bewußtseinserfahrung 146
- Bewußtseinsveränderung 149
- Erfahrung 38, 54, 147, 206, 222
- Existenz 144
- Frömmigkeit 37, 38
- Gottesbewußtsein 131, 180, 221
- Hingabe 96
- Hymnus 153
- Inspiration 132, 142, 144, 147f., 154, 177f., 217f.
- Mystik 142, 195, 204, 206-210, 213f., 228, 234
- Prophetie 81, 132
- Wirkung 61
- Zustände 60
Endlichkeit 173, 200f., 229
Enkomienstil 21, 48
Enkomion 16f., 19, 37, 55, 99, 186, 220
Enthistorisierung 221
Entkörperlichung 223
Entsinnlichung 53f., 63, 146f., 178, 223f.
Ephebie/Ephebe 5f., 27f.
Ephraim 185
Epiktet 202, 235
Epikur 58
Epikureer 31, 62

Erhabenheit 75f., 83f., 88, 116, 177, 179, 183, 195, 237
Erinnerung 43, 59, 171, 185
Erkenntnis 3, 8, 45, 49f., 52, 53, 57f., 63f., 66, 69f., 82f., 91, 96, 120, 134, 138f., 141, 143, 162, 164, 167, 199f., 205, 207, 210f., 225f., 230, 233, 237
- des Schöpfergottes 47
- Gottes 60, 65, 67
- philosophische 13
- reine 140
- spekulative 14
Erkenntniskritik, skeptische 69
Erkenntnistheorie 11, 220
Erlösung 111, 185, 198, 207, 221, 243
Erlösungsvorstellung 2
Erzieher 49, 79
- philosophischer 28
Erzmütter 19, 218, 222
Erzväter 19, 36, 37, 40, 48, 73, 160, 218, 222
Eschatologie/eschatologisch 8, 92, 164, 221
Etymologie 11f., 161f., 220
Eudorus 9, 135
Eugnostos (Brief des) 226, 243
Euripides 82
Eva 187
Evangelium 242
Exegese/Auslegung
- allegorische 13, 16, 25, 30, 106, 131, 148, 160, 178, 234, 245 *siehe auch Allegorese*
- als Gnadengeschehen 233
- der radikalen Allegoristen 241
- esoterisch 245
- exoterisch 245
- jüdisch-hellenistische 20
- kontextuelle 105
- kosmologische 114
- literale 13, 16, 24, 37f., 108, 246 *siehe auch Literalsinn*
- mittelplatonische 25
- mystagogische 26
- neutestamentliche 34, 250
- Philo als Exeget 7f., 246
- psychagogische 26, 30 *siehe auch Psychagogie*
- seelenallegorische 23, 108 *siehe auch Seelenallegorese*

Exegetinnen und Exegeten 9, 15, 22, 28
Exegetinnen 30
Existenz, exzentrische 229
Existenzweise 3, 10, 51, 165, 179, 194, 204, 223, 228, 236, 242, 246f.
Expositio Legis (EL) 8, 17-22, 24, 31f., 36, 40f., 52, 59, 68, 73, 112, 164, 167, 174f., 182, 216-221, 228, 232, 244f.

Fleisch/fleischlich 61, 109, 146, 162, 183, 186, 212
Form und Inhalt 17, 20, 233
Formanalyse 17
- formanalytische Differenzierung IX, 4, 18
Fortschreitende(n), der/die 115, 118f., 121f., 124-127, 136, 165, 167f., 174, 185f., 190
Fortschritt 127, 130
Frauen 9, 30f., 42, 54f., 61, 85, 146
Frauenbild 31
Freiheit 60, 74, 97, 168, 175, 181, 196, 199, 201, 229
Freude 57, 60, 68, 89, 151, 164, 170, 181, 193, 205
Frieden 72, 97, 152, 164, 168, 205
Frömmigkeit 1, 33, 39, 49, 54, 61, 69, 71, 89, 93f., 96, 102, 110, 146, 166, 203, 214, 231f.
- mystische 38f.
Frömmigkeitspraxis 19, 30, 239
Fülle 35, 54, 73, 89, 134, 136, 162, 168, 213, 223

Gattungsanalyse/gattungsanalytisch 4, 17f., 20, 23, 249
Gebet 61, 154, 185, 239
Gedächtnis 30, 58, 67, 174
Geist 52f., 84, 89f., 137, 141, 143, 146f., 157, 193, 210, 220, 227 *siehe auch Nous/νοῦς und Bewußtsein*
- Gottes 1f., 32, 78, 80-83, 86, 92, 95, 110, 123f., 127, 132, 153, 162, 175, 178, 196, 205, 217
- inspirierter 165
- menschlicher 1, 82, 92, 95, 199, 226
- πνεῦμα τοῦ θεοῦ 81
- prophetischer 112
- reiner/reinster 156, 163, 164

Sachregister

- sich selbst setzender, böser 199-201, 211
Geisterfülltheit 179
Gerechtigkeit 41, 59, 68, 74, 87, 89, 94, 151, 241
Gerusia 30
Gesang 61
Gesellschaft/gesellschaftlich 6, 89, 103, 240, 245, 247
- gesellschaftskritisch 240
- gesellschaftsrelevant 103, 245
Gesetz 19, 40, 41, 74, 76, 115, 126, 147, 187
- νόμοι ἔμψυχοι 73
Geübter 26
Gewissenserfahrung 123, 206
Glauben 9, 32, 36, 42, 52, 54, 64, 66-71, 95, 146, 188, 198, 209, 218, 220, 238, 241, 245
Glossolalie 82
Glücksgefühle 138
Gnosis/gnostisch 8, 30, 61f., 72, 179, 191, 197, 207, 226, 239, 242f., 248, 250
Gott(es)
- Schöpfungszugewandtheit 63, 66, 76
- Vorsehung/Bewahrung 57, 63f., 68, 73, 89
- Wesen 47, 63-66, 76, 135, 155
- *siehe auch Logos, Geist Gottes*
Gotterfülltheit 119, 179, 213, 222, 224
Gottesbegegnung 120, 144, 182
Gottesbewußtsein 3, 36, 40, 73, 95, 104, 158, 167f., 170, 183, 185, 198, 202, 207, 212, 229f., 234f., 239, 244, 246, 248
- ekstatisches/monadisches 131, 142, 180, 221, 225
- nichtekstatisches 204, 206, 247
- vernünftiges 216, 218
Gottesbeziehung 63, 66, 68, 71, 153, 215
Gotteserfahrung 12, 53, 66, 132, 144, 155, 207, 235, 248, 250
Gotteserkenntnis 2f., 14, 49, 52f., 56f., 63-67, 76, 102, 116, 126, 135, 222, 227
Gottesferne 119f., 223, 227
Gottesgegenwart 67
Gotteshingabe 203, 209, 222, 226-228
Gottesliebe 61, 66, 110, 201

Gotteslob 47, 61, 194, 213, 214, 229, 237, 241
Gottesnähe 76, 84, 87, 117, 119, 145, 146f., 209, 223f.
Gottesperspektive 192, 231
Gottesschau 36, 60, 64, 67, 77, 87, 89, 102, 117, 119, 126, 151f., 155, 206, 217, 222, 237
Gotteswirklichkeit 154, 177, 222, 234, 236
göttlicher Mensch/ θεῖος ἀνήρ 17, 56, 77, 79f., 84f., 88, 90-92, 94f., 98, 112, 154, 166, 218f., 222, 224, 245
Gottlosigkeit 110, 187, 192, 202, 229, 241, 247
Gruppe, esoterische 239, 246
Gymnasium 5, 27, 28, 31

Hannah 218
Häßlichkeit 134
Heilserfahrung 175, 212
Heilsgeschehen 54, 220
Heimat 49, 94, 100, 102, 165, 175
Hellenismus/hellenistisch 5f., 9, 11, 20f., 23, 31, 51, 55f., 62, 71f. 219, 249
Henoch 48, 55, 94, 218, 243
Heraclitus Stoicus 9, 12, 37
Heraklit 193, 240
Herrscherkult 72
Hierophant 14
Himmelsflug 123, 175, 180
Himmelsweg 123
Hingabe 10, 57, 60, 95f., 125, 130, 137, 191, 193, 195, 197f., 203, 207, 214, 228, 230, 235, 242
Hochmut 41, 200
Hochschullehrer 9
Homer 9, 13, 22, 29
-allegoresen 11f., 37
-exegese 9, 12
-kommentare 21
Hörerinnen und Hörer 22, 25, 30f., 43, 49, 81, 83, 105, 127, 156, 160f., 167, 169, 170, 172f., 176-178, 184, 195f., 222, 233, 237, 238
Hymnus/Hymnen/Lieder/Psalmen 60f., 153, 164, 194, 230, 239
Ichbewußtsein, absolutes, 202
Ichsetzung 200, 202, 247
Ideenwelt 57, 64, 87, 181, 187, 188

Identität 1, 3, 5, 7, 100, 126, 133f., 138, 140, 142, 148, 154, 167, 179, 198, 206, 213f., 217, 224, 226, 228, 230, 242, 247
Identitätserfahrung 228
- illusionäre 229
Identitätswechsel 179
Immanenz 51, 76, 88, 154, 156, 217, 218, 220, 229f.
Individualität 156, 230
Inhaltliche Widersprüche bei Philo 14, 17
Inspiration/inspiriert 1, 4, 38, 48, 56, 77-84, 86-88, 91, 99, 116f., 124, 127, 131f., 135-139, 142, 144-150, 154-157, 159f., 164f., 167, 176-182, 184f., 192, 197, 203f., 210, 217f., 224f., 228, 238
- mystische 135, 144
Intellektualität 228, 232
Intellektuelle 5, 202
Irrtum 50, 195, 242
Isaak 41, 49, 68, 75, 115, 161, 164, 166f., 178, 203f., 210, 213, 243
Ismael 190
Israel 6, 19, 65, 102, 164, 168, 241

Jakob 41, 160, 161, 167f. 178, 211
Jeremia 150
Jerusalem 7, 252
Johannesapokalypse 11
Johannesevangelium 155, 242
Joseph 19, 31, 74, 79, 88, 210, 243, 247
Josephus 49, 79, 80
Juda 12, 164, 213
Juden 5-7, 9, 20, 27, 30, 32, 41-43, 50, 102f., 219, 242, 244f., 248f.
- Rechtsstellung 6
Judentum 1, 5-7, 9, 13, 16, 19f., 31, 55, 57, 60, 72, 86, 101, 102, 212, 221, 245, 247f., 249
- alexandrinisches 5, 7, 248
Jüdinnen 9, 27, 245
jüdische(r)
- Bildungseinrichtungen 5
- Gnosis 8
- Rechtsstatus 6
- Schriftauslegung 11
- Weisheit 20
- Weisheitstheologien 8

Kain 12, 41, 129, 187, 190, 200, 228
Kaiserkult 54
Kaiserverehrung 45
Katechese 222
Komplementarität, komplementär 148, 176, 178, 181, 194, 198, 229
König/Königtum 32f., 42, 47, 70-79, 82, 84, 93-98, 219, 220
Königsideologie 79
Königstheorie, philosophische 71-73, 76, 79
Kontemplation/kontemplativ 12f., 26, 59f., 90, 92, 110, 112, 119, 125, 138, 144, 148, 202, 220-223, 226, 234, 236, 238-240, 246
Konzentration (als Übung) 150, 160
- auf Gott 62, 75, 150
Körper 15, 33, 62, 70, 84, 86, 88-92, 101, 117, 128, 137f., 143, 149, 157, 162-164, 172, 174f., 178f., 183, 188, 191f., 195, 199, 205f., 213, 220, 223, 227-229
Kosmologie/kosmologisch 11, 14, 21, 114, 120, 153, 187
- antiplatonische 45
Kosmos 11, 32, 43f., 46, 51, 57, 62-64, 68, 74f., 98, 120, 126, 134, 136, 153, 166, 193, 196f., 223, 228
Kräfte Gottes 64, 140, 162, 193, 228
Kreis der Geübten 27, 246
Kreis/Zirkel, esoterischer 26f.
Kybelekult 179
Kyniker/kynisch 72, 96

Laster 118, 124, 130, 182, 191, 235
Leere 126, 132, 136
Lehraktivitäten 80
Lehren 14, 28, 51, 53, 58f., 61, 63, 67, 79, 80, 83, 170f., 174, 176, 182, 185, 202, 206f., 210f., 213, 234, 248, 250 *siehe auch Dogmen/dogmatisch*
Lehrer 12, 27, 29f., 78, 80, 85, 111, 139, 169f., 172, 177, 211, 219, 244, 250
Lehrexegese 26
Lehrgespräch 27
Lehrpredigten 20
Lehrsätze 61, 184
Lehrtätigkeit 28-30, 80, 83, 97
Lehrvortrag 19f., 23, 59, 61

- philosophischer 26
Leib 33f., 78, 86, 88, 92, 117, 156f., 174-176, 183-186, 190-192, 195, 204, 227
Leiden 122, 192, 220
Leidenschaften 33, 59, 74f., 124f., 127f., 130, 138, 143, 146, 148f., 151f., 156, 161, 163, 165f., 174, 182, 186f., 191, 218, 220, 222-224, 227, 246
- Leidenschaftslosigkeit, ἀπάθεια 164, 184, 186
- μετριοπάθεια 186
Lektüre 4, 54, 59, 116, 213, 234, 238f.
Lesen 58f., 61, 177, 234, 236
- vorlesen 31, 238
Leserinnen und Leser 30, 40, 63, 70, 161, 170, 222, 233
Licht 52-54, 60, 65, 84, 126, 136, 160, 168, 182, 205, 210, 213
- Gottes 63, 152, 196, 222, 243
Lichterfahrung 52, 137f.
Lichtwahrnehmung 119
Lieder *siehe Hymnus*
Literalsinn 13, 20f., 110f., 158, 220, 223, 240, 245
- τὸ ῥητόν 37, 108f.
Lob Gottes 164, 213, 217
Loblieder 164, 194
Logos, göttlicher 5, 8, 13, 64, 71f., 95, 106, 111, 119f., 123f., 127, 134-137, 140, 147, 153, 155, 163f., 170, 172, 174, 177, 184, 193-195, 204-206, 211f., 223, 226, 229, 232, 240 *siehe auch Geist Gottes*
λόγος (Wort, Sprache) 79, 130, 135, 140, 162, 188, 189 *siehe auch Sprache*
Lüge 49f., 187, 201, 203, 240, 242
Lukas 31, 80, 82, 87
Lukian 56, 62
Lust/Lüste 74, 115, 125, 144, 175, 186, 189, 193, 201, 230

Machtkritik 11
Magier Ägyptens 190, 195
Manasse 185
Männer 5, 6, 30, 42, 54, 65, 73, 76, 110, 112, 220
Mantik/Mantiker 79, 81-83, 204, 206, 209-211

Marc Aurel 176, 202
Marktplatz 26, 28, 85
Maßlosigkeit 129
Meditation 59, 62, 152, 205, 207, 234
- Meditationszimmer 60
- meditative Techniken 178
Menschenklassen 117, 120
Merkabah-Mystik 153
Metanoia/μετάνοια 41f., 48, 51-53, 55, 57f., 62, 66f., 99f., 103, 124, 127, 217 *siehe auch Bekehrung*
Metaphysik, metaphysisch 12, 55, 193, 202, 230
Milieu, esoterisches 29
Missionspredigt 49, 80
Missionstheologie 42, 44, 47, 55, 60, 63, 68, 72, 76, 80, 83, 91, 95, 166, 216, 219, 221, 232, 245, 247, 249f.
Missionstheologische Schriften (MS) 20, 27, 32, 35-37, 48, 52, 58, 62f., 81f., 89f., 92, 151, 164, 166, 173-175, 179f., 184, 186f., 217, 220-222, 224, 233, 245, 247
Mittelplatonismus 9f., 12, 14, 16, 25, 135, 231f.
Monade (ἕν), monadisch 33, 67, 107, 120, 126, 131-138, 140-142, 145, 146, 153-155, 163f., 185, 206, 222, 224-226
Monotheismus 10, 19, 50f., 80, 100, 102, 219, 221, 223
- monotheistische Wirklichkeitserfahrung 100
Mose 9f., 14, 19, 26, 29, 36f., 40f., 44, 48f., 55, 58, 64, 71, 73, 77, 79f., 82-88, 91, 97f., 102, 105, 109f., 112, 114, 119, 150, 154, 156, 160, 164, 172, 186, 195, 202, 213, 248
- als prophetisches Bewußtsein 33, 107, 116, 117, 131, 224
Musonius 71, 73f., 79, 202, 235
Mystagoge 27, 88, 176, 179, 244
Mysterien 14, 112, 120, 150, 152, 172
Mysterienritual 14
Mysterienterminologie 120f., 141
- philosophische 13, 108
Mysterientheologie 14
Mysterium 14, 64, 235
Mystik 2, 8, 32, 142, 153f. 178, 195f., 204-210, 213f., 217, 223, 225f., 228f., 234, 240, 247, 249f.

- bewußtseinsdualistische 249f.
- ekstatische Mystik 207-210, 213f., 217, 234
- kontemplative Mystik 226
- nichtekstatische Mystik 204-210, 213f., 217, 228, 249f.
- unio mystica 146, 224, 249
Mystikdefinition 208
Mystiker 132, 142, 155, 157, 185, 205, 225
Mystikforschung 132, 208, 249
Mystikkritik 250
mystische(r)
- Bewußtseinsphänomene 112
- Denkstil 148
- Ekstase 1f., 119, 171, 179, 196, 203f., 208f., 211, 213f., 220, 222, 234
- Erfahrung 2f., 66, 132, 148, 167, 206, 209, 222, 246
- Frömmigkeit 39, 175
- Gotteserfahrungen 2, 207
- Seelenallegorese 246
- Sprache 176

Nachahmung 78, 99, 114, 125, 219
Nadab und Abihu 145, 148, 178
Natur 32, 34, 48, 50, 53, 58, 62-65, 68, 75f., 84f., 90, 120, 135, 145-147, 152, 161, 166-168, 175, 183, 186, 190f., 201, 229f.
Naturanlage 48f., 166f.
Neuorientierung 47f., 51f., 55, 99, 101, 217
Neuplatoniker 45
Neupythagoreer 71f., 74-79
Nichtigkeit 50, 151, 201, 203, 218, 243
Noah 41, 49
Nous/ νοῦς 1, 3f., 12, 82, 106f., 110, 132., 135, 138f., 151, 179, 181, 197, 199, 207, 210f., 214, 217f., 225-227, 232 siehe auch Bewußtsein, Geist, Vernunft
- Adam als irdischer 162
- allerreinster 163
- endlicher 232
- geschöpflicher 52, 157, 166, 233
- intuitiver 225
- irdischer 165
- menschlicher 52, 66, 110, 224, 231
- prophetischer 112-114, 131
- reinster 113f., 117, 164
- sich selbst setzender 151
- törichter 220
- vollkommenster 117

Oberschicht 5, 60
Objekterkenntnis 224
Ochlokratie 128
Odysseus 12
Offenbarung 8, 54, 66, 100, 153, 220, 231
Offenbarungstext/quelle 8, 231f., 235
Öffentlichkeit 19f., 23, 28, 41-43, 154, 218, 221f., 245-247
Öffentlichkeitscharakter 222
Ontologie/ontologisch 12, 90, 134-136, 138, 140, 163, 184, 188f., 193, 227-229
Orakel 56, 82, 101, 204
Orakelprophetie 78, 82f., 131, 179
Origenes 27, 30, 248
Orthopraxie 13

Paränese 41, 176, 177, 235
Partikularität 201
Passah 149, 220
Paulus 82f., 85, 152, 163, 187, 192, 207f., 212, 241, 250
Perspektive 3, 20, 23, 42f., 46, 68, 100, 106, 110, 115, 126, 136, 174f., 187, 190, 192f., 195, 199, 223f., 228, 230f., 233, 241, 246, 248
Pharao 190, 200, 228
Philosoph/Philosophen 8f., 27f., 30, 45, 72, 80, 118, 223, 232, 237, 240, 244
Philosophenschule 5, 22, 26f., 29, 201, 240
Philosophie 4, 12, 19, 23, 28, 44, 46, 51, 54, 58, 62, 71-73, 122, 162, 199-202, 226, 229-232, 235f., 240, 249
Philosophinnen 9
Platon 22, 29, 79f., 82, 108, 117f., 123, 129, 132, 134, 164, 181, 187, 232, 240
- platonisch 14, 21, 46, 57, 64, 71, 106, 112, 121, 134, 161, 165f., 180, 188f. 236
Platoniker 9, 47, 135, 231

Sachregister 297

Platonismus 8, 10, 16, 68, 118, 180, 240
Politeia/πολίτευμα 5, 102
Politiker/politisch 6f., 19f., 45, 59, 72f., 79f., 100, 103, 161, 201f., 221, 244, 247, 249
- tyrannische politische Klasse 247
Polytheismus 42, 44f., 51, 53f., 100, 102
Popularphilosophie 58, 62, 68, 79, 202, 221
Porphyrios 45, 85
Poseidonios 9
Präexistenz 165
Predigt 26f., 59, 61
Predigtsammlung 26
Prophet/Propheten 14, 33, 38, 81f., 93, 95, 98, 109, 112, 141, 150, 179, 240
Prophetie 81, 131, 132, 210, 213, 241
prophetische(s)
- Bewußtsein 33, 107, 116f., 131, 224
- Inspiration 34, 36, 38f., 56, 95, 117, 131, 165, 176, 178
- Nous 113f.
Psalmen *siehe Hymnus*
Pseudo-Cebes: 55
Pseudo-Diotogenes 73f., 77, 97
Pseudo-Ekphantos 74-76, 78, 84
Pseudo-Heraklit 97
Pseudo-Longinos 83, 116, 177, 179, 195, 237
Pseudo-Plutarch 9, 12
Pseudo-Sophokles 44
Pseudo-Sthenidas 74
Pseudowissen 187, 190
Psychagogie/psychagogisch 2, 26, 30, 58-63, 101, 111, 147f., 180, 184f., 190, 200, 214, 231, 237, 239-241, 249f.
- im AK 191-215, 233-240
- in den MS 58-63
- in den QS 147-154
- philosophische 58f.
Psychologie/psychologisch 11f. 92, 134, 222, 229, 242
Psychologisierung 229
Pythagoreerfragmente 71f., 74-79, 84, 97

Quaestiones et Solutiones (QS) 8, 10, 15, 17, 19f., 22, 24, 27-29, 31f., 35, 37, 96, 104-106, 108-111, 116, 118f., 124, 129-133, 135f., 139, 147f., 152, 154, 157, 206, 217, 220-223, 226, 228, 232, 240, 244-246
- ζητήματα 20, 22, 104f.

Rationalität 54, 81, 217, 225
Realität 3, 66, 153, 164, 170, 176, 182, 187, 189, 198, 214, 218, 233, 241, 243
- Gottes 154
- illusionäre 230
Reigentanz 61
Rhetorik/Rhetoren 9, 27, 61, 78-80, 83-85, 99, 188-190, 194, 222, 236f.
Rituale, religiöse 2, 13f., 202, 239f.
Rom 6f., 30, 45, 244
- römische Herrschaft 6
- römischer Staat 5, 221
Ruhe 132, 134, 137, 139, 141, 147, 150, 152, 157, 164, 182, 205, 230, 235

Sabbat 29f., 61f., 92, 243
Sara 16, 88, 140, 220
Schau 33, 60, 121, 126, 135, 137f., 151f., 155, 181
- der göttlichen Güter 181
- der göttlichen Dinge 234
- der Ideenwelt 64, 87, 132, 181
- der Transzendenz 144
- des Einen 137
- des Kosmos 64, 98, 146, 217
- des Seienden 64
- des Tugendweges 123
- Gottes 63f., 87, 119, 144, 203, 223
Schein (δόξα) 12, 34, 50f., 54, 81, 128, 182f., 186, 188f., 218, 230, 233, 240f.
Scheinrealität 186, 218
Schönheit 33, 63, 67, 79, 89, 96, 100, 147, 164, 166, 171, 188, 217
- der Schöpfung 217
- der Schrift 10, 116, 237
- des Charismatikers 218
- des Körpers/Leibes 69, 78, 84f., 89, 91
- göttliche 166, 181
Schöpfergott 10, 48, 50, 57, 62, 66, 97, 100, 153, 243
Schöpfungsbericht 40

Schöpfungsglauben 50
Schöpfungsmittler 108, 135,
Schöpfungstheologie 95, 167
Schöpfungswirklichkeit 62, 88, 193, 198, 219, 223
Schreiben (als pyschagogische Technik) 58f., 61
Schreibtischmysterium 205
Schrift (Tora) 12, 23, 62, 139, 160, 210
Schriftauslegung 17, 27, 29-31, 60, 63, 148, 235, 239, 246
Schriftlesung 27, 30, 239
Schriftstudium 29
Schulbetrieb 16, 22, 26, 185
- philosophischer 29f.
Schulbildung (τὰ ἐγκύκλια) 111, 125, 127, 144
Schule 26f., 29f., 150, 226
Schülerinnen und Schüler 22, 171, 238, 240
Schulvortrag 26
secondary texts 22, 24f., 237
Seele 21, 26, 32f., 37, 39f., 46-49, 52f., 58f., 61-63, 67f., 70f., 73, 76, 78, 80f., 85f., 88-92, 95, 100f., 106, 111-115, 117, 121-125, 127, 132, 139, 146f., 149-151, 153, 156f., 162f., 165f., 168, 170f., 173-178, 180-182, 185f., 188-193, 196, 198f., 203f., 206, 210, 212, 214, 220, 223, 226, 233, 235 *siehe auch Bewußtsein, Nous, Vernunft*
Seelenallegorese/seelenallegorisch 11f., 16, 19f., 23f., 26, 37f., 62, 90, 105, 110, 111, 113-117, 124, 130-132, 143, 147, 149, 154, 157f., 174, 213, 220, 223
Seelenflug 175
Seelenführung/ Seelenleitung/Seelsorge 30, 58f., 184, 235f., 249 *siehe auch Psychagogie*
Seelengröße 73f.
Seelenzustände 37, 116, 156
Seinsfülle 134, 136, 156
Selbstbesitz 229
Selbstermächtigung 202
selbstgelehrt/αὐτοδίδακτος 166 *siehe auch Isaak*
Selbstherrscher (αὐτοκράτωρ) 198f.
- selbstherrlich 198

- selbstmächtig (αὐτεξούσιος) 198, 219
Selbstreflexion 220
Selbstrelativierung 220
Selbstsorge 5, 62, 190, 202, 235
Selbstüberschätzung 220
Selbstvergessenheit 179
Seneca 27, 31, 58, 179, 184, 202, 235, 237f.
Sich-selbst-Verlassen 139, 173, 175-179, 182f., 186, 197
Sinai 37, 40, 86, 105f., 109, 113
Sinnesbewußtsein 132, 138, 209
Sinneswahrnehmung 34, 38, 111, 123, 126f., 129f., 134, 138f., 141, 143, 146, 148f., 162, 164-166, 172, 178, 182-188, 191-193, 195, 202-205, 226, 228
Sinneswelt 52f., 187, 231, 233
Sinneswirklichkeit 81, 111, 117, 120, 129, 133, 138, 142f., 146, 151, 154, 162, 165, 178, 187, 192f., 195f.
Sinnlichkeit 12, 34, 60, 118, 174, 176, 186, 192, 199, 213, 220, 247
Sintflut 130, 145
Sitz im Leben VIII, 2, 4, 17f., 20, 22, 23, 26f., 29, 111, 116, 164, 201, 216, 222, 244 *siehe auch soziale Orte*
Sophisten/sophistisch 12, 58, 129, 153, 182, 190f., 195f., 227
Soteriologie/soteriologisch VIII, 1f., 11f., 14, 31f., 36-38, 91f., 95, 111f., 153, 163-168, 172, 179, 182, 189, 204, 211, 216-219, 221, 223, 226, 230f., 234, 239, 243
soziale Orte 2, 17, 27, 244, 249 *siehe auch Sitz im Leben*
Sprache 5, 8f., 18f., 25, 34, 39, 44, 47, 54, 65, 80, 96, 100, 139, 176, 178, 183f., 188-192, 194f., 204- 206, 208, 217, 227-229, 231, 233, 242
- evokative 237f.
- mystagogische 112
- performative 179, 241
Sprachwelt 188f., 191
Sprachwirklichkeit 190
Stille 164
Stilleübung 123, 151, 153
Stoa 10, 16, 68f., 79, 118, 237

Stoiker/stoisch 9-13, 45, 49, 57, 62, 68, 72f., 81f., 90, 98, 160, 162, 167, 184, 188f., 202, 231, 236, 246
Studierende 111, 116, 235
Subjektivität 200-202, 228
Sünde 174, 188, 192, 227, 240
Sündhaftigkeit 151
Synagoge 5, 20, 27-30, 239, 249
Synagogenbibliothek 28
Synagogengottesdienst 239
Synagogenpredigt 19, 26f.
Synagogenschule 5
Synagogenvorstand 29
Synagogenvorsteher 29
Synergismus/synergistisch 56, 82, 96, 220

Täuschung 3, 50, 53, 129, 151, 191, 194, 211, 241
Textgattungen 17f.
Tiberius 6
Thamar 42, 54f.
Theater 5
Theologie 3-5, 7f., 11, 18, 30, 44, 82, 88, 201, 220f., 225, 232, 241f., 245-248, 250
Theologinnen 9
Therapeutriden und Therapeuten 30, 59-61, 63f., 67, 239
Thomasakten 207
Tiberius 6, 244
Tora 8-10, 13f., 17f., 20, 30, 59f., 80, 89, 98, 104, 106, 109, 124, 148, 169, 172f., 177, 195, 205, 231f., 234, 237-239, 247f. *siehe auch Schrift*
Toralesung 28
Toratext 8f., 13, 15, 19, 25, 57, 104f., 108, 116, 132, 135, 160f., 213, 223, 232f., 237, 246
Tradition/Traditionen 26, 36, 68, 72, 80, 100, 118, 123, 164, 168, 216f., 221, 226, 233, 235-237, 243, 245, 246
- allegorische 161, 166
- exegetische 7, 16, 21, 23, 88f.
- mystische 66, 221
- philosophische 13, 15f., 233, 235, 243, 246
Transzendenz 52f., 56, 73, 76, 81, 84, 87-89, 91, 119f., 140, 144, 152, 154-156, 164, 172, 180, 182, 199, 205, 217f., 220, 224, 229f., 234
Transzendenzerfahrung 2, 51, 88, 154, 205
Transzendenzerkenntnis 14, 52, 240
Transzendenzkontakt 64
Trunkenheit, nüchterne 55, 62, 243
Tugend/Tugenden 19, 32, 37, 40-42, 47-49, 55, 57-59, 67, 69-71, 73-76, 79, 82, 84, 89, 91, 96f., 100, 102, 106, 111, 119, 122-125, 127, 140, 144, 146, 148f., 151f., 160, 163, 166, 172, 185, 189, 194, 222, 233-235
Tugendausübung 125, 167
Tugenderfülltheit 71, 73, 110
Tugendweg 95, 123
Tyrann/tyrannisch 129, 247

Überheblichkeit 74, 229
Überredungskunst 189
Übung 58-63, 66, 89, 147-149, 150f., 161, 167f., 170, 213, 234, 238f. *siehe auch Psychagogie und Seelenführung*
Umorientierung 48
Umwertung 94, 127, 148
Unabhängigkeitssetzung des Ichs 210
Universalismus 102f.

Vergöttlichung 14, 108, 112, 154-157
Verklärung 73, 86, 88, 218
Vernunft 19, 34, 38, 43, 46f., 49, 58, 61, 63, 66, 69, 75, 78, 81f., 92, 95f., 110, 122f., 125, 127, 147f., 156f., 162, 167, 174, 178, 180-182, 185, 188, 197, 199, 201, 203f., 217f., 220, 225-227
- absolute 231
- autonome 231
- endliche 231
- göttliche 232
- inspirierte 183f., 186, 191
- menschliche 95, 231f.
- subjektive 231
Vernunftautonomie 231
Vernunftvermögen 47
Verschönerung 86, 88, 217
- Abrahams 84
Verstand 61, 69, 167, 199f., 207, 211, 226, 231f.

- diskursiver 149
- endlicher 205
- λογισμός 3, 69, 81, 141, 149, 211
Verstandeserkenntnis 13, 129
Verwandlung/verwandelt 3, 33, 66, 68, 74, 76, 78, 87f., 98, 100, 107, 138, 141, 145, 154, 156f., 166, 178, 191, 196, 224, 226, 229
Verwandlungsereignis 100
Verwandlungsvorgang 145f.
Verwandtschaft mit Gott 33, 93, 94, 141
Vision 102, 113, 123, 126, 139, 152, 204
Vollendungszustand 36
Vollkommene, der 12, 67, 115, 126, 168, 181, 185
Vorlesung/Vorlesungen 7, 12, 27f., 54, 59, 170, 200, 229, 239, 244
Vorlesungsmanuskripte 23
Vorlesungsnachschriften 23
Vorstellungen 4, 14, 19, 32, 37, 49, 50, 57, 58, 63, 91, 108, 123, 131, 156, 177, 205, 236, 237, 242
Vorträge 20, 31, 85

Wahn 50, 187, 198, 242
Wahrheit 8, 12, 32, 34, 48-51, 53-55, 58, 62, 65, 69, 79, 81f., 87f., 96, 99-102, 142f., 163, 180, 182f., 186, 190f., 194f., 205, 207, 218, 222, 225, 230f., 233f., 240, 242, 244, 247
Wahrnehmung 3, 9, 48, 51, 127, 130, 137, 138, 141, 146, 149, 161, 170, 186, 194, 198, 206, 210f., 231, 233, 236
Wahrnehmungspsychologie 53
Wahrnehmungsveränderung 56
Weise, der/Weisen, die 36, 47, 53, 58, 66-68, 71-73, 76f., 79, 88f., 91, 94-99, 115, 118, 142-144, 153, 163, 171, 184, 191-195, 210, 213, 218f., 221f., 224, 226f., 240f.
Weisheit 7, 9-12, 16, 19f., 23, 31, 37, 43, 46, 50, 55, 59, 61, 70, 79f., 83, 89, 96, 100, 110f., 115, 118, 125, 138, 153, 160-162, 164, 167f., 184f., 212, 218, 249
- charismatische 8
- Gottes 123, 143, 146, 171f., 195, 203

- theologische 8, 241
- transzendente 144
Weisheitsfrömmigkeit, dualistische 239
Weisheitslehrer 77-79, 85, 244
Weisheitslehrerinnen 9
Weisheitsschüler 58
Weisheitstheologie 8, 9
Weisheitsweg 11, 237
Weltbürger 91, 98, 102f.
Welterkenntnis 49, 241
Weltvorstellungen 50
Wesenserkenntnis Gottes 63, 65, 66
Wesensschau Gottes 64, 155
Widersprüche 15, 16, 237
Wiedergeburt 14, 250, 264
Wiederholung (psychagogische) 58, 61, 170, 184, 213, 236
Wirklichkeit 1, 3, 8, 11, 33, 46, 48, 51f., 54f., 57, 62-64, 73, 79, 91, 100, 110f., 120, 127f., 130, 134-136, 140, 148, 151, 154, 157f., 160-163, 166, 168-171, 177, 181-183, 188f., 191, 194f., 200, 202, 205, 207, 209, 211, 213, 217f., 220f., 227f., 233-236, 240-242, 247f., 250
- eigentliche 219, 230
- Gottes 96, 112, 138, 164, 185, 196, 199, 223f.
- göttliche 63, 111f. 136, 138, 157f., 161-164, 166, 169, 171, 177, 181f., 189, 195, 205, 209, 224, 235
- Schöpfungscharakter der 201
- sinnliche 178
- von Gott unabhängige 190
Wirklichkeitsbereiche 120, 158
Wirklichkeitseinsicht 192
Wirklichkeitserschließung 17f., 53
Wirklichkeitskonstruktion 3, 233
Wirklichkeitssicht 26, 46, 55, 137, 191f., 226, 233f., 237
Wirklichkeitsverständnis 3, 241
Wirklichkeitswahrnehmung 3, 47, 52, 58, 128f., 217, 227

Zahlenmystik 10
Zahlensymbolik 10, 109f., 114, 131, 133, 244
Zukunftsschau 78, 131, 210, 222
Zwang 83, 125, 247

Wissenschaftliche Untersuchungen zum Neuen Testament
Alphabetische Übersicht der ersten und zweiten Reihe

Anderson, Paul N.: The Christology of the Fourth Gospel. 1996. *Band II/78.*
Appold, Mark L.: The Oneness Motif in the Fourth Gospel. 1976. *Band II/1.*
Arnold, Clinton E.: The Colossian Syncretism. 1995. *Band II/77.*
Avemarie, Friedrich und *Hermann Lichtenberger* (Hrsg.): Bund und Tora. 1996. *Band 92.*
Bachmann, Michael: Sünder oder Übertreter. 1992. *Band 59.*
Baker, William R.: Personal Speech-Ethics in the Epistle of James. 1995. *Band II/68.*
Balla, Peter: Challenges to New Testament Theology. 1997. *Band II/95.*
Bammel, Ernst: Judaica. Band I 1986. *Band 37* – Band II 1997. *Band 91.*
Bash, Anthony: Ambassadors for Christ. 1997. *Band II/92.*
Bauernfeind, Otto: Kommentar und Studien zur Apostelgeschichte. 1980. *Band 22.*
Bayer, Hans Friedrich: Jesus' Predictions of Vindication and Resurrection. 1986. *Band II/20.*
Bell, Richard H.: Provoked to Jealousy. 1994. *Band II/63.*
– No One Seeks for God. 1998. *Band 106.*
Bergman, Jan: siehe *Kieffer, René*
Bergmeier, Roland: Das Gesetz im Römerbrief und andere Studien zum Neuen Testament. 2000. *Band 121.*
Betz, Otto: Jesus, der Messias Israels. 1987. *Band 42.*
– Jesus, der Herr der Kirche. 1990. *Band 52.*
Beyschlag, Karlmann: Simon Magus und die christliche Gnosis. 1974. *Band 16.*
Bittner, Wolfgang J.: Jesu Zeichen im Johannesevangelium. 1987. *Band II/26.*
Bjerkelund, Carl J.: Tauta Egeneto. 1987. *Band 40.*
Blackburn, Barry Lee: Theios Aner and the Markan Miracle Traditions. 1991. *Band II/40.*
Bock, Darrell L.: Blasphemy and Exaltation in Judaism and the Final Examination of Jesus. 1998. *Band II/106.*
Bockmuehl, Markus N.A.: Revelation and Mystery in Ancient Judaism and Pauline Christianity. 1990. *Band II/36.*
Böhlig, Alexander: Gnosis und Synkretismus. Teil 1 1989. *Band 47* – Teil 2 1989. *Band 48.*
Böhm, Martina: Samarien und die Samaritai bei Lukas. 1999. *Band II/111.*
Böttrich, Christfried: Weltweisheit – Menschheitsethik – Urkult. 1992. *Band II/50.*
Bolyki, János: Jesu Tischgemeinschaften. 1997. *Band II/96.*
Büchli, Jörg: Der Poimandres – ein paganisiertes Evangelium. 1987. *Band II/27.*

Bühner, Jan A.: Der Gesandte und sein Weg im 4. Evangelium. 1977. *Band II/2.*
Burchard, Christoph: Untersuchungen zu Joseph und Aseneth. 1965. *Band 8.*
– Studien zur Theologie, Sprache und Umwelt des Neuen Testaments. Hrsg. von D. Sänger. 1998. *Band 107.*
Byrskog, Samuel: Story as History - History as Story. 2000. *Band 123.*
Cancik, Hubert (Hrsg.): Markus-Philologie. 1984. *Band 33.*
Capes, David B.: Old Testament Yaweh Texts in Paul's Christology. 1992. *Band II/47.*
Caragounis, Chrys C.: The Son of Man. 1986. *Band 38.*
– siehe *Fridrichsen, Anton.*
Carleton Paget, James: The Epistle of Barnabas. 1994. *Band II/64.*
Ciampa, Roy E.: The Presence and Function of Scripture in Galatians 1 and 2. 1998. *Band II/102.*
Crump, David: Jesus the Intercessor. 1992. *Band II/49.*
Deines, Roland: Jüdische Steingefäße und pharisäische Frömmigkeit. 1993. *Band II/52.*
– Die Pharisäer. 1997. *Band 101.*
Dietzfelbinger, Christian: Der Abschied des Kommenden. 1997. *Band 95.*
Dobbeler, Axel von: Glaube als Teilhabe. 1987. *Band II/22.*
Du Toit, David S.: Theios Anthropos. 1997. *Band II/91*
Dunn, James D.G. (Hrsg.): Jews and Christians. 1992. *Band 66.*
– Paul and the Mosaic Law. 1996. *Band 89.*
Ebertz, Michael N.: Das Charisma des Gekreuzigten. 1987. *Band 45.*
Eckstein, Hans-Joachim: Der Begriff Syneidesis bei Paulus. 1983. *Band II/10.*
– Verheißung und Gesetz. 1996. *Band 86.*
Ego, Beate: Im Himmel wie auf Erden. 1989. *Band II/34*
Ego, Beate und *Lange, Armin* sowie *Pilhofer, Peter(Hrsg.):* Gemeinde ohne Tempel - Community without Temple. 1999. *Band 118.*
Eisen, Ute E.: siehe *Paulsen, Henning.*
Ellis, E. Earle: Prophecy and Hermeneutic in Early Christianity. 1978. *Band 18.*
– The Old Testament in Early Christianity. 1991. *Band 54.*
Ennulat, Andreas: Die ‚Minor Agreements'. 1994. *Band II/62.*
Ensor, Peter W.: Jesus and His 'Works'. 1996. *Band II/85.*
Eskola, Timo: Theodicy and Predestination in Pauline Soteriology. 1998. *Band II/100.*

Feldmeier, Reinhard: Die Krisis des Gottessohnes. 1987. *Band II/21.*
- Die Christen als Fremde. 1992. *Band 64.*
Feldmeier, Reinhard und *Ulrich Heckel* (Hrsg.): Die Heiden. 1994. *Band 70.*
Fletcher-Louis, Crispin H. T.: Luke-Acts: Angels, Christology and Soteriology. 1997. *Band II/94.*
Förster, Niclas: Marcus Magus. 1999. *Band 114.*
Forbes, Christopher Brian: Prophecy and Inspired Speech in Early Christianity and its Hellenistic Environment. 1995. *Band II/75.*
Fornberg, Tord: siehe *Fridrichsen, Anton.*
Fossum, Jarl E.: The Name of God and the Angel of the Lord. 1985. *Band 36.*
Frenschkowski, Marco: Offenbarung und Epiphanie. Band 1 1995. *Band II/79* – Band 2 1997. *Band II/80.*
Frey, Jörg: Eugen Drewermann und die biblische Exegese. 1995. *Band II/71.*
- Die johanneische Eschatologie. Band I. 1997. *Band 96.* – Band II. 1998. *Band 110.* – Band III. 2000. *Band 117.*
Fridrichsen, Anton: Exegetical Writings. Hrsg. von C.C. Caragounis und T. Fornberg. 1994. *Band 76.*
Garlington, Don B.: ‚The Obedience of Faith'. 1991. *Band II/38.*
- Faith, Obedience, and Perseverance. 1994. *Band 79.*
Garnet, Paul: Salvation and Atonement in the Qumran Scrolls. 1977. *Band II/3.*
Gese, Michael: Das Vermächtnis des Apostels. 1997. *Band II/99.*
Gräßer, Erich: Der Alte Bund im Neuen. 1985. *Band 35.*
Green, Joel B.: The Death of Jesus. 1988. *Band II/ 33.*
Gundry Volf, Judith M.: Paul and Perseverance. 1990. *Band II/37.*
Hafemann, Scott J.: Suffering and the Spirit. 1986. *Band II/19.*
- Paul, Moses, and the History of Israel. 1995. *Band 81.*
Hannah, Darrel D.: Michael and Christ. 1999. *Band II/109.*
Hartman, Lars: Text-Centered New Testament Studies. Hrsg. von D. Hellholm. 1997. *Band 102.*
Heckel, Theo K.: Der Innere Mensch. 1993. *Band II/53.*
- Vom Evangelium des Markus zum viergestaltigen Evangelium. 1999. *Band 120.*
Heckel, Ulrich: Kraft in Schwachheit. 1993. *Band II/56.*
- siehe *Feldmeier, Reinhard.*
- siehe *Hengel, Martin.*
Heiligenthal, Roman: Werke als Zeichen. 1983. *Band II/9.*
Hellholm, D.: siehe *Hartman, Lars.*
Hemer, Colin J.: The Book of Acts in the Setting of Hellenistic History. 1989. *Band 49.*

Hengel, Martin: Judentum und Hellenismus. 1969, ³1988. *Band 10.*
- Die johanneische Frage. 1993. *Band 67.*
- Judaica et Hellenistica. Band 1. 1996. *Band 90.* – Band 2. 1999. *Band 109.*
Hengel, Martin und *Ulrich Heckel* (Hrsg.): Paulus und das antike Judentum. 1991. *Band 58.*
Hengel, Martin und *Hermut Löhr* (Hrsg.): Schriftauslegung im antiken Judentum und im Urchristentum. 1994. *Band 73.*
Hengel, Martin und *Anna Maria Schwemer:* Paulus zwischen Damaskus und Antiochien. 1998. *Band 108.*
Hengel, Martin und *Anna Maria Schwemer* (Hrsg.): Königsherrschaft Gottes und himmlischer Kult. 1991. *Band 55.*
- Die Septuaginta. 1994. *Band 72.*
Herrenbrück, Fritz: Jesus und die Zöllner. 1990. *Band II/41.*
Herzer, Jens: Paulus oder Petrus? 1998. *Band 103.*
Hoegen-Rohls, Christina: Der nachösterliche Johannes. 1996. *Band II/84.*
Hofius, Otfried: Katapausis. 1970. *Band 11.*
- Der Vorhang vor dem Thron Gottes. 1972. *Band 14.*
- Der Christushymnus Philipper 2,6-11. 1976, ²1991. *Band 17.*
- Paulusstudien. 1989, ²1994. *Band 51.*
Hofius, Otfried und *Hans-Christian Kammler:* Johannesstudien. 1996. *Band 88.*
Holtz, Traugott: Geschichte und Theologie des Urchristentums. 1991. *Band 57.*
Hommel, Hildebrecht: Sebasmata. Band 1 1983. *Band 31* – Band 2 1984. *Band 32.*
Hvalvik, Reidar: The Struggle for Scripture and Covenant. 1996. *Band II/82.*
Kähler, Christoph: Jesu Gleichnisse als Poesie und Therapie. 1995. *Band 78.*
Kammler, Hans-Christian: siehe *Hofius, Otfried.*
Kamlah, Ehrhard: Die Form der katalogischen Paränese im Neuen Testament. 1964. *Band 7.*
Kelhoffer, James A.: Miracle and Mission. 1999. *Band II/112.*
Kieffer, René und *Jan Bergman* (Hrsg.): La Main de Dieu / Die Hand Gottes. 1997. *Band 94.*
Kim, Seyoon: The Origin of Paul's Gospel. 1981, ²1984. *Band II/4.*
- „The ‚Son of Man'" as the Son of God. 1983. *Band 30.*
Kleinknecht, Karl Th.: Der leidende Gerechtfertigte. 1984, ²1988. *Band II/13.*
Klinghardt, Matthias: Gesetz und Volk Gottes. 1988. *Band II/32.*
Köhler, Wolf-Dietrich: Rezeption des Matthäusevangeliums in der Zeit vor Irenäus. 1987. *Band II/24.*
Korn, Manfred: Die Geschichte Jesu in veränderter Zeit. 1993. *Band II/51.*
Koskenniemi, Erkki: Apollonios von Tyana in der neutestamentlichen Exegese. 1994. *Band II/61.*
Kraus, Wolfgang: Das Volk Gottes. 1996. *Band 85.*
- siehe *Walter, Nikolaus.*

Kuhn, Karl G.: Achtzehngebet und Vaterunser und der Reim. 1950. *Band 1.*

Laansma, Jon: I Will Give You Rest. 1997. *Band II/98.*

Labahn, Michael: Offenbarung in Zeichen und Wort. 2000. *Band II/117.*

Lange, Armin: siehe *Ego, Beate.*

Lampe, Peter: Die stadtrömischen Christen in den ersten beiden Jahrhunderten. 1987, ²1989. *Band II/18.*

Landmesser, Christof: Wahrheit als Grundbegriff neutestamentlicher Wissenschaft. 1999. *Band 113.*

Lau, Andrew: Manifest in Flesh. 1996. *Band II/86.*

Lichtenberger, Hermann: siehe *Avemarie, Friedrich.*

Lieu, Samuel N.C.: Manichaeism in the Later Roman Empire and Medieval China. ²1992. *Band 63.*

Loader, William R.G.: Jesus' Attitude Towards the Law. 1997. *Band II/97.*

Löhr, Gebhard: Verherrlichung Gottes durch Philosophie. 1997. *Band 97.*

Löhr, Hermut: siehe *Hengel, Martin.*

Löhr, Winrich Alfried: Basilides und seine Schule. 1995. *Band 83.*

Luomanen, Petri: Entering the Kingdom of Heaven. 1998. *Band II/101.*

Maier, Gerhard: Mensch und freier Wille. 1971. *Band 12.*

– Die Johannesoffenbarung und die Kirche. 1981. *Band 25.*

Markschies, Christoph: Valentinus Gnosticus? 1992. *Band 65.*

Marshall, Peter: Enmity in Corinth: Social Conventions in Paul's Relations with the Corinthians. 1987. *Band II/23.*

McDonough, Sean M.: YHWH at Patmos: Rev. 1:4 in its Hellenistic and Early Jewish Setting. 1999. *Band II/107.*

Meade, David G.: Pseudonymity and Canon. 1986. *Band 39.*

Meadors, Edward P.: Jesus the Messianic Herald of Salvation. 1995. *Band II/72.*

Meißner, Stefan: Die Heimholung des Ketzers. 1996. *Band II/87.*

Mell, Ulrich: Die „anderen" Winzer. 1994. *Band 77.*

Mengel, Berthold: Studien zum Philipperbrief. 1982. *Band II/8.*

Merkel, Helmut: Die Widersprüche zwischen den Evangelien. 1971. *Band 13.*

Merklein, Helmut: Studien zu Jesus und Paulus. Band 1 1987. *Band 43.* – Band 2 1998. *Band 105.*

Metzler, Karin: Der griechische Begriff des Verzeihens. 1991. *Band II/44.*

Metzner, Rainer: Die Rezeption des Matthäusevangeliums im 1. Petrusbrief. 1995. *Band II/74.*

– Das Verständnis der Sünde im Johannesevangelium. 2000. *Band 122.*

Mittmann-Richert, Ulrike: Magnifikat und Benediktus. 1996. *Band II/90.*

Mußner, Franz: Jesus von Nazareth im Umfeld Israels und der Urkirche. Hrsg. von M. Theobald. 1998. *Band 111.*

Niebuhr, Karl-Wilhelm: Gesetz und Paränese. 1987. *Band II/28.*

– Heidenapostel aus Israel. 1992. *Band 62.*

Nissen, Andreas: Gott und der Nächste im antiken Judentum. 1974. *Band 15.*

Noack, Christian: Gottesbewußtsein. 2000. *Band II/116.*

Noormann, Rolf: Irenäus als Paulusinterpret. 1994. *Band II/66.*

Obermann, Andreas: Die christologische Erfüllung der Schrift im Johannesevangelium. 1996. *Band II/83.*

Okure, Teresa: The Johannine Approach to Mission. 1988. *Band II/31.*

Oropeza, Brisio J.: Paul and Apostasy. 2000. *Band II/115.*

Paulsen, Henning: Studien zur Literatur und Geschichte des frühen Christentums. Hrsg. von Ute E. Eisen. 1997. *Band 99.*

Park, Eung Chun: The Mission Discourse in Matthew's Interpretation. 1995. *Band II/81.*

Philonenko, Marc (Hrsg.): Le Trône de Dieu. 1993. *Band 69.*

Pilhofer, Peter: Presbyteron Kreitton. 1990. *Band II/39.*

– Philippi. Band 1 1995. *Band 87.*

– siehe *Ego, Beate.*

Pöhlmann, Wolfgang: Der Verlorene Sohn und das Haus. 1993. *Band 68.*

Pokorny, Petr und *Josef B. Soucek:* Bibelauslegung als Theologie. 1997. *Band 100.*

Porter, Stanley E.: The Paul of Acts. 1999. *Band 115.*

Prieur, Alexander: Die Verkündigung der Gottesherrschaft. 1996. *Band II/89.*

Probst, Hermann: Paulus und der Brief. 1991. *Band II/45.*

Räisänen, Heikki: Paul and the Law. 1983, ²1987. *Band 29.*

Rehkopf, Friedrich: Die lukanische Sonderquelle. 1959. *Band 5.*

Rein, Matthias: Die Heilung des Blindgeborenen (Joh 9). 1995. *Band II/73.*

Reinmuth, Eckart: Pseudo-Philo und Lukas. 1994. *Band 74.*

Reiser, Marius: Syntax und Stil des Markusevangeliums. 1984. *Band II/11.*

Richards, E. Randolph: The Secretary in the Letters of Paul. 1991. *Band II/42.*

Riesner, Rainer: Jesus als Lehrer. 1981, ³1988. *Band II/7.*

– Die Frühzeit des Apostels Paulus. 1994. *Band 71.*

Rissi, Mathias: Die Theologie des Hebräerbriefs. 1987. *Band 41.*

Röhser, Günter: Metaphorik und Personifikation der Sünde. 1987. *Band II/25.*

Rose, Christian: Die Wolke der Zeugen. 1994. Band II/60.
Rüger, Hans Peter: Die Weisheitsschrift aus der Kairoer Geniza. 1991. Band 53.
Sänger, Dieter: Antikes Judentum und die Mysterien. 1980. Band II/5.
- Die Verkündigung des Gekreuzigten und Israel. 1994. Band 75.
- siehe *Burchard, Chr.*
Salzmann, Jorg Christian: Lehren und Ermahnen. 1994. Band II/59.
Sandnes, Karl Olav: Paul – One of the Prophets? 1991. Band II/43.
Sato, Migaku: Q und Prophetie. 1988. Band II/29.
Schaper, Joachim: Eschatology in the Greek Psalter. 1995. Band II/76.
Schimanowski, Gottfried: Weisheit und Messias. 1985. Band II/17.
Schlichting, Günter: Ein jüdisches Leben Jesu. 1982. Band 24.
Schnabel, Eckhard J.: Law and Wisdom from Ben Sira to Paul. 1985. Band II/16.
Schutter, William L.: Hermeneutic and Composition in I Peter. 1989. Band II/30.
Schwartz, Daniel R.: Studies in the Jewish Background of Christianity. 1992. Band 60.
Schwemer, Anna Maria: siehe *Hengel, Martin*
Scott, James M.: Adoption as Sons of God. 1992. Band II/48.
- Paul and the Nations. 1995. Band 84.
Siegert, Folker: Drei hellenistisch-jüdische Predigten. Teil I 1980. Band 20 – Teil II 1992. Band 61.
- Nag-Hammadi-Register. 1982. Band 26.
- Argumentation bei Paulus. 1985. Band 34.
- Philon von Alexandrien. 1988. Band 46.
Simon, Marcel: Le christianisme antique et son contexte religieux I/II. 1981. Band 23.
Snodgrass, Klyne: The Parable of the Wicked Tenants. 1983. Band 27.
Söding, Thomas: Das Wort vom Kreuz. 1997. Band 93.
- siehe *Thüsing, Wilhelm.*
Sommer, Urs: Die Passionsgeschichte des Markusevangeliums. 1993. Band II/58.
Soucek, Josef B.: siehe *Pokorny, Petr.*
Spangenberg, Volker: Herrlichkeit des Neuen Bundes. 1993. Band II/55.
Spanje, T.E. van: Inconsistency in Paul?. 1999. Band II/110.
Speyer, Wolfgang: Frühes Christentum im antiken Strahlungsfeld. Band I: 1989. Band 50. – Band II: 1999. Band 116.
Stadelmann, Helge: Ben Sira als Schriftgelehrter. 1980. Band II/6.
Stenschke, Christoph W.: Luke's Portrait of Gentiles Prior to Their Coming to Faith. Band II/108.
Stettler, Hanna: Die Christologie der Pastoralbriefe. 1998. Band II/105.
Strobel, August: Die Stunde der Wahrheit. 1980. Band 21.
Stroumsa, Guy G.: Barbarian Philosophy. 1999. Band 112.
Stuckenbruck, Loren T.: Angel Veneration and Christology. 1995. Band II/70.
Stuhlmacher, Peter (Hrsg.): Das Evangelium und die Evangelien. 1983. Band 28.
Sung, Chong-Hyon: Vergebung der Sünden. 1993. Band II/57.
Tajra, Harry W.: The Trial of St. Paul. 1989. Band II/35.
- The Martyrdom of St.Paul. 1994. Band II/67.
Theißen, Gerd: Studien zur Soziologie des Urchristentums. 1979, ³1989. Band 19.
Theobald, Michael: siehe *Mußner, Franz.*
Thornton, Claus-Jürgen: Der Zeuge des Zeugen. 1991. Band 56.
Thüsing, Wilhelm: Studien zur neutestamentlichen Theologie. Hrsg. von Thomas Söding. 1995. Band 82.
Thurén, Lauri: Derhethorizing Paul. 2000. Band 124.
Treloar, Geoffrey R.: Lightfoot the Historian. 1998. Band II/103.
Tsuji, Manabu: Glaube zwischen Vollkommenheit und Verweltlichung. 1997. Band II/93
Twelftree, Graham H.: Jesus the Exorcist. 1993. Band II/54.
Visotzky, Burton L.: Fathers of the World. 1995. Band 80.
Wagener, Ulrike: Die Ordnung des „Hauses Gottes". 1994. Band II/65.
Walter, Nikolaus: Praeparatio Evangelica. Hrsg. von Wolfgang Kraus und Florian Wilk. 1997. Band 98.
Wander, Bernd: Gottesfürchtige und Sympathisanten. 1998. Band 104.
Watts, Rikki: Isaiah's New Exodus and Mark. 1997. Band II/88.
Wedderburn, A.J.M.: Baptism and Resurrection. 1987. Band 44.
Wegner, Uwe: Der Hauptmann von Kafarnaum. 1985. Band II/14.
Welck, Christian: Erzählte ‚Zeichen'. 1994. Band II/69.
Wilk, Florian: siehe *Walter, Nikolaus.*
Williams, Catrin H.: „I am He". 2000. Band II/113.
Wilson, Walter T.: Love without Pretense. 1991. Band II/46.
Zimmermann, Alfred E.: Die urchristlichen Lehrer. 1984, ²1988. Band II/12.
Zimmermann, Johannes: Messianische Texte aus Qumran. 1998. Band II/104.

*Einen Gesamtkatalog erhalten Sie gern vom
Mohr Siebeck Verlag, Postfach 2040, D–72010 Tübingen.*

Neueste Informationen im Internet unter http://www.mohr.de